新时代党的创新理论研究论丛

主编单位 青海大学　丛书主编 杨玢 张利涛

新时代
中国特色社会主义
前沿问题研究

RESEARCH ON FRONTIER ISSUES
OF SOCIALISM WITH CHINESE CHARACTERISTICS
IN THE NEW ERA

杨 玢　张利涛　著

社会科学文献出版社
SOCIAL SCIENCES ACADEMIC PRESS (CHINA)

总　序

习近平总书记指出："这是一个需要理论而且一定能够产生理论的时代，这是一个需要思想而且一定能够产生思想的时代。"① 作为与实践相对应的哲学范畴，理论始于常识、源于实践，其发端于对事物发展客观规律的揭示，也呈现为对事物发展规律的逻辑化阐述和系统化概括。理论是行动的指南，列宁强调："没有革命的理论，就不会有革命的运动。"② 理论之所以重要，恰恰在于理论具有实践伟力，它一旦被广大人民群众所掌握，就能变成强大的实践力量。但与此同时，"实践没有止境，理论创新也没有止境。要使党和人民事业不停顿，首先理论上不能停顿"③。时代在不断前进，事业在不断发展，立足于实践发展之上的理论创新一刻也不能停止。中国特色社会主义进入新时代、迈向新征程，我们在理论上必须要跟上时代，在中国特色社会主义的生动实践中，坚持"两个结合"，不断推进马克思主义的中国化时代化发展，持续推进新时代党的理论创新。

习近平新时代中国特色社会主义思想是当代中国马克思主义、二十一世纪马克思主义，是中华文化和中国精神的时代精华，开辟了马克思主义中国化时代化新境界，实现了马克思主义中国化时代化新的飞跃，是全党全军以及全国各族人民必须长期坚持的根本指导思想。习近平总书记明确强调："实践告诉我们，中国共产党为什么能，中国特色社会主义为什么好，归根到底是马克思主义行，是中国化时代化的马克思主

---

① 习近平：《在哲学社会科学工作座谈会上的讲话》，人民出版社，2016，第8页。
② 《列宁全集》第2卷，人民出版社，1984，第443页。
③ 习近平：《论党的宣传思想工作》，中央文献出版社，2020，第131页。

义行。"① 中国共产党自成立以来，始终坚持以马克思主义为指导，坚定社会主义、共产主义信仰，高度重视并致力于把马克思主义基本原理同中国具体实际相结合、同中华优秀传统文化相结合，坚持解放思想、实事求是、与时俱进、求真务实，不断推进马克思主义中国化时代化。中国共产党的历史，就是一部不断推进理论创新、进行理论创造的历史，理论创新始终贯穿于中国共产党的百年光辉历程，其生动佐证了"马克思主义之所以行，就在于党不断推进马克思主义中国化时代化并用以指导实践"②。在不断推进马克思主义中国化时代化的过程中，中国共产党不断赋予马克思主义鲜明的中国特色、民族特色、时代特色，让马克思主义成为中国的，让中华优秀传统文化成为现代的，从而实现了马克思主义与中华优秀传统文化价值耦合与创新发展之双向赋能。马克思主义是我们立党立国的根本指导思想，是我们党的灵魂和旗帜。恩格斯深刻指出："马克思的整个世界观不是教义，而是方法。它提供的不是现成的教条，而是进一步研究的出发点和供这种研究使用的方法。"③ 马克思主义必须随着实践发展而发展，必须中国化才能落地生根，必须时代化才能深入人心。不断丰富和发展马克思主义，不断推进马克思主义中国化时代化，是中国共产党人的神圣职责，也是所有哲学社会科学工作者尤其是马克思主义理论工作者的使命担当。

思想建党、理论强党是我们党的鲜明特色和宝贵经验。理论上清醒，政治上才能坚定。习近平总书记指出："要把学习贯彻党的创新理论作为思想武装的重中之重，同学习马克思主义基本原理贯通起来，同学习党史、新中国史、改革开放史、社会主义发展史结合起来，同新时代我们进行伟大斗争、建设伟大工程、推进伟大事业、实现伟大梦想的丰富实践联系起来，在学懂弄通做实上下苦功夫。"④ 马克思主义是随着时代、实践等与时俱进不断发展着的开放的理论体系，它并没有结束真理，而是开辟了通向真理的道路。一百多年来，中国共产党在坚持马克思主义基本原理同

---

① 《习近平著作选读》第1卷，人民出版社，2023，第14页。
② 《习近平谈治国理政》第4卷，外文出版社，2022，第29页。
③ 《马克思恩格斯选集》第4卷，人民出版社，1995，第742~743页。
④ 《习近平著作选读》第2卷，人民出版社，2023，第300~301页。

中国具体实际相结合、同中华优秀传统文化相结合的过程中，创立了毛泽东思想，创立了邓小平理论，形成了"三个代表"重要思想、科学发展观，创立了习近平新时代中国特色社会主义思想等，为党和人民事业发展提供了科学理论指导。党的理论创新每前进一步，理论武装就要跟进一步。习近平总书记指出："加强思想教育和理论武装，是党内政治生活的首要任务，是保证全党步调一致的前提。"① 认真学习马克思主义理论，加强新时代党的理论武装工作，这是我们做好一切工作的看家本领。"一个民族要走在时代前列，就一刻不能没有理论思维，一刻不能没有正确思想指引。"② 新时代新征程，要推进理论学习教育不断往深里走、往心里走、往实里走，强化理论武装，把牢思想之舵；要进一步增强党的创新理论的传播力、感染力、影响力，自觉坚持用习近平新时代中国特色社会主义思想武装头脑、指导实践、推动工作，让当代中国马克思主义、21世纪马克思主义放射出更加灿烂的真理光芒。

习近平总书记强调："新时代新征程，要坚持守正创新，聚焦学习宣传贯彻新时代中国特色社会主义思想，着力深化体系化、学理化研究阐释，着力增强学习宣传的针对性、实效性，推动党的创新理论更加深入人心。"③ "新时代党的创新理论研究论丛"正是立足时代背景、基于时代需求应势而创的理论著作。该论丛主要包括《新时代中国特色社会主义前沿问题研究》《铸牢中华民族共同体意识实践研究》《人才生态系统优化研究》《社会主义核心价值观教育研究》等著作。论丛坚持以习近平新时代中国特色社会主义思想为指导，运用马克思主义立场、观点和方法，重点围绕新时代党的创新理论这一主题，整合多学科交叉视野深入探究了新时代中国特色社会主义的重大理论和实践命题，尤为聚焦中国式现代化、"第二个结合"、新时代党的建设与社会治理、铸牢中华民族共同体意识、人才生态系统优化、培育和践行社会主义核心价值观等具象化时代命题。旨在

---

① 《习近平著作选读》第1卷，人民出版社，2023，第523页。
② 《习近平谈治国理政》第4卷，外文出版社，2022，第29页。
③ 《习近平对新时代马克思主义理论研究和建设工程作出重要指示强调 扎根中国大地赓续中华文脉厚植学术根基 为推进马克思主义中国化时代化作出更大贡献》，《人民日报》2024年11月30日，第1版。

通过对新时代党的创新理论的系统研究和深入阐释，为广大读者全面了解和深刻理解党的理论创新与中国特色社会主义伟大事业之间的辩证关系提供系统化参考与针对性借鉴。据此进一步推动新时代党的创新理论更加深入人心，以理论自信增强思想自觉、夯实行动自觉，进而为推进全面建成社会主义现代化强国、奋进实现中华民族伟大复兴筑牢坚实的社会基础、提供动力保障。

骆郁廷

2025 年 1 月

序　言

　　中国特色社会主义进入新时代，这一判断不仅是对我国社会发展阶段的科学认识，也预示着一系列新的实践、新的探索正蓬勃展开。习近平总书记指出："坚持和发展中国特色社会主义，需要不断在实践和理论上进行探索、用发展着的理论指导发展着的实践。"① 作为哲学社会科学工作者，我们理应立时代之潮头、通古今之变化、发思想之先声，努力担负起新时代赋予的历史使命。当我们站在新的历史交汇点上，审视新时代中国特色社会主义的发展脉络，不禁深感时代的磅礴与思想的深邃。如何准确把握新时代中国特色社会主义的前沿问题，如何在高校思政课教学中有效回应这些问题，成为亟须研究的课题。《新时代中国特色社会主义前沿问题研究》便是基于这样的时代背景产生的。它不仅对新时代中国特色社会主义进行了深入的理论探讨，而且对如何在高校讲好新时代中国特色社会主义前沿问题进行了实践探索。

　　中国特色社会主义是实现中华民族伟大复兴的必由之路。中国特色社会主义是社会主义，不是别的什么主义，由此释义，新时代中国特色社会主义是中国特色社会主义的新时代，不是别的什么新时代。习近平总书记指出："中国特色社会主义是党和人民历经千辛万苦、付出巨大代价取得的根本成就，是实现中华民族伟大复兴的正确道路。"② 新时代新征程，我们要始终高举中国特色社会主义伟大旗帜，加强对新时代中国特色社会主义理论创新与伟大实践的学理化阐释、学术化表达、体系化构建，助推中国特色哲学社会科学创新发展。

---

① 习近平：《在哲学社会科学工作座谈会上的讲话》，人民出版社，2016，第 2 页。
② 《习近平著作选读》第 2 卷，人民出版社，2023，第 483 页。

治国安邦，重在基层；管党治党，重在基层。党的基层组织是确保党的路线方针政策和决策部署贯彻落实的基础。党的全面领导、党的全部工作，都要靠党的坚强组织体系去实现。新时代新征程，高度重视加强基层党组织建设，把每个基层党组织都锻造成坚强的战斗堡垒，推动基层党组织建设全面进步、全面过硬，是推进全面从严治党向纵深发展的必然要求。基层党组织建设要以提升组织力为重点，突出政治功能和组织功能，不断提升和充分发挥基层党组织的政治领导力、思想引领力、群众组织力、社会号召力，把基层党组织真正建设成为有效实现党的领导的坚强战斗堡垒。

社会治理是国家治理的基石，也是全面建设社会主义现代化国家的重要内容。党的二十大报告在强调"完善社会治理体系"时指出，要"健全共建共治共享的社会治理制度，提升社会治理效能"，"建设人人有责、人人尽责、人人享有的社会治理共同体"。① 习近平总书记指出："社会治理是一门科学，管得太死，一潭死水不行；管得太松，波涛汹涌也不行。"② 我国社会治理实现了秩序和活力的统一，在党的坚强领导下，以包容性秩序为取向，以市域社会治理为抓手，以法治社会为依归，以智慧治理为支撑，开创了令世人瞩目的"中国之治"。

国家之魂，文以化之，文以铸之。"中华优秀传统文化源远流长、博大精深，是中华文明的智慧结晶。"③ 我们既要坚定文化自信，同时也要面向现代化、面向世界、面向未来，巩固马克思主义在意识形态领域的指导地位，推动中华优秀传统文化创造性转化、创新性发展，传承和弘扬革命文化，发展社会主义先进文化，不断提高人民群众的思想觉悟、道德水平、文明素养，建设中华民族现代文明，建设社会主义文化强国。

中华民族共同体意识是中华民族团结之根本。习近平总书记强调："全面贯彻党的民族政策，深化民族团结进步教育，铸牢中华民族共同体意识，加强各民族交往交流交融，促进各民族像石榴籽一样紧紧抱在一

---

① 《习近平著作选读》第1卷，人民出版社，2023，第44、45页。
② 《习近平关于社会主义社会建设论述摘编》，中央文献出版社，2017，第125页。
③ 《习近平著作选读》第1卷，人民出版社，2023，第15页。

起，共同团结奋斗、共同繁荣发展。"① 纵观中华民族发展史，各民族在不断交往交流交融过程中共同树立起国土不可分、民族不可散、文明不可断的理念，共同构建起中华民族共同体。面向未来，铸牢中华民族共同体意识是推进强国建设和民族复兴伟业的必然要求，也是党和国家事业兴旺发达、各民族繁荣稳定的重要思想基础。

理论创新每前进一步，理论武装就要跟进一步。教育不仅是加强理论武装的重要载体，是提高人民综合素质、促进人的全面发展的重要途径，也是民族振兴、社会进步的重要基石，对于推进强国建设和民族复兴伟业具有决定性意义。强国必先强教，强教必先强师。新时代思政课教师要以教育家精神擦亮教书育人底色，坚持用习近平新时代中国特色社会主义思想铸魂育人，努力成为立德树人的"大先生"，做学生为学、为事、为人的示范，促进学生德智体美劳全面发展，培养一批又一批堪当民族复兴重任的时代新人。

杨　玢　张利涛
2024 年 6 月

---

① 《习近平著作选读》第 2 卷，人民出版社，2023，第 33 页。

目录 Contents

第一章　新时代中国特色社会主义的理论课域 …………………… 1
　一　中国特色社会主义进入新时代：内涵、标志及意义 ………… 1
　二　新时代中国特色社会主义的演进逻辑 ………………………… 11
　三　传统化与民族化：马克思主义中国化的诠释维度 …………… 22
　四　唯物史观视域下中国式现代化的文化进路 …………………… 31
　五　推进文化自信自强的价值理路与实践进路 …………………… 43
　六　共建"一带一路"倡议下的文明互鉴 ………………………… 51
　七　理解总体国家安全观的三维向度 ……………………………… 61
　八　五四精神百年传承与新时代中国青年使命 …………………… 75

第二章　新时代基层党建的实践创新 …………………………… 87
　一　新时代基层党建创新的基本依据、现实图景与基本经验 …… 87
　二　新时代农村基层党建长效机制的构建路径 …………………… 98
　三　新时代农村基层党组织政治领导力提升的基本路径 ………… 110
　四　乡村党组织建设的基本经验、主要症结及优化路径 ………… 121

第三章　新时代社会治理现代化的实践提升 …………………… 135
　一　继承与超越：从新公共管理到新公共服务 …………………… 136
　二　社会治理的公民"在场"：电视问政 ………………………… 147
　三　新基建推进社会治理现代化：机制与对策 …………………… 153
　四　社会治理视域下青藏高原生态环境治理的路径选择 ………… 165

第四章　新时代中华优秀传统文化的传承和弘扬的实践指向　172

一　中国共产党传承和弘扬中华优秀传统文化百年实践的
演绎向度　173
二　马克思主义基本原理同中华优秀传统文化相结合的时代向度　184
三　式微与固基：传统文化现代传承的路径考量　201
四　中华优秀传统文化认同的理论视域　209
五　民族地域文化传承与发展的考察　219
六　民族地区中国梦价值认同的文化建构　230

第五章　新时代铸牢中华民族共同体意识的实践推进　238

一　铸牢中华民族共同体意识的时代论域　239
二　民族地区铸牢中华民族共同体意识的文化面向　251
三　民族交融视域下中华文化认同的现实建构　260
四　中华文化认同：河湟地区多元场域中的民族交融　269
五　铸牢中华民族共同体意识文化仪式的个案展演　280
六　铸牢中华民族共同体意识的国家通用语言文字之维　293

第六章　新时代中国特色社会主义前沿问题的教学面向　307

一　新时代中国特色社会主义理想自觉形塑的教育固基　307
二　新时代爱国主义教育的协同推进　315
三　中华优秀传统文化认同教育高校展演的实践向度　324
四　"办好思政课关键在教师"：阐释维度与实践进路　334
五　关于地方文化融入高校思政课教学的个案考量　344
六　思政课教学改革"慕课热"的冷思考　350

参考文献　357

第一章　新时代中国特色社会主义的理论课域

党的十八大以来，中国共产党团结带领全体中国人民攻克了许多长期没有解决的难题，办成了许多事关长远的大事要事，党和国家事业取得历史性成就、发生历史性变革，中国特色社会主义进入了新时代。习近平总书记在党的十九大报告中详细阐述了中国特色社会主义进入新时代的重大意义和深刻内涵。中国特色社会主义新时代的时空演进内在遵循着三重逻辑——理论逻辑、历史逻辑、发展逻辑，三者分别基于其性质与意涵、方式与路径、机制与体系注解并具现着中国特色社会主义新时代的演进历程，从整体论域回应了中国特色社会主义在时代境遇中的本然指向、发展方向以及践行路径等现实命题。在推进马克思主义中国化时代化的进程中，我们党坚持把马克思主义基本原理同中国具体实际相结合、同中华优秀传统文化相结合，传统化、民族化是马克思主义中国化的重要诠释维度。新时代要推进文化自信自强，铸就社会主义文化新辉煌。新时代国家安全的内涵和外延都得到前所未有的拓展，厘清中国共产党执政安全、政治安全与国家安全的逻辑关系，对于推进国家安全体系和能力现代化具有重要意义。青年兴则国家兴，青年强则国家强。新时代中国青年要立志成为堪当民族复兴大任的时代新人，以中国式现代化全面推进中华民族伟大复兴。

一　中国特色社会主义进入新时代：内涵、标志及意义

"新时代"这一概念与我国社会主要矛盾的新变化是紧密联系在一起的，社会主要矛盾的变化也是中国特色社会主义进入新时代的重要标志。

尽管我国社会主要矛盾在表述与内容上都发生了重要变化，但是我国仍处于并将长期处于社会主义初级阶段的基本国情没有变，中国共产党对人民利益的关切、全心全意为人民服务的根本宗旨没有变。正确理解新时代我国社会主要矛盾"变"与"不变"之间的辩证关系，是今后相当长一段时间内正确分析和解决国内主要问题的前提和依据。

（一）中国特色社会主义新时代的基本内涵

"新时代"一词不仅是一个重要概念，而且是中国共产党对当前我国发展历史方位新的准确判断，是今后相当长一段时间内中国共产党制定内外方针政策的重要依据。然而，究竟什么是新时代，新时代的具体内涵是什么，新时代"新"在何处，则需要进一步分析和解读。

新时代是承前启后、继往开来、夺取新的伟大胜利的时代。中国共产党领导全国各族人民坚持以马克思主义为指导，承前启后、继往开来，在新的历史条件下夺取新的伟大胜利。新中国成立使中国人民真正站了起来，民族独立为进入中国特色社会主义新时代奠定了坚实的基础；改革开放的成就使中国人民富了起来，国家的富强为进入中国特色社会主义新时代提供了物质保障；中国共产党抵御风险和应对挑战的能力不断增强，执政能力和执政水平不断提高，坚强的领导核心为中国特色社会主义进入新时代提供了最根本的政治保证。虽然在探索中国特色社会主义发展道路过程中出现过一些曲折，但是中国共产党敢于直面错误并及时纠正错误，在总结经验教训的基础上带领全国各族人民最终探索出一条正确的发展道路。改革开放40多年来，中国各项事业都取得了巨大的成就，这些成就的取得离不开中国共产党的正确领导。辉煌的历史昭示着光明的未来。我们有理由相信，中国共产党作为中国特色社会主义事业的坚强领导核心，一定能够带领全国各族人民继往开来，在新的历史条件下把握世界大势，在实现中华民族伟大复兴的征程上夺取更大的胜利。

新时代是实现飞跃、由富变强、走向社会主义现代化强国的时代。如果说新中国的成立使中国人民站起来了，那么，改革开放则使中国人民富起来了，这是全体中国人民普遍认同的。无论是新中国成立还是改革开放，都离不开中国共产党的正确领导，正是在中国共产党领导下，中国人民才"站起来"了，并逐渐"富起来"了。尽管我国目前还处于社会主义初级阶段，但社会主义在中国却焕发出前所未有的蓬勃生机，展现出令世人惊叹的活力与潜力。中国开辟了一条社会主义发展的新道路，为世界其他社会主义国家的现代化建设提供了一个样板。我们早已改变新中国成立初期"一穷二白"的面貌，"中国制造"在国际市场中赢得越来越好的口碑，并逐步实现了从"中国制造"到"中国质造"和"中国智造"的飞跃；"中国速度"令全世界惊叹；"中国方案"在国际社会中发挥着越来越重要的作用。中国在改革开放的过程中坚持走独立自主的现代化道路，为发展中国家的发展提供了可资借鉴的样板。近年来，中国的军队建设也取得了巨大的成就，不仅有足够的实力来保卫人民的生命财产安全，而且在维护国际社会和平稳定方面也发挥着越来越重要的作用。中国的文化软实力进一步增强，中华优秀传统文化在全世界范围内得到了广泛的传播，国际社会越来越愿意听到"中国声音"。综合国力的不断增强，使中国在国际社会中掌握越来越多的话语权，在国际事务处理和国际争端中，中国发挥着重要的建设性作用。因此，新时代是中国从发展中的社会主义大国走向社会主义现代化强国的时代。

新时代是团结奋斗、共创美好生活、追求全体人民共同富裕的时代。古人云："不患寡而患不均。"收入差距扩大是影响社会发展和稳定的重要因素。新中国成立以来特别是改革开放以来，社会主义生产力获得极大发展，人民生活水平得到显著提高。共同富裕是社会主义的本质要求，也是社会主义社会区别于资本主义社会的基本标志。经过改革开放40多年持续快速的发展，我国人均可支配收入不断提高。我们也应该看到，在国民经济持续快速发展的同时，我国的贫富差距并没有消除，东西部地区的区域发展差距、城乡之间的发展差距并没有得到有效的解决。收入差距在很大程度上制约着我国经济社会发展质量和水平的提升。因此，必须坚定不移贯彻新发展理念，着力解决发展的不平衡问题，缩小贫富差距，实现共同富裕。"精准扶贫"不仅要实现全国人民同步进入小康社会的目标，而且要帮助那些尚未实现脱贫的群众顺利脱贫，并且要精准到每一个贫困户。这项庞大的工程，不仅提高了中国低收入人口的生活水平，而且为解决世界贫困人口问题贡献了中国力量。中国特色社会主义新时代就是逐步消除贫困和实现全体人民共同富裕的时代。

新时代是勠力同心、展望未来、实现中华民族伟大复兴的时代。中华民族发展历经磨难，但是不屈不挠的中华儿女却从来都没有放弃过对美好生活的向往和追求。一部中国近现代史，就是一部中华民族的屈辱史。近代的中国成为西方列强侵略、瓜分和蹂躏的对象，中国人民经历了百年的血泪史。但是，中华民族并没有放弃对美好生活的向往，无数仁人志士为了实现民族独立和人民解放不惜牺牲自己的生命。因此，一部中国近现代史，又是一部中华民族的奋争史。中国共产党的建立使中国革命有了可以信任和依赖的领导核心。经过无数次对帝国主义、封建主义以及官僚资本主义的斗争，直至1949年中国共产党带领全国各族人民取得了新民主主义革命的胜利，中国人民才真正站起来了。新中国的成立是中华民族走向伟大复兴征程的起点。不可否认，由于缺乏社会主义建设经验和照搬苏联经验等，党探索社会主义道路的过程充满了艰辛，甚至出现过重大失误。但在党的十一届三中全会以后，中国共产党找到了一条发展中国特色社会主义的正确道路。经过40多年的改革开放，中国在各个领域所取得的发展成就令世界震撼，中华民族以崭新的姿态屹立于世界的东方，中国人从未像今天这样在世界的任何角落都那么有尊严，中华民族从未像今天这样扬眉吐气，中华民族从未如此接近伟大复兴的目标。因此，新时代是中华民族实现伟大复兴中国梦的重要阶段。

新时代是和平发展、互利共赢、走近世界舞台中央的时代。近代，西方列强用坚船利炮惊醒了清政府"天朝上国"的美梦。中国成为西方列强眼中重要的商品倾销市场，逐渐沦为可以被肆意瓜分的"肥肉"，被迫签订了一系列不平等的丧权辱国的条约。我们痛恨晚清政府的无能，同时也对国家实力的衰弱感到无奈。近代中国在与西方国家交往的过程中，毫无国际地位可言，即使成为一战的战胜国，仍然无法摆脱领土被瓜分的命运。"弱国无外交"，何谈领土完整和主权尊严？新中国虽然早在1949年就成立了，但是在联合国的合法席位并没有得到及时的承认，直到1971年联合国才恢复中国的合法席位。经过改革开放40多年的发展，中国在国际社会中的影响力逐渐增强，成为多极化世界中的一个重要中心。全世界的华人都能深刻地体会到，中国的"朋友圈"在日益扩大，中国声音和中国方案在国际事务中发挥着越来越重要的作用，中国从未像今天这样接近世界舞台的中央。"中国与世界的关系踏上新的历史起点，中国越来越需要世界，世界也越来越需要中国。"① 中国发出的共建"一带一路"倡议得到世界上越来越多国家的响应和重视，即使与中国意识形态分歧较大的资本主义国家也纷纷加入中国倡议建立的亚投行，共建"一带一路"成为世界经济社会发展的重要引擎。

（二）社会主要矛盾的变化是进入新时代的重要标志

党的十八大以来，我国社会的各个领域都发生了深刻的变化，党和国家事业的发展呈现新特点。改革开放和社会主义现代化建设取得重大历史性成就、党和国家各项事业的历史性变革和社会主要矛盾的新变化，三者构成了中国特色社会主义进入新时代的重要依据。② 无论是改革开放和社会主义现代化建设取得重大历史性成就，还是党和国家各项事业的历史性变革，都是我国社会主要矛盾发生新变化的原因。换言之，社会主要矛盾的变化是中国特色社会主义进入新时代的重要标志。以习近平同志为核心的党中央，科学把握当今世界和当代中国的发展大势，顺应实践要求和人民愿望，以巨大的政治勇气和强烈的责任担当，统筹推进"五位一体"总体布局，协调推进"四个全面"战略布局，将中国特色社会主义事业推到了一个前所未有的发展高度。尽管我国现阶段仍然处于社会主义初级阶段，但是中国特色社会主义表现出了许多新的阶段性特征。

新中国成立以来我国社会主要矛盾经历了曲折复杂的转变历程。新中国成立初期的"三反""五反"运动和1952年底基本完成的土地改革，为社会主义建设奠定了政治基础。党在1956年召开的八大上对我国社会的主要矛盾作出科学判断，即"我们国内的主要矛盾，已经是人民对于建立先进的工业国的要求同落后的农业国的现实之间的矛盾，已经是人民对于经

---

① 胡鞍钢、李萍：《习近平构建人类命运共同体思想与中国方案》，《新疆师范大学学报》（哲学社会科学版）2018年第5期。
② 韩庆祥、陈曙光：《中国特色社会主义新时代的理论阐释》，《中国社会科学》2018年第1期。

济文化迅速发展的需要同当前经济文化不能满足人民需要的状况之间的矛盾"①。1981年党的十一届六中全会提出，在社会主义改造基本完成以后，我国社会的主要矛盾是"人民日益增长的物质文化需要同落后的社会生产之间的矛盾"。这使党和国家把工作的重点放到经济建设上来，坚持以经济建设为中心，为改革开放以来取得巨大成就提供了思想保障。党的十九大对我国社会的主要矛盾作出新的重大研判："中国特色社会主义进入新时代，我国社会主要矛盾已经转化为人民日益增长的美好生活需要和不平衡不充分的发展之间的矛盾。"②历史充分证明，只有坚持从我国社会的实际出发，正确把握现阶段我国社会主要矛盾的变化，才能准确把握国内、国际局势的变化，中国特色社会主义事业才能沿着正确的发展道路不断前进。

新时代我国社会主要矛盾表现出新的阶段性特征，必然会对中国特色社会主义事业全局产生广泛而深刻的影响。经过改革开放40多年的快速发展，中国特色社会主义事业进入一个新的历史阶段，表现出许多新的特征。"我国社会主要矛盾的变化，没有改变我们对我国社会主义所处历史阶段的判断。"③"两个没有变"依然是我国最基本的国情，是党和国家制定方针、政策的总依据。对此，必须清醒地认识到以下几点。第一，社会主义初级阶段是长期的。尽管我国在改革开放历程中所取得的巨大成就令全世界瞩目，但是我国目前的发展水平并没有超越社会主义初级阶段，并且在相当长时期内，我国仍将处于社会主义初级阶段。在历史上，中国共产党多次纠正"左"倾冒进的错误，在新时代依然要警惕和防范"左"倾错误。第二，社会主义初级阶段是不发达的。中国特色社会主义进入了新时代，但是依然无法充分满足人民日益增长的美好生活需要，我国在公共服务供给、社会精细化管理等方面仍存在不足，与社会主义现代化强国仍有较大的差距。任何满足于现状、对已经取得的成就沾沾自喜、不思进取的思想和行为都是错误的。第三，综合国力在很大程度上决定着国际地

---

① 《建国以来重要文献选编》第9册，中央文献出版社，1994，第341页。
② 习近平：《决胜全面建成小康社会 夺取新时代中国特色社会主义伟大胜利——在中国共产党第十九次全国代表大会上的报告》，人民出版社，2017，第11页。
③ 《党的十九大报告辅导读本》，人民出版社，2017，第12页。

位。"我国是世界上最大发展中国家的国际地位没有变",这是我国基本国情的重要方面。虽然我国在国际社会中扮演着越来越重要的角色,但是我国依然是发展中大国,而不是现代化强国。实现由"大国"到"强国"的转变,仍需要不断努力。

必须深刻理解把握新时代我国社会主要矛盾的"变"与"不变"。党的十九大对我国社会主要矛盾的新表述,是自党的十一届六中全会以来,党在重要会议上首次对我国社会主要矛盾作出新的表述,具有十分重要的意义。"人民日益增长的美好生活需要"与"人民日益增长的物质文化需要"、"不平衡不充分的发展"与"落后的社会生产"之间不仅仅是文字表述上的差异,新表述在内涵上也得到了进一步丰富和发展。党的十九大报告中关于我国社会主要矛盾的新表述,主要体现了矛盾主体的"变"与"不变"、中国共产党以人民为中心思想的"变"与"不变"等方面。党的十九大报告中对我国社会主要矛盾的矛盾主体的表述内涵更加丰富,"美好生活需要"是多方面的,不仅是物质财富的丰富,更是精神生活的满足;"不平衡不充分的发展"更是直指我国经济社会发展中的突出问题,揭示了当前我国社会生产力方面最大的短板。新时代我国社会主要矛盾的实质仍然是供给与需求之间的矛盾,这与党的十一届六中全会关于社会主要矛盾的表述是一样的,并没有发生改变。但是在对需求的满足程度上,发生了由"温饱型"向"享受型"的转变。中国共产党对我国社会主要矛盾的准确把握,是坚持以人民为中心的发展思想的前提。只有不忘初心、牢记使命,坚持以人民为中心,党和国家才能把人民的美好生活需要作为制定方针政策的出发点和落脚点,才能真正做到全心全意为人民服务。坚持以人民为中心的发展思想,是解决新时代我国社会主要矛盾的关键。

与此同时,进入新时代以来,我国的改革开放和社会主义现代化建设取得了历史性成就,国际影响力显著提升,但是我国是世界最大发展中国家的国际地位没有变。准确分析和全面研判国情是制定科学的方针政策的基本前提和现实依据。我国文化软实力不断增强,中华优秀传统文化得以向世界弘扬:通过汉语国际传播带动中华优秀传统文化国际传播,举办"汉语节""文化节""中国年"等一系列具有中国特色的文化活动;实施汉语桥工程,在海外建立"孔子学院""孔子课堂"等,教授汉语汉字,使更多的人了解快速发展的中国，了解博大精深的中国文化；世界各国学习汉语的热情高涨，大批留学生来中国学习汉语、研究汉字、感受汉文化。中国文化的国际影响力逐步增强。新时代新阶段，中国始终秉持和平发展、合作共赢的理念与世界各国共商大计、共谋发展，构建人类命运共同体。中国的国际影响力、感召力、塑造力进一步提高，为世界和平发展作出了重大贡献。但是我们要始终意识到，中国是世界最大发展中国家的国际地位没有改变，我国的经济发展水平与世界发达国家仍有一定的差距，发展的不平衡不充分问题仍然突出，我国现阶段的发展是在世界最大的发展中国家基础之上的发展，仍需在全面深化改革的基础上不忘初心、牢记使命，沿着中国特色社会主义道路继续前进。

（三）正确认识新时代我国社会主要矛盾的重要意义

中国特色社会主义进入新时代的重大论断，既肯定了中国特色社会主义已取得的巨大成就，同时也指出了面临的问题。其中成就是矛盾的主要方面，在发展中所产生的问题是矛盾的次要方面，二者共同构成形势分析与判断的重要前提与条件。深入分析研究新时代我国社会主要矛盾的"变"与"不变"，在未来相当长的时间内，对于国内各个方面的工作都具有十分重要的指导意义。

中国经过几十年的快速发展已经实现由量变到质变的转化，中国社会主要矛盾两个方面的内涵和外延都发生了深刻的变化。中国特色社会主义进入新时代有很多具体的表现形式，不仅包括中国已成为世界第二大经济体，中国 GDP 的增长速度稳居全世界第一，人民的物质生活水平显著提高，而且包括中国的人口素质得到了显著的提升，人民受教育程度不断提高，对精神生活的品质有了更高的要求。人民需要更加公平公正的社会规则、更加和谐的社会环境、更加完善的社会保障体系、更民主地享有公民权利，这一切都可以概括为"人民日益增长的美好生活需要"。中国改革开放以来取得了巨大的历史性成就，人民日益增长的物质文化需要和精神文化需要得到了比较充分的满足，但日益增长的公平正义、环境、安全等方面的需求还未能很好地得到满足。"人民日益增长的美好生活需要"准确反映了新时代中国人民的真正需求不仅仅是物质文化需求和精神文化需求,更多的是进一步提高生活质量的需求。毋庸置疑,中国的社会生产力水平得到了显著的提高,"落后的社会生产"的表述不再符合中国实际,而"不平衡不充分的发展"则是对现阶段中国经济社会发展的全面把握和精准判断。我国社会主要矛盾的新变化是中国特色社会主义进入新时代的重要标志。

新时代我国社会主要矛盾的新表述,一方面肯定了我国改革开放以来取得的巨大历史性成就;另一方面也说明我国现阶段的发展是不平衡不充分的,这使人民日益增长的美好生活需要无法被充分满足。解决新时代我国社会的主要矛盾只能运用发展的方式和办法,并在发展过程中化解所遇到的各种复杂问题。不平衡不充分是新时代我国在发展中国特色社会主义过程中最深层次的矛盾,也是破解我国发展难题的关键点和着力点。正是在准确认识新时代我国社会主要矛盾的基础上,中国共产党提出了新的发展战略:"第一个阶段,从二〇二〇年到二〇三五年,在全面建成小康社会的基础上,再奋斗十五年,基本实现社会主义现代化。""第二个阶段,从二〇三五年到本世纪中叶,在基本实现现代化的基础上,再奋斗十五年,把我国建成富强民主文明和谐美丽的社会主义现代化强国。"[①] 正确认识和科学分析新时代我国社会的主要矛盾,抓住主要矛盾的主要方面,是解决新时代中国发展过程中面临的复杂问题的主要立足点。

新时代我国社会主要矛盾的新表述集中体现了中国共产党的根本宗旨,其并非说我国的物质财富已经极大丰富、不需要再发展了,而是要在美好生活的供给上下功夫,更好地回应人民群众的社会关切,兑现"把人民对美好生活的向往作为奋斗目标"的庄严承诺。中国共产党自成立以来,始终把人民的利益放在首位,坚持全心全意为人民服务的根本宗旨。不可否认,中国共产党内部出现了一些危害人民利益的腐败分子,给党的事业造成了十分消极的影响,但是我们也应该看到中国共产党以"壮士断腕"的勇气进行了坚决的反腐败斗争,充分展现了中国共产党的政治自信。中国共产党敢于承认自身存在的不足,并持续不断地推进伟大的自我

---

① 习近平:《决胜全面建成小康社会 夺取新时代中国特色社会主义伟大胜利——在中国共产党第十九次全国代表大会上的报告》,人民出版社,2017,第28~29页。

革命，以自我革命的方式保持党的纯洁性和先进性，使中国共产党始终是中国最广大人民群众根本利益的坚定维护者。不断地满足人民群众的美好生活需要，就是坚持以人民为中心的发展理念，就是贯彻中国共产党人全心全意为人民服务根本宗旨的生动实践。新时代我国社会主要矛盾的新表述，回应了人民的社会关切，兑现了对人民的庄严承诺，是中国共产党全心全意为人民服务根本宗旨的集中体现。

新时代我国社会主要矛盾的变化是中国共产党理论创新的基础和依据。中国特色社会主义进入新时代，首先表现为社会主要矛盾的变化。只有抓住社会主要矛盾，才能不断提高党和政府化解社会主要矛盾的能力，才能不断提高党应对"四大考验""四种危险"的能力与水平，才能不断把中国特色社会主义事业推向前进。中国共产党的理论创新具有很强的问题导向，主要目的在于解决中国社会发展过程中的主要矛盾和主要问题。党的指导思想的变化与发展都密切结合中国革命、建设和改革事业。我国社会主要矛盾的新变化成为习近平新时代中国特色社会主义思想产生的现实基础，而党对其作出的科学判断，则是中国共产党所进行的重大理论创新，是中国共产党集体智慧的结晶，为制定新时代党的路线、方针、政策和战略提供了理论依据。

新时代基于社会主要矛盾科学研判的道路抉择为发展中国家实现现代化提供了方案借鉴。近代中国历经磨难，直到1949年新中国成立才摆脱受奴役、受压迫的地位。为了实现民族独立和人民解放，中国共产党人带领全国各族人民进行了艰辛的探索，走出了中国特色社会主义道路，建立了中国特色社会主义制度，形成了中国特色社会主义理论和中国特色社会主义文化，在建设中国特色社会主义的过程中逐步形成了独具特色的"中国方案"。"对中国而言，'中国方案'首先是一个致力于实现从传统社会向现代社会转型的自我再造、自我更新方案。"① 它是一条完全独立自主的现代化之路，既不受制和依附于任何强国，又不完全照搬、照抄任何一个国家的发展模式，是党团结带领各族人民自主探索的、符合中国社会实际

---

① 刘晨光：《试论"中国方案"的核心要义》，《新疆师范大学学报》（哲学社会科学版）2017年第5期。

的、体现全体中国人民智慧的现代化之路。曾经与中国有过类似悲惨命运的一些亚非拉国家则没有像中国这样走上独立自主的现代化道路,它们依然无法摆脱世界强国的干涉,发展模式和发展道路在很大程度上受制于人。"中国方案"是对中国经济社会快速发展的现代化道路的理论概括,对包括资本主义国家在内的世界发展中国家的现代化之路具有十分重要的借鉴意义。

中国特色社会主义进入的新时代是加快实现中华民族伟大复兴中国梦的时代,是全国各族人民走向共同富裕的时代,是中国在国际社会拥有更多的话语权、逐渐走近世界舞台中央的时代,是中国从社会主义大国走向社会主义现代化强国的时代。同时,新时代也必然是每一个中国人大有可为、大有作为的时代。中国特色社会主义进入新时代,具有诸多方面的依据,但是主要表现为中国社会主要矛盾的变化。同时也应该清醒地认识到,尽管我国的社会主要矛盾在表述上发生了新的变化,但是在"基本国情"、"矛盾主体"、"社会关切"和"国际地位"等方面都存在"变"与"不变"的内容。中国特色社会主义进入新时代的一个重要标志是社会主要矛盾的变化。正确认识我国社会主要矛盾的变化是解决新时代发展过程中面临的复杂问题的立足点,是中国共产党根本宗旨的集中体现,同时也是中国共产党理论创新的基础和依据。中国共产党准确地把握了我国在革命、建设和改革过程中的社会主要矛盾,坚持以人民为中心的发展理念,破解了一个个发展难题,开辟了中国特色社会主义现代化之路,为世界发展中国家提供了可资借鉴的"中国方案"。

二 新时代中国特色社会主义的演进逻辑

新时代中国特色社会主义是一个层次复杂、要素多元、意涵多维的结构系统,其实然演绎既投置于民族共同体历史形塑的既定时空坐标中,又映射于科学社会主义世界发展的具体进程中。"没有任何东西是不动的和不变的,而是一切都在运动、变化、生成和消逝。"① 历时演进既是新时代

---

① 《马克思恩格斯选集》第3卷,人民出版社,1995,第733页。

中国特色社会主义的生发缘起又是其存在方式。价值演进的理论逻辑、模式演进的历史逻辑、系统演进的发展逻辑分别从性质与意涵、方式与路径、机制与体系方面注解并具现新时代中国特色社会主义的演进历程，而且据此从整体论域对中国特色社会主义在时代境遇中的本然指向、发展方向以及践行路径等重大命题进行了现实观照。

（一）新时代中国特色社会主义价值演进的理论逻辑

新时代中国特色社会主义价值演进的理论逻辑体现于中国特色社会主义历史发展进程中，表征为中国特色社会主义价值嬗变所遵循的规律和原则，集中诠释于社会主义的价值论域框定、科学社会主义的中国彰显与中国特色社会主义的时代意旨。作为思维领域的逻辑释义，社会主义的价值给定、科学社会主义在社会主义中国发展历程中的特色投向与中国特色社会主义在时代场域中的价值指向具现着新时代中国特色社会主义价值演进。

社会主义从本真意涵方面框定着新时代中国特色社会主义的价值论域。在中国特色社会主义价值演进的时空语境中，无论"中国特色"如何彰显，基于价值意涵所指，中国特色社会主义都必须遵从社会主义的本质给定。有鉴于此，作为中国特色社会主义时代展演的具体维度，无论从思维存在抑或意识形态来看，新时代中国特色社会主义均承载且体认着社会主义价值意涵的既有框定。社会主义制度从本质给定性上凸显人民利益至上原则，作为个体的主体之需要与价值诉求均体认于其中。基于制度范畴的理论厘清，恩格斯认为社会主义制度"将给所有的人提供健康而有益的工作，给所有的人提供充裕的物质生活和闲暇时间，给所有的人提供真正的充分的自由"[①]。从社会发展的理解向度出发，恩格斯为社会主义制度擘画的蓝图恰恰描画了中国人民对新时代中国特色社会主义生活图景的美好追求。表征为生活图景之文明进步与时代诉求的社会主义，其制度优越性不仅体现于其生产资料的公有制形式更利于生产力的高效发展，更体现于公正公平的分配制度能够使民众共享社会高效发展的巨大成果和丰厚利

---

① 《马克思恩格斯全集》第21卷，人民出版社，1965，第570页。

益。从社会制度历史发展的进步性考量，制度正义与共享原则从价值意涵上集中释义了社会主义的本然指向与最终旨归，因为社会主义原则"要在这些职责中掌管权利和义务的分配，决定社会生活中利益和负担的恰当分配"①。如果说中国特色社会主义以科学社会主义的中国维度推动着中华文明重焕盎然生机，那么新时代中国特色社会主义则以中国特色社会主义的时代维度引领着中华民族走向伟大复兴。

科学社会主义的中国彰显生动阐发了新时代中国特色社会主义价值演进的律动图谱。"中国特色"展演于社会主义发展的时空界域中，立足于中国国情的历史传统与现实境况，指向于社会主义路径抉择与中国实际的有机统一。从科学社会主义在国家的发展历程研判，以马克思主义为指导的社会主义制度发展必须立足于本国基础，必须在马克思主义与本国实际相结合基础上作出正确的道路抉择，因为成功的经验"如果不同本国的情况相结合而一模一样地照搬就会导向失败"②。从中国特色社会主义的具体历程考量，"中国特色"的现实发展必须植根于中国土壤，立足于中国实际，其在具体实践中也必须依赖于中国人民，走中国道路，并伴随社会主义中国的时代发展而在具体践行指向上进行相应调整。"中国特色"的现实彰显不仅给中国特色社会主义在时代场域的阶段发展以丰富内涵，而且给新时代中国特色社会主义在现实语境中的具体展演以本然特质，并据此从理论意涵与实践形态双重维度阐明了中国特色社会主义的时代走向。在现实性上，对"中国特色"的始终遵从既是中国特色社会主义发展历程的理解前提，又是新时代中国特色社会主义历史论断的释义基础，有鉴于此，对新时代中国特色社会主义价值演进的理论研判必须考量"中国特色"的本然所指与时代能指。马克思曾经强调，"相同的经济基础——按主要条件来说相同——可以由于无数不同的经验的情况，自然条件，种族关系，各种从外部发生作用的历史影响等等，而在现象上显示出无穷无尽的变异和色彩差异"③。就国家社会制度的客观抉择与发展进程而言，社会

---

① 〔美〕约翰·罗尔斯：《正义论》，何怀宏、何包钢、廖申白译，中国社会科学出版社，1988，第50页。
② 《毛泽东文集》第7卷，人民出版社，1999，第64页。
③ 《马克思恩格斯文集》第7卷，人民出版社，2009，第894页。

发展的差异性、历史积淀的多元性与现实境况的多样性从根本上决定了没有普适的国家路径与道路模式，任一国家的发展都必然依据其自身的历史本源性与现实特殊性，都不可能一模一样，即便"一切民族都将走向社会主义，这是不可避免的，但是一切民族的走法却不会完全一样"①。"中国特色"集中体现了科学社会主义在国家历史中生发的中国模式与中国道路，生动刻画了中国特色社会主义在时代境遇中发展前行的复杂处境与阶段特质，深刻反映了新时代中国特色社会主义在现实场景中具体实践的奋斗目标与前进方向，其不仅展现于中国特色社会主义发展进程中所取得的辉煌成就中，而且是新时代中国特色社会主义历史阶段中华民族伟大复兴的目标。

中国特色社会主义的时代意旨投射深度阐析了新时代中国特色社会主义价值意涵的实然指向。对时代主题的理性认知与正确判断是新时代中国特色社会主义的决策依据和出发前提。"中国特色社会主义是当代中国发展进步的根本方向，问题的根本在于如何坚持和发展中国特色社会主义。"②迈入新时代发展阶段，中国特色社会主义究竟该如何坚持和发展，该体认什么价值、秉承什么原则、遵从什么方向，这不仅是科学社会主义国家境遇中的中国命题，更是社会主义世界历史进程中的时代命题。事实上，在马克思主义指导下立足中国实际发展社会主义，既是科学社会主义在中国前行的必然前提，也是中国特色社会主义在新时代发展的客观基础，更是新时代中国特色社会主义目标达成的现实依据，因为"认清中国的国情，乃是认清一切革命问题的基本的根据"③。有鉴于此，中国特色社会主义的时代意旨必然映照于双重维度。其一，从价值意涵看，中国特色社会主义必须受制于社会主义的价值框定与属性规定。无论中国特色如何呈现和演绎，一旦撇开社会主义的本真规定与限定前提，中国特色社会主义必然偏离既定方向，失去其根本意义。其二，从具体实践看，中国特色社会主义在新时代的实际践行不仅需要考量中国国情，而且必须关切时代

---

① 《列宁专题文集·论社会主义》，人民出版社，2009，第398页。
② 张乾元、李琨：《"四个全面"开辟中国特色社会主义新境界》，《新疆师范大学学报》（哲学社会科学版）2015年第6期。
③ 《毛泽东选集》第2卷，人民出版社，1991，第633页。

局势。一方面，中国特色社会主义的时代发展必须立足中国现实，但又不能将立足现实简单理解为顺从国情，是依据国情而非盲从国情，如若盲从，则无变革，所以必须随着中国国情的时代演变而有所创新与突破。另一方面，中国特色社会主义的时代发展必须在立足国情基础上充分保证其独立自主性。"中国特色社会主义的重要成功经验之一，就是从中国国情出发选择现代化道路，保持发展的自主性。"[1] 如果离开中国实际，一味模仿借鉴，中国特色社会主义必将流于空泛，甚至面临变质危险。据此，无论是理论范畴的厘清抑或实践论域的澄清，新时代中国特色社会主义的现实发展都必须坚持中国特色与社会主义的有机结合。在马克思主义指导下，秉承科学社会主义既定原则，在坚持社会主义前提下彰显中国特色，在立足中国国情基础上发展社会主义，实现中国特色与社会主义的现实统一，在中国实践中推动马克思主义中国化，以中国化的马克思主义明确社会主义的中国指向，方能最大限度地从道路、理论、制度、文化诸方面全方位体现中国特色社会主义的科学性、合理性、优越性与先进性，也才能确保新时代中国特色社会主义的正确方向。

从理论发展的释义逻辑出发，尽管"哲学家们只是用不同的方式解释世界，问题在于改变世界"[2]，但是，在认识世界和改造世界的实践进程中，在国家发展的历史进程中，如何推动理论的创新发展，使其在诠释实践合理性的同时能够给新的实践以正确指导，也成为新时代中国特色社会主义不容回避的迫切问题。在中国特色社会主义新时代，作为马克思主义中国化的最新理论成果，习近平新时代中国特色社会主义思想形成于中国特色社会主义深度发展的时代进程中，不仅体认了马克思主义的价值意旨，而且阐释了中国化马克思主义的时代内涵，并据此明确了中国特色社会主义在时代境遇中的发展方向，指明了新时代中国特色社会主义在现实场域中的实践要求。

---

[1] 陈金龙：《发展中国家走向现代化的中国智慧》，《人民日报》2017年11月22日，第7版。
[2] 《马克思恩格斯选集》第1卷，人民出版社，1995，第57页。

（二）新时代中国特色社会主义模式演进的历史逻辑

中国特色社会主义表征着科学社会主义世界历程的中国模式，而新时代中国特色社会主义则体认着中国特色社会主义具体实践的时代模式。对新时代中国特色社会主义模式演进的逻辑解读必须置于既定的时空坐标中，即以纵轴展演的历史—现实与以横轴呈现的世界—民族。社会主义在历史—现实之纵轴中的中国拓展与"中国特色"在世界—民族之横轴中的时代延伸基于实践范畴共构了新时代中国特色社会主义模式演进的历史逻辑。

从社会主义在历史—现实之纵轴中的中国拓展考量，中国既是在社会主义世界历史进程中走向科学社会主义的，也是在全球化世界发展境遇中迈入中国特色社会主义新时代的，据此，中国只能在世界历史进程中坚持和发展科学社会主义中国模式，也必须在全球化世界发展境遇中坚持和发展中国特色社会主义时代模式。恩格斯强调："每一个时代的理论思维，从而我们时代的理论思维，都是一种历史的产物，它在不同的时代具有完全不同的形式，同时具有完全不同的内容。"① 作为理论思维的嬗变结果与意识形态的演进态势，新时代中国特色社会主义的生成考察必须投置于世界历史进程与全球化现实境遇中，其不仅在于确立和把握中国特色社会主义模式演进的既定时空，也在于思考和确认新时代中国特色社会主义模式发展的基本依据。其一，作为科学社会主义在中华民族多元一体形塑和社会主义国家建构历程中的模式，中国特色社会主义不仅在理论上超越了马克思恩格斯对东方社会主义的设想模式，在实践上突破了苏联社会主义经典模式，而且在具体路径上严格遵循马克思主义的理论指导，在社会主义和实际国情紧密结合基础上推动实现社会主义现代化，其既超越了资本主义现代化靠掠夺和战争发家的暴力之路，又超越了争议颇多的苏联之路，是一条和平发展的社会主义现代化之路。其二，作为中国特色社会主义在其自身发展阶段中具体展演的时代模式，新时代中国特色社会主义既形成于全球化发展的世界进程中，又确立于中国特色社会主义阶段发展的时代

---

① 《马克思恩格斯选集》第 4 卷，人民出版社，1995，第 284 页。

境遇中。中国是在全球化中走向中国特色社会主义的，中国特色社会主义的发展历程也恰为中国改革开放的进行过程，这一历程也正是中国在经济、政治、社会、文化建设诸领域不断融入全球化、参与全球化、规范全球化的历史进程。与此同时，无论从实质论断抑或践行指向考察，新时代中国特色社会主义的发展进程都注定无法抛弃国家的形塑历史，因为"中国现时的新政治新经济是从古代的旧政治旧经济发展而来的……因此，我们必须尊重自己的历史，决不能割断历史"①。重温社会主义的世界历史，社会发展相对落后的国家在无产阶级领导革命胜利后究竟走什么样的社会主义道路，马克思经典理论中并未指明，苏联模式的创设在某种意义上体现了社会主义国家在具体实践中模式探索的创新性与发展性。在科学社会主义实践探索的国家历程中，已经取得巨大成就的中国特色社会主义不仅对科学社会主义的中国进程意义重大，同样对社会主义的世界历程影响深远。在中国特色社会主义历经波折的探索进程中，展演时代图景的新时代中国特色社会主义擘画了国家富强、民族复兴、人民幸福的美好蓝图，其不仅指出了科学社会主义在中国的未来走向，而且指明了中国特色社会主义在时代进程中的阶段目标。

从"中国特色"在世界—民族之横轴中的时代延伸考量，对新时代中国特色社会主义的模式厘清不仅要明晓中国语境，而且要明辨世界局势，必须基于世界与民族的视域进行整体解读。基于实践的道路模式本质上表征着国家意识形态的现实投射，因为"一切划时代的体系的真正的内容都是由于产生这些体系的那个时期的需要而形成起来的"②。作为科学社会主义在国家探索实践的具体模式，中国特色社会主义既遵循科学社会主义的既有原则，又被赋予异常鲜明的民族特色；作为中国特色社会主义发展实践中的阶段模式，新时代中国特色社会主义不仅没有逾越中国特色社会主义的原有框架，而且在遵守给定原则基础上又依据时代条件获得阶段性特征。在民族交往和世界历史中形成确立的新时代中国特色社会主义不仅摆脱了科学社会主义民族模式的狭隘性，而且拓展了中国特色社会主义发展

---

① 《毛泽东选集》第 2 卷，人民出版社，1991，第 708 页。
② 《马克思恩格斯全集》第 3 卷，人民出版社，1960，第 544 页。

模式阶段性的本然特质。从社会主义历史发展的世界进程考察，中国特色社会主义在一定意义上可谓以全新的视野深化了对人类社会发展规律、社会主义社会建设规律以及中国共产党执政规律的主体认知，在理论和实践相互佐证中展现了科学社会主义中国道路的科学性与合理性。从中国特色社会主义实践探索的复杂进程分析，新时代中国特色社会主义在深层意义上高度展现了中国人民对中国共产党执政地位的历史肯定、对中国特色社会主义制度的主体认可、对中国特色社会主义道路的价值认同。在全球化所引发的社会现代化转型进程中，新时代中国特色社会主义的世界意义主要在于其深刻解答了两大全球性问题：一是发展中国家能否找到一条不同于西方的发展道路，实现快速发展；二是世界社会主义是否已经终结。①作为科学社会主义的具体实践模式，在国家现代化进程中形成和确立的新时代中国特色社会主义对中国特色社会主义在新的历史阶段的丰富发展、中华民族伟大复兴的真正实现乃至社会主义的世界历史演进均有不可估量的时代意义，其不仅拓展了发展中国家的现代化途径，而且为社会主义的世界发展、科学社会主义的国家进程贡献了极具建设性的中国智慧和中国方案。

对新时代中国特色社会主义演进逻辑的历史阐析必须遵循社会发展的客观规律，不仅要于社会进步和国家建构的历史进程中辨明，而且要于世界发展和民族形塑的现实境遇中澄清。在科学社会主义的世界历史进程中全面把握"中国特色"，在中国特色社会主义的时代实践语境中真正发展社会主义，不失为整体考量新时代中国特色社会主义模式演进的应然向度。

（三）新时代中国特色社会主义系统演进的发展逻辑

系统是由若干相互联系和相互作用的要素组成、具有一定结构和功能的有机整体。②中国特色社会主义的现实面相与新时代中国特色社会主义的要素构成基于图景范畴在现实场域中共筑着新时代中国特色社会主义系

---

① 夏春涛：《新时代中国特色社会主义对全球性问题的回答》，《光明日报》2017年10月30日，第11版。
② 金炳华主编《哲学大辞典》，上海辞书出版社，2007，第949页。

统演进的发展逻辑。

中国特色社会主义在时代场景中的具体面相生动展现了新时代中国特色社会主义系统演进的图谱。马克思恩格斯认为:"意识在任何时候都只能是被意识到了的存在,而人们的存在就是他们的现实生活过程。"① 作为国家社会主义探索进程的阶段论断,新时代中国特色社会主义实质上表征为对人民生活实践的意识评判,其系统演进首先呈现为中国特色社会主义在新时代历史阶段的具体面相。从历史承续性研判其系统结构,党的领导、人民民主、依法治国分别基于领导力量、本质要求、基本方略共筑着中国特色社会主义的整体面向。从时代发展性斟酌其建构要素,主要矛盾、目标旨归、战略方针等分别指向实际国情、阶段任务、实施步骤等,共同演绎着新时代中国特色社会主义的多维面向。马克思曾经指出我们对时代变革的判断依据绝不能仅仅取决于特定社会的现存意识,因为"这个意识必须从物质生活的矛盾中,从社会生产力和生产关系之间的现存冲突中去解释"②。中国特色社会主义的发展进程也毫无例外地遵循这一客观规律,不管是源于内生发展的社会变革,抑或是迫于外来冲击的应对之策,其本质上都反映了生产力与生产关系矛盾运动所引发的社会面相量变与质变之实然态势。

中国特色社会主义在时代场域中的多维面向不仅生动展演着其时代面相,而且阐发着新时代中国特色社会主义系统演进的历史缘起。从发展定位论断,中国特色社会主义已经迈入新时代发展阶段,但仍然处于国家社会主义发展进程的初级阶段,二者于时代场域中的有机统一有力佐证着中国特色社会主义历时发展的客观规律。从实际国情研判,中国特色社会主义在新时代历史阶段中的主要矛盾已经基于生活领域转变为人民日益增长的美好生活需要和不平衡不充分的发展之间的矛盾,由此出发,在新时代中国特色社会主义发展阶段,满足人民日益增长的美好生活需要是中国共产党必须担负的历史重任与时代使命。以时代命题来看,在新的历史阶段,中国特色社会主义究竟何去何从,如何坚持和发展,亟待新时代中国

---

① 《马克思恩格斯选集》第1卷,人民出版社,1995,第72页。
② 《马克思恩格斯选集》第2卷,人民出版社,1995,第33页。

特色社会主义的理论回应。从目标旨归来看，在社会主义现代化转型进程中，国家富强、民族复兴与人民幸福具象化了新时代中国特色社会主义的奋斗指向。从实施方针来看，"十四个坚持"构成了新时代坚持和发展中国特色社会主义的基本方略。"五位一体"的总体布局、"四个全面"的战略布局、"四个自信"的动力筑牢、改革目标的总体明确、大国外交的走向确立等整体上构成了新时代中国特色社会主义的践行指向。从领导力量来看，新时代中国特色社会主义必须加强和巩固党的领导。中国共产党的领导既是中国特色社会主义最本质的特征，也是中国特色社会主义制度的最大优势，作为中国特色社会主义发展阶段的时代呈现，新时代中国特色社会主义最显著的特质与最优势的动力保证即在于中国共产党的领导。就中国特色社会主义历时发展的时空图景整体考量，对新时代中国特色社会主义系统演进的现实评判必须遵循国家社会主义发展进程的历史规律，不仅要依据中国特色社会主义时代面相的多维呈现，而且要顺应新时代中国特色社会主义现实发展的客观趋势。

新时代中国特色社会主义实然建构的要素体系具体演绎着其系统演进的现实图景。以系统建构的本然能指来看，制度、理论、道路、文化共构了新时代中国特色社会主义的范畴体系且统一于其具体实践。基于客观联系的哲学范畴，在中国特色社会主义新时代场域中，制度、理论、道路与文化既普遍联系又相互作用。制度保障伟大事业，理论指引前进方向，道路抉择具体路径，文化形塑民族自信。作为新时代中国特色社会主义的存在载体，中国特色社会主义制度在时代场景中以理论、道路、文化等方式呈现，不仅具体演绎着新时代中国特色社会主义的实践面相，而且也保证着理论、道路、文化在新时代的合法诠释与正确走向。恩格斯指出，"一个新的党必须有一个明确的积极的纲领"[1]，因为"一个新的纲领毕竟总是一面公开树立起来的旗帜"[2]。长期以来，马克思主义一直是中国共产党在革命和建设实践过程中的行动纲领。在中国特色社会主义新时代场域中，作为中国共产党带领全国人民实现国家富强、民族复兴、人民幸福宏伟蓝

---

[1] 《马克思恩格斯选集》第4卷，人民出版社，1995，第389页。
[2] 《马克思恩格斯选集》第3卷，人民出版社，1995，第325页。

图的具体纲领，习近平新时代中国特色社会主义思想指明了新时代中国特色社会主义的奋斗方向，引领着中华民族伟大复兴的目标达成。从中国特色社会主义艰辛探索的发展进程来看，"四个自信"的现实筑牢无疑是助推新时代中国特色社会主义顺利发展的动力保障。道路自信确证着中国特色社会主义制度的正确抉择，理论自信明确着中国共产党治国理政的实践指向，制度自信指引着科学社会主义在社会主义中国发展历程中的光明未来，文化自信则汇聚着中国特色社会主义在新时代历史阶段的精神动力，因此，就具体实践而言，无论是道路抉择、理论进步抑或制度完善，均有待于民族文化的价值整合与动力凝聚，道路自信、理论自信、制度自信的时代形塑也由此必然寻向于文化自信。从中国特色社会主义的发展历程整体考量，新时代中国特色社会主义必须坚持习近平新时代中国特色社会主义思想的理论指导，以中国特色社会主义制度为价值指引，以中国特色社会主义文化为精神支撑，秉承独立自主基本原则，坚持和平发展中国道路，在中国特色社会主义时代发展进程中不断推动中国化马克思主义理论的与时俱进、民族文化的传承创新与中国特色社会主义制度的日益完善。

基于社会主义的世界历史进程与科学社会主义的国家发展进程再度考量时代课题：在新时代，中国特色社会主义究竟该何去何从？如何坚持和发展？新时代中国特色社会主义历史演进内在遵循的三重逻辑已经明确作答，必须把马克思主义基本原理同中国实际紧密结合，延续国家社会主义历史发展的探索之路，继续科学社会主义实践探索的中国之路，开启中国特色社会主义深度转型的时代之路，这才是新时代中国特色社会主义伟大事业的正确选择与时代抉择，也才能保证新时代中国特色社会主义伟大实践的科学走向与旨归达成。"'历史'并不是把人当做达到自己目的的工具来利用的某种特殊的人格。历史不过是追求着自己目的的人的活动而已。"[①] 在中国特色社会主义新时代，国家富强、民族复兴、人民幸福集中诠释了中华民族共同的利益诉求和价值体认。作为中国特色社会主义阶段展演的具体模式，新时代中国特色社会主义坚持以社会主义为本质归属，以科学社会主义为秉承原则，以中国特色社会主义道路为践行指向，以中

---

① 《马克思恩格斯全集》第2卷，人民出版社，1957，第118~119页。

国特色社会主义文化为激发动力，在中国特色社会主义新时代不仅引领着中华民族走向伟大复兴，而且推动着中华文明不断进步前行。

三 传统化与民族化：马克思主义中国化的诠释维度

马克思主义中国化的现实旨趣指向实现马克思主义的本土化、传统化与民族化，就其本质而言涵盖双重意蕴，即中国"化"马克思主义与马克思主义"化"中国，前者意谓从意识形态层面实现马克思主义价值观与中华文化所表征价值观之融通与契合，后者则意谓从实践路径层面实现马克思主义意识形态与中国现实境遇的密切对接并积极发挥马克思主义意识形态的引领及整合功能。马克思主义中国化不仅表征实践意义而且彰显文化意涵，其理论诠释必须立足于当代中国社会实践与中华文化传统两个维度，这也正凸显了其传统化与民族化之意义所在。

马克思主义中国化指在马克思主义与中国历史演进及中国现实境遇具体结合基础上实现马克思主义的本土化、传统化与民族化。"理论在一个国家实现的程度，总是决定于理论满足这个国家的需要的程度。"① 因此，对马克思主义中国化的理论诠释必须基于其与中华文化的价值对接及当代中国现实境遇的路径抉择等诸多问题，在此基础上真正实现中国"化"马克思主义与马克思主义"化"中国之双向实践命题，夯实当代马克思主义中国化之文化基础与践行场域。这也凸显了马克思主义中国化这一命题之传统化与民族化旨趣所在。

（一）传统化与民族化——马克思主义中国化的时代意涵

作为一种意识形态，马克思主义本质上表征为特定的文化模式与价值体系，马克思主义中国化的实现要求价值主体必须深刻反思与理解当代中国社会的文化需要与价值诉求。中华文化的现实发展必须以马克思主义为指导，马克思主义中国化的真正实现与时代发展也必然要求赋予其本土化

---

① 《马克思恩格斯选集》第1卷，人民出版社，1995，第11页。

与民族化的内容与模式，中国化的马克思主义也将成为中华文化的特殊组成部分并将生成民族文化的当代价值旨趣，因此，以中华文化为支撑与条件、于中华文化境遇下并在当代中国现实场域中丰富发展马克思主义，实现马克思主义的传统化与民族化，体现马克思主义的世界性与发展性，是马克思主义中国化的时代命题与本真之义。

马克思主义的传统化指在马克思主义与中华文化传统价值的契合与融通基础上实现马克思主义的本土化与通俗化。特定价值体系的存在模式使马克思主义与中华文化传统价值两种相异价值体系之间通过对话与沟通达成某种程度的契合与融通。中华文化是一个既保守又开放的体系，其所蕴含的价值与意义永远随着人们的现实利益而增减，同样，马克思主义作为一种充分彰显政治性的价值体系，人们对它的认同与选择既要传承国家历史形成与演进过程中生成发展的文化意义与价值传统，又要考虑社会当代发展之主流价值需求与时代价值准则，因此，"在马克思主义与中国传统文化相结合中，有两种错误倾向应该防止，即文化虚无主义和文化复古主义"①。"传统是一个社会的文化遗产，是人类过去所创造的种种制度、信仰、价值观念和行为方式等构成的表意象征；它使代与代之间、一个历史阶段与另一个历史阶段之间保持了某种连续性和同一性，构成了一个社会创造与再创造自己的文化密码，并且为人类生存带来了秩序和意义。"② 传统规范着人类社会的生存秩序与价值意义，同样，中华文化本身不仅涵盖文化传统，也是对当代中国社会文化价值体系的反映与表征，在历史发展长河中最终保留并于现代社会发展创新的传统文化始终体现着社会群体的价值抉择与价值旨归，无论何时，马克思主义价值体系都绝对不会也不可能简单取代中华民族的价值传统，恰恰相反，中华文化所表征之价值传统与价值标准更有助于当代马克思主义中国化的实现。与此同时，马克思主义中国化带给中华民族新的机遇——重新梳理自身文化的矛盾并进行有效整合。于当前价值多元的现实境遇中，认真反思并深刻领悟当代中国社会

---

① 陈先达：《马克思主义中国化进程中的时代课题——论马克思主义与中国传统文化》，《人民日报》2010年12月27日，第11版。
② 〔美〕爱德华·希尔斯：《论传统》，傅铿、吕乐译，上海人民出版社，2009，"译序"第2页。

的文化需要与价值诉求，挖掘马克思主义价值观与中华文化传统价值的契合点与融汇点，推动马克思主义的本土化与通俗化，是马克思主义中国化的现实意义本质所在。

马克思主义的民族化指作为一种指导理论的马克思主义在与中华民族的历史以及现状紧密结合基础上实现马克思主义的具体化与时代化。"马克思主义中国化，从根本上说是民族化。民族的历史和民族的现状、民族的形式和民族的内容是很难割裂的。"[①] 马克思主义中国化首先体现于马克思主义普遍原理与中国社会文化观念相结合，即把马克思主义基本理论与中华民族的文化特质、思维模式、价值取向、行为方式结合起来，使之民族化。马克思主义中国化的当代内涵即把马克思主义与中国历史及中国实际密切结合，赋予马克思主义民族化的存在模式与价值意蕴，充分凸显马克思主义的具体性与时代性，实现马克思主义的理论创新与时代发展。民族性是文化价值体系的本质特性，作为一种文化价值体系存在的马克思主义也不例外，马克思主义与中国当代实际相结合既要体现马克思主义民族化的特征，又要顾及马克思主义时代化的特点，马克思主义中国化既要发挥马克思主义理论对中国实际的指导作用，又要实现马克思主义价值体系在中国现实境遇中的丰富发展，因此，形塑马克思主义的民族化模式与内容也正是马克思主义中国化的意旨表征。马克思主义理论体系既含普遍性又存特殊性，其普遍性从根本上体现于所诠释社会发展规律适用之世界性，而其特殊性则集中表征于其与不同国家社会发展状况相结合之民族性。因此，于中国现实境遇中实现马克思主义的民族化并非仅仅在于马克思主义与中国历史及中国社会的结合形态，更为重要的是马克思主义理论体系于中国当代场域中的丰富创新与时代发展，这一发展创新既是现阶段马克思主义中国化的理论总结，又是新阶段马克思主义中国化的理论基础。

"一个社会主义者，为使他的主义在世界上发生一些影响，必须要研究怎么可以把他的理想尽量应用于环绕着他的实境。"[②] 马克思主义中国化

---

① 石仲泉：《中国化关键是要有"中国气派"》，《北京日报》2010年9月20日，第18版。
② 李大钊：《再论问题与主义》，《每周评论》第35期，1919年8月17日。

的实质指涉马克思主义理论体系与中国历史及中国现实的具体结合，在某种意义上就是实现马克思主义的传统化与民族化。当代中国社会场域中马克思主义中国化的真正实现，不仅要求其具有传统化与民族化的内容与模式，而且要求马克思主义与传统价值及民族意涵的汇聚与整合能够正确引导群体的价值取向与价值准则并进而对国家的稳定发展作出贡献。因此，无论是马克思主义的传统化抑或民族化，均充分彰显出其对当代中国社会发展以及中华民族群体利益诉求的意义所在。

（二）中国"化"马克思主义——价值意蕴的传统化与民族化

中国"化"马克思主义的本质是探寻传统价值传承发展需要以及当代社会价值诉求与马克思主义价值观的契合点，赋予马克思主义最易使民众接受、理解并认可的合理模式与价值意蕴，从而增强民众对马克思主义价值观的认同与自觉内化。作为一种意识形态，马克思主义的主体性所凸显之实践与批判精神要求其在中国化的过程中必须正确审视中华文化现实与当代中国社会。马克思主义中国化的当代价值意义首先体现于马克思主义基本理论与中华民族的文化特质、思维模式、价值取向、行为方式等的结合，这从价值意蕴层面赋予马克思主义传统化与民族化的存在形态与发展态势。

中国"化"马克思主义首先表现为马克思主义价值意蕴的传统化。中华传统价值体系从根本上影响着当代中国价值主体的价值评判与价值抉择，伴随马克思主义中国化的过程也不断催生出新的马克思主义传统，发展着的马克思主义价值体系从根本上影响着当代中国主流价值体系与多元异质价值体系间的交融与博弈。不可否认，中华传统价值体系在阐释自身优点之时又不可避免地表现出片面性与局限性，因此，中华传统价值与马克思主义价值在当代中国社会发展场域中必然有冲突与碰撞。探寻二者之价值表征与价值内涵的聚合点与相通处，从而赋予马克思主义传统化的价值认知与价值意义，无疑是马克思主义中国化的基础条件。"这种重实际、重经验、重理智的态度体现于中国传统文化的诸方面：在科技层面上，最突出的是兵、农、医、艺四大实用文化；在人文层面上，重视日用伦常，不乞求来世和天国；在思维方式上，强调'经世致用'、'实事求是'。"①由此可见，马克思主义所主张之实践思维模式与中华文化所推崇之知行合一观达成高度的认知统一：传统价值"实用主义"主张与马克思主义的实践论观点、传统价值"重人轻神"论与马克思主义的唯物主义无神论、传统价值"民本主义"思想与马克思主义的人们历史观以及传统价值"以人为本"观与马克思主义人的全面发展观等诸多相契合的观点让二者在现实境遇中的整合具备了实现之基础。马克思主义价值意蕴的传统化也必然要求赋予马克思主义价值体系传统化的价值表达形态与通俗化的社会展演模式，使马克思主义价值理念以人们喜闻乐见的符合文化传统的形式表征并得以现实展演。"马克思主义中国化在最简单的层次上包括使用中国人易于接受的语言，用大众化的谚语和有声色的成语使之生动活泼，间或引经据典予以强调。"② 展演方式的传统化与通俗化有助于人们接受与认可从而增强人们对马克思主义价值观念的认同与自觉内化。无论是价值内涵层面的传统化抑或价值表达方式的传统化，都指涉作为价值体系存在的马克思主义与中华民族历史生成并现实传承的价值利益与价值诉求高度契合与相通，这也为当代马克思主义中国化的真正实现铺设了不可或缺的价值语境与现实场域。

中国"化"马克思主义其次表现为马克思主义价值意蕴的民族化。民族性是文化价值体系的本真特性，作为一种特定的价值体系模式，通过民族形式表达的具体的马克思主义不仅表征着其自身的价值内涵与价值意义，而且彰显着符合中华民族传统与时代精神的价值利益与价值诉求，并以价值导向与精神引领的方式服务于社会与国家。马克思主义价值意蕴的民族化充分体现了马克思主义价值理念与中华民族价值体认和价值利益的紧密相通与高度一致，尽管马克思主义对社会发展规律的诠释在某些方面与中国社会历史现实演进存有差异，但马克思主义价值认知与价值主张在较大程度上契合了中华民族救亡图存、伟大复兴之当代价值体认与现实价

---

① 安启念主编《马克思主义哲学中国化研究》，中国人民大学出版社，2006，第248~249页。
② Stuart R. schram, "Chinese and Leninist Components in the Personality of Mao Tse-Tung," *Asian Survey*, 1963（6）：259-273.

值诉求。人是价值主体，作为价值体系存在的马克思主义必须实现与中华民族历史生成并现实发展的文化及文化所传承价值的紧密契合方能于社会现实场域中发挥其对价值主体的价值引领与价值主导功能，也即只有使马克思主义价值观念具备表征民族特质的价值内涵与表达方式，实现其价值意蕴的民族化与时代化，其才能真正发挥现实作用。马克思主义作为一种源于西方的先进文化形态，其中国化过程首先需实现其价值意蕴的民族化，必须与中华民族文化所传承之价值精华与价值意义密切相通，使其从价值意蕴层面具备民族特质与民族形态，并且日渐发展成为人们价值体认的主导力量与核心构成因素。在当前文化多元与价值碰撞愈加激烈的现实境遇下，马克思主义价值意蕴民族化的实现过程无疑更加复杂，如何实现马克思主义价值意蕴与中华文化所表征价值体系的价值融合，从而赋予马克思主义科学的符合中华民族传统的且具备中华民族特质的价值逻辑与价值特质？马克思主义价值体系所诠释之价值真谛与价值意蕴最本质地表达并代表着当代人类社会发展进程中最先进也最普遍的价值准则与价值意义，与中华文明一贯推崇之价值理念高度契合，"所谓精华或糟粕，所谓普适不普适，往往同其是否可在其他文明和文化中找到类似或相通的流传久远的东西相关联"[①]。充分发掘并大力弘扬马克思主义价值理念与中华文化价值体系相通之处与汇聚之点，更有利于人们接受并认同马克思主义进而将其内化为自身的价值导向与准则，这正是马克思主义价值意蕴民族化的题中应有之义。

中国"化"马克思主义不仅包含中华文化所蕴含之价值体系对马克思主义价值理念的影响与整合，更包含马克思主义价值体系自身于中国化进程中的调适与建构，因此，从价值意蕴层面实现马克思主义的传统化与民族化的过程，实际上也是当代中国社会主导价值意识形态现实创设与丰富发展之过程。马克思主义中国化本质上就是一种复杂的文化价值发展现象，其现实地生成重要的文化意义与价值意蕴，实现了马克思主义价值观念与中华文明价值体系的价值对接与价值集聚，赋予了马克思主义价值意蕴传统化与民族化的逻辑构成与存在态势，是马克思主义中国化的本真体

---

① 何光沪：《中华文化与普世价值》，《文史哲》2011年第6期。

现与现实逻辑。

（三）马克思主义"化"中国——实践路径的传统化与民族化

马克思主义"化"中国指以马克思主义意识形态为基本价值准则引导并整合中华传统价值与民族文化意蕴，密切结合中国发展历史与当代社会实际，吸收、采纳马克思主义理论方法并在此基础上客观认识、分析、评价且以符合民族传统和民族特质的思维方式与行为逻辑顺利解决诸多社会现实问题。"哲学家们只是用不同的方式解释世界，而问题在于改变世界。"① 马克思主义的最终旨归为"改变世界"而非"解释世界"，因此，马克思主义中国化的当代内涵表现为马克思主义普遍原理同中国具体实践相结合，即用马克思主义理论指导中国社会的具体实践，实现理论指导的具体行为化与实践操作化，赋予马克思主义中国化传统化民族化的实践路径。

马克思主义"化"中国首先指向以马克思主义的视野与态度看当代中国社会实际，实现马克思主义与中国历史及中国传统的密切结合，赋予马克思主义中国化传统化的实践路径。马克思主义中国化必然要求以历史唯物主义的观点分析当代中国实际，不能割断中国历史，"人们自己创造自己的历史，但是他们并不是随心所欲地创造，并不是在他们自己选定的条件下创造，而是在直接碰到的、既定的、从过去承继下来的条件下创造"②。中国当代社会实际正是基于对中国历史的继承与发展，中国拥有悠久的文明历史，意涵丰富的文化传统与历史传统长期浸润并渗透于社会的各个方面，不仅构成中国历史的重要社会机理，而且自然生成并现实发展为当代中国与未来中国不可或缺的社会内容，无论今天的中国抑或未来的中国，都注定是中国历史的特定发展阶段。因此，马克思主义和中国具体实际相结合的一个重要内容，就是实现其与中国具体的历史传统及文化传统相结合，并且现实发展为中国历史文化传统和社会生活的有机构成部分，以传统化的路径模式实现马克思主义对当代中国实际的指导作用。于

---

① 《马克思恩格斯选集》第1卷，人民出版社，1995，第61页。
② 《马克思恩格斯选集》第1卷，人民出版社，1995，第585页。

国家层面而言，所谓当代中国实际，不仅涵盖中国目前所处时代背景和国际环境中的基本国情与社会现实，而且囊括中华民族世代传承之历史传统与文化传统。作为当代中国所选择之主导意识形态与价值体系，马克思主义对当代中国的意识主导与价值引领的顺利实施"必须研究中国历史上治国理政的经验和中国传统文化，尤其是儒家学说中注重社会和谐和民本的治国理政的智慧，研究如何立德兴国、教民化民"①。于个人层面而言，人是实在的存在，"人的本质不是单个人所固有的抽象物，在其现实性上，它是一切社会关系的总和"②。任何一种价值观都必须在主体认同的前提下通过现实主体的实践活动实现价值导向与引领功能。源于西方的马克思主义意识形态与中国历史传统与文化传统的结合本质上表征为中西方异质价值体系与价值准则之间的碰撞与交融，但无论是历史传统抑或文化传统，其并非仅仅反映价值传统，也同时彰显历史演进与文化传承的传统性形态与规律性模式。因此，马克思主义的当代中国化实现不仅要求其价值体系涵化中华历史传统与文化价值传统，而且还需其实践路径具备传统化与合理化的现实模式，唯有如此，马克思主义价值体系才能够在现实社会中对价值主体发挥主流价值导向作用，从而使价值主体在现实价值抉择过程中基于自身利益逐渐接受、认同马克思主义价值观并自觉将其升华为实践行为的价值准则与价值导向。

马克思主义"化"中国其次指涉以马克思主义的思维与立场形塑当代中国实际，实现马克思主义与民族历史及民族传统的紧密结合，赋予马克思主义中国化民族化的实践路径。民族化的马克思主义中国化实践路径本质上表现为马克思主义与民族历史及民族传统的密切结合，使马克思主义体现民族特征并以符合民族作风的实践模式去辨析和解决当代中国社会诸多实际问题。因为"马克思主义必须通过民族形式才能实现。没有抽象的马克思主义，只有具体的马克思主义。所谓具体的马克思主义，就是通过民族形式的马克思主义"③。以民族形式呈现马克思主义就是要凸显其民族特色与民族本性，实现马克思主义的民族化丰富与时代化发展。任何一个

---

① 陈先达：《马克思主义和中国传统文化》，《光明日报》2015年7月3日，第1版。
② 《马克思恩格斯选集》第1卷，人民出版社，1995，第60页。
③ 《建党以来重要文献选编（1921~1949）》第15册，中央文献出版社，2011，第651页。

历史发展阶段的中国都绝非孤立的存在，民族自身的形成与发展背景是其历史演绎的重要组成部分，马克思主义中国化可以重构中华民族的文化机理与价值意义，为民族精神的弘扬与培育提供并创造无限契机，也从根本上推动当代中国文化建设与政治、经济、社会、生态文明建设的协调发展，使中华民族在世界历史条件下实现伟大复兴成为可能。因此，马克思主义中国化的实现可以彰显极强的民族意义与民族内涵。只有代表并有助于实现中华民族整体利益，马克思主义价值体系才能够发挥其对中华民族的价值主导与价值引领作用。但中华民族的多元构成与现实发展境遇复杂，多元化的价值认知与价值抉择汇聚为中华民族整体的价值诉求与价值旨趣，这就要求马克思主义中国化不仅要在价值层面对接与糅合民族内涵与民族意义，而且要在路径层面呈现民族多样化的现实形态与展演模式，必须在马克思主义中国化的实践过程中充分考量中华民族的历史发展与现实演绎。在当前中国社会多元价值并存与主流价值彰显的现实语境中，必须充分挖掘马克思主义价值体系与中华民族传统价值体系的契合之处，以民族化的实践模式实现马克思主义与民族传统及民族历史的结合、整合与融合，从而具体发挥马克思主义意识形态对人民与国家的价值引领作用，这是马克思主义"化"中国的民族体认与民族意义之所在。

马克思主义中国化本质上表征为复杂的文化发展现象，其过程不仅包含对传统文化的扬弃，而且内蕴对中华文化的创新。因此，马克思主义中国化命题绝不能割裂其传统化与民族化双重意蕴。"不像过去的中国化，马克思主义中国化不是中华文化自然而然地吸收马克思主义，而是要将马克思主义作为试纸来检验中华文化。"① 马克思主义中国化并非仅仅实现马克思主义理论体系的中国化，更需要实现马克思主义价值体系在当代中国化过程中的发展与创新，赋予马克思主义意识形态传统化民族化的价值内涵与价值意义，给予马克思主义中国化传统化民族化的现实形态与展演模式，以经过实践检验证明的中华价值体系与民族价值意涵丰富发展马克思主义。这是马克思主义当代中国化的根本路径与现实旨归。

---

① Arif Dirlik, Paul Healy, Nick Knight, *Critical Perspectives On Mao Zedong's Thought* (New Jersey: Humanities Press, 1997), pp.6-7.

四 唯物史观视域下中国式现代化的文化进路

马克思主义唯物史观既是整体考察世界历史的理论基点，也是全局推进中国式现代化的根本遵循。党的二十大报告强调，中国式现代化的本质要求是"坚持中国共产党领导，坚持中国特色社会主义，实现高质量发展，发展全过程人民民主，丰富人民精神世界，实现全体人民共同富裕，促进人与自然和谐共生，推动构建人类命运共同体，创造人类文明新形态"[①]。立足唯物史观视域深度审视中国式现代化，这一理论创新以经济社会发展与文明形态建构的双向律动，在为发展中国家提供新的现代化道路抉择的同时，展演了人类文明新形态的现实图景。经典作家认为，"物质生活的生产方式制约着整个社会生活、政治生活和精神生活的过程"[②]，"但是这并不排斥思想领域也反过来对物质存在方式起作用"[③]。作为物质文明和精神文明相协调的现代化，中国式现代化的制度选择、政治诉求、发展旨归、生态和谐等以人类文明新形态的创新力作，表征了其理论图式的文化意旨。有鉴于"全部社会生活在本质上是实践的"[④]，在多元价值竞争日趋激烈的时代境遇中，从唯物史观的实践论出发澄清中国式现代化现实推动的文化进路，具有重要的现实意义。

（一）在推动中华文化创新发展中坚定恪守社会主义价值指向

坚定社会主义价值指向是推动中华文化在时代境遇中创新发展的首要原则，也是中国式现代化实践推进的价值规制。中国式现代化的文化进路源于"每一种文化中都会形成一种并不必然是其他社会形态都有的独特的

[①] 习近平：《高举中国特色社会主义伟大旗帜 为全面建设社会主义现代化国家而团结奋斗——在中国共产党第二十次全国代表大会上的报告》，人民出版社，2022，第23~24页。
[②] 《马克思恩格斯文集》第2卷，人民出版社，2009，第591页。
[③] 《马克思恩格斯选集》第4卷，人民出版社，2012，第598页。
[④] 《马克思恩格斯选集》第1卷，人民出版社，2012，第135页。

意图"①，文化形态中的主导价值观，既诠释文化体系的核心意涵，也导引文化主体的价值取向。在既定的国家框架内审视文化的创新性发展，会发现这一发展既属于社会现象也属于历史范畴。而在国家发展的不同历史时期，在回应不同的主体诉求和时代主题的同时，国家的传统精神与时代精神的结合呈现出文化发展演进的鲜明特征，这也生动印证了"每一个时代的理论思维，包括我们这个时代的理论思维，都是一种历史的产物，它在不同的时代具有完全不同的形式，同时具有完全不同的内容"②。

聚焦中华民族伟大复兴时代主题的中国式现代化并非仅仅指向民富国强目标的实现，也呈现为新文明秩序的重构过程，在这一过程中，中华文化的创新发展扮演着十分重要的角色。世界文化的多元碰撞带来了文化的价值博弈和激烈交锋，这在某种程度上影响了国家内部的文化发展，使国家文化价值体系的现代性建构呈现复杂多变的时代特征，因而"在文化问题上，急躁冒进是最有害的"③。作为国家共同价值体认和共同价值诉求的集中表达，国家文化具有强大的凝聚力和感召力，其通过国家意识的主体唤醒和思想激发，在现实中发挥着协调主体利益、促进群体集聚的导向功能。作为中华民族共同体的精神支撑，中华文化不仅积淀着中华民族共同体最深厚的文化基因，而且最大化地凝聚着中国各族人民普遍认可的价值共识，且在社会发展历程中不断沉淀为约定俗成的价值准则和道德规范。考察社会价值取向的更迭演进，"每一哲学体系均可看作是表示理念发展的一个特殊阶段或特殊环节"④，文化价值体系的历时重构亦不例外。在中国式现代化实践推进中，立足中华民族文化的价值阐发，中华文化的创新发展在赓续过程中不断萃取时代养分，表现出继承与创新的双重律动。

在中国社会现代化转型进程中，对传统文化的批判继承是中华文化创新发展的基本面向。唯物史观强调"历史从哪里开始，思想进程也应当从

---

① 〔美〕露丝·本尼迪克特：《文化模式》，王炜等译，社会科学文献出版社，2009，第32页。
② 《马克思恩格斯选集》第3卷，人民出版社，2012，第873页。
③ 《列宁全集》第43卷，人民出版社，1987，第378页。
④ 〔德〕黑格尔：《小逻辑》，贺麟译，商务印书馆，1980，第191页。

哪里开始"①，源于社会存在决定性与社会意识能动性的双向作用，国家的现代化转型往往会带来文明传统与现代主体的二元割裂。文化体系的普遍开放往往会削弱多民族国家的统一基础，现代性危机所引发的信仰困惑与价值迷茫在注解现代社会特征的同时，不断挑战中华民族共同体内部文化认同的传统根基与阐释原则，从而引发中国各族人民前所未有的文化反思和价值质疑。从中国式现代化推进的价值原则出发，中国式现代化所创造的人类文明新形态有别于资本主导控制的西方现代化造成的"现代的灾难"②，而这种新创造的历史诠释指向了中华文化中人与自然和谐共生的传统理念。事实上，纵观人类社会文化发展的动态图景，文化系统蕴含的主导价值体系在较高程度上决定了其演化走向，在文化发展的实践中"既影响到已有文化成果的取舍兴废，又影响到新的文化创造的取向和用力的大小"③。就此而言，中华优秀传统文化不仅涵养了中国式现代化进程中民族文化创新发展的传统根基，而且承载着在民族文化现代转型中重塑中华文明的使命担当。在中国社会主义现代化转型时代场景中，意识形态文化建设是文化创新发展的核心面向。作为特定社会中占统治地位的思想体系，意识形态是一定社会经济形态、政治制度、阶级关系的反映，是该社会中统治阶级的思想观念在政治生活和政治实践中的反映，恰如马克思所言，"占统治地位的思想不过是占统治地位的物质关系在观念上的表现，不过是以思想的形式表现出来的占统治地位的物质关系"④。

　　意识形态决定文化建设的根本方向与道路，赋予文化浓郁的政治色彩和政治导向，文化亦离不开意识形态的牵制与导引。审视文化的发展实践，正是意识形态对文化具体内容、价值立场与阐释方式的现实重构，才使"文化因素会影响权利的合法性……文化因素还能够为独具特色的政治实践和制度……提供道德基础"⑤，意识形态文化建设也据此成为国家发展文化的实践要义。意识形态文化建设旨在通过特定社会主流意识形态对

---

① 《马克思恩格斯文集》第 2 卷，人民出版社，2009，第 603 页。
② 《马克思恩格斯文集》第 5 卷，人民出版社，2009，第 9 页。
③ 张岱年、程宜山：《中国文化精神》，北京大学出版社，2015，第 162 页。
④ 《马克思恩格斯选集》第 1 卷，人民出版社，2012，第 178 页。
⑤ 〔加〕贝淡宁：《社群主义对自由主义之批判》，石鹏译，《求是学刊》2007 年第 1 期。

文化生产与文化实践进行价值渗透与价值引领，从而更加普遍有效地发挥主导价值体系的积极影响。尽管意识形态"一则是作为对自己统治的粉饰或意识，一则是作为这种统治的道德手段"①，但其必须耦合文化价值的道德建构与共识达成，才能有效地诠释政治权利的合法性。国家成员对国家文化的价值认同对于政治共识的达成具有重要意义，而这一达成在一定程度上影响了集体的政治取向，在集体成员政治诉求与社会政治发展的互动中沉淀为国家鲜明的政治底色。

社会主义意识形态的文化意蕴现实投射于中华文化创新发展的社会主义价值指向，坚持中国特色社会主义文化发展道路、不懈推动中国特色社会主义文化建设也由此成为中国式现代化文化论域的主题。根据历史唯物主义，"一切社会变迁和政治变革的终极原因，不应当到人们的头脑中，到人们对永恒的真理和正义的日益增进的认识中去寻找，而应当到生产方式和交换方式的变更中去寻找"②。道路决定命运，与国家政治变革中的制度设计和战略规划相适应，文化发展的道路抉择事关中国式现代化事业全局，服务于社会主要矛盾演化中的利益导向和关系调适。近代以降，国家蒙辱、人民蒙难、文明蒙尘之时，中国共产党领导全国各族人民救亡图存、兴国安邦、不懈奋斗的艰辛历程毋庸置疑地昭示了"只有社会主义才能救中国，只有中国特色社会主义才能发展中国，这是历史的结论、人民的选择"③。作为中华文化创新发展的实然面相，中国特色社会主义文化不仅负载着中华民族文化传统价值之使命传承，而且承担着中华文化价值重塑之意识形态引领功能，从本源意义上映照了中国特色社会主义道路自信、理论自信、制度自信、文化自信的主体省思与价值自觉。据此出发，中国特色社会主义文化发展道路蕴含着中华文化创新发展的原则和方向，即在中国特色社会主义文化建设实践中坚持社会主义价值指向，以社会主义指引中华文化的创新发展。

立足中国式现代化文化意蕴的价值彰显，中华文化的创新发展坚持社会主义价值指向意味着，在文化建设与文化发展的实践场域中，不仅要坚

---

① 《马克思恩格斯全集》第3卷，人民出版社，1960，第492页。
② 《马克思恩格斯文集》第9卷，人民出版社，2009，第284页。
③ 《习近平谈治国理政》第1卷，外文出版社，2018，第22页。

持马克思主义在意识形态领域指导地位的根本制度,而且要推动马克思主义基本原理同中华优秀传统文化相结合,建设具有强大凝聚力和引领力的社会主义意识形态。马克思主义是中国共产党立党立国、兴党兴国的根本指导思想,在中国共产党带领全国各族人民奋力实现中华民族伟大复兴时代征途中,"在坚持马克思主义指导地位这一根本问题上,我们必须坚定不移,任何时候任何情况下都不能有丝毫动摇"①。坚持马克思主义在意识形态领域的指导地位,既是中国共产党领导下的中国式现代化系统推进的首要制度,也是中国式现代化进程中铸就社会主义文化新辉煌的基本原则。"理论在一个国家实现的程度,总是取决于理论满足这个国家的需要的程度"②,这在文化维度上表征为,作为特定价值体系的马克思主义基本原理在同中国具体实际、中华优秀传统文化相结合的过程中,持续推进了马克思主义理论体系的中国化时代化发展。坚持社会主义价值指向,以马克思主义价值理念引导文化的现代转型与传统价值体系的即时调适,在中华文化创新发展中充分激发意识形态的主导作用,构成了中国式现代化持续推进的价值底色。

(二) 在文化强国建设进程中不断丰富人民精神世界

中国式现代化是物质文明与精神文明协调发展的现代化,它以满足人民群众对美好生活的向往,"促进物的全面丰富和人的全面发展"③协同并进为价值宗旨。文化强国建设是社会主义现代化强国建设的基本范畴,从战略意义出发,文化强国建设为中国式现代化的全面推进提供坚实的思想文化保障,为中华民族伟大复兴提供精神动力。在文化强国建设中实现物质富足和精神富裕的双丰收,不断满足人民群众的文化需求、不断丰富人民群众的精神世界,成为中国式现代化的文化面向。

文化强国建设是中国式现代化全面推进的核心课题,"围绕举旗帜、

---

① 《习近平谈治国理政》第2卷,外文出版社,2017,第33页。
② 《马克思恩格斯选集》第1卷,人民出版社,2012,第11页。
③ 习近平:《高举中国特色社会主义伟大旗帜 为全面建设社会主义现代化国家而团结奋斗——在中国共产党第二十次全国代表大会上的报告》,人民出版社,2022,第23页。

聚民心、育新人、兴文化、展形象建设社会主义文化强国"①，从精神导引、动力支撑、目标激励等层面构建了社会主义现代化强国建设文化维度的实然向度。中国式现代化坚持中国共产党的领导、坚定社会主义方向，既兼具各国现代化的普遍性特征，又彰显中国式现代化的特殊性，生动体现了中国共产党的政治使命，并以其对社会主义意识形态的价值阐发本然内蕴了中国式现代化的社会主义价值底色。在以中国式现代化全面推进中华民族伟大复兴进程中，社会主义现代化强国的建设目标与民族复兴的发展图景相联系，二者均蕴含了中华民族的文化精神和价值共识，建设社会主义文化强国由此成为重要的时代课题。事实上，文化的作用并不能单纯从自身进行阐释，它与一定社会的经济生活和政治态势相联系，"又给予伟大影响和作用于一定社会的政治和经济"②，文化发展关系着国家前途与民族命运。有鉴于此，在中国式现代化实践推进的现实场景中，社会主义文化强国建设能够最大限度地激发全民族的文化创新力和文化创造力，在社会主义文化旗帜引领下进一步促进各族人民凝心聚力推进中国式现代化的新篇章，在铸就社会主义文化新辉煌的同时着力提升文化软实力，这一提升也是"巩固全党全国各族人民团结奋斗的共同思想基础""增强实现中华民族伟大复兴的精神力量"③的必然抉择。

在文化强国建设进程中不断丰富人民精神世界、满足人民日益增长的精神文化需求，强调了"各个人向完全的个人的发展"④之时代指向。作为马克思主义唯物史观最高价值命题，人的全面自由发展密切关系着人类社会发展的终极目标和价值旨归。审视人类社会结构演变的规律，精神文化需求的主体满足是实现人的全面自由发展的关键所在。在唯物史观视域下，"人们的社会存在决定人们的意识"⑤，个体的人的发展程度与他所处的那个时代的生产力的发展程度息息相关。在人类社会发展的特定时空场

---

① 习近平：《高举中国特色社会主义伟大旗帜 为全面建设社会主义现代化国家而团结奋斗——在中国共产党第二十次全国代表大会上的报告》，人民出版社，2022，第43页。
② 《毛泽东选集》第2卷，人民出版社，1991，第663~664页。
③ 习近平：《高举中国特色社会主义伟大旗帜 为全面建设社会主义现代化国家而团结奋斗——在中国共产党第二十次全国代表大会上的报告》，人民出版社，2022，第43页。
④ 《马克思恩格斯选集》第1卷，人民出版社，2012，第210页。
⑤ 《马克思恩格斯文集》第2卷，人民出版社，2009，第591页。

景中，社会存在进行持续不断的动态演进，势必会引发处于一定社会关系范畴中的个体的人的思想意识的变化。当一个民族的历史走入世界历史之时，个体的人作为社会实践活动的行为主体，其自由的充分的发展必然包括自身精神生活的内在丰富和社会关系的外延拓展，且与一定社会的经济发展状况和社会关系相协调。在现实生活中，作为意义探寻和价值建构的动态呈现，精神文化需求的主体满足并非个体的人纯粹的自在行为，而"是从人们对待满足他们需要的外界物的关系中产生的"①，在客观上必然受制于国家文化建设战略导向下的价值引领与规则调适。同时，文化强国建设还通过实现民族复兴的目的性整合与实现全体人民共同富裕的意义性导航，在人民群众的精神需求不断满足的过程中从本源上诠释着中国式现代化的人本发展指向。

在文化强国建设中应坚持人民主体性的政治原则，文化产品的产出与文化发展的实现彰显了"为人民服务、为社会主义服务"的文化建设意旨，表征了不断丰富人民精神世界、满足人民日益增长的精神文化需求的战略定向，以达到中国式现代化系统推进"合目的性与合规律性"的统一。坚持人民主体性与政治主导性的双向律动，既是中国式现代化的基本立场，又是文化强国建设的基本原则，这一原则以"人民中心"的发展思想联结"中国特色社会主义"的价值底蕴。

文化强国建设的人民主体性集中体现了文化强国建设的价值意旨。唯物史观认为，"历史不过是追求着自己目的的人的活动而已"②，"人们总是通过每一个人追求他自己的、自觉预期的目的来创造他们的历史，而这许多按不同方向活动的愿望及其对外部世界的各种各样作用的合力，就是历史"③。人民群众创造的历史是充分发挥其主观能动性的产物，同时也是在一定的物质基础之上的按照客观规律进行创造的结果。由此出发，不断满足作为历史创造主体的人民日益增长的美好生活需要不失为中国共产党领导下的中国式现代化的发展基点与目标所向。在现实生活中，人民群众的需要是多层次和多向度的，而精神文化的需要是其中重要的内容。在文化

---

① 《马克思恩格斯全集》第19卷，人民出版社，1963，第406页。
② 《马克思恩格斯文集》第1卷，人民出版社，2009，第295页。
③ 《马克思恩格斯文集》第4卷，人民出版社，2009，第302页。

强国建设中坚持人民主体性原则、坚定"为人民服务"的根本宗旨，意味着通过文化实践的有效展演推动精神文明建设的深入、提高全社会文明程度，这是不断丰富人民精神世界、满足人民精神文化需求的生活面向。

文化强国建设的政治主导性集中体现了文化强国建设的意识形态导向。作为人类社会现代化转型的特色模式，中国式现代化既是中国人民在前行征途中毫不动摇的坚定选择，也是中国共产党领导全国各族人民不懈奋斗的历史独创，这是由人民群众在持续的历史进程中创造并持续推进的，这一推进展现了中国特色社会主义的价值内涵。唯物史观认为，"历史的活动和思想就是'群众'的思想和活动"[①]，但广大人民群众进行历史创造的意识自觉与精神主动并非与生俱来的，它有赖于文化实践的正向教化与积极引导。在中国式现代化的实践场域中，文化强国建设必然与社会主义意识形态的价值锚定密切相关，与中华文化的时代传承与创新发展必须"为社会主义服务"的目标旨归相一致，在坚持社会主义核心价值观引领下致力于"发展社会主义先进文化，弘扬革命文化，传承中华优秀传统文化，满足人民日益增长的精神文化需求"[②]。这充分彰显了中国式现代化场景中文化建设与文化发展的现实面向。

在文化强国建设中推动文化产业和文化事业繁荣发展，以文化产品的不断丰富和精神变物质的现实转化，构成了不断丰富人民精神世界、满足人民精神文化需求的关键之义。文化是具有物质载体的观念形态，文化的对象性转化和客观化改造，指涉了物质变精神和精神变物质的转化，这种双向转化得以内化于心往往基于价值意义的满足和主体能动性的双向互动。文化产业和文化事业的繁荣发展极大地充盈了文化产品的有效供给，实现了多样性表达与一体性发展的社会化导引。审视中国式现代化"物的全面丰富"与"人的全面发展"的目标向度，文化强国建设之下的文化产业持续进步和文化事业繁荣发展，得益于"坚持以人民为中心的创作导

---

① 《马克思恩格斯文集》第1卷，人民出版社，2009，第286页。
② 习近平：《高举中国特色社会主义伟大旗帜 为全面建设社会主义现代化国家而团结奋斗——在中国共产党第二十次全国代表大会上的报告》，人民出版社，2022，第43页。

向""坚持把社会效益放在首位、社会效益和经济效益相统一"①的价值原则,这一原则的实践运用进一步论证了"人们奋斗所争取的一切,都同他们的利益有关"②。

在社会效益优先保证的前提下兼顾社会效益和经济效益的双轮驱动,是中国式现代化推动文化事业和文化产业繁荣发展的重要原则。在现实性上,文化生产与文化发展的衡量标准指向社会效益与经济效益的有机统一,意味着二者并行不悖,前者关切文化实践中社会功能的意义指向,后者侧重文化活动中经济效益的目标实现,二者在中国特色社会主义文化建设中的齐驱并行,不仅体现了人民群众文化需求的利益共通,而且代表着多元主体价值共识的实际达成。唯物史观认为,是"自然必然性、人的本质特性(不管它们是以怎样的异化形式表现出来)、利益把市民社会的成员联合起来"③。聚焦人民群众利益的一致性,以及这个一致性在文化事业和文化产业繁荣发展中的显现,可以推动人民群众的精神共同富裕和精神生活的不断丰富。由此出发,坚持以人民为中心的工作导向,创作更多鼓舞人心、激励精神的优秀作品,在社会效益与经济效益兼顾下满足人民群众的精神文化需求,构成了中国式现代化文化战略的实然旨归。

(三) 在推进文化自信自强中引领创造人类文明新形态

在中国式现代化的现实场域中,以文化自信自强的现实推进引领推动人类文明新形态的创造,深刻内蕴"推动构建人类命运共同体,创造人类文明新形态"④的价值目标,这一目标的系统诠释不仅为发展中国家走向现代化提供了有益的方案借鉴,而且为实现全人类的现代化提供了新的路径选择。人类社会文明形态的演进图景包含人类社会从落后到先进、从低级到高级的演进规律。中国式现代化的价值图景既包含中华文明的价值底

---

① 习近平:《高举中国特色社会主义伟大旗帜 为全面建设社会主义现代化国家而团结奋斗——在中国共产党第二十次全国代表大会上的报告》,人民出版社,2022,第45页。
② 《马克思恩格斯全集》第1卷,人民出版社,1956,第82页。
③ 《马克思恩格斯文集》第1卷,人民出版社,2009,第322页。
④ 习近平:《高举中国特色社会主义伟大旗帜 为全面建设社会主义现代化国家而团结奋斗——在中国共产党第二十次全国代表大会上的报告》,人民出版社,2022,第24页。

色和时代走向,又包含现代文明价值意涵中的中国指向,昭示了人类文明价值意旨的发展走向。在推进文化自信自强中引领创造人类文明新形态,不断推动中华文明当代发展、深化文明之间的优势互补和交流互鉴,"让中华文明同世界各国人民创造的丰富多彩的文明一道,为人类提供正确的精神指引和强大的精神动力"①,无比生动地显示了中国式现代化文明新形态创造的世界意义。

中国式现代化将中华文明的价值底色和时代走向紧密联系在一起。马克思主义唯物史观强调,"人们自己创造自己的历史,但是他们并不是随心所欲地创造,并不是在他们自己选定的条件下创造,而是在直接碰到的、既定的、从过去承继下来的条件下创造"②。回眸中华民族漫长的发展史,中华文化的传统体系不仅引领着中华民族在传统社会历史长河中的一体形塑,而且助推着中华民族共同体意识在现代国家文明形构进程中的自觉生发。"民族传统是每一个国家国情的有机组成部分,是其现代化得以安身立命的重要根基之一。"③

作为中华民族现代文明的具体演绎,中国式现代化以中华民族代际相传的传统价值体认和价值追求作用于人类文明新形态的创造和实践。美丽中国的生态维度内含了"天人合一,道法自然"之和合理念的价值引导,人民至上、人民中心的原则立场续写着"水能载舟,亦能覆舟"之民本思想的价值崇尚,努力奋进、锐意进取的积极面貌抒发着"自强不息,厚德载物"之道德品行的价值坚守,人类命运共同体的殊途同归勾勒出"大道之行,天下为公"之大同理想的价值图景……

中国式现代化充分汲取了中华民族的时代精神养分,并据此"赋予中华文明以现代力量"④。中国共产党领导全国各族人民秉承"自信自强、守正创新、踔厉奋发、勇毅前行"的时代精神理念,着力于促进人与自然的和谐共生和构建人类命运共同体,以乐观主动的精神风貌推动高质量发展、贯彻全过程人民民主,阐发实现共同富裕的社会主义国家发展目标,

---

① 《习近平外交演讲集》第1卷,中央文献出版社,2022,第104页。
② 《马克思恩格斯选集》第1卷,人民出版社,2012,第669页。
③ 吴忠民:《如何深化对中国式现代化的研究》,《马克思主义与现实》2023年第2期。
④ 习近平:《在文化传承发展座谈会上的讲话》,人民出版社,2023,第7页。

这既是对中华文明优秀价值传统的自觉践行，也是对中华文明时代精神价值意蕴的创新丰富。以中国式现代化全面推进中华民族伟大复兴是中华文明价值诉求的时代表达，这一表达以文明演进基本范畴的关系释义，不仅诠释了中国式现代化与中华民族伟大复兴二者之间的内在逻辑和外延关系，而且展示了中华文明历史与当下、传承与发展的同向并行。

中国式现代化对文明形态的价值廓清阐明了人类文明新形态的中国指向。根据唯物史观，现代化是人类社会文明发展历程的阶段性产物，现代化道路的多样性决定了现代文明的多样态呈现，在人类文明演进历程中，不同的历史境遇、社会基础、文化给定等从本源上影响了国家文明实践的道路抉择。在马克思看来，即使"相同的经济基础——按主要条件来说相同——可以由于无数不同的经验的情况，自然条件，种族关系，各种从外部发生作用的历史影响等等，而在现象上显示出无穷无尽的变异和色彩差异"①。中国式现代化既兼具普遍特征，又凸显民族特色，在中国指向的特殊性演绎中彰显了以人民为中心的价值立场。

中国式现代化是人口规模巨大的现代化，这一特征包含了文明创造的结果惠及全体人民的价值指向，全体人民共同富裕的现代化表征了人类文明新形态特色彰显的社会主义发展走向，物质文明和精神文明相协调的现代化阐明了人类文明新形态整体推进的目标导向，人与自然和谐共生的现代化关切人类文明新形态协同并进的生态指向，走和平发展道路的现代化表达了人类文明新形态世界意义的民族意愿，中国式现代化也就此体现了中华民族现代文明的中国反思和时代应答。中国式现代化所引领创造的人类文明新形态必然包括中国特色社会主义的价值底蕴，这一价值底蕴来源于与中国的具体实践相结合的理论指南、制度保障、道路方向与文化支撑。在实现中华民族伟大复兴的进程中，坚持推进高质量发展和全过程人民民主，不断丰富充实人民精神世界，推动实现全体人民共同富裕，努力促进人与自然和谐共生，在推动构建人类命运共同体中推动实现全人类的现代化，从整体性的视角阐明了中国式现代化文明形态的实践进路。

中国式现代化昭示着人类文明价值意旨的发展指向。立足唯物史观的

---

① 《马克思恩格斯文集》第7卷，人民出版社，2009，第894页。

世界历史视野，作为文明形态的范式演绎，中国式现代化既是在现代化进程中对西方现代性危机的典型回应，也是对人类社会现代化转型境遇中陷入现代性困境的普遍关切，为解决人类面临的共同难题提供了中国智慧、中国方案和中国力量。在百年未有之时代变局中，当建立在资本逻辑基础上的西方现代文明遭遇前所未有危机之时，中国式现代化以五个文明协调发展的价值强调、构建人类命运共同体的价值主张引领人类文明新形态的时代出场，表征了中国式现代化所具有的世界意义和文明发展的实践意义。

在中国式现代化实践进程中不断强化中国共产党的领导、坚定不移走中国特色社会主义道路、坚持推进马克思主义的中国化时代化等，不仅有利于肯定和巩固马克思主义关于人类社会发展规律的理论，而且有利于推动科学社会主义对人类文明应然走向的价值澄清。回溯人类社会文明发展历程，重新审视人类文明价值图式的意义所指，应对"现代性之殇"文明诘问的中国答案既铿锵有力又掷地有声："让和平的薪火代代相传，让发展的动力源源不断，让文明的光芒熠熠生辉。"[①] 中国式现代化聚焦于弘扬和平与发展、公平与正义、民主与自由等全人类共享的价值理念，致力于推动构建人类命运共同体、创造人类文明新形态，这一新创造"不是以一种制度代替另一种制度，不是以一种文明代替另一种文明"[②]，而是旨在以"利益共生、权利共享、责任共担"为原则推动全世界共建人类美好的新世界，为实现全人类的永续发展与和谐共生作出中国承诺与中国行动，这体现了中国共产党"为中国人民谋幸福、为中华民族谋复兴、为人类社会谋和平发展"的责任担当与使命情怀。

在推进文化自信自强中引领创造人类文明新形态既是中国式现代化不可或缺的文化使命，也是中华民族现代文明建设的职责所在。在多元文化交往交流与多元价值冲突博弈如影随形的时代境遇中，文化自信的主体坚定与文化自强的根基夯实要求文化主体不仅要理性认识、理解和接触自己的文化，而且要吸纳世界于我有益的文化并与之和平共处。[③] 有鉴于此，在

---

① 《习近平谈治国理政》第 2 卷，外文出版社，2017，第 539 页。
② 《习近平谈治国理政》第 4 卷，外文出版社，2022，第 475 页。
③ 费孝通：《费孝通论文化与文化自觉》，群言出版社，2007，第 190 页。

世界文化格局演变中坚守好中华文化立场，在深化文明交流互鉴中推动中华文化更好地走向世界，在推进文化自信自强中不断增强中华文明的传播力与影响力，是中国式现代化引领创造人类文明新形态的实践选择。

"思想、观念、意识的生产最初是直接与人们的物质活动，与人们的物质交往，与现实生活的语言交织在一起的"①，文化作为人类主体物质实践的对象化产物，其发展、交流和进步往往与不同文明之间的优势互补如影随形，因此，任何一种文化都不应该故步自封，文化的交流互动构成了人类社会文明演进的基础性要件。建立在人类共享价值理念基础之上的文明对话从主体普遍交往的基本范畴出发，以话语生产的主动构建推动文化交往互动与文明交流互鉴。中华文化的软实力释放和影响力提升有赖于中国特色话语体系的时代构建、有效表达和形象叙事，唯有"加快构建中国话语和中国叙事体系"，方能"讲好中国故事、传播好中国声音"，才能在文化传播与文明交流中不断推进文化自信自强，从而在文化自信自强的主体强化中推动实现不同文明的有益互鉴。在以中国式现代化全面推进中华民族伟大复兴时代征程中，以文化自信自强丰富滋养中华文明当代形态的创新发展，推动建设中华民族现代文明，也生动佐证了唯物史观的重要论断："凡是民族作为民族所做的事情，都是他们为人类社会而做的事情，他们的全部价值仅仅在于：每个民族都为其他民族完成了人类从中经历了自己发展的一个主要的使命（主要的方面）。"②

五　推进文化自信自强的价值理路与实践进路

文化是国家和民族的灵魂所系，其功能彰显与国家前途、民族命运紧密相连。党的二十大报告明确强调要"推进文化自信自强，铸就社会主义文化新辉煌"③。推进文化自信自强是全面建成社会主义现代化强国、实现中华民族伟大复兴的实践要义。在现实性上，文化自信自强指人民群众基

---

①　《马克思恩格斯选集》第1卷，人民出版社，2012，第151页。
②　《马克思恩格斯全集》第42卷，人民出版社，1979，第257页。
③　习近平：《高举中国特色社会主义伟大旗帜　为全面建设社会主义现代化国家而团结奋斗——在中国共产党第二十次全国代表大会上的报告》，人民出版社，2022，第42页。

于中国特色社会主义文化主体肯定之中华文化价值认同与"五个认同"归属自觉，其传承于中华优秀传统文化之价值滋养，弘扬于革命文化之精神赓续，发展于社会主义先进文化之内涵熔铸。从社会主义现代化建设时代场景出发，以社会主义核心价值观为引领，在传承中华优秀传统文化、延续民族精神中厚植文化自信之根基，在弘扬革命文化、赓续红色精神中夯实文化自信之底气，在发展社会主义先进文化、践行时代精神中激发文化自信之活力，既展现了文化自信自强价值理路的实然面向，也基于实践论域体现了推进文化自信自强的现实进路。

（一）在传承中华优秀传统文化中厚植文化自信之根基

作为历经5000多年历史积淀的精神文化遗产、人类历史上唯一世代延续的中华文明的智慧结晶，中华优秀传统文化形成于中国大地上各民族的物质生产实践，以其丰富的思想内核与多样的文化形态承载着各民族生产生活的历史图景，见证了中华民族精神世界的发展历程，为中国特色社会主义文化奠定了深厚的历史文化根基。在新时代场域中，推进文化自信自强必须坚持中华优秀传统文化的创造性转化、创新性发展，在传承中华优秀传统文化、延续民族精神中厚植中国特色社会主义文化自信之根基。

深邃的哲学思想、积极的价值观念、丰富的人文精神、多样的文化形态等作为关键要素，共同促成了中华优秀传统文化的博大精深，为中国特色社会主义文化赋予了鲜明的民族特色与中国风格。"和实生物，同则不继""致中和，天地位焉，万物育焉"的和合中庸的哲学思想，蕴含着面临事物差异性与多样性"和而不同"的政治智慧；"里仁为美""君子怀德"的崇德重仁的价值观念孕育形成了由仁爱孝悌、扶贫济困、勤俭节约等构成的中华优秀传统美德；"苟利国家生死以，岂因祸福避趋之""天行健，君子以自强不息"的人文精神折射出坚强不屈的爱国情怀、刚正不阿的民族气节、坚韧不拔的进取意识；四大发明、四书五经、诗词歌赋、琴棋书画等文化遗产，以多姿多彩的文化样态凸显了独一无二的东方意蕴。在中国悠久而灿烂的文明史上，以这些特色鲜明的思想、理念、智慧、品格为重要构成的中华优秀传统文化，在传承和发展中滋养了以爱国主义为核心的民族精神，影响了主体心理、规制了主体行为、维护了社会秩序的稳定、推动了和谐民族关系的构建，作为中华文化的源头活水，深刻影响了革命文化与社会主义先进文化的发展方向，伴随时代变迁以愈加厚重的文化底蕴向世人展示着中华文化的独特魅力，推动着人类文明的发展进程。

"不忘历史才能开辟未来，善于继承才能善于创新"①，推进文化自信自强需根植于传统，在科学辨析传统文化的前提之下，遵循"创造性转化、创新性发展"的"两创"方针，推动中华优秀传统文化创新发展。何为优秀传统文化？习近平总书记的"四个讲清楚"以"文化积淀""最深沉的精神追求""突出优势""中华文化沃土"等表述②为我们清醒认识传统文化、廓清中华优秀传统文化指明了方向。要深入挖掘为民族精神和时代精神奠定深厚历史渊源与文化根基的爱国情怀与人文精神，为治国理政提供智慧支撑的重人、重德、重和思想，为社会主义核心价值观提供丰厚文化滋养的"讲仁爱、重民本、守诚信、崇正义、尚和合、求大同"③的价值观念，准确把握与深刻理解传统文化的理论精髓与思想精华，在科学辨析、深入阐释的基础上辩证取舍，推动中华优秀传统文化的创造性转化与创新性发展。"两创"方针源自文化自信，又反作用于文化自信，既是对绵延5000多年的中华文化之根脉的致敬，也是对新时代绵延赓续中华文明的责任与担当。"创造性转化，就是要按照时代特点和要求，对那些至今仍有借鉴价值的内涵和陈旧的表现形式加以改造，赋予其新的时代内涵和现代表现形式，激活其生命力。创新性发展，就是要按照时代的新进步新进展，对中华优秀传统文化的内涵加以补充、拓展、完善，增强其影响力和感召力。"④推动中华优秀传统文化"两创"，要坚持继承性与创新性相统一，即继承传统文化的合理成分，通过改造与创新丰富其内涵，激活其时代价值，筑牢文化自信自强之根基；要坚持理论性与实践性相统一，传统文化源自大众又回归于大众，应采取人民群众喜闻乐见的方式，辅之以通俗易懂的语言表述推动优秀传统文化走进现实生活，为大众所熟知、

---

① 《习近平谈治国理政》第2卷，外文出版社，2017，第313页。
② 张汝金：《从"四个讲清楚"看文化自信》，《光明日报》2018年11月27日，第6版。
③ 《习近平谈治国理政》第1卷，外文出版社，2018，第164页。
④ 《习近平总书记系列重要讲话读本》，学习出版社、人民出版社，2016，第203页。

认同，进而引导人们的行为实践；要坚持民族性与世界性相统一，既保持对自身文化价值的充分认同，又在文明交流互鉴中合理吸收与借鉴外来优秀文化成果，为中华文化注入新鲜活力，推动中华文化繁荣兴盛。

（二）在弘扬革命文化中夯实文化自信之底气

革命文化以五四运动为开端，形成于新民主主义革命时期，新中国成立后得到延续发展，蕴含着中华民族在争取民族独立、人民解放的时代诉求中孕育形成的精神品质、理想信念、价值追求。作为中华优秀传统文化的凝聚升华、社会主义先进文化的开端之作，革命文化以其红色基因赋予中国特色社会主义文化鲜明的红色底色。在新时代场域中，推进文化自信自强必须坚持革命文化理念内涵、物质载体、传播方式的守正创新，在弘扬革命文化、赓续红色精神中夯实中国特色社会主义文化自信之底气。

"思想、观念、意识的生产最初是直接与人们的物质活动，与人们的物质交往，与现实生活的语言交织在一起的"[①]，革命文化作为一个内涵丰富、特征鲜明的文化体系，生发于革命斗争实践的现实基础与马克思主义理论的科学指导，为中国特色社会主义文化自信提供了坚实的文化定力与理论支撑。首先，从历史逻辑看，革命文化承载了党和人民浴血奋战、百折不挠的共同历史记忆。自鸦片战争开始，帝国主义列强野蛮侵略与疯狂掠夺，中国广大仁人志士开启救亡图存之路。尽管历经洋务运动、戊戌变法、辛亥革命等一系列对中国道路的探索，但始终未从实质上带领广大群众脱离剥削与压迫之苦。民族危难之际，以马克思主义为信仰的中国共产党自觉扛起民族复兴之重担，在艰苦卓绝的伟大革命斗争与长期的自我革命中培育形成优秀的精神品格。这些品格作为中华文化的宝贵精神财富，与中国革命的伟大实践相得益彰，激励大众不断推进中国革命向前深入，缔造了人民当家作主的新中国，实现了中华民族站起来的愿望，成为中华文化发展不可或缺的优秀文化基因。其次，从指导思想看，革命文化是马克思主义与中国革命实践相结合的产物。中国共产党自成立起，便将马克思主义作为认识世界和改造世界的指导思想，其创造性提出的新民主主义

---

① 《马克思恩格斯文集》第 1 卷，人民出版社，2009，第 524 页。

革命理论、统一战线思想、人民民主专政理论等就是深入理解并结合实际灵活运用马克思主义基本原理的重要体现，凸显出明确的社会主义价值方向。最后，从文化内涵看，革命文化内蕴中国共产党人舍生忘死、前赴后继的爱国情怀，向警予"为解放工农劳苦大众革命奋斗，流血牺牲"的铮铮誓言，夏明翰"砍头不要紧，只要主义真"的英雄气概，杨靖宇"头颅不惜抛掉，鲜血可以喷洒，忠贞不贰的意志不会动摇"的英勇骨气，充分彰显了中国共产党为革命事业英勇献身的崇高信念，以及对共产主义理想的坚定笃行。革命年代的红色事迹以非物质文化形态与作为革命文化物质载体的革命旧物遗址，一同向世人再现了革命历史情形，是对历史虚无主义等错误思潮的有力回击。革命文化内蕴中华民族不屈不挠、自强不息的民族品格，在历史各阶段表现为具有不同时代特征的红色革命精神，如新民主主义革命时期的井冈山精神、长征精神、延安精神、红岩精神、西柏坡精神等，作为中国共产党在革命年代历经重重历练铸就的核心精神要义，成为"两弹一星"精神、改革开放精神、脱贫攻坚精神、抗疫精神等伟大精神的重要来源，在中华民族伟大复兴征程上发挥着强大的激励作用。革命文化内蕴实事求是、艰苦奋斗的优良传统，以人民为中心的根本立场，克己奉公、求真务实的工作作风，不畏艰苦、敢于攀登的进取意识，吃苦耐劳、攻坚克难的锐气与斗志。革命文化作为中华民族优良传统的具体体现，始终是党永葆先进性、纯洁性，富有强大生命力、向心力、动员力的重要保证。

"历史是最好的教科书。……多重温这些伟大历史，心中就会增加很多正能量。"[①] 革命文化熔铸于党和人民的革命斗争史，凝结着许多可歌可泣的红色故事，具有强大的历史穿透力与文化感染力。面对当今国内外形势的复杂变化，弘扬革命文化是推进文化自信自强的内在要求，要讲好红色故事、丰富文化载体、创新传播方式，为广大人民群众提供更加丰富的精神食粮。讲好红色故事，应充分利用红色资源，挖掘红色资源背后的价值意蕴；加强理论研究，把握其深层的文化意涵，领悟其精神要义；保持

[①] 《初心和使命（图解版）》编写组编著《初心和使命（图解版）》，人民出版社，2018，第177页。

故事的真实性与话语表达的严谨性，向大众准确传播历史事实，廓清模糊认识，从而提高革命文化认知。革命文化产生于特定历史时期，应以发展的眼光就其内容与话语体系进行继承性改造，推进其与新时代所倡导的价值理念相融合，与新时代社会发展相同步，实现红色革命精神内化于心更显成效。丰富文化载体，首先应妥善保护革命斗争的遗迹遗址和遗留的大量革命旧物，其以生动直观的方式向大众还原了中国革命历程，具有无可比拟的吸引力与影响力；其次应推进革命文化遗产的开发利用，打造爱国主义教育基地，在特定场景中配以专业人员进行理念讲解、故事讲述，在帮助人们了解文化遗产背后所蕴藏的精神特质的同时激发其情感共鸣，实现其心理上的接受与认同；最后应推动文旅融合，因地制宜打造内涵丰富、特色鲜明、创意新颖的一系列红色革命文化旅游精品，让人们在轻松愉悦的氛围中潜移默化地接受思想文化熏陶。创新传播方式，既要保留张贴宣传标语、发放宣传手册等传统的文化传播形式，也要充分利用现代信息技术拓宽文化传播渠道、提高文化传播效率、拓展视觉表达方式，向人们呈现更加立体、更加生动、更加鲜活的文化内容，在贴合实际、贴近生活中激发大众自觉学习革命文化的积极性，在文化浸润中把握主流思想舆论。

（三）在发展社会主义先进文化中激发文化自信之活力

社会主义先进文化是在中国共产党领导下，以马克思主义为指导，传承中华优秀传统文化与革命文化之精粹，吸收世界优秀文化之成果，引领中国特色社会主义文化前进方向的具有强大生命力与价值引领力的崭新文化形态，凸显了"面向现代化、面向世界、面向未来"的文化发展要求与"民族的科学的大众的"文化发展特质。在新时代场域中，推进文化自信自强必须坚持社会主义先进文化时代内涵的丰富完善，在发展社会主义先进文化、践行时代精神中激发中国特色社会主义文化自信之活力。

社会主义先进文化是与当今时代相契合的一种中华文化新形态，体现了马克思主义信仰、共产主义远大理想与中国特色社会主义共同理想，囊括马克思主义中国化理论成果、民族精神与时代精神、社会主义核心价值观等诸多思想文化内涵，作为中华文化的当代形态彰显了中国特色，反映了新时代主题,确立了时代发展方向,在拓宽人民文化视野、满足人民精神世界需求、贴合人民美好生活愿景的过程中,彰显着中华文化之魅力和伟力。

社会主义先进文化是引领人类文明发展的一种先进文化形态,是民族的科学的大众的文化。其先进性主要在于指导思想的科学性与前瞻性,坚持马克思主义中国化理论成果尤其是习近平新时代中国特色社会主义思想的指导,遵循文化发展规律,孕育形成了一系列科学内涵、思想观念、道德标准,牢牢掌握意识形态领导权,筑牢意识形态安全之基;在于以人为本的人民性与大众性,坚持人民立场,将以人民为中心作为工作导向,倡导文化工作面向人民、扎根人民、服务人民,回应时代诉求,满足人民需要,增强人民群众的获得感、认同感、自豪感;在于核心价值的方向性与引领性,坚定社会主义性质与方向,以社会主义核心价值观为核心内容,塑造主体思维方式、规范主体行为实践,凝聚价值共识、引领社会思潮。

秉承"面向现代化、面向世界、面向未来"的发展要求,社会主义先进文化从多维度彰显继承传统、与时俱进、开放包容之特质,表明了文化自信不仅是对已有优秀文化的自信,也是对现代文化发展道路与未来文化发展前景的自信。①"面向现代化"体现了社会主义先进文化与时俱进的时代特性,其结合当今时代特点从中华优秀传统文化中继承的核心思想观念为我们在当今世界文化激荡中坚守中华文化立场奠定了坚实的思想文化根基,从革命文化中赓续的民族精神与革命精神为我们在中国式现代化道路上砥砺前行积蓄了磅礴的精神力量。"面向世界"表明社会主义先进文化对本民族文化自知自信的同时对外来文化持开放包容态度。推进文化自信自强并非故步自封、盲目排外,而是提倡文化间平等交流、融合发展,这既是文化繁荣兴盛的必然之举,也是拓宽文化发展空间、向世界传递中国声音、展示可信可爱可敬之中国形象的有益举措。"面向未来"呈现了社会主义先进文化立足当今时代、展望未来前景的发展视野。社会主义先进文化产生于中国特色社会主义伟大实践,既拥有丰富而优质的文化基因,又凝聚了社会主义文化发展道路的价值理念,以人民群众为出发点与落脚

---

① 何星亮:《文化自信与文化强国建设》,《人民论坛·学术前沿》2022年第16期。

点，以社会主义文化强国为建设目标，作为一种崭新的文化形态引领未来，不断铸就中华文化新辉煌。

推动社会主义先进文化繁荣发展是推进文化自信自强的题中应有之义，必须坚持社会主义文化建设的正确方向、激发社会主义先进文化创新发展活力。基于文化意识形态功能的时代彰显，推动文化自信自强必须坚持马克思主义在意识形态领域的指导地位，推动建设具有强大凝聚力和引领力的社会主义意识形态。"理论一经掌握群众，也会变成物质力量"[①]，马克思主义是中国特色社会主义伟大事业的旗帜，其不仅关系到文化道路与文化发展，而且关系到党和国家事业的总体进程。在文化多元化、信息全球化的时代背景之下，面对外来思想文化的强势冲击与隐秘渗透，坚持马克思主义在意识形态领域的指导地位，加强意识形态建设，为我们在多元文化中抓住主流、在多元思潮中凝聚共识指明了前进方向。[②] 基于文化价值核心建构的时代指向，推进文化自信自强必须坚持社会主义核心价值观引领，广泛践行社会主义核心价值观。作为反映全民集体认同的"价值观最大公约数"[③]，社会主义核心价值观从国家、社会、公民三重维度深刻体现了社会主义现代化建设进程之价值准则，紧密维系国家稳定发展、社会文明转型、个人素养提升。面对多元价值激荡、市场经济负面效应、社会不正之风等现实挑战，应坚决摒弃与社会主义核心价值观念相悖之价值理念，加强理想信念教育，传承创新并弘扬中国精神，引领社会主义精神文明建设，加强人民大众在思想上、精神上的紧密联系。基于文化发展目标的时代导向，推进文化自信自强必须坚持人民中心立场，推动繁荣文化事业和文化产业，最大限度地满足人民群众的精神文化需求。深化文化体制改革是文化事业与文化产业繁荣发展的实践要义，是发展文化生产力、激发文化创新创造活力的必然选择，要求与时俱进地改革、完善、健全文化法律制度、保障体系，在社会主义现代化进程中着力推动文化事业与文

---

① 《马克思恩格斯选集》第1卷，人民出版社，2012，第9页。
② 孙绍勇：《新时代基于意识形态维度的中国特色社会主义文化自信析论》，《思想战线》2022年第4期。
③ 欧阳恩良、赵志阳：《论以人民为中心坚持和完善社会主义先进文化制度》，《思想理论教育导刊》2021年第7期。

化产业两手抓。其中，文化事业为公益性事业，以提供公共文化服务、满足人民基本文化需要为己任；文化产业为经营性行业，在提供文化服务的同时从事文化产品的生产与创作，满足人们更高层次的文化需求。推动二者"双轮驱动"，要改革制约文化事业与文化产业发展的体制机制，深入挖掘中华文化价值内涵，创造内涵更加丰富、思想更加精深、手艺更加精湛的可持续发展的文化产品，形成一系列具有鲜明中国特色的文化品牌，提高文化的核心竞争力与国际影响力。

六 共建"一带一路"倡议下的文明互鉴

文明指人类社会摆脱蒙昧、野蛮的开化与进步状态，体现了人类在改造客观世界和主观世界过程中创造物质财富和精神财富的程度。[①] 作为社会进步与开化程度的标志，文明就宽泛的意义而言指文化。作为物质形式与精神内核的现实承载，文化涵化和抽象了文明形态的内在价值与外在表征。在现实性上，文明形态之所以能够延续，其相互交织的内在文化意涵与外在文化模式不可或缺。"一带一路"不仅具有明确的空间定位，而且具有确定的价值表达，其指向命运共同体、利益共同体、责任共同体、生态共同体的目标和共商、共建、共享的范式，又指向经济基础之上、政治中介之下、文化导向之中的重点。其中，文明进步的历史使命、合作共赢的创设原则、关系共演的层次链接，以目标、范式和重点的空间集聚，演绎着"一带一路"文明互鉴的文化图景，诠释着"一带一路"相向而行的未来走向。

（一）文明互鉴的目标

目标是人们在各种活动中预期和追求的客观标准在主观上的超前反映，是人们为了满足自身需要而产生的某种期望。[②] 目标表现为策略指向的结果或旨在达到的一种期许，并集目的性和指向性于一体。就此而言，

[①] 宋希仁、陈劳志、赵仁光主编《伦理学大辞典》，吉林人民出版社，1989，第97页。

[②] 车文博主编《心理咨询大百科全书》，浙江科学技术出版社，2001，第530页。

在本原目标诠释上，共建"一带一路"倡议蕴含共同繁荣、休戚与共的价值旨趣，指向了人类文明互鉴、相向而行的美好愿景。源于传统相系的历史沿革和命运相济的目标指向，中国与共建"一带一路"国家承担着共同的社会责任、共享着现实的发展利益，合力形塑自然空间与社会场景平衡的区位、结构与权力，由此生成了"一带一路"文明互鉴、和谐共生的价值原则与理念宗旨。打造政治互信、经济相融、文化包容的命运共同体、利益共同体、责任共同体和生态共同体，是共建"一带一路"国家的共同愿望与目标导向。

共同命运是推动"一带一路"文明互鉴的前提。作为文明互鉴的重要目标，命运共同体的构建是"一带一路"推进的重要形式和价值表征。"新的睦邻、安邻、富邻主张是在中国快速崛起为一个有影响力的新兴大国的背景下提出的，它在中国'一带一路'倡议的实施中被赋予了构筑'命运共同体'的重要使命。"① 2000多年前，中国便与亚欧国家开始进行贸易互通和人文交流，"和平合作、开放包容、互学互鉴、互利共赢"的丝路精神在促进沿线各国繁荣发展的同时，推动着人类文明前进的步伐；2000多年后的今天，中国再续绵延千年的丝路精神，提出共建"一带一路"倡议，"一带一路"将共建"一带一路"国家的命运紧密地连接在一起，借助互联互通的发展机遇，通过发挥各国的优势和特点，彼此进行合作共建，形成同呼吸、共发展的命运共同体。构建"一带一路"命运共同体指向五个层面，即政治上"讲信修睦"、经济上"合作共赢"、安全上"守望相助"、人文上"心心相通"、外交上"开放包容"。一方面，受制于历史与现实的原因，"一带一路"沿线大多是发展中国家，发展程度不高，基础设施落后，政治经济发展不平衡，不稳定时有发生，尤其是西亚和中东地区，经常面临政权动荡、纷争摩擦、内忧外患的干扰，政治的不稳定、经济发展的滞后与厚重的文化形成结构性失衡和矛盾。另一方面，这些处于相对落后的广大腹地的国家潜力巨大，发展需求强烈，通过各区域比较优势的挖掘与发展需求的激发，可以实现经济互补和资源共享，构

---

① 李晓、李俊久：《"一带一路"与中国地缘政治经济战略的重构》，《世界经济与政治》2015年第10期。

建互联互通的合作网络，促进经济腾飞。在此之下，"一带一路"对多元文化交流与融通的促进，将极大地消减或缓和文明间的摩擦与冲突，提供对话与沟通的平台，以政策沟通的政治磋商、贸易畅通的经济往来与民心相通的文化交流，共同推动互惠共赢的国际合作，最终构建命运相连的共同体。

共同利益是推动"一带一路"文明互鉴的基石。作为文明互鉴的重要目标，利益共同体的构建是"一带一路"推进的重要形式和价值诉求。作为彰显利益诉求的合作构想，"一带一路"是共建各国积极探寻新的合作机遇与合作模式的时代诉求和发展趋势。打造"一带一路"利益共同体，是共建"一带一路"国家在复杂多变的国际经济政治秩序下参与全球治理、融入国际合作的目标。受限于纷繁复杂的国际形势、复苏缓慢的经济发展和日趋严重的两极分化，各国面临的发展形势与挑战依然严峻，新的国际形势促使各国积极寻求新的经济增长点和利益结合点。共建"一带一路"倡议旨在通过重点项目的开发、共建、共享，在新的时代背景和国际环境下打造新的利益链条，把共建"一带一路"国家联结起来，形成开放、包容、均衡、普惠的利益共同体。相异于零和竞争与霸权主义的发展理念，打造利益共同体意味着各方利益相互渗透、相互融合，彼此风险共担、利益共享，每一参与主体在合作关系上是平等的，于利益关系上是共享的，均为利益共同体不可或缺的组成部分。"一带一路"横跨东西，禀赋各异的特质将有利于共建"一带一路"国家发挥自身优势，将资源互补转化为发展推动力，挖掘各国发展潜力，深化国家和地区合作，共享发展成果与利益，从而形成利益对接和利益相融的新格局。

共同责任是推动"一带一路"文明互鉴的导向。作为文明互鉴的重要目标，责任共同体的构建是"一带一路"推进的重要形式和价值承担。责任共同体实质上指向担当意识与责任意识。作为文明互鉴的目标指向，责任共同体表征和彰显了共建"一带一路"国家的责任担当与时代使命。在欧美等发达国家主导的国际政治经济秩序下，发展失衡、两极分化构成了国际格局的明显特征。在此境遇下，中国愿与共建"一带一路"国家借助共建"一带一路"，在力所能及的范围内承担更多的国际责任和履行更多的国际义务。马克思曾在《政治经济学批判（1857—1858年手稿）》中提出"亚细亚的所有制形式"①的命题,根据这一命题可以得出,依赖于公共水利设施的生产方式不仅构成了中国长期"大一统的条件",也使中国成为一个"天然的共同体"。因此,为了维护这个古老的共同体,中国人民就必须为创造一个新的人类命运共同体而斗争。②"一带一路"建设既是全球空间格局下国际政治经济秩序的重塑,也是广大发展中国家实现合作共赢的难得机遇;既有利于促进共建"一带一路"国家政治互信、经济合作与文化交流,又有益于推动国际局势稳定发展。"一带一路"建设以外在的经济、政治和外交表征内在文明模式,促使共建"一带一路"国家在致力于经济发展的同时,承担起共同的责任与义务。"一带一路"建设不仅需要共建"一带一路"国家达成合作共识,而且需要地区局势稳定与安全。共建"一带一路"国家面临内外双重风险和挑战,在内部,西亚和中东地区政局不稳,内乱与动荡时有发生,一定范围的恐怖活动构成了"一带一路"建设的潜在风险;在外部,围堵和干扰、偏见与隔阂在某些特定情境下有可能被激活,由此引发政治、经济、安全上的隐患。有鉴于此,"一带一路"建设的推进需要共建"一带一路"国家责任意识的深化,尽最大可能求同存异、相向而行,在命运共同体的基础上、在利益共同体的向度中明确各国的共同责任,在"平等互利、开放包容、共同发展"的前提下,积极主动承担与自身国力相等的责任。

共同的生态环境是推动"一带一路"文明互鉴的情境。作为文明互鉴的重要目标,生态共同体的构建是"一带一路"推进的重要形式和价值实现。以和谐共生为价值导向打造生态共同体,是人类社会与自然空间相协调的发展趋向,也是共建"一带一路"倡议的重要内涵与题中应有之义。作为社会文明的现实延伸,生态文明实质上指人类、自然与社会持续发展、良性循环、共荣共生的和谐形态。可持续发展与生态文明建设既是全球空间格局中世界各国经济发展、政治交往和文化交流的有机组成部分,也是"一带一路"文明互鉴的本质宗旨与时代指向。现代化发展与现代性危机导致的人与自然之间的种种问题给人类生存与发展带来巨大威胁与严

---

① 《马克思恩格斯选集》第 2 卷,人民出版社,2012,第 725 页。
② 韩毓海:《为什么要一起读马克思》,《光明日报》2015 年 5 月 12 日,第 11 版。

重障碍。体现人与自然和谐统一辩证关系的"天人合一"思想既是中华民族5000多年来的精神实质与价值表达，又是"一带一路"建设的核心原则与精神。以履行生态责任、保护生态环境为手段打造生态共同体，是共建"一带一路"国家共同的责任担当与时代义务，各国在实现人类社会飞速发展的同时，更须关切人与自然的和谐发展。"人类并不是由和谐走向对抗，由和平走向冲突；而是由对抗走向共生，由冲突走向和谐。"① 就此而论，共建"一带一路"倡议致力于在历史延续和现实交汇的同一时空中，通过生态治理与环境保护，将人与自然的发展导引向以和谐共生为情境的生态共同体。

命运共同体、利益共同体、责任共同体和生态共同体构成了"一带一路"文明互鉴的总体目标，从命运共同体起步，到利益共同体、责任共同体和生态共同体的逐层延伸，达成了相向而行的层次对接。其中，命运共同体构成了文明互鉴目标的前提，利益共同体构成了文明互鉴目标的基石，责任共同体构成了文明互鉴目标的导向，生态共同体构成了文明互鉴目标的情境，四者相互依存，于文明互鉴中演绎共生、共存和共进的目标关系。

（二）文明互鉴的范式

范式即"规范"，库恩认为范式规定了主体共同的基本理论、基本观点和基本方法，并为其提供了基本的理论模型和解决问题的框架，因而形成一种共同的传统和事物的发展方向。② 范式的特殊性与重要性在本原上限定了特定事物的前进方向和创设原则。"一带一路"建设是一项系统工程，其内含的范式不仅从根本上规定了文明互鉴的现实场景，而且在实践中阐释了相向而行的未来图式。"共商、共建、共享"不仅是"一带一路"文明互鉴的指导原则，而且是"一带一路"相向而行的创设原则，其价值体认的现实表达不仅立足于中华文化的价值传统，而且适用于具体时空条件下国家与地区间生产与建构的空间向度。共商是共建共享的前提和保

---

① 明浩：《"一带一路"与"人类命运共同体"》，《中央民族大学学报》（哲学社会科学版）2015年第6期。
② 石磊、崔晓天、王忠编著《哲学新概念词典》，黑龙江人民出版社，1988，第192页。

证，共建是共商共享的基础和方式，共享是共商共建的动力和目标，三者相辅相成，不仅从理论上体现和表征了"一带一路"互惠互利、共同繁荣的发展目标，而且在现实上阐释和彰显了"一带一路"文明互鉴、相向而行的价值诉求。

共商原则是"一带一路"文明互鉴的前提和保证。共商原则意味着"集思广益"，强调参与主体通过开展多层次、多渠道的对话，相互磋商、协调，进行战略和政策上的沟通与交流，为推进实际建设奠定政治基础和前提方案。"一带一路"是一项互尊互信、平等合作、开放包容的发展倡议，意味着各参与主体在政治、经济和文化上彼此平等，各国只有发展道路和发展程度之异，没有发展权利和发展地位之别，彼此平等、互尊互信。共商原则指共建"一带一路"国家平等协商，一方面针对彼此发展战略和核心关切进行磋商、协调，在政治、政策和具体举措等方面各抒己见、集思广益；另一方面就对接"一带一路"建设和实现相互合作开展对话与交流，为"一带一路"建设构筑稳固的政治基础和增进彼此的合作共识。共商原则是共建"一带一路"国家的基本政治诉求和合作前提，不仅体现了各参与主体平等、互尊、互信的政治旨趣，而且彰显了彼此友好合作、共建共享的热切期盼。就此而论，共商原则体现的是互尊互信、求同存异的精神，倡导的是开放合作、互利共赢的目标。落实共商原则，需要共建"一带一路"国家积极利用现有的双边和多边合作机制，以相互尊重、相互理解为导向，在共同的发展意向和共识下，开展多层次、多渠道、多形式的对话和沟通，消除相互之间的防备和戒心，减少彼此之间的隔阂与摩擦，在公正、公开、透明的交流前提下，为推进共建"一带一路"提供政治基础。

共建原则是"一带一路"文明互鉴的基础和方式。共建原则意味着"博采众长"，强调共建"一带一路"国家共同参与和推动"一带一路"建设，以"政策沟通、设施联通、贸易畅通、资金融通、民心相通"为合作重点，在基础设施、投资贸易、金融项目、文化活动等领域进行共建，由此谋求优势互补、互惠互利。作为一项跨越多个国家和地区的合作倡议，共建"一带一路"倡议需要共建"一带一路"国家共同参与和推进，"共建"是实现共建"一带一路"倡议的核心环节，如果没有参与主体共同建设,"一带一路"建设必然出现中断或缺口,从而影响"一带一路"的整体规划和实施。有鉴于此,共建"一带一路"国家应重视和坚持共建原则,在协商的前提下,发挥各自的长处和优势,共同开发、共同建设,在实际合作中把构想变为现实,在共同建设中实现互惠互利。落实共建原则,一方面,需要共建"一带一路"国家恪守联合国宪章的基本宗旨和总体原则,遵守和平共处五项原则,坚持在开放合作、和谐包容中推进建设,尊重各国不同发展道路和发展模式的选择,加强不同文明之间的对话与交流,求同存异、兼容并蓄、共生共荣;另一方面,需要共建"一带一路"国家坚持市场运作,遵循市场基本规律和国际通行规则,兼顾各方利益和关切,共同寻求利益契合点和合作最大公约数,在建设与合作中调动各方智慧和创意,发挥彼此优势与潜力,各施所长、各尽所能。就此而言,推进共建"一带一路",共建"一带一路"国家应以"政策沟通、设施联通、贸易畅通、资金融通、民心相通"为主要合作内容,构建全方位、多层次、复合型的互联互通网络,进而促进各国发展战略对接与利益相融,最终在共建共享中达至文明互鉴的相向而行。

共享原则是"一带一路"文明互鉴的动力和目标。共享原则意味着"惠及各方",强调共建"一带一路"国家通过共同建设和彼此合作共享"一带一路"建设成果,进而实现共同发展、共同繁荣。共享原则在共建"一带一路"倡议中内涵深刻,一方面凸显了互联互通的建设成果和效益由共建"一带一路"国家分享,各国均能从"一带一路"建设中共享资源与收益;另一方面也体现了各国平等互利,没有特殊利益凌驾于各国利益之上,彼此互利共赢、共同发展。中国提出共建"一带一路"倡议,根本目的在于促进共建"一带一路"国家经济繁荣与区域经济合作,加强不同文明交流互鉴,实现各参与主体和平繁荣发展,造福各国人民。就此而言,实现共建"一带一路"国家大发展大繁荣,进而推动亚欧大陆和平稳定发展,既是共建"一带一路"倡议设想的初衷,也是中国与共建"一带一路"国家的共同愿望;既是各国谋求发展的基本取向,又是彼此合作共建的价值追求。共享原则的最终达成,表征为共建"一带一路"国家共享建设与发展的成果,各国人民相识相知、互信互敬,共享和谐、安宁、富裕的生活。作为一项综合多元的系统工程,"一带一路"建设旨在实现共建"一带一路"国家的互联互通，让各国共享"一带一路"建设成果。中国提出共建"一带一路"倡议，绝非仅仅聚焦自身的发展与进步，而是以自身快速发展所带来的发展活力与发展潜力为契机和动力，助推与带动共建"一带一路"国家的发展步伐。"如果说'一带一路'有什么亚洲战略意图的话，那就是得益于亚洲发展活力与潜力的中国，希望造福亚洲、共同发展，把亚洲各国山川相连的地缘优势转化为实实在在的发展成果。"①"一带一路"建设旨在通过扩大对外开放以及合作交流，拓展共建"一带一路"国家的发展空间与合作领域，加快区域发展的转型升级，让各国共享发展的活力、潜力和机遇，从而实现各国共同繁荣与地区稳定富强。

建设"一带一路"，共商是共建与共享的前提和保证，共建是共商与共享的基础和方式，共享是共商与共建的动力和目标，三者既是对立统一的价值原则，又是兼容并蓄的理念追求。在和平与发展的时代格局中，共建"一带一路"国家应以"一带一路"建设为契机，坚持"共商、共建、共享"原则，携手推动更大范围、更高水平、更深层次的大开放、大交流和大融合，让各国在文明互鉴的相向而行中共生共荣、心心相通。

（三）文明互鉴的重点

共建"一带一路"倡议以"政策沟通、设施联通、贸易畅通、资金融通、民心相通"为合作重点。其中，"设施联通、贸易畅通、资金融通"指向经济目标，以合作共赢的价值实现为基础；"政策沟通"指向政治目标，以互尊互信的现实达成为中介；"民心相通"指向文化目标，以包容互鉴的共时推进为导向。由此出发，共建"一带一路"倡议下的文明互鉴表征为合作共赢的经济目标、互尊互信的政治目标和包容互鉴的文化目标，三者相互支撑、互为前提、彼此转化，从另一个侧面印证了"一个国家的福利以及它参与竞争的能力取决于一个普遍的文化特性，即社会本身的信任程度"②。就此而言，"一带一路"于文明互鉴的价值表达不仅指向了经济的共建与共享、政治的共商与共赢，而且凸显文化的共鸣与共通，

---

① 钟声：《始终坚持共商、共建、共享》，《人民日报》2015年2月16日，第3版。
② 〔美〕弗朗西斯·福山：《信任：社会美德与创造经济繁荣》，彭志华译，海南出版社，2001，第8页。

并以全球发展经济难题的解决和全球治理模式的创新彰显文明互鉴的文化之义和相向而行的本真之维。

"设施联通、贸易畅通、资金融通"指向共建"一带一路"倡议的经济目标，以合作共赢的价值实现为基础，支撑"一带一路"文明互鉴的相向而行。合作共赢的经济目标是共建"一带一路"倡议的现实基础，为实现文明互鉴奠定物质前提与基本保障。作为"一带一路"建设的本质表达，合作共赢的经济目标以"设施联通、贸易畅通、资金融通"影响全球空间格局经济区位的重塑，由此推动均衡普惠的经济结构变革。共建"一带一路"国家多为发展中国家，经济互补性强，发展潜力巨大，彼此有相似的发展程度与相近的发展诉求。据此，共建"一带一路"倡议将有利于共建"一带一路"国家在全球政治经济格局下重塑经济发展结构与拓展文明互鉴空间。作为文明互鉴的重要指向，构建开放、多元、公平、互通的地区经济秩序是"一带一路"经济目标的根本之所在。就共建"一带一路"倡议的经济目标而言，"设施联通、贸易畅通、资金融通"构成了共建"一带一路"国家经济合作的重点内容。其中，基础设施联通是优先领域，贸易合作畅通是重点内容，资金融通互补是重要支撑。设施联通、贸易畅通和资金融通等经济合作内容不仅有助于共建"一带一路"国家构建合作共赢的利益共同体，而且有利于为文明互鉴的相向而行奠定经济基础和物质前提。于中国而言，共建"一带一路"倡议的经济目标具有深刻的理论意义与现实内涵，中国可依托"一带一路"建设，积极发挥在区域经济合作机制中的引领作用，从而推进国际经济秩序变革，构建经济合作新格局。但"中国的目的不是要另起炉灶，而是希望改革现行体系，以便更好地反映并适应世界经济新的格局"①。就此而言，共建"一带一路"倡议的经济目标旨在追求各国利益相融、互利共赢，由此构建更加公正合理的世界经济秩序。

"政策沟通"指向共建"一带一路"倡议的政治目标，以互尊互信的现实达成为中介，支撑"一带一路"文明互鉴的相向而行。互尊互信的政治目标是共建"一带一路"倡议的现实中介，为文明互鉴的时代演进提供

---

① 黄益平：《中国经济外交新战略下的"一带一路"》，《国际经济评论》2015年第1期。

政治共识与机制保证。"一带一路"文明互鉴的现实达成离不开共建"一带一路"国家坚实、稳固的政治共识。加强共建"一带一路"国家政策沟通与战略对接，是实现互尊互信政治目标的根本途径。就政策沟通而言，各国须加强政府间合作，充分发挥政党、议会交往的桥梁作用，构建宏观政策交流机制；就战略对接而言，各国须针对战略和对策进行充分交流，协商解决发展难题，从而促进政治互信、利益共融。有效的政策沟通和战略对接，既有助于增进彼此政治共识，夯实互尊互信的政治基础，又能为经济合作与文化互鉴提供方向引领和价值导向，互尊互信的政治目标也由此成为各国的共同诉求。中国提出共建"一带一路"倡议，绝不是为了谋取自身特殊的政治利益与安全利益，而是力求在平等互信的基础上与各国一道开展合作，共同实现发展和繁荣。就此而言，共建"一带一路"国家应以互尊互信的政策沟通为中介，开展高层互动与战略对话，推进共建"一带一路"。

"民心相通"指向共建"一带一路"倡议的文化目标，以包容互鉴的共时推进为导向，支撑"一带一路"文明互鉴的相向而行。包容互鉴的文化目标是共建"一带一路"倡议的价值导向，为文明互鉴的历史传承与现实延续提供价值共识与精神引领。人类历史的延续与人类社会的演进涵化了丰富多彩的文明形式和文明态势，呈现出历时态的传承与共时态的并存。文化由历史所承载，内置于其中的精神支撑与价值导向推动文明形态向更高程度发展。全球文化空间结构下，文化共识及价值认同的基础的地位与作用成为共建"一带一路"倡议的重要认知维度。共建"一带一路"倡议具有丰富的文化意蕴与文化内涵，它以文化为纽带将共建"一带一路"国家的历史、现实与未来维系在一起，其根本宗旨在于通过增进共建"一带一路"国家的文化交融和价值认同，推动构建命运共同体、利益共同体、责任共同体与生态共同体。民心相通是共建"一带一路"倡议的社会根基，文化的交流和融合表征为价值观念的认同与人心的相通。共建"一带一路"倡议的文化目标旨在通过文化先行，构建互尊互信、包容理解的文化氛围，从而夯实"一带一路"互联互通的民心基础，促进共建"一带一路"国家人民心心相通。古丝绸之路所彰显的文化精神历史演进为今天共建"一带一路"国家共有的文化记忆。推进共建"一带一路"，共建"一带一路"国家应充分发掘其深厚的文化底蕴,继承和弘扬古丝绸之路的文化意蕴与价值精髓,促进多元文明于相互借鉴中实现共同发展、相向而行。汤因比(A. J. Toynbee)曾经预测,中国可能有意识地、有节制地融合中华文明与其他文明的长处,其结果可能是为人类文明提供一个全新的文化起点。① 黑格尔在谈论四大文明古国时也坦言:"假如我们从上述各国的国运来比较他们,那么,只有黄河、长江流过的那个中华帝国是世界上唯一持久的国家。"② 中华文明历史悠久,独具特色,从未中断,既为中华民族的生生不息提供精神引领,也为人类社会发展与文明进步提供价值支撑。共建"一带一路"国家各具文化特性与文明传统,多元文化的交流和互动既演化为开放、包容、互通的文明图景,又现实表征了共建"一带一路"倡议文化共鸣与共通的美好愿景。就此而言,构建开放包容的文化,促进不同文明友好交往、取长补短与合作共进,是"一带一路"文明互鉴、相向而行的重要导向。

共建"一带一路"倡议是中国统揽经济、政治、文化、外交和社会发展全局而提出的,不仅体现了中国与共建各国实现友好合作与互利共赢的愿望和诉求,而且彰显了彼此文明互鉴、和谐共生的理想与旨趣。"一带一路"文明互鉴的相向而行,诠释着合作共赢的经济目标、互尊互信的政治目标和包容互鉴的文化目标以及三者之间的关系演绎。中国愿同各国一道,朝着互联互通的战略目标,在经济、政治、文化上实现更加开放、更高层次、更大范围的合作,在"共商、共建、共享"的原则下,共同打造政治互信、经济相融、文化包容的命运共同体、利益共同体、责任共同体与生态共同体。

七 理解总体国家安全观的三维向度

"推进国家安全体系和能力现代化,坚决维护国家安全和社会稳定"作为独立章节被写入党的二十大报告,这在党的历次全国代表大会上是第

---

① 张维为:《西方的制度反思与中国的道路自信》,《求是》2014年第9期。
② 〔德〕黑格尔:《历史哲学》,王造时译,上海书店出版社,2001,第117页。

一次，引发了国内外学者的广泛关注。习近平在党的二十大报告中论述了总体国家安全观的深刻内涵，强调"国家安全是民族复兴的根基，社会稳定是国家强盛的前提"①，要求"坚定不移贯彻总体国家安全观，把维护国家安全贯穿党和国家工作各方面全过程，确保国家安全和社会稳定"②，并对"推进国家安全体系和能力现代化"作出战略部署，国家安全工作被摆在更加突出的位置。当前，中华民族伟大复兴已经进入不可逆转的历史进程，在全面建设社会主义现代化国家新征程中，必然面临各种风险挑战，涉滩之险、爬坡之艰、闯关之难前所未有，我们一定要敢于斗争、善于斗争，在理解总体国家安全观深刻内涵的基础上，做好国家安全体系构建的顶层设计，加强国家安全能力现代化建设。

中央国家安全委员会第一次会议于2014年4月15日召开，习近平在此次会议的讲话中首次提出"总体国家安全观"。我们党设立中央国家安全委员会，积极推动以《国家安全法》为统领的国家安全立法工作，并于2016年12月出台《关于加强国家安全工作的意见》，着力提升国家安全法治化水平。在党的十九大报告中，习近平明确要求"坚持总体国家安全观"，并进一步指出："统筹发展和安全，增强忧患意识，做到居安思危，是我们党治国理政的一个重大原则。"③党和国家对国家安全的总体性强调，一方面，显示了进入新时代以来，国际局势的复杂变化使国家安全面临更为严峻的内外部挑战；另一方面，也标志着中国国家安全观日臻成熟与系统完善，形成一种涵盖传统安全与非传统安全问题的高级形态的非传统国家安全观。在此背景下，深刻理解总体国家安全观，不仅对于统筹推进国家安全建设工作具有重要的现实意义，而且对维护国家安全、促进民族振兴、推进世界和平与发展具有深远影响。

目前学界对"总体国家安全观"的理解与阐释主要有三种路径：一是通过梳理我国国家安全理论的历史演变，把握总体国家安全观的概念内涵

---

① 习近平：《高举中国特色社会主义伟大旗帜 为全面建设社会主义现代化国家而团结奋斗——在中国共产党第二十次全国代表大会上的报告》，人民出版社，2022，第52页。
② 习近平：《高举中国特色社会主义伟大旗帜 为全面建设社会主义现代化国家而团结奋斗——在中国共产党第二十次全国代表大会上的报告》，人民出版社，2022，第52页。
③ 《习近平谈治国理政》第3卷，外文出版社，2020，第19页。

与外延；二是通过概括总体国家安全观的基本特征，突出其中国特色、时代特点和人本特性；三是从实践路径角度提出贯彻总体国家安全观的策略手段。① 尽管这些研究已经较为全面、系统、规范地阐明总体国家安全观的核心内容与内在特征，但是对于其内部要素的逻辑关联以及隐含在总体国家安全观之中的执政安全并未进行深入探讨。我们认为，中国共产党领导是中国特色社会主义的最本质特征，而总体国家安全观的"中国特色"正是由此本质规定的，其在国家安全领域，以党的执政安全为直接表现形式的隐含要义，有效统一了人民安全与政治安全，进而统领推进经济、军事、文化、社会以及国际安全，最终构成具有中国特色的总体国家安全观。在此意义上，对总体国家安全观的深入理解应从执政安全、政治安全与国家安全的三重维度进行。

具体而言，中国共产党的执政安全是维护我国政治安全和国家安全的根本保证。政治安全是国家安全的根本，对国家安全具有"牵一发而动全身"的重要作用。中国共产党必须通过不断自我革命引领社会革命，推动全面从严治党，努力提高执政能力和执政水平。我们党要永葆其执政地位，自身必须始终过硬。为中国人民谋幸福、为中华民族谋复兴是中国共产党的初心使命，中国共产党代表人民执政旨在维护以人民安全为核心要义的国家安全和以政权安全、制度安全为核心要义的政治安全，建设更高水平的平安中国，为广大人民群众安居乐业营造安全的政治环境、社会环境，进而为实现中华民族伟大复兴中国梦、把我国全面建成社会主义现代化强国、更好地满足人民群众对美好生活的需要保驾护航。

（一）执政安全：维护我国政治安全和国家安全的根本保证

在新民主主义革命过程中，历史和人民选择了中国共产党，中国共产党代表人民执政，并成为我国唯一的执政党。因此，关于"执政安全"的探讨，仅仅指中国共产党执政安全。关于"执政安全"这一概念的界定，学者们有不同的观点，但大多认为执政安全是指执政党能够良性运行且不受威胁的状态。"执政安全是指执政党执政体系处在稳健良性运行以及可

---

① 谢卓芝、谢撼澜：《"总体国家安全观"研究综述》，《理论视野》2016年第5期。

与时俱进的状态。"① 执政党为了保持自身良性运行，必须有足够的能力克服一系列执政风险与执政考验。从这个意义上讲，执政安全就是"执政风险相对较少或者出现风险能够及时而有效地得以化解的执政状态"②。也有学者直截了当地指出，在我国，"执政安全的标准就是确保中国共产党的领导地位和执政地位绝对巩固"③，道出了执政安全的本质。党的执政安全，既是理解总体国家安全观的重要维度，也是统筹推进我国国家安全建设各项工作任务的根本政治保证。坚持和完善党对国家安全体系和能力现代化建设的全面、系统、整体领导，也是进一步健全和完善高效权威的国家安全领导体制的关键。

中国共产党执政安全是坚持四项基本原则的题中应有之义。四项基本原则是我国的立国之本，其中一项重要内容是坚持中国共产党领导。邓小平认为："必须在思想政治上坚持四项基本原则。这是实现四个现代化的根本前提。"④ 他进一步指出："坚持四项基本原则的核心，是坚持共产党的领导。没有共产党的领导，肯定会天下大乱，四分五裂。"⑤ 在我国政治话语中，发展是党执政兴国的第一要务，是解决当前中国一切问题的关键，同时，发展也是确保中国共产党执政安全的关键。江泽民指出，"经济发展了，综合国力提高了，人民生活不断改善了，国家更加强大了，社会主义制度的巨大优越性就会更加充分地显示出来，我们抵御和平演变的斗争就会有更加坚实深厚的物质文化基础"⑥。这些因素共同构成了维护中国共产党执政安全的有利条件。鉴于发展对于发展中大国的异常重要性，中国共产党必须紧紧依靠发展巩固执政基础和执政地位。胡锦涛要求，政法工作要"切实维护党的执政地位，切实维护国家安全，切实维护人民权益，确保社会大局稳定"⑦。维护党的执政地位，确保中国共产党执政安全是维护国家安全、确保社会大局稳定的前提和基础。新时代面对世情、国

---

① 徐晨光：《执政党执政安全研究》，红旗出版社，2003，第10页。
② 王真等：《中国共产党抵御执政风险研究》，人民出版社，2011，第13页。
③ 马振超：《当代中国政治安全的现实逻辑和终极价值》，《国际安全研究》2018年第3期。
④ 《邓小平文选》第2卷，人民出版社，1994，第164页。
⑤ 《邓小平文选》第2卷，人民出版社，1994，第391页。
⑥ 《江泽民文选》第1卷，人民出版社，2006，第161页。
⑦ 《胡锦涛文选》第3卷，人民出版社，2016，第27页。

情、党情深刻变化带来的巨大挑战,党中央高度重视执政安全建设,既强调通过全面从严治党加强维护执政安全的执政主体建设,又强调通过不断满足人民对美好生活的需要加强维护执政安全的执政客体建设,同时,也强调通过全面依法治国加强维护执政安全的执政方式建设,进一步夯实党长期执政的基础,确保党和人民的红色江山永固。

新型政党制度是确保中国共产党执政安全的重要制度基础。中国大陆的8个民主党派早在新民主主义革命时期就与中国共产党形成了良好的合作关系;新中国成立后,这种关系被进一步拓展为"长期共存、互相监督、肝胆相照、荣辱与共"。中国共产党"支持民主党派按照中国特色社会主义参政党要求更好履行职能"①。同时,中国共产党积极团结无党派人士参政议政,扎实推进全过程人民民主,与民主党派和无党派人士共商国是,在最大程度上确保了治国理政过程中各种决策的民主性和科学性,进一步提高了执政能力和执政水平。这项政党制度即中国共产党领导的多党合作和政治协商制度,它是在我国土壤中成长出来的新型政党制度,与西方国家政党制度有本质区别,是人类政治文明的新形态。新型政党制度在制度设计层面,主要围绕规范政党合作形式发力,并以协商的方式解决国家治理中的各种矛盾,从而回应时代呼声、反映人民诉求。② 中国新型政党制度提升了中国共产党的执政能力,保持了党和国家治国理政政策方针贯彻实施的民主性、连续性和科学性,减少了因政党斗争产生的内部分裂、无效内耗等执政风险,通过政党协商达到和谐党际关系的目的,从而有效地维护中国共产党的执政安全。另外,民主党派的参政地位和参政权利受宪法保护,民主党派对中国共产党进行有效的民主监督,可以在一定程度上帮助其跳出历史周期率。总之,新型政党制度是对西方政党制度范式的超越,是合作型而非竞争型的政党制度,"其制度优势本质是合作的优势"③,这种合作是以中国共产党为主导且在中国共产党领导下的合作,

---

① 《习近平谈治国理政》第3卷,外文出版社,2020,第31页。
② 齐卫平、柴奕:《论中国特色社会主义新型政党制度的国家治理优势》,《华东师范大学学报》(哲学社会科学版)2020年第4期。
③ 史诗悦、钱再见:《合作的优势:中国特色社会主义新型政党制度的内在逻辑与实践进路》,《统一战线学研究》2021年第3期。

势必会对党的执政安全产生积极的促进作用。

人民群众衷心拥护是中国共产党执政安全之基。人民群众的认同和支持，直接决定了党的执政安全；没有广大人民的衷心拥护和真诚拥戴，也就无所谓党的执政安全。中国共产党坚持立党为公、执政为民，在密切联系群众中夯实执政安全的群众根基。人民衷心拥护是我们党执政的最大底气，脱离群众是我们党执政的最大危险。人民群众是历史的创造者，中国共产党在领导新民主主义革命过程中形成了群众路线和群众观点，并将全心全意为人民服务确立为党的根本宗旨。邓小平曾饱含深情地说："我是中国人民的儿子。"① 可见他对人民的感情之深。江泽民要求党员干部"树立正确的权力观，必须坚持立党为公、执政为民"②。树立权为民所用、情为民所系、利为民所谋的执政理念。中国共产党是中国特色社会主义事业的领导核心，"党坚强有力，党同人民保持血肉联系，国家就繁荣稳定，人民就幸福安康"③。同时，中国共产党只有密切联系群众、不断造福人民，才能始终立于不败之地；只有牢固树立危机意识、居安思危、勇于进取，才能永葆先进性和纯洁性。习近平指出："中国共产党根基在人民、血脉在人民、力量在人民。"④ 中国共产党没有任何特殊利益，始终坚持与人民休戚与共、生死相依。"让老百姓过上好日子，是我们一切工作的出发点和落脚点，是我们党坚持全心全意为人民服务根本宗旨的重要体现。"⑤ 民心是最大的政治，唯有不断满足人民对美好生活的需要，广大人民群众才会衷心拥护中国共产党，党的执政根基才会牢不可破、坚不可摧。立党为公、执政为民既是确保中国共产党执政安全的客观需要，也是保证中国共产党执政安全的前提。

持续不断的自我革命是中国共产党执政安全的重要保障。作为我国唯一的执政党，中国共产党自身的先进性和纯洁性是确保执政安全的重要基础。治国必先治党，治党务必从严。维护党的执政安全必须坚持全面从严

---

① 《邓小平年谱（1975—1997）》（下），中央文献出版社，2004，第714页。
② 《江泽民文选》第3卷，人民出版社，2006，第422页。
③ 《习近平谈治国理政》第1卷，外文出版社，2018，第14页。
④ 《习近平谈治国理政》第4卷，外文出版社，2022，第9页。
⑤ 《习近平谈治国理政》第3卷，外文出版社，2020，第173页。

治党，把全面从严治党作为巩固党执政安全的重要举措。早在新民主主义革命时期，毛泽东就曾教育党员干部："夺取全国胜利，这只是万里长征走完了第一步。……中国的革命是伟大的，但革命以后的路程更长，工作更伟大，更艰苦。"① 以此来警示党员干部要树立危机意识，时刻保持"赶考"精神。邓小平在会见印度共产党（马克思主义）中央代表团时的谈话中指出，"一个党犯错误是难免的，就是犯了错误，也要由自己去总结，自己去解决问题，这样才靠得住"②。不断从错误中总结经验并修正错误的过程，就是一个政党自我革命的过程。江泽民在党的十六大报告中指出，"坚持加强和改善党的领导，全面推进党的建设新的伟大工程"③。只有提高党的执政能力和执政水平，才能不断推动中国特色社会主义事业向前发展。胡锦涛在党的十八大报告中指出，"全面推进党的建设新的伟大工程，全面提高党的建设科学化水平"④。这样才能不断推进事业发展、更好满足人民群众的期待。深入开展反腐败斗争，既是推进新时代党的建设新的伟大工程的题中应有之义，也是全面从严治党的必然要求。尽管我们已经取得反腐败斗争的压倒性胜利，但仍需要强化"不敢腐、不能腐、不想腐"的一体推进机制，反腐败斗争只有进行时，没有完成时。习近平反复强调，"打铁还需自身硬"，只要中国共产党自身坚强有力，"只要我们管党治党不放松、正风肃纪不停步、反腐惩恶不手软，就一定能赢得这场输不起也决不能输的斗争"⑤。只有持续不断地推进反腐败斗争，持续不断地进行自我革命，中国共产党才能永葆先进性和纯洁性，进而巩固其执政地位，永葆其执政安全。

（二）政治安全：中国共产党执政安全和国家安全的核心与灵魂

政治安全是一个国家最根本的需求，也是一切国家生存和发展的基础条件。国家主权、政权、制度和意识形态安全是政治安全的重要构成要

---

① 《毛泽东选集》第4卷，人民出版社，1991，第1438页。
② 《邓小平文选》第3卷，人民出版社，1993，第27页。
③ 《江泽民文选》第3卷，人民出版社，2006，第535页。
④ 《胡锦涛文选》第3卷，人民出版社，2016，第653页。
⑤ 《习近平关于全面从严治党论述摘编》，中央文献出版社，2016，第191页。

件。我国政治安全的根本是确保党执政安全和中国特色社会主义制度安全。"政治安全的核心是政权安全和制度安全。"① 在中国特色党政体制下，维护党的领导和执政地位是确保政治安全的关键。中国共产党主要领导人围绕政治安全进行了一系列重要论述，国内学者也从不同的角度对政治安全的概念进行了探讨。中国共产党坚持人民至上的执政理念，我国政治安全的终极问题是维护全体人民的政治权利安全。党代表人民执政根本目的在于切实维护好全体人民的政治权利，让人民真正享有当家作主的权利。

政治安全是国家安全的根本。政治安全主要涉及国家主权、政权和制度等多个维度。毛泽东在新中国成立前夕强调："中国的事情必须由中国人民自己作主张，自己来处理，不容许任何帝国主义国家再有一丝一毫的干涉。"② 展现了中国人民和中华民族坚决捍卫国家主权安全的信心和决心。邓小平作为改革开放的总设计师，清醒地认识到改革开放需要稳定的政治环境，"没有安定的政治环境，什么事情都干不成"③。只有国家政权安全，才有坚持和发展中国特色社会主义事业的良好政治基础和社会环境。习近平认为："制度优势是一个政党、一个国家的最大优势。"④ 我们要有足够的底气坚定制度自信，维护制度安全。习近平在中央国家安全委员会第一次会议上的讲话中强调，维护国家安全，贯彻总体国家安全观，必须"以政治安全为根本"⑤，突出强调政治安全在国家安全体系和能力现代化建设中的重要性。政治安全的根本地位在国家安全建设中是如何体现的？所谓以政治安全为根本，是指在国家安全体系中政治安全居于核心地位和最高层次，我们必须高度重视以国家主权、政治制度和意识形态为主要内容的政治安全。习近平指出："我们治国理政的本根，就是中国共产党的领导和我国社会主义制度。"⑥ 坚持党的全面领导是加强党执政安全的重要内容，制度安全和政权安全是国家政治安全的核心，而政权安全的实

---

① 《习近平新时代中国特色社会主义思想学习纲要》，学习出版社、人民出版社，2019，第181页。
② 《毛泽东选集》第4卷，人民出版社，1991，第1465页。
③ 《邓小平文选》第3卷，人民出版社，1993，第244页。
④ 《习近平著作选读》第2卷，人民出版社，2023，第303页。
⑤ 《习近平谈治国理政》第1卷，外文出版社，2018，第201页。
⑥ 《习近平谈治国理政》第3卷，外文出版社，2020，第165页。

质是党的执政安全。为了永葆党的执政安全，习近平在党的十九大报告中强调了政治建设的重要性，明确要求"把党的政治建设摆在首位"①。因此，推进国家安全体系和能力现代化建设，必须坚持以政治安全建设为统领。

政权安全和制度安全是政治安全的核心。政治安全建设的要素有很多，但要坚持把政权安全和制度安全摆在我国政治安全建设的首位。毛泽东曾经指出"一切革命的基本问题是政权问题"②，突出强调国家政权问题的重要性。政权安全的实质是党的执政安全。邓小平高度重视制度建设，并明确指出，"制度好可以使坏人无法任意横行，制度不好可以使好人无法充分做好事，甚至会走向反面"③。党的十八大以来，习近平多次强调要坚定制度自信，并要求党员干部"在实际工作中，必须突出坚持和完善支撑中国特色社会主义制度的根本制度、基本制度、重要制度"④，并努力健全和完善中国特色社会主义制度体系。"把制度安全、政权安全放在首要位置"⑤，确保党始终发挥"总揽全局、协调各方"的领导核心作用，为国家安全提供政治保证，是"以政治安全为根本"的必然要求。维护政权安全和制度安全，必须旗帜鲜明地打击各种危害国家安全的犯罪活动，特别是暴力恐怖等犯罪活动。暴力恐怖犯罪不仅严重威胁人民群众的生命财产安全，而且威胁国家政权和制度安全，我们要毫不动摇地把维护国家政治安全特别是政权安全、制度安全放在首要位置，加大惩治暴力恐怖等犯罪的力度，依法严惩煽动分裂国家、颠覆国家政权等犯罪，切实维护国家安全。"严惩危害国家安全犯罪，坚决捍卫以政权安全、制度安全为核心的国家政治安全"⑥，切实维护好全体中国人民的共同利益，确保社会主义民主政权安全和中国特色社会主义制度安全，本质上就是最大限度地维护我

---

① 习近平：《决胜全面建成小康社会 夺取新时代中国特色社会主义伟大胜利——在中国共产党第十九次全国代表大会上的报告》，人民出版社，2017，第26页。
② 《毛泽东文集》第2卷，人民出版社，1993，第289页。
③ 《邓小平文选》第2卷，人民出版社，1994，第333页。
④ 《习近平谈治国理政》第3卷，外文出版社，2020，第127页。
⑤ 《习近平新时代中国特色社会主义思想基本问题》，人民出版社、中央党校出版社，2020，第335页。
⑥ 《中华人民共和国第十三届全国人民代表大会第二次会议文件汇编》，人民出版社，2019，第222~223页。

国的政治安全和国家安全。

国家安全建设要以政治安全为统领,全面推进国家安全体系和能力现代化。贯彻落实总体国家安全观,要"牢牢守住政治安全这个魂,时刻绷紧政治安全这根弦,以政治安全统领推进各重点领域国家安全工作"①。以政治安全统领推进国家安全建设各项工作,必然要求把政治意识渗透到关乎国家安全的各个领域,将政治安全贯穿于国家安全工作的全过程和各方面,确保政治安全始终是国家安全工作的一条红线。在国家安全体系中,其他方面的安全都需要政治安全予以保障,因此必须突出强调政治安全的根本地位。特别是在涉及主权、政权、制度、意识形态等政治安全的核心工作方面,全体人民更应该保持高度警惕,进一步增强维护国家政治安全的思想自觉和行动自觉。影响政治安全的因素有很多,但就当前我国而言,以下因素最为重要。其一,意识形态安全。党员干部要团结带领广大人民群众自觉同各种错误社会思潮作斗争,以实际行动捍卫马克思主义在意识形态领域的指导地位。"意识形态关乎旗帜、关乎道路、关乎国家政治安全"②,维护意识形态安全要做到防患于未然。其二,腐败问题。党的十八大以来,中国共产党在深入开展反腐败斗争过程中显示出前所未有的决心和毅力。习近平指出,党风廉政建设和反腐败斗争"是关系党和国家政治安全的大问题,难道还不是政治吗?还用得着闪烁其词、讳莫如深吗?"③其三,网络安全。习近平指出:"从世界范围看,网络安全威胁和风险日益突出,并日益向政治、经济、文化、社会、生态、国防等领域传导渗透。"④中国共产党如果过不了互联网这一关,也就难以实现长期执政,这势必威胁党的执政安全和国家政治安全。

(三)国家安全:中国共产党执政安全和政治安全的价值旨归

现代意义上的"国家安全"概念最早由美国学者沃尔特·李普曼

---

① 《习近平新时代中国特色社会主义思想基本问题》,人民出版社、中央党校出版社,2020,第338页。
② 《习近平关于总体国家安全观论述摘编》,中央文献出版社,2018,第111页。
③ 《习近平谈治国理政》第2卷,外文出版社,2017,第162页。
④ 《习近平关于总体国家安全观论述摘编》,中央文献出版社,2018,第172页。

(Walter Lippmann)提出,他将其界定为一国在战争中维护合法利益的状态。① 曾经沦为半殖民地半封建社会的中国饱受国家不安全带给中国人民和中华民族的屈辱和灾难,直到 1949 年新中国成立,才真正实现了民族独立和人民解放。历史和实践充分证明,我国国家安全是实现中华民族伟大复兴中国梦、保证人民群众安居乐业的前提和基础。虽然目前我国处于和平年代,但维护国家安全的工作一刻也不能放松。新时代以来,习近平高度重视国家安全,并作出了一系列重要论述。首先,强调维护国家安全、社会安定关乎民族复兴。面对世界百年未有之大变局,党面临新任务新挑战,维护国家安全和社会安定,直接关乎"两个一百年"奋斗目标以及社会主义现代化强国建设。其次,国家安全是全体中国人民的根本利益所在。习近平指出:"国家安全是安邦定国的重要基石,维护国家安全是全国各族人民根本利益所在。"② 人民只有享有生命健康安全,才能追求其他一切美好生活;如果连最基本的生存权都无法保证,任何所谓的人权都只是一句空话。最后,国家安全是坚持和发展中国特色社会主义的重要保障。习近平指出:"只有国家安全和社会稳定,改革发展才能不断推进。"③ 改革开放是推进中国特色社会主义事业不断向前发展的关键一招,全面深化改革才能更好地推动经济社会高质量发展,从而不断提升我国的综合国力,而这一切都需要和谐稳定的国内环境和国际环境。

保证国家安全是中国共产党执政的头等大事。对于任何执政党而言,维护国家安全都是义不容辞的职责。确保国家安全不受侵犯,让广大人民群众安居乐业,是中国共产党执政的头等大事。其一,只有国家安全,作为执政党的中国共产党的执政地位才能得到巩固。习近平深刻指出:"保证国家安全是头等大事。"④ 维护国家安全,是巩固中国共产党执政合法性的重要基础。作为马克思主义执政党,如果不能有效地维护以人民安全为核心要义的国家安全,那么它就失去了长期执政的合法性基础。其二,维

---

① 王丹彤、何增科:《国家政治安全的新维度:不安全状态及其原因探析》,《河南社会科学》2021 年第 9 期。
② 《习近平谈治国理政》第 3 卷,外文出版社,2020,第 39 页。
③ 《习近平谈治国理政》第 1 卷,外文出版社,2018,第 84 页。
④ 《习近平谈治国理政》第 1 卷,外文出版社,2018,第 200 页。

护国家安全、社会安定,是马克思主义执政党的重要职责。中国共产党以高超的执政智慧妥善处理改革、发展、稳定的关系,着重强调国家安全、社会稳定的基础性作用。习近平指出,我们党"始终把维护国家安全和社会安定作为党和国家的一项基础性工作"①。国家安全、社会安定为我国经济社会高质量发展、人民群众安居乐业营造了良好环境。其三,国家安全的各项工作,必须在中国共产党的全面、系统、整体领导下进行。习近平指出:"坚持党对国家安全工作的领导,是做好国家安全工作的根本原则。"② 我们必须毫不动摇地坚持党的领导,确保党的执政安全,这样才能更有力地推进国家安全体系和能力现代化。总之,党的执政安全是维护国家安全和政治安全的根本保证,同时,国家安全能够进一步巩固党的执政安全、确保政治安全,而维护国家安全、确保政治安全是中国共产党代表人民执政的职责所在。可见,中国共产党执政安全与确保政治安全、维护国家安全具有内在一致性,统一于党领导人民进行国家安全建设的具体实践。

人民安全是国家安全的价值基础。国泰民安既是政治安全的具体体现,也是国家安全的综合体现。③ 中国共产党的一切奋斗,归根结底是为了人民的根本利益,而生命健康安全则是广大人民的最核心利益。因此,中国共产党坚持把维护人民的生命健康安全放在治国理政的首位,维护人民群众生命健康安全是推进国家安全体系和能力现代化的根本目的。我国《国家安全法》明确提出"保卫人民安全"的目标。习近平指出:"国家安全工作归根结底是保障人民利益,为群众安居乐业提供坚强保障。"④ 确保人民群众生命健康安全,是我们党处理国家安全问题的出发点和落脚点,也是重要的国家利益。中国共产党执政就是为了维护人民利益和国家利益,人民利益、国家利益与党的利益既是一致的,也是统一的。贯彻落实总体国家安全观,推进国家安全体系和能力现代化,要"坚持人民安

---

① 《习近平谈治国理政》第 1 卷,外文出版社,2018,第 202 页。
② 《习近平谈治国理政》第 2 卷,外文出版社,2017,第 383 页。
③ 顾华详:《以政治安全为根本的国泰民安论》,《统一战线学研究》2022 年第 3 期。
④ 《习近平谈治国理政》第 2 卷,外文出版社,2017,第 382 页。

全、政治安全、国家利益至上的有机统一"①。毫无疑问，维护国家安全是全党全军全社会共同的责任，必须进一步夯实国家安全建设的社会基础。国家安全涉及领域广泛，仅靠某一群体的力量不但无法确保国家安全，反而会对国家安全工作造成损害。人民是国家安全建设的重要主体，推进国家安全体系和能力现代化，必须充分发挥广大人民群众的积极性、主动性和创造性。"要坚持国家安全一切为了人民、一切依靠人民，动员全党全社会共同努力，汇聚起维护国家安全的强大力量，夯实国家安全的社会基础。"② 只要全党全军全社会共同努力，深入贯彻总体国家安全观，就一定能够夯实维护国家安全的社会基础。唯物史观认为，人民是真正的英雄，是历史的创造者。充分发挥人民群众维护国家安全的主体作用，必须通过加强教育和引导，"增强全民国家安全意识和素养，筑牢国家安全人民防线"③。"要加强对人民群众的国家安全教育，提高全民国家安全意识。"④ 伟大的力量蕴藏在人民群众之中，要通过教育增强人民群众维护国家安全的思想自觉和行动自觉。

牢牢掌握维护国家安全的战略主动权。尽管当前我国处于和平时代，但国际社会并不太平，局部地区仍冲突不断，甚至有演变为大规模战争的可能，所以，有关国家安全建设的各项工作我们必须做到未雨绸缪，进而牢牢掌握维护国家安全的战略主动权。首先，掌握维护国家安全的战略主动权要求全体国民增强忧患意识，坚持和强化底线思维。面对国内外复杂局势，我们必须"有效防范、管理、处理国家安全风险，有力应对、处置、化解社会安定挑战"⑤。只有强化全体国民的危机意识，防患于未然地做好关乎国家安全的各项工作，才能最大限度地降低应对威胁国家安全、社会安定风险的成本。其次，掌握维护国家安全的战略主动权要统筹国内、国际两个大局，尤其是要立足于中华民族伟大复兴战略全局和世界百

---

① 《习近平谈治国理政》第3卷，外文出版社，2020，第218页。
② 《习近平关于总体国家安全观论述摘编》，中央文献出版社，2018，第10~11页。
③ 习近平：《高举中国特色社会主义伟大旗帜 为全面建设社会主义现代化国家而团结奋斗——在中国共产党第二十次全国代表大会上的报告》，人民出版社，2022，第53~54页。
④ 《习近平谈治国理政》第1卷，外文出版社，2018，第203页。
⑤ 《习近平谈治国理政》第1卷，外文出版社，2018，第202页。

年未有之大变局,坚持以系统思维贯彻落实总体国家安全观。只有准确分析国内国际形势,党和国家才能在科学研判的基础上制定有效的应对策略,从而掌握战略主动。在中国特色社会主义新时代,随着世情、国情、党情的深刻变化,国家安全的内涵和外延得到极大丰富,国家安全体系和能力现代化建设面临前所未有的风险和挑战。只有坚持防范风险和化解风险两手抓,才能更好地统筹安全和发展全局,才能实现更高水平的国家安全。① 我们既要着眼于国内安全,也要认清国际安全对国内安全的影响,统筹推进国内安全和国际安全建设。最后,掌握维护国家安全的战略主动权要求我们拥有战略思维和战略定力。在制定有关国家安全的方针政策时,我们一定要拥有战略思维、坚定战略自信、保持战略定力,"把维护国家安全的战略主动权牢牢掌握在自己手中"②。党员干部要始终把维护国家安全、确保人民生命财产安全作为处理国家安全问题的出发点和落脚点,善于从国家安全全局认识和判断国内外局势,善于透过纷繁复杂的表面把握国家安全建设的内在规律,尤为重要的是要坚定战略自信,只有保持国家安全政策的一贯性和连续性,才能在复杂的国际形势中真正做到"任尔东西南北风,我自岿然不动"。

中国特色社会主义进入新时代,国家安全的内涵和外延都得到前所未有的拓展,国家安全体系和能力现代化建设的指导思想也必须与时俱进。习近平提出的"总体国家安全观"是对新时代我国国家安全客观状态的科学概括,"是党的国家安全创新理论发展进程中的里程碑"③,是指导我国国家安全建设的行动指南和基本遵循。在中国特色党政体制下,健全国家安全体系、维护国家安全关键在于"坚持党中央对国家安全工作的集中统一领导,完善高效权威的国家安全领导体制"④。党的执政安全是确保政治安全、维护国家安全的根本保证,确保党的执政安全是推进我国国家安全

---

① 彭新林:《论习近平国家安全法治理论》,《武汉大学学报》(哲学社会科学版)2022年第5期。
② 《习近平谈治国理政》第2卷,外文出版社,2017,第382页。
③ 韩立群、董春岭、陈向阳:《深入学习宣传贯彻〈总体国家安全观学习纲要〉》,《红旗文稿》2022年第16期。
④ 习近平:《高举中国特色社会主义伟大旗帜 为全面建设社会主义现代化国家而团结奋斗——在中国共产党第二十次全国代表大会上的报告》,人民出版社,2022,第53页。

体系和能力现代化建设的逻辑前提。坚持和完善党对国家安全工作的绝对领导，这是总的原则，在任何时候都绝不能有任何含糊或动摇。① 中国共产党执政安全是国家政治安全的重中之重，政治安全是中国共产党执政安全的集中体现和国家安全的根本，以人民安全为核心要义的国家安全是中国共产党执政安全和政治安全的价值旨归。总之，中国共产党执政安全、政治安全和国家安全具有内在一致性，都是理解总体国家安全观的重要维度，三者统一于我国国家安全体系和能力现代化建设的具体实践。

八 五四精神百年传承与新时代中国青年使命

五四运动是中国近现代史上具有划时代意义的重大事件，是我国新旧民主主义革命的分界线，在近代中华民族追求民族独立和发展进步的历史进程中具有里程碑意义。2019年4月30日，习近平总书记在纪念五四运动100周年大会上发表重要讲话（以下简称"讲话"），详细论述了五四精神的深刻内涵，并对新时代中国青年如何更好地传承五四精神提出了具体要求，并要求各级党委和政府、各级领导干部以及全体社会成员做青年朋友的知心人、青年工作的热心人、青年群众的引路人，把青年一代培养造就成德智体美劳全面发展的社会主义建设者和接班人。青年是国家的希望、民族的未来，是整个社会中最积极、最有生气的力量，把新时代中国青年培养成为拥护中国共产党领导和中国特色社会主义制度、立志为实现中华民族伟大复兴中国梦奋斗终身的有用人才，是我国教育的根本任务，也是全社会共同的职责。

（一）五四精神百年传承的时代回响

"五四运动，孕育了以爱国、进步、民主、科学为主要内容的伟大五四精神，其核心是爱国主义精神。"② 100多年来，五四精神激励着一代又一代的中国青年为实现民族复兴的伟大梦想而不懈奋斗，成为指引中国青

---

① 陈向阳：《维护国家安全的根本遵循》，《前线》2022年第6期。
② 习近平：《在纪念五四运动100周年大会上的讲话》，人民出版社，2019，第3页。

年运动的精神动力。习近平总书记在讲话中指出,"五四运动以全民族的力量高举起爱国主义的伟大旗帜","五四运动以全民族的行动激发了追求真理、追求进步的伟大觉醒","五四运动以全民族的搏击培育了永久奋斗的伟大传统"。① 新时代中国青年赓续传承五四精神,也应把重点放在弘扬爱国主义、追求真理、追求进步和永久奋斗的精神上。

高举爱国主义伟大旗帜是传承五四精神的核心之义。爱国主义是五四精神的核心,是我们民族精神的核心,也是中华民族团结奋斗、自强不息的精神纽带。100多年前,在中华民族危亡之际,爱国青年挺身而出、奋起抗争,誓死捍卫国家的领土主权。革命先辈的爱国热情激励着一代又一代的中国青年为实现民族独立、人民解放和国家富强、人民幸福的历史任务而奋斗。无论是土地革命、抗日战争、解放战争时期,还是社会主义建设时期或改革开放时期,青年一代都曾身先士卒,奏响了一曲又一曲爱国主义的壮歌。100年后的今天,中国青年的爱国行动对于凝聚全民族战胜新冠疫情的力量,决胜全面建成小康社会,夺取新时代中国特色社会主义伟大胜利,实现中华民族伟大复兴的中国梦,都具有重要意义。

中国共产党历来十分重视青年的爱国主义教育,以爱国主义为精神纽带,团结带领全体中华儿女为实现中华民族伟大复兴不懈奋斗,是中国共产党青年工作的主线。爱国主义教育要一以贯之、持续不懈。2019年中共中央、国务院印发了《新时代爱国主义教育实施纲要》,对新时代加强爱国主义教育作了战略部署,是厚植新时代爱国主义情怀、增强中华民族凝聚力向心力战斗力的根本遵循。在当代中国,爱国与爱党爱社会主义是统一的,任何将三者割裂开来的行为都是错误的,甚至是别有用心的。中华人民共和国是中国共产党领导的人民民主专政的社会主义国家,中国共产党代表中国最广大人民群众的根本利益执政,党的利益、国家利益和人民利益在根本上具有一致性。因此,新时代中国青年在高高举起爱国主义伟大旗帜的同时,一定要坚定政治立场,维护中国共产党的领导,坚持和发展中国特色社会主义制度。

发扬追求真理、追求进步的伟大精神是传承五四精神的题中应有之

---

① 习近平:《在纪念五四运动100周年大会上的讲话》,人民出版社,2019,第3、4页。

义。在五四运动过程中，先进知识青年追求科学、民主和进步，勇于冲破封建思想的桎梏，在与旧思想、旧道德、旧文化的斗争中，极大地促进了中华民族的思想觉醒，打开了中华民族发展进步的思想闸门。在改革开放时期，无数青年追求真理、追求进步，始终站在时代发展进步的最前沿，极大地推动了中国特色社会主义事业的发展进步。经过一代又一代中国青年追求真理、追求进步的不懈努力，"中国特色社会主义进入新时代，意味着近代以来久经磨难的中华民族迎来了从站起来、富起来到强起来的伟大飞跃，迎来了实现中华民族伟大复兴的光明前景"[1]。人类社会风起云涌、日新月异，各种社会思潮在历史发展中不断涤荡，但是并没有改变马克思主义基本原理是科学真理的地位。"马克思主义就是我们党和人民事业不断发展的参天大树之根本，就是我们党和人民不断奋进的万里长河之泉源。"[2] 马克思主义是被实践证明了的科学真理，坚持马克思主义在意识形态领域的指导地位是我国的根本制度。背弃或者放弃马克思主义，必然会引起思想上的混乱，甚至会动摇共产党的执政地位。苏联解体的经验教训，新时代中国青年一定要认真吸取。毫不动摇地坚持和发展马克思主义，坚持用习近平新时代中国特色社会主义思想武装头脑、指导实践，是新时代坚持真理、追求真理的生动体现。新时代中国青年追求的进步应该是多方面的进步，不仅包括科学文化进步、思想观念进步，而且应包括科技创新进步、民主政治进步以及人类文明进步。科学技术是第一生产力，创新是引领发展的第一动力。我们既要毫不动摇地坚持真理，也要不断创新，从而推动人类社会各方面、各领域的发展进步。

接力赓续奋斗伟大传统是传承五四精神的时代所向。李大钊在《"晨钟"之使命》一文中写道："青年之文明，奋斗之文明也，与境遇奋斗，与时代奋斗，与经验奋斗。"[3] 奋斗是对青春最好的礼赞，奋斗是青春最亮丽的旗帜。习近平总书记指出："幸福都是奋斗出来的，奋斗本身就是一种幸福。"[4] 中国青年以永久奋斗的伟大传统、顽强奋斗的精神，在民主革

---

[1] 《党的十九大报告辅导读本》，人民出版社，2017，第10页。
[2] 《习近平谈治国理政》第2卷，外文出版社，2017，第66页。
[3] 《李大钊文集》第1卷，人民出版社，1999，第169页。
[4] 习近平：《在北京大学师生座谈会上的讲话》，人民出版社，2018，第12页。

命时期坚定不移地跟着共产党,在共青团的组织带领下投身大革命的洪流,卷起五卅运动的反对帝国主义风潮,走上打倒封建军阀的战场;在新中国建设时期,中国各族青年在共产党领导和共青团的组织带领下,投身于民族复兴的大业中,成为生产建设的突击队和生力军;改革开放时期,伟大的五四精神得到大力弘扬,"团结起来,振兴中华"成为广大青年的由衷呼唤;中国特色社会主义进入新时代,广大青年在经济建设、政治建设、文化建设、社会建设、生态文明建设等各领域唱响"奋斗的青春最美丽"的青春之歌。中国青年以永久奋斗的精神创造了一个崭新的国家、重塑了一个崭新的民族。

"一切伟大的成就都是接续奋斗、接力探索的结果,一切伟大的事业都需要在承前启后、继往开来中推进。"① 目前正处于"两个一百年"奋斗目标的历史交汇期,第一个百年奋斗目标已经实现,全面建成小康社会完美收官。这些伟大成就的取得,是一代又一代中国青年勇于担当、接续奋斗的结果。中华民族重新站在了新的历史方位,新时代中国青年需要在传承永久奋斗伟大传统的基础上担负起新的历史使命。当今世界处于百年未有之大变局,面临的各种风险挑战前所未有,任何"佛系文化""丧文化""精致利己主义"等青年亚文化都是对艰苦奋斗思想的消解,都是青年成长成才道路上的绊脚石,都无助于肩负中华民族伟大复兴的时代使命。传承永久奋斗的伟大传统,需要笃实力行、求真务实、敢于担当。青年在成长过程中,渴望得到肯定和认可,难免会产生"一步登天"的想法,要切忌好高骛远、眼高手低,立足本职岗位、脚踏实地,从点滴做起、从一件又一件的小事做起,在平凡的岗位上锤炼堪当大任的本领,在永久奋斗中勇担时代新人的职责使命。

(二) 中国青年的使命领航五四精神百年传承

习近平总书记在讲话中指出,"新时代中国青年要继续发扬五四精神,以实现中华民族伟大复兴为己任,不辜负党的期望、人民期待、民族重

---

① 习近平:《在纪念胡耀邦同志诞辰100周年座谈会上的讲话》,人民出版社,2015,第13页。

托，不辜负我们这个伟大时代"①。中华民族伟大复兴要靠中国人民的永久奋斗来实现，中国人民是推动中国梦实现的主体，青年一代是实现中国梦的生力军。在全球化时代，任何一个国家和地区都不可能孤立存在。中国与世界各国有千丝万缕的联系，中华民族伟大复兴是在世界发展大潮中的伟大复兴。因此，中国青年要肩负起实现中华民族伟大复兴的历史使命，就必须同时肩负为中国人民谋幸福、为中华民族谋复兴、为伟大祖国谋富强、为人类社会谋大同的责任担当。

为中国人民谋幸福是广大青年的奋斗所向。中华民族是伟大的民族，中国人民是伟大的人民。数千年以来，中国人民一直为中华文明和统一的多民族国家而奋斗不息。习近平总书记说："在几千年历史长河中，中国人民始终革故鼎新、自强不息，开发和建设了祖国辽阔秀丽的大好河山，开拓了波涛万顷的辽阔海疆，开垦了物产丰富的广袤粮田，治理了桀骜不驯的千百条大江大河，战胜了数不清的自然灾害，建设了星罗棋布的城镇乡村，发展了门类齐全的产业，形成了多姿多彩的生活。"② 中国人民是世界上最好的人民，也是世界上最伟大的人民。尽管中华民族多灾多难，但是中国人民勤劳勇敢、自强不息，在不断抵御外敌入侵、战胜灾难中奋发有为，创造了人类历史上从未中断的中华文明，让中华民族有足够的底气和实力傲然屹立于世界的东方。中国特色社会主义进入新时代，中华民族在百折不挠的奋斗中迎来了从站起来、富起来到强起来的伟大飞跃。中国的伟大发展成就是中国人民用自己的双手创造的，是一代又一代中国青年接力奋斗创造的。新时代的中国青年必须始终坚持群众路线，把为人民谋幸福作为创造精彩人生、实现人生价值的出发点和落脚点。

为中华民族谋复兴是中国青年的使命使然。在历史上，中华民族曾创造以"四大发明"为代表的遥遥领先于世界的中华文明，为人类社会发展进步作出了重大贡献。鸦片战争后，我国逐渐沦为半殖民地半封建国家。五四运动似一声春雷，终于彻底唤醒了沉睡多年的中国人民和中华民族，

---

① 习近平：《在纪念五四运动100周年大会上的讲话》，人民出版社，2019，第6页。
② 习近平：《在第十三届全国人民代表大会第一次会议上的讲话》，人民出版社，2018，第3~4页。

激发社会各阶层爱国人士救亡图存的斗志。伟大的中国人民清醒地认识到，实现中华民族伟大复兴的中国梦，需要一代又一代有志青年接续奋斗。百年来，中国青年始终围绕为中华民族谋复兴的主旋律奉献青春、智慧和力量，书写了绚丽的青春华章。青年人朝气蓬勃，是全社会最富有活力、最具有创造性的群体。党和人民对广大青年寄予厚望。党的十八大以来，习近平总书记多次强调青年对中国共产党长期执政、民族复兴和国家发展的重要性。在讲话中，习近平总书记指出："实践充分证明，中国青年是有远大理想抱负的青年！中国青年是有深厚家国情怀的青年！中国青年是有伟大创造力的青年！无论过去、现在还是未来，中国青年始终是实现中华民族伟大复兴的先锋力量！"① 新时代中国青年要勇于承担民族复兴的神圣使命。

为伟大祖国谋富强是中国青年的责任所在。在党的十九大报告中，习近平总书记对我国未来发展作了一系列战略部署，并明确了实现强国梦的具体时间安排，2020年全面建成小康社会是实现强国梦的第一步，第二步要在2035年基本实现社会主义现代化，在此基础上，再奋斗十五年，把我国建成富强民主文明和谐美丽的社会主义现代化强国。中国的近现代史，是一部百年屈辱史。尽管无数仁人志士进行了艰苦卓绝的探索，依然未能改变中国被欺压、被侵略的命运。中国共产党的成立，使中国革命有了一个坚强的领导核心，中国从此踏上了伟大复兴的道路。无数青年在党的正确领导下，为中国革命、建设和改革事业抛头颅、洒热血、做贡献。一代青年有一代青年的历史际遇。习近平总书记曾强调："国家的前途，民族的命运，人民的幸福，是当代中国青年必须和必将承担的重任。"② 中华民族正在走向伟大复兴，中国人民也迎来了更加幸福美好的生活，这一切都根源于我们伟大的祖国正在走向繁荣富强。无数历史事实证明，没有强大的祖国，人民群众的基本生活也就无法保障，更谈不上什么安居乐业、生活美满。唯有祖国强大，青年的梦想和价值才能得以实现。为伟大祖国谋富强，是新时代中国青年家国情怀的生动写照，也是时代赋予其的

---

① 习近平：《在纪念五四运动100周年大会上的讲话》，人民出版社，2019，第5页。
② 《习近平关于青少年和共青团工作论述摘编》，中央文献出版社，2017，第6页。

神圣使命。

为人类社会谋大同是中国青年的价值追求。中国梦与世界梦息息相通,中华民族迎来了从站起来、富起来到强起来的伟大飞跃,在国际社会中的影响力和话语权越来越大,中华民族理应为人类社会作出更大的积极贡献。新时代中国青年要有家国情怀,也要有人类关怀,发扬中华文化崇尚的四海一家、天下为公精神,在为实现中华民族伟大复兴而奋斗的同时,积极为推动共建"一带一路"、推动构建人类命运共同体而努力。中国共产党是为中国人民谋幸福的政党,也是为人类进步事业而奋斗的政党,中国共产党始终把为人类作出新的更大贡献作为自己的使命。① 中国共产党始终致力于同各国人民一道构建人类命运共同体,把世界建设得更美好。为人类作出新的更大的贡献,是近百年来中国共产党人追求的光荣与梦想,充分体现了中国共产党人的崇高价值取向,也向世界昭示了社会主义中国的历史使命和责任担当。当今世界面临复杂而多样的挑战,人类前途系于各国人民的抉择。唯有同心协力,才能建设持久和平、普遍安全、共同繁荣、开放包容、清洁美丽的世界。中国共产党必须携手世界各国人民一道,共同推动人类命运共同体建设,为世界和平与发展作出新贡献。

(三) 新时代中国青年传承五四精神的路径

100多年前,中国青年以强烈的救亡图存的使命感和舍我其谁的牺牲精神发动了五四运动。习近平总书记在讲话中寄语青年:"新时代中国青年要继续发扬五四精神,以实现中华民族伟大复兴为己任,不辜负党的期望、人民期待、民族重托,不辜负我们这个伟大时代。"② 新时代的中国青年必须坚持在勇担使命中传承五四精神,要在扎根人民、奉献国家中践行爱国主义精神,在推动实现中国梦中促进民族进步,在坚持社会主义民主中保障人民当家作主,在推进建设科技强国中弘扬科学精神。

在勇担使命中传承五四精神必须扎根人民、奉献国家,践行爱国主义

---

① 本书编写组:《新时代 新理论 新征程》,人民出版社,2018,第191页。
② 习近平:《在纪念五四运动100周年大会上的讲话》,人民出版社,2019,第6页。

精神。爱国主义是中华民族精神的核心，是五四精神的核心，也是引领青年成长成才的精神动力。五四运动时，在中华民族生死存亡之际，一批爱国青年以自身的血肉之躯为民族独立而不懈奋斗，谱写了挽救民族危亡的壮丽诗篇。进入新时代，无数爱国青年积极投身全面建成社会主义现代化强国的伟大事业，让爱国主义成为新时代中国青年的精神标识。习近平总书记在十八届中央政治局第二十九次集体学习时的讲话中指出："要结合弘扬和践行社会主义核心价值观，在广大青少年中开展深入、持久、生动的爱国主义宣传教育，让爱国主义精神在广大青少年心中牢牢扎根，让广大青少年培养爱国之情、砥砺强国之志、实践报国之行，让爱国主义精神代代相传、发扬光大。"[1] 面对西方历史虚无主义、"普世价值论"等错误社会思潮对我国意识形态领域的渗透，我们一定要加强对青年进行爱国主义教育，擦亮新时代青年成长成才的底色。爱国之情、强国之志，关键是要落实到报国之行。2018年，习近平总书记在北京大学师生座谈会上的讲话中强调："爱国，不能停留在口号上，而是要把自己的理想同祖国的前途、把自己的人生同民族的命运紧密联系在一起，扎根人民，奉献国家。"[2] 五四运动前期，虽然青年学生充当了急先锋，但是由于力量有限，并不能达到挽救民族危机的目的。在五四运动后期，工人阶级、农民阶级纷纷加入，进一步壮大了爱国的力量，青年学生得到了广大人民群众的支持，推动五四运动走向最终的胜利。新时代的青年知识更加丰富、思想更加活跃，充满了朝气与活力，但是依然无法独立完成实现中华民族伟大复兴的历史使命。青年一代只有扎根人民，依靠人民，贯彻群众路线，才具有无穷无尽的力量，才能在各种风险挑战中披荆斩棘、乘风破浪。任何人的命运都与祖国的命运紧密相连，青年一代坚持与祖国发展同向同行，以实际行动为祖国的繁荣富强做贡献，才能更好地实现自身的人生价值。

在勇担使命中传承五四精神必须努力推动实现中国梦，致力于促进民族进步。青年进步是民族进步的基础，民族进步是青年一代进步的保障。五四精神传承的百年，也是中华民族不断发展进步、在民族复兴之路上阔

---

[1] 《习近平关于青少年和共青团工作论述摘编》，中央文献出版社，2017，第36页。
[2] 习近平：《在北京大学师生座谈会上的讲话》，人民出版社，2018，第12页。

步前行的百年。2012年,习近平总书记率领新一届中央领导集体参观《复兴之路》展览时,首次明确提出中国梦这一概念,并指出:"实现中华民族伟大复兴,就是中华民族近代以来最伟大的梦想。"① 他在同各界优秀青年代表座谈时指出:"为实现中华民族伟大复兴的中国梦而奋斗,是中国青年运动的时代主题。"② 实现中华民族伟大复兴中国梦,青年一代是生力军。"展望未来,我国青年一代必将大有可为,也必将大有作为。这是'长江后浪推前浪'的历史规律,也是'一代更比一代强'的青春责任。"③ 青年一代不断发展进步是历史规律,也是每一代青年的责任担当。中华民族要屹立于世界民族之林,必然需要一代又一代的优秀青年接续奋斗。青年一代应志存高远、脚踏实地,在实现中华民族伟大复兴中国梦的生动实践中实现自我价值。空谈误国,实干兴邦。推动实现中国梦,促进民族进步,需要一代又一代中国青年共同努力奋斗。习近平总书记强调:"五四运动以来的100年,是中国青年一代又一代接续奋斗、凯歌前行的100年,是中国青年用青春之我创造青春之中国、青春之民族的100年。"④ 100多年来,中国青年顽强拼搏、不懈奋斗,在中国共产党的坚强领导下不断夺取革命、建设和改革的伟大胜利,使我们不断接近实现中华民族伟大复兴的目标。但是,中华民族伟大复兴是一项光荣而艰巨的事业,绝不是轻轻松松、敲锣打鼓就能实现的,其中必然充满着无数的艰难险阻、风险考验,既有国际上以美国为首的西方国家的"围追堵截",也有来自国内的形形色色的"干扰迷惑",这使中华民族伟大复兴中国梦的实现更加困难重重。越是形势复杂严峻,越要保持定力,坚持一张蓝图绘到底,以"咬定青山不放松"的毅力和敢于斗争的精神,为实现中华民族伟大复兴的中国梦接续奋斗。

在勇担使命中传承五四精神必须坚决拥护社会主义民主,切实保障人民当家作主。五四运动时,中国青年致力于建设一个民主的新中国。这一愿望在中国共产党成立28年之后才得以实现,1949年新中国成立,中国

---

① 《习近平关于青少年和共青团工作论述摘编》,中央文献出版社,2017,第13页。
② 《习近平关于青少年和共青团工作论述摘编》,中央文献出版社,2017,第15页。
③ 《习近平关于青少年和共青团工作论述摘编》,中央文献出版社,2017,第3页。
④ 习近平:《在纪念五四运动100周年大会上的讲话》,人民出版社,2019,第5页。

人民才真正实现了当家作主。1956年"三大改造"的基本完成标志着社会主义制度在我国正式建立。社会主义民主的本质就是人民当家作主。实践证明，中国特色社会主义民主具有广泛性和真实性，是管用、有效的民主形式。西方国家一直鼓吹的"一人一票"的民主具有虚伪性和欺骗性，是形式民主，而非实质上的民主。习近平总书记在党的十九大报告中强调："我国社会主义民主是维护人民根本利益的最广泛、最真实、最管用的民主。发展社会主义民主政治就是要体现人民意志、保障人民权益、激发人民创造活力，用制度体系保证人民当家作主。"① 青年一代是中国社会主义事业的建设者和接班人，要继续保障人民当家作主的权利，发扬中国特色社会主义民主，进一步完善和坚持中国特色社会主义制度，夯实人民当家作主的制度基础。

人民当家作主是社会主义民主政治的本质和核心，发展社会主义民主政治，要以保障人民当家作主为出发点和落脚点。人民民主是中国共产党始终高扬的光辉旗帜，坚持人民民主也是新时代中国青年的重要使命。习近平总书记在庆祝全国人民代表大会成立60周年大会上的讲话中指出："人民民主是社会主义的生命。没有民主就没有社会主义，就没有社会主义的现代化，就没有中华民族伟大复兴。"② 新时代中国青年要进一步完善和坚持人民当家作主的制度体系，发展社会主义民主政治，更加强调过程民主和程序民主，使人民民主的优越性得到充分发挥。通过保障人民当家作主，发展社会主义协商民主，坚持有事好商量、众人的事情由众人商量，找到全社会意愿和要求的最大公约数，最大限度地调动人民群众参与国家治理的积极性、主动性，凝聚共识、形成合力，在保证社会安定有序的前提下使社会充满生机活力。

在勇担使命中传承五四精神必须推动建设科技强国，弘扬科学精神。弘扬科学精神，打破封建迷信，坚决抵制愚昧，促进民族觉醒，是推翻"三座大山"的必然要求，也是中国青年发动五四运动的重要目的。在近

---

① 习近平：《决胜全面建成小康社会 夺取新时代中国特色社会主义伟大胜利——在中国共产党第十九次全国代表大会上的报告》，人民出版社，2017，第35~36页。
② 习近平：《在庆祝全国人民代表大会成立60周年大会上的讲话》，人民出版社，2014，第7页。

代中国，林则徐、魏源等人最早认识到科学的重要性，并身体力行地积极引进西方的科学技术。洋务派开始大规模地引进西方的先进科学技术，并主导在国家层面重视科学技术的应用，但仍停留在"器物"层面，不敢触及封建制度，因此在"中学为体、西学为用"思想指导下的洋务运动注定是一场失败的尝试。他们对科学的认识仅停留在自然科学层面，在封建君主专制制度根深蒂固的情况下，也不可能形成"不唯书，不唯上，只唯实"的理性思维，更难以形成以实证精神、怀疑精神、批判精神为核心的科学精神。自19世纪末开始，中国青年勇担科学救国重任，弘扬科学精神，以求挽救民族危机。实践证明，只有中国共产党才能领导中国走向科技强国的正确道路。新中国成立后，党中央发出"向科学技术进军"的伟大号召，我们成功地在百废待兴的基础上实现科技赶超的目标，并取得了"两弹一星"等重大科技成就，为实现"科学技术现代化"奠定了重要基础。改革开放以来，我国科技创新加速发展，在多个领域已位居世界前列。当前，我国已经发展成为有影响力的科技大国，正在向科技强国迈进。习近平总书记在党的十九大报告中强调："弘扬科学精神，普及科学知识，开展移风易俗、弘扬时代新风行动，抵制腐朽落后文化侵蚀。"① 科学精神不应是科技工作者所独有，而应成为民族精神的一部分，并为人民群众所共有，尤其是青年一代要自觉弘扬科学精神，推动全社会形成尊重科学、依靠科学的良好氛围，为推动建设科技强国营造良好的社会环境。青年一代应自觉提高科技创新能力，为把我国建成科技强国提供坚实的人才基础。

"士不可以不弘毅，任重而道远。""国家的前途，民族的命运，人民的幸福，是当代中国青年必须和必将承担的重任。"② 100多年来，伟大的五四精神激励着一代又一代中国青年为中华民族伟大复兴而不懈奋斗。中国特色社会主义进入新时代，伟大的五四精神依然是指引中国青年运动的精神动力。置身新时代，中国青年既面临前所未有的成长成才展才机遇，同时也被赋予了无比重大的责任和使命。实现中华民族伟大复兴的中国

---

① 习近平：《决胜全面建成小康社会 夺取新时代中国特色社会主义伟大胜利——在中国共产党第十九次全国代表大会上的报告》，人民出版社，2017，第43页。
② 《习近平关于青少年和共青团工作论述摘编》，中央文献出版社，2017，第6页。

梦，是百年来中国青年运动的主线，更是新时代中国青年义不容辞的责任。新时代中国青年在五四精神的感召下，高举爱国主义伟大旗帜，追求真理、追求进步，发扬永久奋斗精神，勇担为中国人民谋幸福、为中华民族谋复兴、为伟大祖国谋富强、为人类社会谋大同的神圣使命。青年是国家的希望、民族的未来，我们党高度重视青年工作，将"党管青年"的原则贯彻到青年工作的各个方面。新时代中国青年应在扎根人民、奉献国家中践行爱国主义精神，在推动实现中国梦中促进民族进步，在坚持社会主义民主中保障人民当家作主，在推动建设科技强国中弘扬科学精神，让五四精神成为指引自身勇担使命的精神动力。

第二章　新时代基层党建的实践创新

党政军民学，东西南北中，党是领导一切的。中国共产党领导是中国特色社会主义最本质的特征，是中国特色社会主义制度的最大优势，党是最高政治领导力量。党的领导制度是我国的根本领导制度，在中国特色社会主义制度体系中居于统领地位。习近平总书记在党的二十大报告中强调："全面建设社会主义现代化国家、全面推进中华民族伟大复兴，关键在党。"[①] 以中国式现代化全面推进中华民族伟大复兴，必须加强和完善党的领导。我们党作为马克思主义执政党，立志于中华民族千秋伟业，面临的"四大考验"和"四种危险"将长期存在。只有把党建设得更加坚强有力，才能引领和保障中国特色社会主义伟大事业继往开来、行稳致远。全面从严治党永远在路上，党的自我革命永远在路上，我们要落实新时代党的建设总要求，深入推进新时代党的建设新的伟大工程，以伟大自我革命引领伟大社会革命。"基础不牢，地动山摇。只有把基层党组织建设强、把基层政权巩固好，中国特色社会主义的根基才能稳固。"[②] 党的建设短板和重点在农村基层党组织，要加大对农村软弱涣散党组织的整顿力度，把每个基层党组织都建设成为坚强的战斗堡垒，以基层党组织建设引领乡村全面振兴。

一　新时代基层党建创新的基本依据、现实图景与基本经验

基层党建是党的建设的基础领域，事关党的全面领导与长期执政根

[①] 习近平：《高举中国特色社会主义伟大旗帜　为全面建设社会主义现代化国家而团结奋斗——在中国共产党第二十次全国代表大会上的报告》，人民出版社，2022，第63页。
[②] 习近平：《在基层代表座谈会上的讲话》，人民出版社，2020，第7页。

基。2020年9月17日，习近平总书记在基层代表座谈会上的讲话中强调："基础不牢，地动山摇。只有把基层党组织建设强、把基层政权巩固好，中国特色社会主义的根基才能稳固。"① 党的十八大以来，在全面从严治党的背景下，基层党务工作者开展了形形色色的创新实践，为更好地推动新时代党的建设新的伟大工程、把我们党建设得更加坚强有力提供了丰富的实践。新时代基层党建创新的基本依据、现实图景、基本经验，是新时代基层党建创新研究的三个重要维度。

（一）新时代基层党建创新的基本依据

新时代基层党建创新有其历史逻辑、理论逻辑和实践逻辑。习近平总书记在党的十九大报告中提出了把"基层党组织建设成为宣传党的主张、贯彻党的决定、领导基层治理、团结动员群众、推动改革发展的坚强战斗堡垒"② 的新时代基层党建目标。如何实现这一目标，成为新时代基层党建创新亟待解决的重大问题。但当前基层党建实践与把基层党组织建成坚强战斗堡垒的要求还存在一定的差距，基层党建工作中存在的主要问题成为新时代基层党建创新的现实依据。马克思主义经典作家关于建设无产阶级政党的思想以及中国共产党主要领导人尤其是习近平总书记关于基层党建的重要论述，构成了新时代基层党建创新的理论依据。党的十八大以来，中共中央针对城市社区、农村基层、国有企业、"两新"组织、高等院校等不同领域的党建工作出台的一系列文件，构成了新时代基层党建创新的政策依据。

中国共产党是领导我们事业的核心力量，提高基层党建质量至关重要。习近平总书记在省部级主要领导干部坚持底线思维着力防范化解重大风险专题研讨班开班式上的讲话中指出："党的十八大以来，我们以自我革命精神推进全面从严治党，清除了党内存在的严重隐患，成效是显著的，但这并不意味着我们就可以高枕无忧了。"③ 当前，世界处于百年未有

---

① 习近平：《在基层代表座谈会上的讲话》，人民出版社，2020，第7页。
② 《决胜全面建成小康社会 夺取新时代中国特色社会主义伟大胜利——在中国共产党第十九次全国代表大会上的报告》，人民出版社，2017，第65页。
③ 《习近平谈治国理政》第3卷，外文出版社，2020，第222页。

之大变局,实现中华民族伟大复兴中国梦也进入了关键阶段,但作为中国特色社会主义事业领导核心的中国共产党依然面临"四大考验"和"四种危险"。同时,城市社区、农村基层、国有企业、"两新"组织以及高等院校党建都不同程度地存在一些问题,基层党建的质量亟待提高。部分基层党组织战斗堡垒作用发挥不够、部分党员的党性意识和党员意识不够强等问题依然存在。以上现实存在的问题,构成了新时代基层党建创新的现实依据。面对诸如此类的问题,中国共产党必须加强自身建设,不断进行自我革命以保持自身的先进性和纯洁性,进一步夯实长期执政的基层组织基础。因此,要在坚持党的全面领导的基础上,启发基层党务工作者在变局中开新局,切实增强基层党组织的政治领导力、思想引领力、群众组织力、社会号召力,从而提高基层党组织的领导水平和工作水平。

坚持理论创新是中国共产党百年奋斗的重要历史经验,理论强党是中国共产党一以贯之的光荣传统。习近平总书记在"不忘初心、牢记使命"主题教育总结大会上的讲话中强调:"马克思主义政党的先进性,首先体现为思想理论上的先进性。注重思想建党、理论强党,是我们党的鲜明特色和光荣传统。"① 中国共产党在百年奋斗历程中,始终高度重视运用马克思主义以及中国化的马克思主义加强理论武装、指导工作实践。推进新时代基层党建创新,也需要科学理论的指导。新时代基层党建创新的理论依据既包括马克思、恩格斯、列宁等马克思主义经典作家关于无产阶级政党建设的思想,也包括毛泽东、邓小平、江泽民、胡锦涛等中国共产党主要领导人关于加强和改进基层党建的思想,特别是习近平新时代中国特色社会主义思想,作为当代中国马克思主义、21世纪马克思主义,其中蕴含的丰富的基层党建思想,是新时代推进基层党建创新的根本遵循。新时代基层党建创新形态研究分别从城市社区、农村基层、国有企业、"两新"组织、高等院校党建的角度对无产阶级政党建设以及基层党建思想进行了系统梳理,为推进全面从严治党向基层延伸、促进基层党建创新发展提供了理论依据。"理论创新每前进一步,理论武装就要跟进一步。"② 基层党建

---

① 《习近平谈治国理政》第3卷,外文出版社,2020,第539页。
② 习近平:《在"不忘初心、牢记使命"主题教育工作会议上的讲话》,人民出版社,2019,第2页。

实践永无止境，党建理论创新永无止境，党建理论武装也要及时跟进。要通过强化理论武装，进一步提升基层党务工作者的党性修养和理论素养，凝聚新时代基层党建创新发展的共识，从而切实提高基层党建质量和增强基层党建创新效能。

与制度相比，方针政策更具有针对性、指导性和可操作性，通过制定方针政策达到推动具体工作的目的，是中国共产党治国理政的重要方式。为了进一步提高基层党组织的战斗力，夯实党长期执政的根基，党的十八大以来，党中央对于基层党建做了大量的顶层设计，出台了一系列方针政策。在城市社区党建方面，中共中央办公厅印发了《关于加强和改进城市基层党的建设工作的意见》（2019）。在农村基层党建方面，中共中央修订了《中国共产党农村基层组织工作条例》（2018）、印发了《中国共产党农村工作条例》（2019）。在国有企业党建方面，中共中央印发了《中国共产党国有企业基层组织工作条例（试行）》（2019）和《关于中央企业在完善公司治理中加强党的领导的意见》（2021）。在高校党建方面，中共中央办公厅印发了《关于坚持和完善普通高等学校党委领导下的校长负责制的实施意见》（2014），中共中央、国务院印发了《关于加强和改进新形势下高校思想政治工作的意见》（2016），中共中央修订了《中国共产党普通高等学校基层组织工作条例》（2021）等。2021年4月，中共中央、国务院印发的《关于加强基层治理体系和治理能力现代化建设的意见》明确要求，"以加强基层党组织建设、增强基层党组织政治功能和组织力为关键"①，对新时代基层党建工作具有重要的指导意义。党中央、国务院关于基层党建的一系列顶层设计，成为新时代基层党建创新的重要政策依据。

（二）新时代基层党建创新的现实图景

新时代基层党建创新是为了切实增强基层党建统合社会治理的功能，进而提升基层社会治理水平。习近平总书记在参加十三届全国人大一次会议广东代表团审议时的讲话中要求，"创新社会治理体制，把资源、服务、

---

① 《中共中央国务院关于加强基层治理体系和治理能力现代化建设的意见》，《人民日报》2021年7月12日，第1版。

管理放到基层,把基层治理同基层党建结合起来"①。党的十八大以来,推进基层党建创新,以党建引领基层社会治理现代化,成为理论和实践创新的重要内容。

就其基本形态而言,"基层党建的生命力在创新,创新是基层党建的常态"②。党的十八大以来,城市社区、农村基层、国有企业、"两新"组织、高等院校等基层党组织在组织体系架构、党建机制优化、党建功能整合、党建能力提升、党建资源支持等方面涌现出许多创新形态。组织体系架构、党建机制优化、党建功能整合、党建能力提升、党建资源支持等既是新时代基层党建创新的重要着力点,也是展现新时代基层党建创新形态的重要维度。城市社区、农村基层、国有企业、"两新"组织、高等院校等不同领域涌现出来的党建创新形态,需要党建工作者和研究者在理论层面加以凝练和概括,并形成可以推广复制的基层党建创新先进经验,从而为推动国内其他地方和领域的基层党建创新提供有益的参考和借鉴,而这一切都建立在全面系统地深入分析基层党建创新案例的基础上。因此,针对基层党建创新的着力点,收集整理相关的典型案例并加以深入分析,是全面展现新时代基层党建创新形态的关键。

基层党建创新案例具有重要性,这就要求在挑选案例方面既要注重其与主题的契合度,也要强调案例的典型性、代表性以及可推广性;在总结凝练案例方面,既要注重语言文字的精准度,也要全面地概括案例的内容,清晰地呈现基层党建实践中涌现的可推广复制的先进典型做法;在点评案例方面,既要体现新时代党的建设总要求,兼顾思想建设、组织建设、作风建设、纪律建设、制度建设和反腐败斗争,也要重点突出政治建设的首要地位。通过对基层党建创新形态的分析,力求让基层党务工作者深刻感受到"基层党建创新的目的是更好地贯彻群众路线"③,在具体工作中永葆党同人民群众血肉联系的最大政治优势,从而夯实党长期执政的群众根基。以案例的形式展现新时代基层党建创新的具体形态,根本目的在

---

① 《习近平关于总体国家安全观论述摘编》,中央文献出版社,2018,第153页。
② 张书林:《新时代基层党建创新:困境与路向》,《理论探讨》2018年第1期。
③ 杜鹏:《迈向治理的基层党建创新:路径与机制》,《社会主义研究》2019年第5期。

于启发基层党务工作者的创新性思维，使其更加自觉地承担推动全面从严治党向基层延伸、把基层党组织建成坚强战斗堡垒的历史使命和时代任务，进一步巩固中国共产党长期执政的基层组织基础。

新时代的基层党建创新取得了显著的新进展新成效。在组织覆盖上，新时代基层党组织实现了从"有形覆盖"到"有效覆盖"的转变。科学规范的组织架构，是保证基层党组织成为党在基层一切工作的战斗堡垒、充分发挥功能作用的前提条件。在我国现行的党政体制下，党的集中统一领导要体现在治国理政的各领域和全过程，以党组织嵌入社会的形式建立起紧密的政党—社会关系，这就必然要求党的基层组织架构在垂直方向上强调"延伸到底"，在水平方向上强调"横向到边"。[①] 党的十八大以来，党中央大力推进全面从严治党向基层延伸，同时加强对软弱涣散基层党组织的整顿工作，从根本上扭转了基层党组织"缺位"的现象。截至2021年6月5日，"全国共有机关基层党组织74.2万个，事业单位基层党组织93.3万个，企业基层党组织151.3万个，社会组织基层党组织16.2万个，基本实现应建尽建"[②]。组织嵌入是发挥组织功能的第一步，但基层党组织嵌入城市社区、农村基层、国有企业、"两新"组织、高等院校之后不会自动发挥组织功能，必须加强基层党建与业务工作的融合。

在组织功能上，新时代基层党建实现了党建工作与业务从"两张皮"到深度融合的转变。中国共产党要充分发挥总揽全局、协调各方的领导核心作用，必须扎实推进党建工作与业务工作深度融合。党的十八大以来，习近平总书记十分重视推动党建工作与业务工作实现深度融合，并明确要求："各级党委要把从严治党责任承担好、落实好，坚持党建工作和中心工作一起谋划、一起部署、一起考核，把每条战线、每个领域、每个环节的党建工作抓具体、抓深入，坚决防止'一手硬、一手软'。"[③] 为此，党中央出台了一系列政策文件，加强对党建工作与业务工作深度融合的顶层

---

① 徐明强、许汉泽：《组织覆盖：新中国70年基层党组织建设的实践逻辑》，《中国延安干部学院学报》2019年第4期。
② 《中国共产党党内统计公报》，《人民日报》2021年7月1日，第5版。
③ 习近平：《在党的群众路线教育实践活动总结大会上的讲话》，人民出版社，2014，第16页。

设计，基层党务工作者以扎实有效的创新举措，切实增强基层党建质量，从而达到"从政党重塑基层"①的目的。

在组织活动方式上，新时代基层党建实现了从"单一化""机械化"向"智能化""智慧化"的转变。近年来，随着移动互联网技术和人工智能技术在各领域和各行业的普及应用，"互联网+党建""大数据+党建"等党建创新形式层出不穷，党建工作的智慧化程度得到了显著提高。"党建工作智慧化主要体现在党建信息的智能感知、党建数据的智能分析和党建工作的智能决策。"② 技术赋能基层党建，一方面，极大地提升了基层党建工作的智能化、智慧化水平，使基层党建工作变得更加便捷化、生活化，在很大程度上解决了基层党建长期存在的成效不高的问题；另一方面，极大地拓展了党建工作与业务工作的融合渠道，增强了基层党组织服务群众的能力，进一步密切了党群、干群关系，巩固了党长期执政的群众基础。在打造智慧党建过程中，基层党务工作者转变了工作思路，充实了硬件设施，明确了组织定位，健全了工作机制，提高了推进基层党建创新的工作本领，充分彰显了基层党组织的战斗堡垒作用。

与此同时，新时代的基层党建创新也面临诸多困境与难题。基层党建形式多样、充满活力，但也要清醒地认识到新时代基层党建创新面临诸多困境。在城市社区党建方面，主要存在社区治理主体认知存在偏差、社区治理资源整合难度较大、社区治理质量转型困难等问题。③ 在农村基层党建方面，主要存在基层党组织的政治领导力、思想引领力、群众组织力和社会号召力不足的问题。④ 在国有企业党建方面，主要存在党组织管理体制失衡、党建的资源汲取能力不足、党建运行机制失序、党建能力弱化等困境。⑤ 在"两新"组织党建方面，主要存在诸如组织体系架构不健全、

---

① 邓正阳、向昉：《从政党重塑基层：党建创新引领基层治理的实践透视》，《社会主义研究》2021年第5期。
② 崔治忠：《智慧党建构建的三个维度》，《甘肃理论学刊》2021年第2期。
③ 方雷、孟燕编著《新时代城市社区党建创新形态研究》，山东大学出版社，2021，第48页。
④ 方雷、张利涛编著《新时代农村基层党建创新形态研究》，山东大学出版社，2021，第53~60页。
⑤ 方雷、龚睿、岳宝德编著《新时代国有企业党建创新形态研究》，山东大学出版社，2021，第41页。

方式路径乏新、资源供给紧张、功能作用缺位的困境。① 在高等院校党建方面，主要存在党建与业务"两张皮"的实践困境、破与立的矛盾冲突的革新困境、党务队伍迭代迟缓的力量困境、传统路径的惯性依赖的路径困境。② 另外，城市社区、农村基层、国有企业、"两新"组织、高等院校党建创新过程中既存在共性问题，也有不少个性问题。

只有对新时代基层党建过程中存在的主要问题实行精准"把脉"，才能为进一步推动新时代基层党建创新实践、切实提高新时代基层党建质量提供有益的参考。科层化的惯性、单位体制的传统、基层党组织"悬浮化"状况共同构成了城市社区基层党建创新困境的根源。相对单一的组织设置、多元价值观的泛化、城乡资源配置的差距、社会动员动能的不足是农村基层党建创新面临诸多困境的根源。制度构建未能及时跟进、职工支持力度不够、技术支持相对滞后导致国有企业党建的资源汲取能力不足；赋能机制梗阻、议事决策机制运转不畅、权力监督制约机制不完善等因素导致国有企业党建运行机制效能不高；政治领导能力、组织领导能力、服务企业能力的不足，导致国有企业党建能力弱化。"两新"组织党建创新面临困境的根源具体包括内生动力不强、体制机制不畅、定位认识不清和实践创新不够。高等院校党建创新面临困境的根源主要包括形式与内容尚未契合融通的实践根源、守正与创新未实现深度弥合的历史根源、培育与引入机制驱动不足的主体根源、建构与调整衔接有待完善的制度根源。

（三）新时代基层党建创新的基本经验

基层党建的创新实践以增强基层党组织的政治功能和组织力为关键，致力于把基层党组织打造成具有凝聚力和战斗力的坚强战斗堡垒。因此，透过城市社区、农村基层、国有企业、"两新"组织以及高等院校党建创新形态的表象，科学把握基层党建创新的理论逻辑和实践逻辑，从而形成可以推广复制的新时代基层党建创新经验，对于提升不同领域的基层党建

---

① 方雷、亓子龙编著《新时代"两新"组织党建创新形态研究》，山东大学出版社，2021，第39~44页。
② 方雷、周明明、张荣林编著《新时代高校党建创新形态研究》，山东大学出版社，2021，第46~51页。

质量具有重要的意义。

系统总结城市社区党建创新形态成功经验，形成城市社区党建与治理现代化的内生性嵌合结构，对于推动城市社区党建引领治理创新、加快推进城市社区治理体系和治理能力现代化具有重要意义。① 新时代城市社区党建创新的经验可以用"嵌合式党建""在场式嵌入""建构式耦合"三个关键词予以概括。其一，构建"嵌合式党建"的创新愿景。新时代城市社区党建既要树立城市社区嵌合式党建的创新理念，也要厚植城市社区嵌合式党建创新的制度基础和现实基础。其二，实现城市社区党建在治理场域的"在场式嵌入"。既要优化党建在城市社区治理场域中的统领嵌入结构，进一步增强党建在城市社区治理场域中的长效嵌入功能，也要构建城市社区现代化治理体系对党建的合理反嵌机制，从而实现党建创新与社区治理双向赋能。其三，增强城市社区党建与国家治理现代化的"建构式耦合"。以加强城市社区党建主体学习耦合治理现代化的现实情境，以协调城市社区党建资源共享耦合治理现代化的要素联动，以驱动城市社区党建系统协同耦合治理现代化的结构框架。

抓好农村基层党建是做好"三农"工作的重要抓手，新时代农村基层党建创新是解决"三农"问题、推动乡村振兴战略顺利实施的关键。根据新时代农村基层党建创新的具体形态，可以从以增强基层党组织的政治领导力为根本、以健全规章制度为基础、以实现功能整合为关键、以强化资源支持为保障四个方面总结新时代农村基层党建的创新经验。② 其一，增强政治领导力是农村基层党建创新的根本。新时代农村基层党建创新要突出政治功能，着力建强农村基层党组织，确保农村各项工作都能严格贯彻党中央决策部署。其二，健全规章制度是推动农村基层党建创新的基础。既要完善权力授受机制，也要规范权力运行机制，更要健全对党员干部的激励关怀机制，确保涉及农村党务、村务、财务的各项权力规范、平稳、健康运行。其三，实现功能整合是农村基层党建创新的关键。农村基层党

---

① 方雷、孟燕编著《新时代城市社区党建创新形态研究》，山东大学出版社，2021，第212页。
② 方雷、张利涛编著《新时代农村基层党建创新形态研究》，山东大学出版社，2021，第217页。

建创新只是手段，目的是切实增强农村基层党组织的政治领导力、思想引领力、群众组织力、社会号召力，进而发挥农村基层党组织的战斗堡垒作用。其四，强化资源支持是实现农村基层党建创新的保障。要进一步强化对农村基层党建的制度资源、财政资源、技术资源支持，为新时代农村基层党建创新发展提供充足的资源保障。

习近平总书记在全国国有企业党的建设工作会议上的讲话中指出："坚持党对国有企业的领导是重大政治原则，必须一以贯之；建立现代企业制度是国有企业改革的方向，也必须一以贯之。"[①] "两个一以贯之"是新时代国有企业党建的根本遵循。新时代国有企业党建创新的基本经验可以概括为：以嵌入式党建理念引领国有企业党建创新发展、以规范化党建促进嵌入式党建模式创新、以治理成效衡量嵌入式党建效能。[②] 其一，坚持以"两个一以贯之"为指南，以嵌入式党建理念引领国有企业党建创新发展，探索如何将党的领导嵌入国有企业治理中，耦合党的领导与国有企业治理结构，确保有效发挥党建对国有企业发展的统领作用。其二，以规范化的方式将党建嵌入国有企业发展的各方面和全过程，实现组织体系架构、目标设定、运转机制、考核评价的规范化。其三，以治理成效衡量嵌入式党建效能。国有企业肩负的政治责任、经济责任和社会责任要求党组织以嵌入式治理的方式融入企业发展，为做强做优做大国有企业提供坚强的组织保证。因此，国有企业党建工作成效如何，最终要以企业治理的成效来衡量，要将高质量发展作为国企党建考核的指挥棒。

不同于依托行政科层体制进行压力传导和工作推进的党建形态，"两新"组织党建是伴随我国改革开放以来社会结构和阶层的新变化而产生的党建工作新领域，注重从地方实践中汲取民间智慧，自下而上地探索党建创新发展模式。新时代"两新"组织党建的创新经验，可以从党建的体系架构、机制优化和功能整合三个维度进行凝练。[③] 其一，在体系架构方面，

---

① 《习近平谈治国理政》第2卷，外文出版社，2017，第176页。
② 方雷、龚睿、岳宝德编著《新时代国有企业党建创新形态研究》，山东大学出版社，2021，第164页。
③ 方雷、亓子龙编著《新时代"两新"组织党建创新形态研究》，山东大学出版社，2021，第163页。

通过搭建层级网络和构建区域格局，实现组织覆盖和工作协同。"两新"组织在党建过程中作为聚合体制外社会力量的主体单位，要凝聚认同党的领导的政治共识；作为推进国家治理现代化的参与力量，要形塑参与社会治理的理念共识；作为联系人民群众的桥梁纽带，要夯实服务群众利益的价值共识。其二，在机制优化方面，以目标契合为原则、利益互惠为基础，建设"两新"组织党建的协同机制、参与机制、考评机制和推广机制。"两新"组织党组织通过结构、管理和文化的嵌入，实现由外源性力量向内生性动力的转化，并在"两新"组织中依据政策规定发挥政治引领作用。其三，在功能整合方面，围绕政治认同夯实领导基础，找准合作的契机双向发力，构建互益共生、互利共融的事业共同体，以柔性的利益关怀和协调为功能定位，聚力社会治理，凝聚广泛力量，提升服务水平，强化内部团结。

落实新时代立德树人根本任务的新时代高等院校党建创新经验主要表现为"四个新"。其一，坚持以党的政治建设为统领，引领高等院校改革发展新征程。政治建设是高等院校党建的根本性建设，定义了高等院校党建的属性，规定了高等院校党建的方向，决定了高等院校党建的根本任务。其二，以创新理论为指引，开辟高等院校改革发展新境界。党的创新理论为高等院校党建创新发展提供了根本遵循，高等院校党建要把学思践悟党的创新理论作为首要任务，在学懂弄通做实上下功夫，深入推动习近平新时代中国特色社会主义思想进教材、进课堂、进头脑。其三，以组织体系为依托，激发高等院校改革发展新动能。组织体系建设是高等院校党建工作的重要着力点，高等院校要紧密结合办学规律和特点，进一步严密高等院校党的组织，在推动党的组织和工作全覆盖的基础上，建强党的组织、激发党员力量，以机制激发工作动力、升级工作加持力、提升工作管控力，确保高等院校党组织强有力地推动高等院校改革发展。其四，以制度优势为保障，提高高等院校改革发展新效能。要立足高等院校发展实际，搭建起高等院校党建规章制度的"四梁八柱"，通过新时代高等院校党建功能整合，将制度优势转化为办学治校、立德树人的新效能。

中国特色社会主义最本质的特征是中国共产党领导，中国特色社会主义制度的最大优势是中国共产党领导。"治理好我们这个世界上最大的政党和人口最多的国家，必须坚持党的全面领导特别是党中央集中统一领导，坚持民主集中制，确保党始终总揽全局、协调各方。"① 基层党组织是保障中国共产党长期执政的重要基础，把基层党组织建设得更加坚强有力，充分发挥基层党组织的战斗堡垒作用，是中国共产党实现由"大党"到"强党"转型的关键，也是中国共产党团结带领全体中国人民实现中华民族伟大复兴中国梦、把我国全面建成社会主义现代化强国的关键。新时代基层党建创新，要坚持以党的政治建设为统领，着力提升基层党组织的政治领导力、思想引领力、群众组织力和社会号召力，不断提高党的执政能力和领导水平，以高标准引领党建高质量发展②，真正把基层党组织建成我们党在基层全部工作的战斗堡垒。

二 新时代农村基层党建长效机制的构建路径

"全面推进党的政治建设、思想建设、组织建设、作风建设、纪律建设，把制度建设贯穿其中，深入推进反腐败斗争"③ 是新时代党的建设的总体布局。在党建体系中，制度建设与反腐败斗争一起，贯穿于政治建设、思想建设、组织建设、作风建设和纪律建设的始终，并且制度建设是搞好其他五大建设的前提和关键，做好党建中的任何一项工作，都离不开制度的健全与完善。在新时代党的建设体系中，"把制度建设贯穿其中"是以习近平同志为核心的党中央围绕党的建设总体布局所作的重大理论和实践创新，对新时代全面加强党的建设具有重要意义。有鉴于此，为了更有效地发挥基层党组织的战斗堡垒作用，必须把健全规章制度作为推动新时代农村基层党建创新的基础性工作抓好，将完善规章制度贯穿农村基层党建的全过程。

---

① 《中共中央关于党的百年奋斗重大成就和历史经验的决议》，《人民日报》2021年11月17日，第1、5~8版。
② 赵付科：《中国共产党质量强党的基本经验》，《马克思主义理论学科研究》2021年第11期。
③ 习近平：《决胜全面建成小康社会 夺取新时代中国特色社会主义伟大胜利——在中国共产党第十九次全国代表大会上的报告》，人民出版社，2017，第62页。

(一) 规范村级权力授受机制，抓住农村基层党建"关键少数"

新中国成立之后，党和政府通过推进"政党下乡"①"政权下乡"②"行政下乡"③完成了"权力下乡"。乡村社会权力构建的过程，既深受各种传统因素的影响，也受一些现代政治因素的影响。作为中国特色社会主义事业的领导核心，中国共产党在农村基层的权力实现方式主要包括垂直授权和民主授权。权力授予的纵横两种向度首先体现在对一级党委的人事安排上，垂直授权和民主授权分别体现为上级党组织的科层委任和本级党组织的民主选举，即上级党组织对下级党组织的领导干部的提名、推荐和任命，以及党员或党员代表公推公选本级党组织的领导干部。④ 两种不同的权力授受机制，在农村基层权力结构中都有体现，第一书记以及由乡镇派出的驻村干部属于"垂直授权"，而村"两委"则属于"民主授权"。

第一书记制度在乡村振兴中发挥着重要作用。2015 年，我国开始较大规模选派第一书记驻村，中共中央组织部等部门联合印发的《关于做好选派机关优秀干部到村任第一书记工作的通知》明确了第一书记的责任与义务，即"建强基层组织、推动精准扶贫、为民办事服务、提升治理水平"。第一书记扶贫是我国新一轮扶贫开发攻坚战的重要举措，意在通过向贫困村庄和基层党组织软弱涣散村注入领导力资源，加强基层组织建设，促进农村经济社会发展，实现精准脱贫。⑤ 第一书记一般由县级及以上各部门派出，在乡镇党委的领导和指导下，依靠村党组织，带领村"两委"成员开展工作。实践充分证明，第一书记在强化基层党组织建设、带领农民脱贫攻坚方面发挥了重大作用，有效地增加了农村领导力供给，进一步夯实了基层党组织在统领乡村经济社会发展中的核心地位。

在第一书记制度具体实施过程中，部分第一书记的行动存在名实分离

---

① 徐勇：《"政党下乡"：现代国家对乡土的整合》，《学术月刊》2007 年第 8 期。
② 徐勇：《政权下乡：现代国家对乡土社会的整合》，《贵州社会科学》2007 年第 11 期。
③ 姚锐敏：《"行政下乡"与依法行政研究》，华中师范大学博士学位论文，2008。
④ 方雷、李宸：《党的权力实现方式论纲》，《理论探讨》2016 年第 6 期。
⑤ 王亚华、舒全峰：《第一书记扶贫与农村领导力供给》，《国家行政学院学报》2017 年第 1 期。

的倾向,如重过程干预,轻弥补指导;重资金争取,轻运营管理;重走读下沉,轻服务下移;重晋升条件,轻村庄发展。① 这些错误倾向,在很大程度上制约了第一书记积极作用的发挥。要抓住农村第一书记这一"关键少数",需要采取以下措施。一是强化"外嵌"干部的内生化意识。虽然第一书记的工作地点在农村,但由于他们的人事和工资关系都在原单位,并且大多数第一书记只有两年任期,少数第一书记觉得自己只是"过客",缺少工作的主动性和积极性。为此,需要健全激励机制,激发第一书记的能动性。二是实现由"政治嵌入"向"关系嵌入"的转变。少数第一书记始终把自己当作派驻村的"外人",难以有效融入村级组织之中,导致工作效率低下。针对这一现象,村党组织需要进一步健全考核体系,除开展上级和同级考核之外,应将更多的考核评价权赋予所驻村的村民。三是"垂直嵌入"贵在精准。在第一书记选派过程中,选派单位应充分考虑选派对象与工作地方的实际情况,实现选派对象自身优势与工作地方需求之间的精准对接,充分发挥第一书记的主观能动性。

驻村干部制度是新中国成立以来乡村治理的一大传统,这一制度通过"国家在场"的方式实现对农民的有效动员,在不同的历史时期都发挥了重要作用。2013年,中共中央办公厅、国务院办公厅印发的《关于创新机制扎实推进农村扶贫开发工作的意见》要求各省(自治区、直辖市)普遍建立驻村工作队(组)制度,实现驻村帮扶长期化、制度化。驻村干部不同于第一书记,不仅派出机构不同,而且在工作职责上也有区别。就角色定位而言,驻村干部是党和国家方针政策的宣传者、乡村实情的调查者、党群关系的联络者、良好作风的带动者,主要职责在于协助村"两委"更好地贯彻党和国家的意志。在不同的历史时期,驻村干部肩负着不同的任务。近年来,驻村干部肩负着脱贫攻坚任务,而第一书记的职责却十分明确,即建强基层组织、推动精准扶贫、为民办事服务、提升治理水平。②

在与基层组织的关系上,第一书记要真正实现身份"嵌入",成为村级组织中的一员。而驻村干部更倾向于"悬浮",不能过分干预村民自治,

---

① 张国磊、詹国辉:《基层社会治理中的驻村"第一书记":名实分离与治理路径》,《西北农林科技大学学报》(社会科学版) 2019年第5期。
② 王海燕:《大国脱贫之路》,人民出版社,2018,第224页。

即使驻村干部"悬浮"于基层组织之上,能够带给村庄的资源一般也不如第一书记多,但由于他们由村"两委"的直管部门乡镇党委政府工作人员兼任,所以村"两委"一般都会积极地配合驻村干部的工作。在驻村日常工作中,驻村干部在一定程度上作为"具身的国家"[①] 以走村串户的形式实现对村情的有效掌握。通过干部驻村制度,农村基层社会更容易地"看见"了国家,国家也顺利"看见"了农村基层社会,国家与农村基层社会实现了"互见"。如果驻村干部表现良好,会增强广大农民群众对党和国家的认同感;反之,不仅会降低广大农民群众对党和国家的认同感,也会导致党和国家的公信力降低,从而削弱党在农村基层的执政基础。毫无疑问,驻村干部在推动脱贫攻坚、乡村振兴过程中发挥了重大作用,但对这一群体的管理也应加强,乡镇党委政府要教育引导他们把握好自身角色定位,通过健全日常管理和考核评价机制激发他们干事创业的内生动力。同时,驻村干部自身也要创新工作方式方法,践行群众路线,落实群众工作方法,莫让"驻村"变为"扰村",而是要使"驻村"成为"助村"。

自20世纪90年代起,我国一些地方开始探索实施村"两委"负责人交叉任职的模式,并逐渐演化为村"两委"负责人"一肩挑",再到后来明确由村党组织书记"一肩挑"。村"两委"负责人之所以要全面推行"一肩挑",主要是基于三个现实逻辑的考量:一是消除村"两委"矛盾,提升治理绩效;二是坚持和加强党对农村工作的全面领导;三是推动实现乡村治理体系和治理能力现代化。[②] 2019年8月,中共中央印发的《中国共产党农村工作条例》明确规定,"村党组织书记应当通过法定程序担任村民委员会主任和村级集体经济组织、合作经济组织负责人,推行村'两委'班子成员交叉任职"[③]。中共中央2018年12月印发的《中国共产党农村基层组织工作条例》第十九条也有类似的规定。农村基层党组织书记要实现党务、村务、财务"一肩挑",通过"一肩三任"强化基层党组织对

[①] 邓燕华、王颖异、刘伟:《扶贫新机制:驻村帮扶工作队的组织、运作与功能》,《社会学研究》2020年第6期。

[②] 李绍华:《全面推行村级组织负责人"一肩挑"的现实逻辑与实践进路》,《党政研究》2020年第6期。

[③] 《十九大以来重要文献选编》(中),中央文献出版社,2021,第162页。

农村工作的全面领导。"一肩挑"的优势显而易见，但不可否认"一肩挑"也容易导致权力滥用、监督困难、滋生腐败等问题。

事实上，农村基层党组织书记"一肩挑"在现实操作中存在一定难度。一是在选举程序上具有排他性。按照选举程序，应先选举产生村党组织书记，然后动员、组织村党组织书记参与竞选村民委员会主任，再通过股东代表大会竞选村集体经济组织负责人。上述任何一项选举，都有可能产生意料之外的结果，这就需要健全选举机制，保证在程序合法的前提下，让"一肩挑"的候选人脱颖而出。二是符合条件的"一肩挑"候选人较少。根据"一肩挑"的任职岗位可知，候选人既要有党员的身份，也要懂经济善经营；既要有良好的群众基础，也要得到乡镇党委政府的认可。在村级人才资源相对短缺的情况下，符合这些条件的候选人少之又少，这就需要健全后备人才培育机制，建立后备人才"蓄水池"。三是难以发挥好"村民当家人"的作用。在乡镇党委指导下选举产生的"一肩挑"负责人，习惯于把完成乡镇党委政府交给的任务作为第一要务，再加上农村税费改革后，农村干群关系的疏离也在一定程度上弱化了村干部"村民当家人"的身份。① 党的利益和人民群众的利益是完全一致的，党的立场和人民群众的立场也是完全统一的，在具体工作中需要党员干部坚持把维护人民群众的根本利益作为工作的出发点和落脚点。

（二）完善村级权力运行机制，确保权力用来维护农民的根本利益

改革开放以来，随着"权力下乡"进程的加快，"权利下乡"方兴未艾，农民的权利意识和民主意识逐渐增强，他们越来越重视争取和维护自身的合法权益。村干部虽然不是国家公务员，却掌握着乡村社会的权力资源，尤其是"一肩挑"的村干部更是集多种权力于一身。事实上，权力是把"双刃剑"，用得好可以为民造福；用得不好或滥用就会滋生腐败，危害党和人民的事业。不受监督和约束的权力必然会导致腐败。为顺利实现

---

① 王惠林、洪明：《"双重角色"的弱化：日常工作中的村干部研究——以湖北省 L 镇的调查为例》，《湖北社会科学》2016 年第 1 期。

党的权力功能，必须健全党的权力规则体系。① 农村基层党组织要通过健全权力运行机制，将权力关进制度的笼子里，确保权力在阳光下运行，同时也要教育引导党员干部努力做到权为民所用、情为民所系、利为民所谋，把为民造福作为最大的政绩。

第一，必须坚持完善村级权力设置机制，坚持党组织的领导核心地位。

目前，我国农村主要存在"内生型"与"外嵌型"两种类型的干部。"内生型"干部主要是村"两委"班子成员、"一肩挑"的村党组织书记等村干部，"外嵌型"干部主要是第一书记、驻村干部等上级部门下派的干部。事实上，即使是村民选举产生的村"两委"负责人或"一肩挑"的村党组织书记，也需要乡镇党委政府的任命以及县级组织部门备案管理，所以他们的权力也不是完全"内生"的。如何通过健全机制使"内生型"干部与"外嵌型"干部协同发力，而不是由摩擦与博弈导致权威丧失和权力消解，是推进实施乡村振兴战略需要回应的现实问题。建立健全激励保障机制既要充分调动"内生型"干部的积极性和主动性，使其不至于因为外部权力的嵌入而当"甩手掌柜"，也要激发第一书记、驻村干部等下派干部的工作热情，引导他们快速实现角色的转换，在"国家代理人"与"村民当家人"中找到平衡点，在具体工作中实现对上级负责与为民造福的统一。

村级组织是村级权力的重要载体，要完善村级权力设置机制，就要在健全村级组织权力运行机制上下功夫。当前，村级组织主要包括村党组织、村民委员会、村集体经济组织和农民专业合作社，与之对应的分别是党务、政务和财务。关于村党组织的设置情况，2018年12月中共中央印发的《中国共产党农村基层组织工作条例》明确规定了以村为基本单元设置党组织②，2019年8月中共中央印发的《中国共产党农村工作条例》进一步明确了党中央全面领导农村工作的原则。对于村级政权建设，《中华

---

① 方雷、李优：《党的权力规则体系建构的三重维度》，《马克思主义理论学科研究》2016年第2期。
② 《中共中央印发〈中国共产党农村基层组织工作条例〉》，《人民日报》2019年1月11日，第1、6版。

人民共和国村民委员会组织法》第二条规定,村民委员会是村民自我管理、自我教育、自我服务的基层群众性自治组织,实行民主选举、民主决策、民主管理、民主监督。①党务与村务代表着两种不同的权力,在具体的实践中要求以党务统领村务。村党组织书记"一肩挑"的制度设计,不仅实现了党务与村务的结合,而且强化了基层党组织在乡村社会的领导核心地位。村级财务要进一步健全"党支部+公司(合作社)+农户"运行机制,坚持以基层党建引领村集体经济发展壮大。

第二,必须加强完善党内权力实施机制,以党内民主带动基层民主。

没有民主就没有社会主义,人民民主是社会主义的生命。习近平总书记在党的十九大报告中指出:"有事好商量,众人的事情由众人商量,是人民民主的真谛。"②在村级协商中,只有找到广大人民群众意愿与要求的最大公约数,才能最大限度地代表人民的意志。随着中国特色社会主义民主政治的深入发展,农民的权利意识和民主意识不断增强。在民主政治条件下,干部要通过公民的选举产生,要得到多数人的拥护与支持,其权力要受到公民的制约,他不能为所欲为,要与老百姓平起平坐。③

党内民主是党的生命。坚持以党内民主带动人民民主,要将人民民主贯穿于村级议事、决策执行以及考核评价的全过程,坚决杜绝"一言堂"的家长制作风,努力营造良好的村级政治生态。一是进一步完善议事决策机制。在进一步健全完善村民议事会和一事一议制度的基础上,强化村党组织书记职责。村党组织书记作为村民议事会的召集人,既要从整体上把握议事决策的方向,也要充分听取村民议事会成员的意见建议,健全议事决策前村党组织书记调研的工作机制,提高议事决策的效率。二是完善决策执行机制。村党组织书记"一肩挑"在一定程度上提高了决策执行的效率,但也增加了"一言堂""一帮亲""一支笔"等廉政风险。因此,要建立健全村级小微权力清单制度,逐一明确每项村级权力事项的名称、责任主体、操作流程、办理时限等,给小微权力套上"紧箍咒",减少"一肩挑"干部权力寻租的机会。三是完善考核评价机制。村党组织书记实现

---

① 《中华人民共和国村民委员会组织法》,人民出版社,2010,第3页。
② 《习近平谈治国理政》第3卷,外文出版社,2020,第29页。
③ 俞可平:《民主是个好东西》,《共产党员》2007年第4期。

了多个角色的"一肩挑",但并不意味着党务、村务、财务工作都由村党组织书记"一人干"。因此,要通过健全村"两委"班子成员考核评价机制,激发他们配合村党组织书记干事创业的积极性和主动性,促进村党组织的党员干部协同配合,以风清气正的党内政治生态引领乡村社会风气改善。

第三,必须推动健全权力监督制约机制,确保权力在阳光下运行。

习近平总书记指出:"没有监督的权力必然导致腐败,这是一条铁律。"① 村干部手中的权力是人民赋予的,只能用来为人民谋利益,必须接受党和人民监督。中共中央、国务院印发的《乡村振兴战略规划(2018—2022年)》明确提出,村党组织书记兼任村委会主任的村占比到2020年要达到35%、到2022年要达到50%的战略目标。② 可见,村党组织书记"一肩挑"已是大势所趋。随着乡村振兴战略的推进实施,村党组织书记"一肩挑"的覆盖面必然也会越来越大。由于缺乏有效监督,一些素质不够过硬的"一肩挑"村党组织书记更容易出现权力滥用的情况,如侵占或违规使用村集体资金,在村集体土地发包中谋取私利等,这些都造成了人们对"一肩挑"制度优势的怀疑。③ 好的制度,如果缺乏相应的监督制约机制,在实施的过程中也有可能产生坏的结果。因此,健全村级权力监督制约机制,特别是加强对农村基层"关键少数"的监督制约势在必行。

整合各方监督力量,构建县级、乡镇、村级"三级联动"监督体系,把监督之网覆盖到农村基层公权力运行的各环节,是健全村级权力监督机制的必然举措。此过程既要保证村民的知情权、监督权,也要强化乡镇党委政府对村干部的集中统一管理。一是严格落实村级"三务公开"制度,确保广大群众享有对村级党务、村务和财务的知情权和监督权。"三务公开"要求对组织设置、任期目标、后备村干部基本情况等稳

---

① 《习近平谈治国理政》第1卷,外文出版社,2018,第418页。
② 《中共中央国务院印发〈乡村振兴战略规划(2018—2022年)〉》,《人民日报》2018年9月27日,第1、9~13版。
③ 陈军亚:《农村基层组织"一肩挑"的制度优势与现实障碍》,《人民论坛》2019年第11期。

定性较强的内容实行一年一公开；对党员党费交纳、财务报表、村务完成情况等内容实行一季度一公开；对关乎群众切身利益的重大事项，要及时公开。同时，成立村级"三务公开"监督小组，小组成员的任期与村民委员会的任期相同，确保"三务公开"的严肃性。二是充分发挥村务监督委员会民主监督作用。加强村务监督委员会建设，不断调整并充实年富力强、关心村庄发展、热心村务管理的"中坚农民"进入村务监督委员会①，变事后监督为事前、事中、事后全过程监督。三是进一步强化乡镇层面的监督责任。加大乡镇党委政府对村级事务小微权力运行监督管理力度。加大对村级财务管控力度，对村集体财务收支、资产管理与使用情况定期进行全面审计。

（三）健全党员干部激励关怀机制，激发农村基层党组织活力

农村基层党组织是党在农村全部工作和战斗力的基础，激发基层党组织活力是发挥其战斗堡垒作用的关键。现实中，我们往往强调共产党员要发挥先锋模范作用，但忽视了共产党员也是劳动人民中的普通一员，他们的合法权益也需要被关注。如果党组织对党员一味要求付出而不予以足够的关怀，这种负面示范会使党组织出现后继乏人和一盘散沙的现象。② 为了更好地维护农村基层党员的合法权益，进一步激发基层党组织活力，要对农村基层党员实施有针对性的激励帮扶措施，增强广大党员对基层党组织的感情，使农村基层党组织能够充分发挥战斗堡垒作用。

首先，必须强化激励保障，提高党组织凝聚力。我国乡村社会虽然有很大的相似性，但是具体到不同的区域，也表现出明显的差异性。这种差异性不仅体现在经济社会发展的程度不同，而且表现在村级组织的发展以及村干部的表现等方面。强化激励保障，首先要搞清楚村干部面临的主要困境，注重激励措施的针对性和有效性。当前，村干部激励保障工作中存在的共性问题主要有：薪酬待遇偏低，岗位缺乏吸引力；无法获得晋升机会；社会保障措施不到位，面临养老、医疗的困境；办公经费不足，工作

---

① 贺雪峰：《中坚农民的崛起》，《人文杂志》2014年第7期。
② 徐珂、徐桂士：《健全党内激励关爱的制度机制》，《人民论坛》2017年第5期。

难以开展；等等。上述共性问题在不同地区对村干部的影响是不同的，比如，浙江是典型的"富人治村"①，村干部一般都有自己的企业，竞选村干部并不是为了薪酬待遇；在中西部地区，多数村由"中坚农民"担任村干部，薪酬待遇、晋升机会、社会保障情况则会严重影响他们工作的能动性。即使是同一类型的村干部，年轻的与即将离任的需求也会有所不同。因此，只有针对不同类型、不同年龄段村干部的不同需求，采取差异性的激励机制，才能达到激发动力、提高凝聚力的预期效果。

解决村党组织的实际困境，应在强化激励保障方面下功夫。一是健全工资福利待遇机制。健全完善村干部在基本工资、补（津）贴、绩效奖金、社会保险缴纳等方面的机制，确保村干部基本报酬不低于当地农村劳动力平均收入水平，并逐年提高财政补助标准。将村"两委"主要干部纳入城乡养老保险补助体系，并为村"两委"干部购买人身意外伤害保险。二是健全农村党组织书记"选、育、用、管"机制。通过合法程序将优秀人才吸纳到农村基层党组织，防止其班子队伍断层。对于业务能力强的青壮年村党组织书记，有针对性地制定培养计划，组织动员他们参与乡镇公务员选拔考试，努力破除村干部职务晋升的"天花板"。三是制定科学的考核评价机制，强化考核结果运用。以新发展理念为指导，完善村党组织目标责任考核指标体系，推动村党组织高质量发展。坚持平时考核和年终考核相结合，对于考核等级为"优秀"的村党组织，在村党组织办公经费、班子成员绩效奖金、评优评先等方面予以倾斜。

其次，必须坚持实施关怀帮扶，增强党组织向心力。党的十九大明确提出加强党内激励关怀帮扶。2020 年 12 月，中共中央印发了修订后的《中国共产党党员权利保障条例》，细化了党章规定的党员权利，完善了保障措施，为维护党员的合法权益提供了制度保障。根据农村党员干部的实际情况，党组织对党员的关爱应重点体现在以下方面。一是制定完善村干部发展方案，关爱党员干部个人发展。县级组织部门和乡镇党委政府要将村干部的培养、使用纳入干部队伍建设、后备干部培养、人才发展的总体规划。二是健全

---

① 桂华、刘燕舞：《村庄政治分层：理解"富人治村"的视角——基于浙江甬村的政治社会学分析》，《中国研究》2009 年第 2 期。

纠错容错机制，加大对村干部工作支持力度。"上面千条线，下面一根针"，村干部就是穿针引线之人，需要练就过硬的"绣花"功夫。在实际工作中，村干部难免会出现一些工作失误，只要不是政治性、原则性、方向性的错误，上级主管部门应给予改正的机会。三是健全奖励表彰体系，给予村干部一定的政治荣誉。通过吸纳一定数量的优秀村干部成为乡镇和县级党代表、人大代表、政协委员等举措，发挥村干部了解村情民意的优势，鼓励他们以建言献策的形式更好地服务乡村振兴战略。

2018年5月，中共中央办公厅印发的《关于进一步激励广大干部新时代新担当新作为的意见》明确提出，要满怀热情关心关爱干部，坚持严格管理和关心信任相统一，政治上激励、工作上支持、待遇上保障、心理上关怀，增强干部的荣誉感、归属感、获得感。① 因此，党内关怀帮扶要做到坚持从实际出发，量力而行、尽力而为，从以下几方面予以加强。一是提高离任村干部生活补助保障标准及保障，在提高整体标准的基础上，根据工作年限的不同设置不同的生活补助标准。二是健全困难党员关怀帮扶专项资金管理使用制度。县级组织部门应设置困难党员关怀帮扶专项资金，完善针对本地区的关怀帮扶专项资金使用管理办法，提高专项资金的使用效率。三是针对老党员建立健全"五有"机制，尽可能解决农村老党员老干部面临的实际困难，努力让每一名老党员老干部感受到组织的温暖。

最后，必须坚持严管厚爱并重，提升党组织战斗力。农村基层党组织的活力就是战斗力。在全面从严治党的背景下，激发基层党组织的活力，增强基层党组织的战斗力，关键是要妥善处理好对党员干部严管与厚爱的辩证关系。严管是反向约束，厚爱是正向激励，在一定条件下，严管就是厚爱，厚爱要通过严管来实现。前文中论述的"激励保障"和"关怀帮扶"都是厚爱的范畴，在此重点论述如何通过严管的形式激发党员干部担当作为。党的十八大以来，以习近平同志为核心的党中央坚持"老虎""苍蝇"一起打，既坚决查处领导干部违纪违法案件，又切实解决发生在群众身边的不正之风和腐败问题。微腐败的危害并不小，由于村干部直接

---

① 《关于进一步激励广大干部新时代新担当新作为的意见》，人民出版社，2018，第9~10页。

面对人民群众，他们的腐败行为会让群众有更直观的感受，直接影响党在群众心目中的形象，削弱党的公信力。村干部作为村民的"当家人"，何以会走上违背初心使命、破坏党和国家形象、严重损害村民利益的违法犯罪道路？除了自身意志不够坚定、思想道德修养亟待提升等，很重要的一点就是地方党组织对他们严管不够、厚爱不足，监督部门没有尽到及时提醒、教育警示的职责。如果基层党组织做到了让咬耳扯袖、红脸出汗成为常态[①]，相信很大一部分有犯错误苗头的党员干部会及时收手，不至于走上违法犯罪的不归路。因此，农村基层党组织要严格落实"三会一课"制度，村"两委"班子成员要经常开展批评与自我批评，要通过健康的互相批评，让有犯错误苗头的党员干部红红脸、出出汗，达到相互提醒、相互监督的目的，推动实现红脸出汗、咬耳扯袖常态化，及时清除基层党组织中的政治灰尘，营造良好的村级政治生态。对一些已经犯错误的同志，要本着"惩前毖后，治病救人"的原则，抓早抓小，及时谈话提醒、批评教育，并将问题线索移交乡镇纪检监察机关。严管就是厚爱，严管的出发点是让犯错误的同志及时收手。通过对党员干部的严管厚爱，纯洁村党组织班子队伍，整顿软弱涣散村党组织，提升农村基层党组织的战斗力。

总之，健全规章制度是推动新时代农村基层党建创新发展的前提和基础，没有健全的规章制度，就不可能提高农村基层党建的质量和成效。新时代农村基层党建要围绕村级权力设置、权力运行、权力监督等环节，规范权力授受机制，抓住农村基层党建的"关键少数"。完善权力运行机制，确保权力为民所用、为民造福。健全激励保障机制，进一步激发农村基层党组织的活力。通过建立健全农村基层党建的长效机制，确保涉及村级党务、村务、财务的各项权力规范、平稳、健康运行，推动构建风清气正的政治生态，充分发挥农村基层党组织的战斗堡垒作用，进一步夯实我们党长期执政的农村根基。

[①] 《十八大以来重要文献选编》（中），中央文献出版社，2016，第769页。

三 新时代农村基层党组织政治领导力
提升的基本路径

习近平总书记强调:"旗帜鲜明讲政治是我们党作为马克思主义政党的根本要求。党的政治建设是党的根本性建设,决定党的建设方向和效果。保证全党服从中央,坚持党中央权威和集中统一领导,是党的政治建设的首要任务。"① 加强农村基层党建,就是要保证我们党对"三农"工作的集中统一领导,保证农村基层各项工作都坚定不移地贯彻党的政治路线,严格遵守政治纪律和政治规矩,在政治立场、政治方向、政治原则、政治道路上同党中央保持高度一致。党的首要属性是政治属性,党员的首要身份是政治身份,党的领导制度的首要内容是政治领导,增强政治领导力是新时代农村基层党建创新的根本保证。

(一)强化党的领导核心地位,打造坚强战斗堡垒

农村基层党组织是政治组织,必须牢牢把握政治统领这个核心,坚持党对农村各项工作的集中统一领导。2018年12月,中共中央印发的《中国共产党农村基层组织工作条例》鲜明提出坚持农村基层党组织领导地位不动摇,在总体定位上,明确规定乡镇党委和村党组织全面领导乡镇、村的各类组织和各项工作。② 坚持和加强党对农村工作的全面领导,要以提高党的农村基层组织建设质量为关键,把农村基层党组织建设得更加坚强有力,为新时代乡村全面振兴提供坚强的政治保证和组织保障。

第一,要加强政治领导,增强农村基层党组织的政治功能。

在我国传统社会中,国家政权对乡村社会的管控能力比较有限,传统政权的渗透能力难以抵达乡镇和村庄,给县级以下的乡村社会留下了广阔的自治空间。中国共产党成立之后,为了取得新民主主义革命的胜利,进行了广泛的社会动员,极大地增强了对基层社会的渗透能力和汲取能力,

---

① 《习近平谈治国理政》第3卷,外文出版社,2020,第48~49页。
② 《中共中央印发〈中国共产党农村基层组织工作条例〉》,《人民日报》2019年1月11日,第1、6版。

农村基层党组织成为我们党在农村工作的战斗堡垒。习近平总书记在党的十九大报告中强调:"党政军民学,东西南北中,党是领导一切的。"① 坚持和加强农村基层党组织的领导核心地位,既是中国特色社会主义最本质特征的体现,也是进一步夯实我们党长期执政基础的必然要求。

中国特色社会主义制度的优势是多方面的,但中国共产党领导是最大的政治优势;中国共产党的领导是多方面的,但首要的是政治领导。加强农村基层党组织建设,要坚持以党的政治建设为统领,毫不动摇地把政治建设摆在首位,不断增强党对农村各项工作总揽全局、协调各方的领导核心作用。在推进农村基层党组织建设过程中,应把学习贯彻习近平新时代中国特色社会主义思想,增强"四个意识"、坚定"四个自信"、做到"两个维护"作为政治建设的重要目标。农村基层党组织的政治领导,既是方向性的,也是原则性的,重点是要增强党组织的凝聚力、向心力和战斗力。强化政治领导,增强农村基层党组织的政治功能,就不得不把整顿软弱涣散党组织作为工作重点。但同时也要认识到,整顿只是手段,目的是建强农村基层党组织,使之发挥应有的积极作用。

第二,要强化思想引领,凝聚服务中华民族伟大复兴的动力。

思想引领力是党的生命力和战斗力的重要基础。中国共产党的先进性,很重要的一点在于指导思想的先进性。在长期的奋斗历程中,我们党始终坚持以马克思主义为指导思想,始终坚持马克思主义在意识形态领域指导地位的根本制度,"始终高擎科学理论的光辉旗帜,始终赢得人民群众的高度认同,既是一个先进政党走在时代前列的必然选择,也是其拥有强大思想引领力的鲜明体现"②。马克思主义之所以在 21 世纪的中国焕发出勃勃生机,原因就在于我们党始终坚持把马克思主义基本原理同中国具体实际相结合、同中华优秀传统文化相结合,不断推动马克思主义向前发展。在这一过程中,产生了多项马克思主义中国化的重大理论成果,其中习近平新时代中国特色社会主义思想是马克思主义中国化的最新理论成果,是当代中国马克思主义、21 世纪马克思主义,是新时代坚持和发展中

---

① 《习近平谈治国理政》第 3 卷,外文出版社,2020,第 16 页。
② 苏梁波、汪玉明:《不断增强党的思想引领力》,《解放军报》2019 年 3 月 13 日,第 10 版。

国特色社会主义的根本指导思想。

思想引领方向，方向决定道路。解决好"三农"问题，既要保证思想引领不出偏差，也要保证不走老路、不走邪路，这就必须用习近平新时代中国特色社会主义思想武装全党，并把理论创新成果转化为推动各项事业发展的不竭动力。不可否认，在个别地方依然存在思想理论学习不自觉不系统不深入、落实不到位不彻底、行动跟不上的问题。学习贯彻习近平新时代中国特色社会主义思想，关键要融入日常、抓在经常，创新学习方式，拓展学习渠道。既要运用村党组织阵地的学习培训的线下课堂，也要加强运用"学习强国"App 等线上自学渠道，解决学习渠道单一、学习资源短缺等问题。农村基层党组织要将学习贯彻习近平新时代中国特色社会主义思想的成果转化为进一步巩固拓展脱贫攻坚成果、推动实施乡村振兴战略、实现共同富裕与中华民族伟大复兴的不竭动力，通过凝聚民心、汇聚力量增强基层党组织的凝聚力和向心力。

第三，要切实服务群众，架起党群之间的"连心桥"。

保持同人民群众的密切联系是我们党的最大政治优势。农村基层党组织的形象，直接关乎我们党在基层群众心目中的形象。广大农民正是基于对农村基层党组织的认识来了解和看待中国共产党的。增强基层群众对中国共产党的认同，就要提高农村基层党组织团结群众、凝聚群众、服务群众的能力，提高群众对农村基层党组织各项工作的满意度。在推进全面从严治党向基层延伸的过程中，努力践行全心全意为人民服务的根本宗旨，严格贯彻《中国共产党农村基层组织工作条例》的规定，把"组织群众、宣传群众、凝聚群众、服务群众"作为农村基层党组织必须执行的重要任务，经常了解群众的意见，维护群众正当权利和利益，加强对群众的教育引导，做好群众思想政治工作。在基层工作中，党员干部要不计较个人工作的"辛苦度"，努力赢得群众对农村基层党组织的"满意度"。

农村基层党组织服务群众，既要注重与党的群众路线、"三严三实"、"两学一做"、"不忘初心、牢记使命"、党史学习教育等主题教育结合起来，又要把服务群众融入日常各项工作之中，使服务群众经常化、常态化，在为民服务解难题中体现党群之间的鱼水情深。在具体实践中，农村基层党组织主要通过强化党员干部初心使命意识、健全服务群众机制、搭建公共服务平台、拓展为民服务渠道、创新为民服务载体等措施,不断提高党员干部服务群众的积极性和主动性,提高群众获取服务的便捷性,增强服务群众的实效性和精准性,切实把服务做到群众的心坎上,让广大群众在农村基层党建中感受到实实在在的获得感和幸福感。始终保持党同人民群众的血肉联系,关键是要不断强化农村基层党员干部经常的初心使命教育和党性教育,使其真正将我们党全心全意为人民服务的根本宗旨内化于心、外化于行。

第四,要注重阵地建设,打造具有凝聚力向心力的战斗堡垒。

党的十八大以来,农村基层党组织纷纷推进村党组织阵地标准化规范化建设,把建设结构合理、功能完善、设施齐全、环境优美的村党组织阵地作为重点工作来抓,打造基层办公议事、开展活动的重要平台,让党群服务中心成为组织、宣传、凝聚、服务党员群众的主要阵地。加强村党组织活动阵地建设,就是要在务实管用原则的指导下,向着"五有三经常"的目标扎实推进。具体而言,就是要确保村党组织活动阵地具备"五有",即有场所、有设施、有标识、有制度、有资料,解决好阵地建设的硬件问题;同时,力求实现"三经常",即"学习教育、组织生活、作用发挥"经常化。"五有三经常"就是在完善"五有"这些硬件设施的基础上,通过"三经常"充分发挥其积极作用。通过标准化规范化建设,把村党组织阵地真正建设成为村民办事服务中心、党员活动阵地、政策宣传窗口、党员学习培训课堂、公共服务平台,从而促进党组织引领农村各项工作顺利开展。

推动村党组织阵地标准化规范化建设只是第一步,关键是管好、用好村党组织阵地,使之发挥应有的积极作用,这样才能将党的政治优势和组织优势转化为引领农村各项事业高质量发展的强大动力。现实中仍然存在少数新建村级党群服务中心被闲置的现象,其成为横亘在党和群众之间的一个个"空壳子"。建好的村党组织阵地却没有使用好,不仅浪费了农村有限的财政和土地资源,而且严重破坏了党在基层群众心中的良好形象。建好村党组织阵地,一方面,要根据实际情况做好村党组织阵地建设规划,既要保证各项功能有效发挥,也要厉行节约、严禁资源浪费,因地制宜,不搞"一刀切";另一方面,要健全各项规章制度,依据制度做好工作人员以及设施使用的管理工作，充分发挥村党组织阵地联系群众、服务群众的优势，充分释放村党组织阵地的活力。

（二）统筹"选育用管"各环节，建强村"两委"班子

农民富不富，关键在支部；支部强不强，要看"领头羊"。实践证明，支部可强村，产业可富村，关键是要选优配强带头人。村"两委"班子队伍，是农村基层干部队伍的重要组成部分，是推动实现农业强、农村美、农民富的带头人，选优配强村"两委"干部，是推动乡村振兴战略顺利实施的关键。农村基层党组织能否发挥战斗堡垒作用，能否激发党员干部"逢山开路，遇水架桥"的勇气，能否引导全体村民"不驰于空想、不骛于虚声"地实干，关键要看带头人的能力。村"两委"班子工作能力强，村党组织就能充分发挥战斗堡垒作用，就能在农村广阔天地中绘就"头雁"引领、"雁阵"齐飞的和谐画卷。

一是要拓视野严标准，选优配强乡村振兴的"领头雁"。推动实施村党组织书记"一肩挑"，已经成为村"两委"班子建设的基本趋势，必须"坚持农村基层党组织领导核心地位，大力推进村党组织书记通过法定程序担任村民委员会主任和集体经济组织、农民合作组织负责人，推行村'两委'班子成员交叉任职"①。为强化农村基层党组织的领导核心地位，理应推动实施村党组织书记"一肩挑"，而不是由村民委员会主任兼任村党组织书记。虽然都是由同一个人担任两个职务，但背后却蕴含着不同的逻辑理路。"十九大以来，党中央提出并大力推进村党组织书记'一肩挑'这一创新性的制度设计。其目的在于确保村党组织的领导核心地位，为乡村振兴和乡村治理提供坚强的组织保证，与村'两委'负责人'一肩挑'有明显区别。"②随着农村各项事业的发展，原来的村"两委"负责人"一肩挑"，在一些地方逐渐发展演变为村党组织、村民委员会、村级集体经济组织和农民合作社多个组织的负责人"一肩挑"。因此，选优配强

---

① 《中共中央国务院印发〈乡村振兴战略规划（2018—2022 年）〉》，《人民日报》2018 年 9 月 27 日，第 1、9~13 版。
② 易新涛：《村党组织书记"一肩挑"的生成逻辑、内涵解析和实施指向》，《探索》2020 年第 4 期。

"领头雁",才能让"一肩挑"的党员干部真正挑起"三农"发展的"大梁"。

为了选优配强"领头雁",目前农村基层党组织主要采取了以下共性措施。首先,选优配强村党组织书记。要通过"一肩挑"发挥挑起"三农"发展"大梁"的重要作用,就必须选配政治素质过硬、带动发展能力强的发展能手、致富能人、"双创"带头人等新乡贤担任村党组织书记。其次,拓宽选人视野。村"两委"干部后备人才的选拔,不应局限于村内原有的优秀青年,而是要在退伍军人、村致富能手、返乡创业人员、返乡大学生等群体中选拔,扩大后备人才的蓄水池。再次,严格选人标准。牢牢把握正确政治方向,严格坚持政治标准,严肃落实政治要求,确保选出政治忠诚、敢于担当、群众公认的村"两委"干部。最后,优化班子结构。利用村级组织换届契机,重点优化村"两委"班子的年龄结构、知识结构、性别结构和能力结构,打造政治立场坚定、综合素质过硬的村"两委"干部队伍。

二是要强培训补短板,提升村"两委"班子引领高质量发展的"硬本领"。村"两委"干部选拔十分重视能力标准,但任何能力的习得都不是一蹴而就的,需要在反复培训强化中提升。尤其是长期担任村"两委"干部的同志,一旦形成思维定式,反而不利于各项工作的开展。强化教育培训,不仅有助于帮助他们提高业务工作能力,而且有助于促使其转换思维方式,拓展工作思路,提升解决现实问题的能力。习近平总书记强调:"干部特别是年轻干部要提高政治能力、调查研究能力、科学决策能力、改革攻坚能力、应急处突能力、群众工作能力、抓落实能力,勇于直面问题,想干事、能干事、干成事,不断解决问题、破解难题。"[①] 这七种能力,对于村"两委"干部同样重要,村"两委"干部也应在教育培训中着力提高这七种能力,领导推动巩固拓展脱贫攻坚成果与推进乡村振兴战略实现有效衔接。

农村基层党员干部要不断提高自身的政治判断力、政治领悟力、政治执行力,确保党中央决策部署在农村基层得到全面贯彻落实。毋庸讳言,

---

① 《习近平关于全面从严治党论述摘编》,中央文献出版社,2021,第300页。

在农村发展过程中曾存在重发展轻党建的现象，少数村干部认为带动农民脱贫致富才是最重要的，抓党建是上级部门的事情。这种把党建与发展对立起来的做法，不仅是错误的，而且极其有害。随着全面从严治党的深入推进，基层党组织都十分重视党的建设，坚持以党的政治建设统领农村基层党建各项工作，不断提升村"两委"干部的政治能力。同时，把提升村"两委"干部的服务群众能力、引领高质量发展能力、乡村治理能力作为农村基层党建重点，组织开展乡镇和县市级别的村级组织负责人教育培训项目，加强教育培训管理，及时转化教育培训成果，切实保证村"两委"干部政治素质过硬、服务"三农"能力突出，在引领农业发展、推动农村建设、促进农民致富方面勇于担当、积极作为。

三是要重激励促保障，提振村"两委"班子的"精气神"。农村基层工作烦琐，但待遇较低，村干部曾长期靠误工补贴维持正常生活。"村级组织是自治组织，村干部并非国家正式编制的公务员，而是不脱产干部，没有工资，报酬主要是误工补贴。"① 虽然近年来各地普遍提高了村"两委"干部的待遇标准，但与外出务工收入相比，依然处于较低水平。中西部地区农村人口流动性较大，成为村干部的一般都是"中坚农民"②；东部地区几乎是"富人治村"，村干部一般也不关心薪酬待遇。所以，村"两委"成员任职要么是由于对农业、农村、农民有特殊的感情，热爱"三农"工作；要么是由于年纪较大，不方便外出务工。近年来，一些地方要求村"两委"干部严格落实坐班制度，导致一些曾经兼职村"两委"干部的新乡贤也面临"去"与"留"的抉择。一般青壮年劳动力宁愿选择外出务工，也不愿意在村"两委"任职。如何将更多优秀人才吸纳到村"两委"班子队伍，建强农村基层党组织，激发村"两委"干部干事创业的积极性和主动性，成为推动乡村振兴必须首先解决的难题。

提升村"两委"干部的"精气神"，除了靠绩效薪酬激励之外，应在畅通晋升渠道、完善保障体系方面作出积极探索。首先，普遍提高村"两委"干部基本待遇，同时健全绩效考核体系。让"干得好"的干部"考得

---

① 贺雪峰：《大国之基：中国乡村振兴诸问题》，东方出版社，2019，第261页。
② 贺雪峰：《论中坚农民》，《南京农业大学学报》（社会科学版）2015年第4期。

好"、"考得好"的干部"待遇好"。其次,健全村"两委"干部晋升渠道,让"考得好"的干部"用得好"。在乡镇干部选拔任用上留给村干部一定的名额,让他们拥有成为正式国家干部的机会。推动形成能者上、优者奖、庸者下、劣者汰的正确导向。最后,完善村"两委"干部保障体系。将村级组织负责人纳入城镇职工医疗保险、养老保险体系,消除他们的后顾之忧。同时,对村"两委"干部坚持严管与厚爱相结合,制定村级小微权力负面清单,严肃整治微腐败问题。通过一系列措施,将村"两委"干部的积极性、主动性、创造性充分调动起来,让想干事、会干事、干成事蔚然成风,让不想为、不会为、不作为失去市场,充分发挥"带头人""领头雁"的积极作用。

(三) 砥砺初心勇担使命,发挥党员先锋模范作用

注重提升自身的党性修养是共产党员讲政治的重要表现。共产党员是劳动人民的普通一员,除了法律和政策规定范围内的个人利益和工作职权以外,不享有任何特权;但党员又不同于一般群众,是群众中的先进分子,要发挥先锋模范作用。曾经,农村基层党组织对党员日常管理不到位,不能严格执行"三会一课"制度,导致农村党员意识淡化,作用发挥不充分。"一名党员就是一面镜子、一面旗帜"①,中国共产党的先进性要靠党员的先进性来体现,这就要求党员在工作和生活中都起到标杆作用,在推动乡村振兴过程中发挥先锋模范作用,以实际行动不断夯实中华民族伟大复兴的"三农"基础。因此,为了保持农村党员队伍的先进性和纯洁性,充分发挥党员的先锋模范作用,要进一步建立健全党员日常管理制度,加强对农村党员的管理和考核,进一步增强他们的党员意识和党性意识,教育引导他们不忘初心、牢记使命,践行全心全意为人民服务的根本宗旨,推动乡村振兴战略顺利实施,为实现共同富裕贡献力量。

第一,必须强化党员意识,做服务群众的先锋模范。

无论是否在党内担任职务,只要在党旗下宣过誓,就要珍视党员身

---

① 习近平:《干在实处 走在前列——推进浙江新发展的思考与实践》,中共中央党校出版社,2016,第439页。

份，时刻用入党誓词来约束自己。《中国共产党章程》第二条规定："中国共产党党员是中国工人阶级的有共产主义觉悟的先锋战士。中国共产党党员必须全心全意为人民服务，不惜牺牲个人的一切，为实现共产主义奋斗终身。中国共产党党员永远是劳动人民的普通一员。"① "先锋战士"和"为人民服务"都是党员身上的特殊标签，体现的是党员的先进性；而"劳动人民的普通一员"也是党员身份的标识，要求党员时刻保持与人民群众的血肉联系。"党员的身份意识是党员进行自我认知、开展实践工作的基本要求和重要基础，是全面从严治党的重要内容。"② 在农村基层党组织党员日常管理中，有的地方创新使用积分制管理方式，明确加分项目和扣分项目，将党员的平时表现都记录在案，通过加分或扣分，引导他们的言行举止，强化党员的身份意识，激励他们发挥先锋模范作用。

在党的群众路线、"三严三实"、"两学一做"、"不忘初心、牢记使命"等主题教育实践中，农村基层党组织将联系群众、服务群众作为集中学习教育的重要内容，以实践活动为载体，使党员的党性修养得到了加强。不仅如此，在助力打赢脱贫攻坚战中，许多地方都开展了党员驻村参与扶贫以及结对帮扶的活动，让有帮扶能力的党员与困难群众结成对子，助力困难群众实现脱贫致富。在助力贫困县摘帽、贫困人口脱贫的过程中，活跃在脱贫一线的众多农村党员作出了重大贡献。尽管当前农村的生活得到了极大的改善，但依然存在少数生活困难的群众，比如存在保障问题的残疾人。在解决这些民生难题中，农村党员的先锋模范作用得到了充分体现。另外，一些地方农村基层组织会经常开展一些公益活动，比如依托新时代文明实践中心开展的便民、利民活动以及走访慰问困难群众等活动，农村党员都是其中的中坚力量。保持同人民群众的血肉联系，是我们党的最大政治优势。农村党员要在联系群众、服务群众过程中，让这个最大政治优势充分彰显，进一步夯实我们党长期执政的群众基础。

第二，必须提高生产经营本领，做推动实现共同富裕的先锋模范。

全面建成小康社会是党的十八大确立的第一个百年奋斗目标，也是实

---

① 《中国共产党第十九次全国代表大会文件汇编》，人民出版社，2017，第79页。
② 孟献丽：《不忘初心 强化党员身份意识》，《光明日报》2018年2月27日，第5版。

现中华民族伟大复兴中国梦的关键一步。习近平总书记指出："全面建成小康社会、实现第一个百年奋斗目标，农村贫困人口全部脱贫是一个标志性指标。……所以，我说小康不小康，关键看老乡，关键看贫困老乡能不能脱贫。"① 让老百姓都过上好日子，让农民实现脱贫致富，才是真正的全面小康。实践证明，无论是打赢脱贫攻坚战、全面建成小康社会，还是推动乡村振兴，都需要产业的支撑，尤其是村级集体产业的支撑。仅靠发展低附加值的传统农业，农民根本无法实现脱贫致富，更不能实现乡村振兴。习近平总书记在参加党的十二届全国人大五次会议四川代表团审议时强调，"推进城乡发展一体化，就地培养更多爱农业、懂技术、善经营的新型职业农民"② 。农村基层党组织是农村全部工作和战斗力的基础，培养新型职业农民，需要充分发挥农村基层党组织尤其是农村党员引领"三农"发展的积极作用。在村级组织换届选举中，村里的发展能手、致富能人一般都能在选举中脱颖而出，赢得村民的支持。因此，农村基层党组织一般会采取双向培育的方法，将致富能人培育成党员、将党员培育成致富能人，目的就是提高引领高质量发展的能力。

2020年召开的中央农村工作会议明确提出，脱贫攻坚取得胜利后，要全面推进乡村振兴，这是"三农"工作重心的历史性转移，要坚决守住脱贫攻坚成果，做好巩固拓展脱贫攻坚成果同乡村振兴有效衔接。③ 乡村振兴的前提是加强基层党组织建设，关键在于发挥基层党组织战斗堡垒作用和党员先锋模范作用。党员有力量，党组织才会更有力量。因此，要更加注重发挥党员的先锋模范作用，将农民组织起来，以发展乡村产业助力实现乡村振兴。"乡村振兴最终要靠农民，必须充分调动广大农民的积极性和主动性。"④ 党组织要将分散的农民组织起来，必须让农民得到实实在在的利益，让农民共享高质量发展成果。事实上，农村基层党员在推动乡村

---

① 《十八大以来重要文献选编》（下），中央文献出版社，2018，第29页。
② 《习近平李克强张德江俞正声刘云山张高丽分别参加全国人大会议一些代表团审议》，《人民日报》2017年3月9日，第1版。
③ 《习近平在中央农村工作会议上强调：坚持把解决好"三农"问题作为全党工作重中之重 促进农业高质高效乡村宜居宜业农民富裕富足》，《人民日报》2020年12月30日，第1版。
④ 韩俊主编《实施乡村振兴战略五十题》，人民出版社，2018，第77页。

产业发展、村集体经济"破零"工程中发挥着重要的引领作用，在引领村集体经济发展壮大的同时也实现了农民增收。通过党员的示范引领，将农村基层党组织引领经济社会高质量发展的能力转化为农民脱贫致富的不竭动力。

第三，必须强自律严监督，做引领社会风尚的先锋模范。

中国共产党的作风关乎人心向背和事业兴衰，而"民心是最大的政治"①，党员加强自律也是讲政治的表现。党员要做践行社会主义核心价值观、倡导共产主义道德、发扬社会主义新风尚的模范。在农村社会生活中，时时处处都有伦理道德、社会风气的问题，尤其表现在为人处世、社会公德、家庭美德以及维护社会生活秩序和健康生活方式等方面。农村党员在所有这些方面都应发挥带头作用，做群众的表率。推进乡村振兴，最难的并不是实现"产业兴旺"，带领农民"富口袋"相对比较容易，但让农民"富脑袋"却比较困难。20世纪90年代以来，农村逐渐走向凋敝，其中最严重的是传统伦理道德和传统乡村文化的崩坏。"乡村振兴，既要塑形，也要铸魂，要形成文明乡风、良好家风、淳朴民风，焕发文明新气象。"② 关键是要以社会主义核心价值观重塑伦理道德体系，引领社会风气改善。农村党员在很大程度上掌握着乡村社会的话语权和领导权，他们的言行举止对村民具有重要的示范作用，重塑乡村社会伦理道德体系、引领乡村社会新风尚，必须发挥农村党员的先锋模范作用。

党的十八大以来，以习近平同志为核心的党中央坚定推进全面从严治党，修订实施《中国共产党纪律处分条例》《中国共产党廉洁自律准则》，要求全体党员自觉接受党的纪律的约束，做遵纪守法的先锋模范，任何时候都要不逾矩。遵纪守法，是对党员的最低要求，农村党员日常管理以及教育培训等环节都会有针对性地加强纪律教育和警示教育。党的纪律主要包括政治纪律、组织纪律、廉洁纪律、群众纪律、工作纪律、生活纪律，党的纪律是党的各级组织和全体党员必须遵守的行为规则。农村党员是否懂规矩、守纪律，直接关乎我们党在基层群众心目中的形象，关系到我们

---

① 习近平：《在第十八届中央纪律检查委员会第六次全体会议上的讲话》，人民出版社，2016，第6页。

② 《十九大以来重要文献选编》（上），中央文献出版社，2019，第150页。

党的公信力、向心力和凝聚力。因此，在农村基层党建工作中，必须严格要求党员遵纪守法、积极践行社会主义核心价值观等，教育引导他们加强自律，争做引领社会主义新风尚的表率。

总而言之，旗帜鲜明地讲政治，是我们党一贯的政治优势，新时代农村基层党建创新必须突出政治建设的首要地位。习近平总书记在党的十九大报告中首次提出"党的政治领导力"概念，这是党的十九大在党建领域的重大理论创新。在推进农村基层党组织政治建设过程中，必须以提升党的政治领导力为重点。作为党在农村全部工作和战斗力的基础，农村基层党组织只有不断提升自身的政治领导力，才能确保农村各项工作都能严格贯彻党中央决策部署，在政治立场、政治方向、政治原则、政治道路上同党中央保持高度一致，夯实我们党在农村的执政根基。"办好农村的事情，实现乡村振兴，基层党组织必须坚强，党员队伍必须过硬。"[1] 这就要求新时代农村基层党建坚持以党的政治建设为统领，以提升政治领导力为根本，建强农村基层党组织。由于农村基层党组织的政治领导力在很大程度上取决于党员干部的工作能力，提升农村基层党组织的政治领导力，要以提升党员干部的工作能力为切入点，激励和保障村"两委"干部切实发挥"带头人""领头雁"作用，确保农村基层党组织在"三农"工作中始终发挥"总揽全局、协调各方"的领导核心作用。

四　乡村党组织建设的基本经验、主要症结及优化路径

民族要复兴，乡村必振兴。习近平总书记明确指出："农村工作千头万绪，抓好农村基层组织建设是关键。无论农村社会结构如何变化，无论各类经济社会组织如何发育成长，农村基层党组织的领导地位不能动摇、战斗堡垒作用不能削弱。"[2] 2019 年 6 月，中共中央办公厅、国务院办公厅印发了《关于加强和改进乡村治理的指导意见》，其中"主要任务"部分明

---

[1] 《习近平书信选集》第 1 卷，中央文献出版社，2022，第 163 页。
[2] 《十八大以来重要文献选编》（上），中央文献出版社，2014，第 684 页。

确提出，要建立以基层党组织为领导、村民自治组织和村务监督组织为基础、集体经济组织和农民合作组织为纽带、其他经济社会组织为补充的村级组织体系。① 为了掌握第一手资料，"打造乡村振兴的'齐鲁样板'"调研组近几年先后深入山东省青岛、济南、泰安、济宁、临沂、日照等地农村基层一线，就村级组织体系建设、乡村振兴战略实施情况等开展调研工作。

（一）健全完善村级组织体系的主要举措

在打赢脱贫攻坚战、全面建成小康社会之后，"三农"工作的主要任务是做好巩固拓展脱贫攻坚成果和乡村振兴相衔接工作。基层党组织建设既是乡村振兴的重要内容，也是扎实推进乡村全面振兴的关键。山东是农业大省，截至2022年8月，全省共有5.5万个行政村，259万名农村党员②，省委始终高度重视农村基层组织建设。近年来，山东省在健全完善村级组织体系、推动基层党组织建设方面做了许多积极探索，其中一些创新举措为推进乡村振兴战略顺利实施提供了重要的组织保障，发挥了关键引领作用，并且具有较强的示范效应和推广价值。

第一，建强支部，强化村党组织对乡村振兴的引领作用。

党支部是基层党建工作的基本单元，是保障党的建设肌体健康的"细胞"。"给钱给物，不如建个好支部。"为了建强农村基层党支部，日照市委组织部先后下发《关于开展"实施评星定级、创建红旗支部"活动的通知》《关于实施"细胞工程"开展党支部评星定级的工作方案》，全面开展党支部评星定级，对支部建设整镇提升的镇街党委授予"流动红旗"，最大限度地激发"细胞"活力。结合"灯塔—日照先锋"系统，着力推进支部"可视化"建设，每个村党支部都在会议室、党员活动室、村大院安装不少于3个高清摄像头，着力推进场所规范化建设，突出政治功能和服务功能，做到场所面积达标、硬件配置齐全、场所功能完备、标牌设置统一规范、管理制度健全完善，较好满足党员活动和服务群众需要。重点围绕党建示范、乡村治理、强村富民、生态宜居、服务群众等方面争创党支

---

① 《中共中央办公厅 国务院办公厅印发〈关于加强和改进乡村治理的指导意见〉》，《农村工作通讯》2019年第14期。
② 《"党建引擎"驱动乡村加快振兴》，《大众日报》2022年8月10日，第2版。

部"五面红旗"。全市共创建农村红旗党支部350个,并对红旗党支部和基层党委"流动红旗"实行动态管理,对党支部建设整镇提升的乡镇(街道)党(工)委给予10万元工作奖励。日照市遵循强监督和重激励相结合的原则,坚持以乡促村,以整镇提升的方式着力建强乡镇和村级党组织,确保农村党支部全面过硬。

第二,优化设置,扩大组织覆盖面和功能覆盖面。

全面、科学的组织设置是确保组织发挥作用的前提和基础。以山东省济南市为例,近些年来,为了适应乡村振兴需要和农业农村现代化要求,以组织融合、建制整合、发展联合为重点,持续加强村党组织体系建设,不断优化布局、拓展空间,经过几年努力,片区化、联动式的基层党组织建设工作格局已初见成效。在组织融合方面,以村党组织联建为基本形式,以大村强村为龙头,推动1500多个地域相邻、产业相关的村创新打造180多个"乡村振兴党建联合体",取得了"1+1>2"的叠加集群效应。在建制整合方面,在部分区县试点推进村庄建制规模调整优化,实行队伍联管、资源联配、人才联育、产业联合、治理联抓,累计优化整合1200多个建制村,村庄发展空间进一步优化。组织融合和建制整合的目的在于促进发展联合,更好地实现产业振兴,夯实组织基础。泰安市所有党群服务中心全部设置"泰好办"服务终端,实现"一次办好"全程代理服务,辐射带动周边1700多个村抱团发展。对于跨村农业龙头企业、合作社联合社等经营主体,依托产业链、服务链建立党组织,确保农村各类新型组织健康运行。泰安市在推动乡村振兴过程中坚持以组织建设"连片推进"带动和促进乡村"融合发展""抱团发展",确保村级组织在推动区域乡村振兴战略中充分发挥引领作用,取得了显著成效。

第三,增强人才支撑,选优配强育好村"两委"班子。

在全面推行村党组织书记"一肩挑"的背景下,选优配强村级组织带头人就显得更加重要。济南市扭住村党组织书记这支关键队伍,持续实施"头雁队伍提升行动",创新"头雁指数"量化评价体系,建立5个指数18项量化指标及10条负面清单,从调弱、选强、激励入手,大力推行庸者下、能者上、优者奖,不断优化班子结构、增强干部素质、激发队伍活力,带头人队伍实现整体优化提升。临沂市充分发挥兵源大市的优势,立足有退役军人31万人（其中党员16044万人）的优势，在村级组织体系建设中选优育强"兵支书"，激发乡村振兴新动能。① 退役军人具有身处基层、来自群众的天然优势和素质过硬、作风优良的群体特质，只要精心培养、大胆使用、严格管理、用心关爱，就能让"兵支书"成为加强基层治理、推动乡村振兴的重要骨干力量。与此同时，临沂市坚持三级联动，对7300余名"兵支书""兵委员"进行全员轮训，通过工作观摩、"上讲台"、挂职锻炼等多种形式，着力增强他们推动乡村振兴的工作本领。为了锤炼村级组织带头人担当作为的本领，日照市在农村党支部书记队伍中探索开展"擂台赛"活动，将全市2900多个村党组织划分为示范、创优、强基三类，以乡镇、街道为单位，组织位次相近的村开展擂台比武。通过分类打擂、村村比拼，切实提高村党组织书记的综合素质，从而实现农村党组织分类推进、整体提升，在乡村振兴过程中更好地发挥战斗堡垒作用。

第四，强化激励保障，确保村级组织良性运转。

组织处于运转状态，才能发挥其应有的作用，而村级组织的良性运转，离不开财政资源支持和激励政策支持。2022年，临沂市不仅建立了专业化补贴报酬体系，村党组织书记和村"两委"成员人均月补贴报酬分别达到4500元、2500元，最高的近7000元，同比翻了一番，而且面向村党组织书记选拔乡镇领导班子成员9名、考录乡镇公务员65名、招聘乡镇事业人员15名，拓宽其职业发展空间。② 另外，临沂市还组织评选"王传喜式好支书"137名，在薪资、职务激励的基础上，进一步加强对村党组织书记的精神激励，用物质激励、精神激励和职务晋升三者相结合的方式激励村"两委"班子成员担当作为。日照市印发了《关于进一步加强全市村级组织运转经费管理的工作方案》《关于进一步规范村干部补贴报酬发放工作的通知》，提升村级组织运转保障总额、市级财政保障标

---

① 陈月嫒、石明兴：《双拥"沂蒙样板"，齐鲁时代丰碑——临沂市实现全国双拥模范城"五连冠"侧记》，《临沂日报》2020年12月27日，第1版。
② 中共临沂市委组织部：《山东临沂市：创新推行农村干部全周期专业化管理的实践与探索》，人民网，2022年7月26日，http://dangjian.people.com.cn/BIG5/n1/2022/0726/c441888-32486144.html。

准、村干部固定报酬比例，改进村干部报酬发放时间和发放方式。2022年，县（市）财政保障总额已接近4亿元，自然村村均13.5万元，行政村村均25.6万元。市级财政保障标准，由往年市财政固定列支5000万元调整到2020年的8450万元；由每三年增长一次调整到每年增长一次；不足部分全部由区县财政兜底保障，不再增加镇村负担；2022年市财政承担近1亿元。纳入专业化管理的村党组织书记报酬由基本报酬、绩效报酬、工龄补贴和奖励报酬四部分组成，激发了他们干事创业的积极性和主动性，推动解决了村党组织书记"干与不干一个样，干好干孬一个样"的问题。

第五，激发动能，发展壮大村集体经济。

产业振兴是实现乡村全面振兴的前提和基础。当前，以家庭联产承包责任制为主的生产经营方式已经不能很好地适应农业现代化发展的需要。广大农民群众只有通过专业合作社形成适度规模经营，才能有效应对市场风险，增加经营收入。泰安市岱岳区道朗镇党委打造九女峰区域化党建联盟，成立联盟党委，整合片区的19个村抱团发展，吸引泰山茶溪谷、绿地头、巴富洛等21家工商资本先后进驻片区，累计吸引投资6.2亿元，集聚休闲旅游、观光农业、高端民宿、康养宜居四大主导产业，19个村集体经济年收入由2018年的平均8.4万元增长到2021年的20.9万元，村民人均可支配收入由2018年的1.5万元增长到2021年的2.5万元，片区被确定为"乡村振兴齐鲁样板省级示范区"。① 道朗镇以区域化党建联盟引领抱团发展，实现了村集体经济跨越式发展，引领广大农民群众在共同富裕道路上迈出了坚实步伐。2021年，日照市共有村党组织领办合作社1216家，入社农户10.2万余户，入社比例38.74%，带动辐射人口80余万人，年度经营总收入2.7亿元，带动建档立卡贫困农户数2442户。在经营模式上，领办土地股份合作社372家，占30.59%；领办生产经营型合作社642家，占比52.8%；领办服务（劳务）型合作社183家，占比15.05%；领办综合类合作社19家，占比1.56%。1216家党组织领办合作社全部由村党支

---

① 《山东泰安：协同发展串起乡村致富链》，山东省农业农村厅（山东省乡村振兴局），2022年9月29日，http://nync.shandong.gov.cn/xwzx/mtjj/202209/t20220929_4083331.html。

部书记或副书记担任理事长。同时，日照市为解决合作社"产业链条短、产品层次低、销售路径窄"等问题，创新组建以"党组织搭平台、社企对接合作"为主要内容的"社企联盟"，制定《日照市社企联盟管理办法（试行）》，建立社、企、党组织紧密型联结机制，打造产供销一体化链条，让"小支部"连入"大联盟"，让企业"小订单"解决合作社"大问题"，为乡村振兴提供有力支撑。

（二）健全完善村级组织体系的基本经验

山东省为了健全完善村级组织体系，推出了一系列行之有效的创新举措。调研组此次深入调研了山东省多个地市，从其具有较强代表性的创新举措中提炼总结出山东省在健全完善村级组织体系方面的基本经验，以期为实现更大范围内的村级组织体系建设提供借鉴和参考。

第一，建强村党组织，强化党建在村级组织体系中的引领作用。

推进新时代党的建设新的伟大工程，基础在农村，关键也在农村；农村基层党组织是推进全面从严治党向基层延伸的重要依托。[1] 在村级组织体系中，村民自治组织、村民监督组织和村集体经济组织、农民专业合作社等，在组织关系上都要接受村党组织的领导。村党组织是村级各类组织的领导核心，建强村党组织才能更好地引领村级各类组织健康发展，为乡村全面振兴提供坚强的组织保障。为了提高村党组织的凝聚力、向心力和战斗力，山东省委制定印发《全省村级党组织分类推进整体提升三年行动计划（2022—2024年）》，推动村党组织滚动整建、整体提升。2021年，全省共确定"示范"类村党组织1.5万个，占比28%；"创优"类村党组织3.5万个，占比64%；"强基"类村党组织4416个，占比8%。整顿软弱涣散党组织是加强村党组织建设的重要着力点，只有彻底把软弱涣散党组织建强，村党组织建设才能实现"强基"目标。"强基—创优—示范"并不是简单的并列关系，而是层层递进的关系，其中"强基"是最低层次的目标。这种分类推进的党建形式，在具体操作过程中更具有针对性，更能提高村党组织党建质量，达到建强村党组织的目标，进而充分发挥村党

---

[1] 张利涛：《新时代农村基层党建长效机制的构建路径》，《中国西部》2021年第2期。

组织在村级组织体系中的领导核心作用。

第二，聚焦治理难题，增强村级组织体系的组织功能。

健全完善村级组织体系的目的在于充分发挥村级各类组织的功能，尤为重要的是发挥村党组织的战斗堡垒作用。近年来，随着农村"空心化"问题加剧，"合村并居""农民上楼"成为一种必然趋势，但这也引发了不少矛盾和问题。山东省积极探索实施以党组织联建带动区域内城乡融合、村村联合发展，坚持基层党组织建设整乡（镇）推进、整县提升。针对村级组织体系建设中存在的难点、痛点，及时调整组织设置，进一步拓宽组织覆盖面，切实发挥为民服务解难题的功能，为实现乡村善治提供组织保障。

第三，健全激励机制，保障村级组织良性运转。

如果组织无法正常运转，组织应有的功能就无法发挥出来，那么它就无异于一台无法工作的机器。因此，必须通过财政保障、队伍建设、机制保障等确保村级组织正常运转。在财政保障方面，近年来山东省建立健全以财政投入为主、以集体收入为辅的稳定的村级组织运转经费正常增长机制，省财政将村级组织运转经费纳入乡村振兴重大专项资金统一管理。2021年，全省村级组织运转经费村均达到23万元，县域范围内村均全部在11万元以上，有效保障了村级组织的正常运转。在队伍建设方面，坚持"在好人中选能人"的原则，选优配强育好村级组织带头人。在机制保障方面，健全人才成长的激励机制，着力提高村"两委"班子的工资待遇，拓宽村党组织书记职务晋升渠道，提高村级组织人才担当作为的积极性和主动性，为组织正常运转提供人才支撑。除了正向激励机制之外，山东省也在积极探索反向约束机制。制定村级小微权力清单，涵盖小微权力、公共服务、运行机制三大类内容，明确各项具体服务项目的必备条件、所需材料、主管部门科室，做到权力有清单、办事有流程，便于村干部和群众参考，方便日常操作，有效规避了小微权力运行过程中的"梗阻"现象。

第四，壮大集体经济，为村党组织建设强元固基。

改革开放以后，农村土地实行集体所有制，以家庭联产承包责任制为主要生产经营方式，其已经不能有效适应现代农业发展的要求。烟台市党组织领办合作社，以合作制经济的模式把党的领导全面融入农村经济发展,有力地推动了村集体经济的发展壮大。① 山东省积极推广实施"烟台经验",截至 2023 年 1 月,全省共发展村党组织领办合作社 4 万余个,平均每个合作社增加集体收入 4 万余元,社员平均每户增收 2000 余元。② 村党组织充分发挥引领作用,把村民自治组织、村集体经济组织、农民专业合作社(企业)、农户有机联结起来,领办或创办集体经济,改变了村容村貌、富裕了农村农民,村党组织的政治领导力日益凸显,群众组织力和社会号召力显著增强。村党组织领办或创办集体经济,形成适度规模经营,提高应对市场风险的能力,能够在最大程度上维护广大农民群众的利益,防止资本下乡侵害或剥夺农民的合法权益,不断提升农民群众的获得感和幸福感,在实现"农业强"和"农民富"的基础上努力实现全体农民共同富裕。

(三)村级组织体系建设过程中存在的主要症结

山东省在健全完善村级组织体系方面推出了一系列行之有效的创新举措,村党组织、村民自治组织、村集体经济组织以及农民专业合作社等都有了极大的发展,为打造乡村振兴的齐鲁样板提供了坚强的组织保障。但在村级组织体系建设中,党建依然是相对薄弱环节,部分村级组织在推进重点任务中作用发挥不够充分,少数村党组织建设的经济基础依然薄弱,少数农民专业合作社沦为"空壳社",这些现实问题在不同程度上制约着村级组织体系整体功能的发挥。

一是村级组织体系建设中存在少数党建薄弱环节。近年来,山东省在党建引领乡村振兴方面不断加强顶层设计,着力构建乡村振兴的组织体系和政策框架,健全完善抓乡促村工作机制,重点整顿软弱涣散党组织,极大地提高了村党组织建设质量。把农村基层党组织建设得更加坚强有力,才能进一步夯实党长期执政的群众基础。③ 但在整乡(镇)推进、整县提升工作机制下,农村基层党建工作仍然存在少数薄弱环节,这些环节成为

---

① 江宇:《党组织领办合作社是发展新型农村集体经济的有效路径——"烟台实践"的启示》,《马克思主义与现实》2022 年第 1 期。
② 参见杨志华、吕兵兵、蒋欣然:《党建引领乡村振兴的齐鲁样板》,《农民日报》2023 年 1 月 6 日,第 1 版。
③ 张利涛:《新时代农村基层党组织政治领导力提升的基本路径》,《青岛农业大学学报》(社会科学版)2021 年第 4 期。

阻碍村党组织建设的因素。少数村党组织的党群关系深度交互机制有待健全，为民服务不能精准对接群众需求，存在少数村党组织办了好事却不能令群众十分满意的现象。少数农村基层党建引领乡村治理处于维持性运作状态，对自治、法治、德治的引领作用不够。尽管近年来村民的法治意识有了显著提高，但少数农民的人治思维并没有发生根本性改变，相信"关系"不相信村党组织，导致农村基层党建对乡村治理体系和治理能力现代化的引领作用不够。少数村党组织对自身在乡村振兴中的功能定位不准，村"两委"班子成员不够团结，少数党员、干部能力素质存在短板，导致村党组织的凝聚力和向心力不强，进而不能很好地在村级组织体系中发挥领导核心和战斗堡垒作用。

二是部分村级组织在推进重点任务中作用发挥不够充分。打造乡村振兴的齐鲁样板，是以习近平同志为核心的党中央赋予山东的光荣使命，也是沉甸甸的政治责任。这就要求山东省在乡村振兴中的一些做法具有较强的示范性和可推广性，探索具有示范性和可推广性的先进经验是山东省推动实施乡村振兴战略的重点任务。事实上，目前山东省已经探索出多个在全国都具有影响力的先进经验，比如党组织领办合作社的"烟台经验"、临沂市选聘"兵书记"建强班子队伍的先进做法等，都具有较强的示范性和可推广性。但在推动"合村并居""农民上楼"过程中，一些地方村党组织的引领作用、村委会的自治作用、集体经济组织和农民专业合作社的保障作用发挥得都还不够，存在工作方式方法不恰当的问题，在一定程度上损害了农民群众的利益；未能与农民进行有效沟通，造成少数农民对省委、省政府的政策产生了误解。通过实施乡村振兴战略实现"农业强、农村美、农民富"是党和政府的既定目标，让广大农民群众过上好日子是共产党员践行初心使命的体现，但不应将乡村振兴简单地理解为"推倒重来"，一味地让农村实现"脱胎换骨"式的城镇化，少数地方"一刀切"的做法并不是乡村振兴的最佳选择，并且造成了一些负面影响。"农民在城里没有彻底扎根之前，不要急着断了他们在农村的后路，让农民在城乡间可进可退。"[①] 在推进城镇化等重点任务过程中，各类村级组织的功能和

[①] 习近平：《论"三农"工作》，中央文献出版社，2022，第4页。

作用理应得到进一步彰显。

三是少数村党组织建设的经济基础依然薄弱。发展壮大村集体经济，实现产业振兴，是乡村全面振兴的前提和基础。党组织软弱涣散村往往是集体经济薄弱村。集体经济发展不足在一定程度上弱化了农村基层党组织的经济基础。近年来，山东省在推动村集体经济发展方面取得了巨大成效，以济南市为例，2019年，1538个集体经济薄弱村、空壳村实现全部"摘帽"；2021年，全市超过90%的村集体收入在10万元以上。事实上，村集体经济发展呈现两极分化的现象，有的年收入在50万元以上，少数村集体经济年收入在100万元以上，但刚"摘帽"不久的集体经济薄弱村、空壳村的发展却依然面临较大的挑战。村集体经济主要为农业生产，而农业生产本身具有弱质性的特点，对自然环境的依赖性较强。近年来，干旱、洪涝和极端天气等自然灾害频发，在一定程度上增加了农业生产经营的风险，基础薄弱的村集体经济组织面临风险挑战时办法不多、措施不够，很难实现良性运转，甚至面临破产的风险。只要政府加大财政支持力度，推动实现村集体经济"破零"相对比较容易，但是"破零"之后如何实现可持续发展，却考验着村党组织尤其是"一肩挑"的村党组织书记以及村集体经济组织班子成员的工作能力。

四是少数农民专业合作社沦为"空壳社"。近年来，国家不断加大对农民专业合作社的扶持力度，然而少数新成立的农民专业合作社具有明显的套取政策红利的倾向，它们往往是为了申请国家优惠政策或者为了符合申请某一特定项目的规定而成立的。这些不是为了生产经营活动而成立的农民专业合作社，往往会沦为"空壳社"。这些"空壳社"明显是由政策催生的。一些农民看到周围人登记成立了农民专业合作社，虽然不知道可以获得什么具体实惠，但为了确保以后"不吃亏"，也就"随大溜"注册了农民专业合作社。可见，从众心理也是出现"空壳社"的重要原因。当然，也有一些村里的"能人"以农民专业合作社的形式为自家谋利，并不曾给其他农民分红。这些"空壳社"的显著特征是没有农民成员实际参与，或无实质性生产经营活动，或因经营不善停止运行，它们都不同程度地涉嫌以农民专业合作社的名义骗取套取国家财政奖补和项目扶持资金，甚至有一些合作社从事非法金融活动等。少数村党组织为了增加农民收入,想着反正都是国家的钱,补贴给农民也无可厚非,纵容"空壳社"的存在。目前,注销合作社程序相对烦琐,并需要缴纳一定费用,加之一些理事长不是很了解保留"空壳社"的风险,因此,宁可空置也不愿意主动申请注销。以上因素构成了少数"空壳社"继续存在的主要原因。

(四) 进一步健全完善村级组织体系的路径

针对目前健全完善村级组织体系过程中存在的主要问题,山东省围绕建强村党组织、村民自治组织、村集体经济组织以及农民专业合作社的目标,着力建强村级组织"龙头",推进村党组织全面进步、全面过硬;增强村级组织功能,着力把为民服务的好事办实、把实事办好;坚持因地制宜、多元经营,夯实村级组织发展的集体经济基础;建立健全"空壳社"治理长效机制,促进农民专业合作社规范发展。通过以上举措,确保各类村级组织良性运转,为打造乡村振兴的齐鲁样板奠定坚实的组织基础。

第一,建强村级组织"龙头",推进村党组织全面进步、全面过硬。

农村基层党组织是党在农村全部工作和战斗力的基础。只有建强农村基层党组织,才能更好地推进乡村振兴战略顺利实施。习近平总书记强调:"要加强和改进党对农村基层工作的全面领导,提高农村基层组织建设质量,为乡村全面振兴提供坚强政治和组织保证。"[①]党的力量来自组织,党的全面领导、党的全部工作要依靠健全完善的组织体系去实现。推进村党组织全面进步、全面过硬,要着力整顿软弱涣散党组织,建立台账,对照问题清单逐项整改,多措并举促进占全省村党组织8%的"强基"类党组织晋级,实现从"强基"到"创优"再到"示范"的转变,全力抓好"整乡(镇)推进、整县提升"创建活动,抓好以村党组织为核心的村级组织配套建设,提高村党组织的政治领导力、思想引领力、群众组织力、社会号召力,切实把村党组织建设成为推动实现乡村振兴的坚强战斗堡垒,夯实我们党长期执政的村级组织基础。

---

① 习近平:《在基层代表座谈会上的讲话》,人民出版社,2020,第7页。

第二，增强村级组织功能，着力把为民服务的好事办实、把实事办好。

随着农村剩余劳动力流动的加剧，一些地区村庄空心化、农户空巢化等问题较为突出，"合村并居"成为一种必然趋势。但在推进村庄合并的过程中，既不要搞大拆大建，也不要搞齐步走、"一刀切"，应重点考虑如何在最大程度保存原有村庄风貌的基础上实现"原村振兴"或"原乡振兴"。村"两委"必须坚持践行群众路线，做好做细群众工作，着力解决好农民群众急难愁盼的问题，在服务群众过程中进一步密切同农民群众的关系。一方面，要进一步整合社会服务资源。村委会要在农村基层党组织的指导下整合惠农、医疗、养老、托幼等各种社会资源，聚焦农民群众最关心最直接的利益问题，把为群众提供服务作为一项重要工作抓好、抓实。另一方面，要进一步提升为民服务质量。党的十八大以来，随着全面从严治党向基层延伸的深化，农村基层党组织的工作作风得到了极大改善，村"两委"工作人员为民服务的积极性和主动性有了极大提升，但由于农村可以调动的资源有限以及农村基层党员干部自身素质和能力不足，为民服务的质量不能有效满足农民群众的需求。因此，要进一步实施好"头雁领航"工程，提高村级各类组织带头人的业务能力和综合素质。

第三，坚持因地制宜、多元经营，夯实村级组织发展的集体经济基础。

产业兴则百业兴，产业振兴是乡村全面振兴的前提和基础。"壮大农村集体经济，是引领农民实现共同富裕的重要途径。"① 山东省要在实现村集体经济"破零"的基础上，进一步为集体经济薄弱村固本强基，增强发展集体经济的内生动力。当前，村集体经济仍以农业生产经营活动为主，而这一活动受自然环境影响较大，克服这一弱质性的根本方法在于因地制宜地开展多元化生产经营，发展优势产业，提高产品和服务的附加值，全力保障农民增收。同时，要毫不动摇地坚持"在好人中选能人"的原则，选优配强村党组织书记，再把推进村党组织书记"一肩挑"作为发展壮大村集体经济的重要着力点，充分发挥致富能人的带动和示范作用，发展壮

---

① 《十九大以来重要文献选编》（上），中央文献出版社，2019，第145页。

大村集体经济,确保村集体经济组织充分发挥在管理集体资产、开发集体资源、服务集体成员等方面的作用,更好地"保障农民集体经济组织成员权利"①,扎实推进全体农民共同富裕迈上新台阶。

第四,建立健全"空壳社"治理长效机制,促进农民专业合作社规范发展。

习近平总书记强调:"农民专业合作社是带动农户增加收入、发展现代农业的有效组织形式,要总结推广先进经验,把合作社进一步办好。"②办好农民专业合作社,既要治理"空壳社",也要建立健全合作社的运转机制。为了规范农民专业合作社的组织和行为,鼓励、支持、引导农民专业合作社的发展,保护农民专业合作社及其成员的合法权益,2017年12月27日,第十二届全国人民代表大会常务委员会第三十一次会议修订《中华人民共和国农民专业合作社法》。2019年2月,中央农村工作领导小组办公室联合农业农村部等多个部门印发了《开展农民专业合作社"空壳社"专项清理工作方案》,对全国的"空壳社"进行全面排查,集中清理整顿。为进一步巩固专项清理成果,2021年12月,农业农村部办公厅印发了《关于建立"空壳社"治理长效机制促进农民合作社规范发展的通知》。山东省应严格落实以上法律和文件精神,建立"空壳社"治理的长效机制。同时,要建立健全包括分配机制、激励约束机制、人才发展机制和财务核算制度等在内的内部管理机制,确保内部组织清晰、财务核算透明、收入分配合理,促进农民专业合作社规范发展,切实维护广大社员的根本利益。

总之,中国要强,农业必须强;中国要富,农民必须富;中国要美,农村必须美。随着脱贫攻坚战的完全胜利,我们实现了第一个百年奋斗目标——全面建成小康社会,在向着第二个百年奋斗目标迈进的过程中,"三农"工作的重心发生了历史性转移,做好乡村振兴与脱贫攻坚的衔接工作,全面推进乡村振兴是实现中华民族伟大复兴必须完成的历史使命。

---

① 《习近平谈治国理政》第1卷,外文出版社,2018,第81页。
② 吴齐强、郝迎灿、张艺开等:《奋力走出全面振兴全方位振兴新路子》,《人民日报》2022年6月1日,第1版。

但"乡村振兴各项政策,最终要靠农村基层党组织来落实"[①],村党组织是推进乡村振兴战略顺利实施的领导核心。加强村党组织建设,是推动乡村全面振兴的必由之路。山东省在打造乡村振兴"齐鲁样板"的过程中,非常重视健全和完善村级组织体系,积累了丰富的以村党组织建设引领乡村振兴的先进经验,但也存在一些亟须解决的问题和不足,仍需从建强村级组织"龙头"、增强村级组织功能、壮大村集体经济、建立健全"空壳社"治理长效机制等方面持续发力,切实提高村级组织建设质量,为推进乡村振兴战略顺利实施提供坚实的组织保障。

---

① 习近平:《论"三农"工作》,中央文献出版社,2022,第18页。

第三章　新时代社会治理现代化的实践提升

社会治理不仅是国家治理的重要组成部分，而且是社会建设的重大任务。改革开放以来，我国社会治理不断完善，创造了社会长期稳定的奇迹。从党的十九大提出"完善党委领导、政府负责、社会协同、公众参与、法治保障的社会治理体制"①到党的十九届四中全会提出"完善党委领导、政府负责、民主协商、社会协同、公众参与、法治保障、科技支撑的社会治理体系"②，再到党的二十大提出"健全共建共治共享的社会治理制度，提升社会治理效能"③，我国社会治理坚持在党领导下多方参与、民主协商、共同治理，充分发挥政府、市场、社会等多元主体在社会治理中的积极作用，努力建设人人有责、人人尽责、人人享有的社会治理共同体。多元主体参与，更加注重发挥广大人民群众的积极作用，是"社会治理"区别于"社会管理"的重要标志。推动社会治理现代化，关键在于推动社会治理创新。我国的社会治理不仅强调秩序和规则，而且十分注重治理绩效，社会治理要造福于民，更好满足人民对美好生活的需要。正如习近平总书记所言："创新社会治理，要以最广大人民根本利益为根本坐标，从人民群众最关心最直接最现实的利益问题入手。"④实现"善治"目标，是我国社会治理的重要价值追求。

---

① 《习近平谈治国理政》第3卷，外文出版社，2020，第38页。
② 《十九大以来重要文献选编》（中），中央文献出版社，2021，第287页。
③ 习近平：《高举中国特色社会主义伟大旗帜 为全面建设社会主义现代化国家而团结奋斗——在中国共产党第二十次全国代表大会上的报告》，人民出版社，2022，第54页。
④ 《习近平关于社会主义社会建设论述摘编》，中央文献出版社，2017，第129页。

一 继承与超越：从新公共管理到新公共服务

20世纪70年代，西方国家开始对传统公共行政进行反思，马克斯·韦伯所主张的科层制暴露出越来越多的弊端，官僚制政府成为众矢之的。无论是政府官员还是学者和普通民众，都对"大政府"的治理模式能否真正解决社会治理中存在的问题不断进行质疑。奥斯本和盖布勒的新公共管理理论逐渐被接受和认可，政府再造和政府改革迅速在西方发达国家蔓延。新公共管理理论在风靡全球的时候，也遭到了质疑和批判，尤其是登哈特夫妇《新公共服务：服务，而不是掌舵》一书的出版，标志着不同于新公共管理理论的新公共服务理论的形成。当然，新公共服务理论也并不完美，它的实践价值也遭到了学界的质疑。不可否认的是，这两种理论都开创了新的公共行政理论形态，为公共行政探索出了新的发展道路，对我国的社会治理和政府机构改革具有重要的借鉴价值。

（一）新公共管理理论与新公共服务理论的主要内容

新公共管理理论，主要是在批判传统公共行政的基础上形成和发展的一种理论形态，其把传统官僚制作为批判的重点。新公共管理理论以公共选择理论和管理主义为理论基础，假定政府部门的工作人员具有经济利益动机，主张建立"企业家政府"；同时，借鉴私营部门的管理经验，对政府机构进行改造。英国著名管理学家胡德教授对新公共管理理论的特质曾经做过归纳：在公共管理部门实施专业化管理和绩效考核制度；特别强调产出控制，对实际成果的重视甚于对过程和程序的关注；在公共部门中引入竞争机制，打破部门之间的藩篱，重视部门之间的协作与重组，以降低管理成本，提高服务质量等。

奥斯本和盖布勒在《改革政府：企业家精神如何改革着公共部门》一书中详细阐述了他们的新公共管理理论，其主要围绕政府这一特殊的社会治理主体展开：第一，关于政府的定位，是掌舵而不是划桨；第二，政府工作人员不必事必躬亲，应学会授权，让公众参与社区管理；第三，把竞争机制引入政府机构中，提高政府服务的质量；第四，改变传统政府照章办事的形象，培养政府及其工作人员的使命感和积极性；第五，更加重视政府的效益，按照效益分配预算开支；第六，"顾客"是政府的驱动力，摒弃官僚制；第七，节减政府开支，注重投入与产出比；第八，更加注重政府工作的预见性，而不是简单的"治疗"；第九，变革科层制，主张各部门之间的分工协作；第十，以市场为导向对政府进行改革。以上措施的最终目的，就是打造一个具有企业家精神的政府，"用'企业家精神'克服'官僚主义'"①，从而提高政府的行政效率，提升社会治理水平。

新公共服务理论是一种全新的公共行政理论。"所谓'新公共服务'，指的是关于公共行政在以公民为中心的治理体系中所扮演的角色的一套理念。"② 新公共服务理论的理论来源主要有以下三种。一是公民权。公民权涉及的是个人影响该政治系统的能力，它意味着对政治生活的积极参与。二是社区与市民社会的模型。社区成员之间存在广泛的共同利益，这是一个需要被保护和关注的社会系统。三是组织人本主义。在组织管理中，通过设置特定的组织目标来实现对人行为模式的管理。登哈特夫妇在《新公共服务：服务，而不是掌舵》一书中阐述了新公共服务理论的主要内容：第一，服务于公民，而不是服务于"顾客"；第二，树立公共利益观念，公共行政部门为公共利益的实现提供舞台，鼓励公民采取一致的行动；第三，重视公民民主，激发公民社会参与的自豪感和责任感；第四，公民应履行相应的义务，政府关注公民的声音；第五，政府的责任是多方面的，而不应单纯地关注市场；第六，重视人，而不只是重视生产率；第七，公民权和公共服务比企业家精神更重要。基于以上框架可以看出，新公共服务理论更加重视公民权和公共利益，以公民协商对话和公共利益为基础，并充分实现二者的结合。新公共服务理论打破传统的政府中心论，将公民视为公共行政的中心，重视公民意识的培养和公民权的实现，强调公民参与在社会治理中的重要作用。

---

① 〔美〕戴维·奥斯本、〔美〕特德·盖布勒：《改革政府：企业家精神如何改革着公共部门》，周敦仁等译，上海译文出版社，2006，"初版译序"第5页。
② 〔美〕珍妮特·V. 登哈特、〔美〕罗伯特·B. 登哈特：《新公共服务：服务，而不是掌舵》，丁煌译，中国人民大学出版社，2004，"译者前言"第6页。

（二）新公共服务理论对新公共管理理论的继承与超越

新公共服务理论对新公共管理理论并不是简单的否定，而更多的是一种理性的反思和建设性的批判。"从理论传承的视角来看，新公共服务理论是对新公共管理理论的一种扬弃和超越，它试图在承认新公共管理理论对于改进当前公共管理实践所具有的重要价值并摒弃新公共管理理论特别是企业家政府理论的固有缺陷的基础上，提出并建立一种更加关注民主价值和公共利益、更加适合于现代市民社会发展和公共管理实践需要的新的理论选择。"①

新公共服务理论实现了治理主体层面的超越。新公共服务理论认为，政府不再是唯一的社会治理主体，而是社会治理活动的重要参与者；新公共服务理论主张社会治理主体多元化，政府只能而且必须是社会治理活动的参与者。"公共行政官员不仅必须共享权力、通过民众展开工作、作为中间人促成解决问题的方案，而且必须把他们在治理过程中的作用重新概括为负责任的参与者而非企业家。"② 同时，政府的主要职能不再是社会管理，而是提供社会服务；强制性的管控也不再是化解社会矛盾的主要方式，以中间人或者调停人的角色组织协调社会治理各主体充分发挥各自职能，使主体之间形成良性的协调机制从而使社会治理的功能得到最大限度发挥，是新公共服务理论对政府作为特殊社会治理主体的定位。"政府的治理角色不是高高在上的'空中交通管制者'，而是'机场建设者'，亲自辅导、协助、培育和授权民众来创建'美好社会'。政府依靠的不是管理控制的办法，而是当经纪人、协商以及解决冲突的技巧。"③

如果说新公共管理理论注重与市场的结合，那么，新公共服务理论则更加注重与社会的结合。新公共管理理论根据市场经济所追求的"经济、效率、效益"的原则，主张打造"企业家政府"，将市场经济的竞争机制

---

① 曾保根：《价值取向、理论基础、制度安排与研究方法——新公共服务与新公共管理的四维辨析》，《上海行政学院学报》2010年第2期。
② 〔美〕罗伯特·B.丹哈特、〔美〕珍妮特·V.丹哈特：《新公共服务：服务而非掌舵》，刘俊生译，《中国行政管理》2002年第10期。
③ 李德国：《走向实践的新公共服务：行动指南与前沿探索》，《国家行政学院学报》2013年第3期。

引入政府等公共部门领域,侧重于行政效率的提高和经济效益的追求,最终的结果就是政府与市场紧密结合。因此,市场经济的一系列弊端也必然会在公共管理领域有所表现。新公共服务理论在注重与市场相结合的同时,非常注重与社会的结合。市民社会和社区不仅是新公共服务理论的理论来源,而且也成为新公共服务理论学派关注的焦点。社区中的成员是相互尊重、彼此需要的公民,他们之间存在一定的信任和合作关系,社区具有很强的凝聚力,成为社会治理的一个重要主体。

新公共服务理论实现了治理理念上的超越。在政府职能方面,新公共管理理论认为,政府应"掌舵"而不是"划桨";而新公共服务理论则认为,政府的职能是"服务"而非"掌舵"。政府的权力具有至高无上性,但是并不意味着政府的权力是无限的。新公共服务理论认为,政府的权力不仅是有限的,而且要围绕"为人民服务"这个核心目标而行使。"现代政治的使命就是对国家权力施加制约,把国家的活动引向它所服务的人民认为是合法的这一终极目标上。"① 通过比较两种理论中政府职能的地位,可以得出它们在治理理念上的不同:新公共管理理论坚持"顾客导向",以"顾客满意"为宗旨;新公共服务理论坚持"公民导向",以"公民满意"为宗旨。

新公共管理理论坚持"顾客导向"的原则,以"顾客满意"为宗旨。公众被隐喻为"顾客",这里的顾客指的是政府机构直接服务的个体,是享受政府提供的公共服务、使用公共产品的人。公民成了"顾客",并且"顾客导向"成为政府行政的原则,这种用经济学理论解决政治问题的做法在一定程度上扩大了公民自主选择政府提供的服务的权利,同时,政府受到"顾客"的驱使,不得不提高行政效率和提供的服务的质量。与官僚制政府相比,"企业家政府"在很多方面确实有很大的优势。但是,顾客本身的性质决定了其只能处于被动接受服务的地位,而没有主动参与社会政策制定和社会治理的机会,新公共管理理论没有从根本上扭转公民的地位。

新公共服务理论认为,公民不是顾客,顾客追求的只是狭隘的自我利

---

① 〔美〕弗朗西斯·福山:《国家构建:21世纪的国家治理与世界秩序》,黄胜强、许铭原译,中国社会科学出版社,2007,第1页。

益,自我利益之间往往都是相互冲突的,因此,顾客之间没有共同的目的和共同的利益;但是事实上,真正的公民是具有公民意识和公民权的,不仅具有法律所确认的合法身份,而且享有一定的权利和必须履行的义务,他们不仅关注自己的利益,而且更多地关注社会公共利益。"公民会去做一个民主政体中公民应该做的事情——他们会去管理政府。""行政官员应该把公民视为公民(而不是把公民仅仅视为投票人、当事人或'顾客'),应该分享权威和减少控制,并且应该相信合作的功效。"① 只有政府与公民、社区之间形成良性的互动合作关系,才能取得最佳的社会治理效果。

新公共服务理论实现了价值取向上的超越。新公共管理理论认为政府的行为由"顾客驱动",新公共服务理论则认为政府的行为由"公民驱动"。是把公民当作"顾客",还是把公民当作公民,在很大程度上反映了在两种不同理论指导下政府作为社会管理主体在价值取向上的不同。

其一,新公共服务理论呼吁维护公共利益。新公共管理理论主张再造政府,这种再造的政府是以市场模型理论为行动指南的。政府只是像市场一样为"顾客"的选择提供舞台,公民作为"顾客"可以根据自己的利益需要作出选择,不需要为其他人的利益考虑。新公共管理理论认为社会成员只要关注自己的利益就能够推动公共利益的实现。即便是在管制的情况下,指导的力量仍然是各自的利益,而不是发现共同的利益并齐心协力共同达到这个利益。"与新公共管理(它建立在诸如个人利益最大化之类经济观念之上)不同,新公共服务是建立在公共利益的观念之上的,是建立在公共行政人员为公民服务并确实全心全意为他们服务之上的。"② 新公共服务理论倡导政府建立集体的、共享的公共利益观念,其目的是要形成共同的利益和共同的责任,从而提高整个社会的凝聚力和向心力,促进社会利益共同体的形成。

其二,新公共服务理论强调尊重公民权利。新公共管理理论把公民视为"顾客",虽然顾客是市场经济的主体,与企业之间在地位上是平等的,

---

① 〔美〕珍妮特·V. 登哈特、〔美〕罗伯特·B. 登哈特:《新公共服务:服务,而不是掌舵》,丁煌译,中国人民大学出版社,2004,第29页。
② 〔美〕罗伯特·B. 登哈特:《公共组织理论》(第三版),扶松茂等译,中国人民大学出版社,2003,第207页。

但是，顾客始终是由企业所支配的，顾客能够选择的服务和产品只能由企业来提供。顾客有一定的自主权，但是这种自主权仅仅局限于自主选择权。政府作为"企业家政府"与公民（顾客）之间的关系也深受市场理论的影响，这种关系不是权利义务关系，而是平等的交易关系，公平正义的价值取向也被效率和效益所取代。而新公共服务理论强调"公民优先"，"公民"的概念不仅包括权利而且还有责任，因此作为公民的个人的行动必须在社会的改良中发挥积极的作用。公民需要在行动中追求共同的善，并且和政治系统的核心价值（政治参与、政治公平、正义）保持一致。当一个公民成为一个公共行政人员的时候，他不仅要承担作为公民的责任，而且要为其他公民而工作。新公共服务理论重视公民权，希望通过市民社会的发展来提高公民的政治参与意识，最大限度地扩大社会治理的公共参与边界。

（三）西方社会治理理论对中国社会治理的启示

第一，必须坚持"以人为本"的社会治理理念。

在政府与公民的关系上，新公共管理理论主张"顾客导向"，政府与公民的关系也就成了"企业家"与"顾客"的关系；新公共服务理论倡导"公民优先"，注重公民权和公民意识的培育，但是依然无力改变资本主义制度下金钱政治的现实。我国是人民当家作主的社会主义国家，人民才是国家的主人，政府行政人员只是为人民服务的公仆。2013年党的十八届三中全会提出，"创新社会治理，必须着眼于维护最广大人民根本利益"①，这充分体现了党和政府坚持以人为本的社会治理理念。

社会治理的着眼点在于个人的发展。个人的自由全面发展是实现人生幸福的保证。马克思主义一直推崇和向往的未来共产主义社会，就是每个社会成员可以实现自由而全面发展的社会。作为我们的最高理想，共产主义所追求的个人自由而全面发展的理想状态，也是我党执政的价值导向。习近平总书记强调："坚持以马克思主义为指导，核心要解决好为什么人

---

① 《十八大以来重要文献选编》（上），中央文献出版社，2014，第539页。

的问题。"①

在旧中国，人民处于被剥削和压迫的地位，没有基本的生存和发展权利。中国共产党带领广大人民群众推翻旧制度、建立新政权，实现了人民当家作主。新中国的成立为实现个人的自由全面发展创造了政治条件。1956年三大改造基本完成之后，社会主义制度在我国得以确定，彻底消灭了阶级剥削和阶级压迫，为个人自由全面的发展提供了制度保障。教育是促进个人发展的重要条件，但是没有强大的经济基础，教育事业的发展必然会受到制约，所以我们一直坚持以经济建设为中心，努力为实现个人自由全面发展提供强大的经济支持。生存权和发展权是最基本的人权，在已经解决生存问题条件下，发展权就显得尤为重要。中国日益强大，在国际舞台上扮演着越来越重要的角色，维护国家主权和保障人民生命财产安全的能力越来越强，为个人的发展营造了良好的国际环境。

只有在实践中，人的价值才能得到体现，也只有在实践中人的能力才能得到锻炼和提升。人民在参与社会治理的实践中，将治理国家社会的权利落到了实处，真实地行使了当家作主的权利，进一步强化了人民主人翁意识，促进了个人的全面发展。同时，也只有人民广泛参与，政府在决策的过程中才能真正做到最大限度地反映人民的需求、减少决策的失误，才能保证广大人民共享发展成果。

社会治理的落脚点在于人民的幸福。中国共产党的宗旨是"全心全意为人民服务"，习近平总书记强调："带领人民创造幸福生活，是我们党始终不渝的奋斗目标。"② 同时，为人民服务也是我国政府的工作原则。在革命时期产生的群众路线和群众工作方法，党和政府一直沿用至今，并且越来越重视。保持同人民群众的血肉联系，是我党最大的政治优势；背离或脱离群众，则是我党最大的危险。因此，党和政府一切工作最终的落脚点必然是人民的幸福。

第二，推动转变政府职能，建设服务型政府。

社会治理理论倡导社会治理主体多元化，政府不再是唯一的社会治理

---

① 习近平：《在哲学社会科学工作座谈会上的讲话》，人民出版社，2016，第12页。
② 习近平：《在庆祝中国共产党成立95周年大会上的讲话》，人民出版社，2016，第18页。

主体，但是政府仍然在组织协调其他社会治理主体中发挥着重要的作用。政府职能发挥的效果，在很大程度上决定着社会治理的成效。虽然在新中国成立的时候，人民就实现了当家作主，但是受两千多年来封建思想残余的影响，"官本位"思想在我国（尤其是基层社会）依然根深蒂固。个别党员干部忘记党的宗旨，工作时对人民群众态度恶劣，不作为、乱作为等现象严重损害了党和政府的形象。

党的十八大明确提出，"推动政府职能向创造良好发展环境、提供优质公共服务、维护社会公平正义转变"[①]。党的十八届三中全会通过的《中共中央关于全面深化改革若干重大问题的决定》把政府职能转变列为改革的重要内容，明确要求"必须切实转变政府职能，深化行政体制改革，创新行政管理方式，增强政府公信力和执行力，建设法治政府和服务型政府"。党的十八届四中全会通过的《中共中央关于全面推进依法治国若干重大问题的决定》，把依法全面履行政府职能确定为深入推进依法行政和加快建设法治政府的首要任务，明确指出"加快建设职能科学、权责法定、执法严明、公开公正、廉洁高效、守法诚信的法治政府"。从近年党的几次重要的会议中也可以看出，转变政府职能，建设法治型和服务型政府已经成为党在今后工作中的一个重要课题。

对于如何转变政府职能，建设服务型政府，西方社会治理理论给了我们一些启示。首先，新公共管理理论主张建立"以市场为导向的政府"，强调以市场规则改造政府，提高政府的行政效率。我国可以用统一开放、竞争有序的市场规则和科学的宏观调控机制来促进政府在市场治理方面职能的转变。同时，以政府购买公共服务的方式来促进政府服务职能的转变。其次，新公共管理理论主张建立"竞争性的政府"。在我国政府机构改革中，可以用绩效考核等方式促进政府各部门之间竞争机制的形成，从而推动行政效率和服务群众质量的提高。最后，新公共服务理论重视公民权，主张公民参与行政过程。我国的政府机构改革应日益重视公民意识的培养，充分尊重公民的基本权利，提高公民参与政治生活的积极性，以公民参与和协商治理机制促进政府社会治理职能的转变。

---

① 《十八大以来重要文献选编》（上），中央文献出版社，2014，第22页。

第三，推进构建以政府为主导的多元社会治理体系。

从社会管理到社会治理的转变不仅仅是概念的变化，更重要的是社会治理理念的转变。与社会管理相比，社会治理更加强调主体的多元性、过程的动态性和互动性。社会治理主体从"一元"到"多元"的转变，并不意味着政府在社会治理中的作用就可以被忽视。目前，我国倡导构建的多元社会治理体系是以政府为主导的，政府在多元社会治理体系中起主导作用，任何政府作用虚无化的主张都应受到批判。

我国为什么要构建多元社会治理体系？一方面，政府在某一领域的社会治理方面表现出明显的能力不足。官僚制政府理论夸大了政府的作用，事实证明，政府并非全能的，在社会治理的很多方面，政府仅依靠自身往往表现得力不从心。新公共管理理论认为政府的地位是"掌舵而不是划桨"，新公共服务理论更进一步指出政府的功能在于"服务而非掌舵"。无论是新公共管理理论还是新公共服务理论，都在反思传统公共行政（官僚制）"万能政府"的弊端。政府不能既是"裁判员"又是"运动员"，把自己不擅长或者是专业性的领域交给更擅长更专业的社会团体，往往能够收到更好的社会治理效果。另一方面，其他社会治理主体在某些领域可以发挥比政府更加积极的作用。在社会志愿服务工作中，青年志愿者协会表现出色；在社区的公共服务工作中，社会工作者的作用无可替代；宗教协会在处理宗教事务中发挥着重要的积极作用；妇联在处理妇女和儿童问题方面比政府更容易发挥作用。"让懂管理的人去管理，让会服务的人去服务"，社会治理工作自然就能够取得最佳的效果。

为什么要坚持政府在多元社会治理体系中的主导作用？第一，社会利益的调节离不开政府的主导作用。改革开放以来，我国各项事业的发展都取得了举世瞩目的成绩，但是也不能忽视经济发展差距并未消除。无论是城乡之间的差距，还是区域之间的差距，抑或是个人贫富差距，都不同程度地存在。在社会主义市场经济中，各市场主体争相创造经济效益，却很少关注社会效益，尤其是社会成员之间和区域之间的利益再分配问题，只能由政府来解决。政府只有在多元社会治理体系中起主导作用，才有能力调动其他社会治理主体参与社会利益的再分配。如果没有政府强制力的保证，没人愿意轻易将自己口袋里的钱分给别人。第二，社会共同价值观的构建离不开政府的主导作用。国家意识形态是一个国家和民族的灵魂，是维系政治秩序和社会发展的精神纽带；如果一个国家的意识形态出了问题，这个国家将经受不住任何外部势力的冲击。社会共同价值观是国家意识形态中最核心的部分，因此构建社会共同价值观对一个国家和民族的发展至关重要。目前，我国的社会共同价值观就是社会主义核心价值观。只有在以政府为主导的多元社会治理体系中，才能推进培育和践行社会主义核心价值观的工作，从而达到弥合人民群众之间的社会意识差距的目的。

第四，公平正义是我国社会治理的核心价值取向。

社会主义和资本主义的社会治理都致力于发展社会生产力，致力于创造更多的社会财富，但是两者的根本区别在于对以下问题的回答：这些财富是为谁创造的？这些财富如何分配？是仅仅为了满足资产阶级的私欲，还是为了满足最广大人民群众的根本利益？是让社会财富仅仅在不同的资本家之间流转，还是"让发展成果更多更公平惠及全体人民"？中国共产党自成立之日起，就明确地给出了自己的答案：全心全意为人民服务。党的十八大指出，"公平正义是中国特色社会主义的内在要求"[①]。党和政府所有的工作都致力于实现社会的公平正义。

首先，要聚焦发展经济，夯实实现公平正义的物质基础。马克思主义认为，经济基础决定上层建筑。没有牢固的经济基础作为支撑，我国所进行的任何事业都缺乏稳定的根基。改革开放之前，在"绝对平均主义"思想主导下进行的人民公社运动的失败再次证明，要真正实现社会公平正义，必须有强大的经济基础作为支撑。为了更好地实现社会公平正义，就需要党和政府把工作重点放在发展经济上。党的十八届三中全会公报指出："加快发展社会主义市场经济、民主政治、先进文化、和谐社会、生态文明，让一切劳动、知识、技术、管理、资本的活力竞相迸发，让一切创造社会财富的源泉充分涌流，让发展成果更多更公平惠及全体人民。"[②]没有强大的经济基础作为支撑，也就不可能真正实现社会公平正义。

其次，要关切重塑价值，引领实现公平正义的社会风尚。改革开放初

---

① 《十八大以来重要文献选编》（上），中央文献出版社，2014，第78页。
② 《中共中央关于全面深化改革若干重大问题的决定》，人民出版社，2013，第3页。

期，党和政府提出了"效率优先、兼顾公平"的口号，把效率放在优先发展的地位，公平则居于次要的地位。这种主张激发了社会创造的活力，我国也在短时期内创造了巨大的经济价值和社会财富。但是，其造成贫富差距进一步扩大的负面影响也不容忽视。党的十七大报告提出，"初次分配和再分配都要处理好效率和公平的关系，再分配更加注重公平"①，重新将公平放在优先考虑的位置，对于缩小贫富差距、促进社会公平正义的实现产生了重要影响。党的十八大报告指出"公平正义是中国特色社会主义的内在要求"，并且将"公正"列为社会主义核心价值观的重要内容之一。从价值观认同的角度，应努力让公平正义成为一种社会共识和衡量是非曲直的价值标准。实现社会公平正义，让人民生活得更加美好，是我党推进改革的根本目的。

最后，要坚持依法治国，营造实现公平正义的社会环境。其一，通过民主科学的立法，把公民公平正义的道德诉求法律化。立法的过程也是人民意志汇集和表达的过程，通过立法合理分配社会资源、调整社会利益关系，实现社会的公平与正义。在这个过程中，需要充分发挥人民民主，调动人民群众的参与意识和积极性，允许各个阶层的人民群众参与到立法过程中，倾听和尊重来自不同阶层的利益诉求，在不同阶层、不同观点的博弈中达成妥协和共识，最后将其写进法律条文之中。只有"良法"才能促进社会公平正义的实现。其二，要在法律实施方面维护公平正义。在立法工作完成之后，实施法律就成为全面依法治国、建设社会主义法治国家的关键环节。同时，实施法律也是立法公平正义宗旨的具体体现。在法律实施的过程中，关键要做到严格执法、公正司法和自觉守法，在全社会范围内形成一种遵法、守法的良好氛围，让社会公正不仅成为法律的重要内容，而且成为公民心中的一种共识。

综上所述，新公共服务理论虽然完成了对新公共管理理论的超越，但是它们之间存在一定的继承关系，新公共服务理论并不是完全对新公共管理理论的否定。新公共管理理论注重经济、效率和效益价值，注重对政府等公共部门的再造，对提高政府行政效率和提供的公共服务的质量有重要

---

① 《十七大以来重要文献选编》（上），中央文献出版社，2011，第30页。

的意义;新公共服务理论更加重视公民意识培养,鼓励公民积极参与社会治理,强调公民与社会、政府之间的互动,构建主体多元的社会治理体系。二者对我国转变政府职能、完善社会治理体系和提高社会治理能力都有重要的启示。

二 社会治理的公民"在场":电视问政

以海德格尔为代表的存在主义哲学家认为,"在场"即"面向事物本身"或"回到事物本身",也即事物本源的"去弊",是存在的"敞开"状态。在电视问政节目中公民公开表露自己的心声、反映自身的真实需求,直指党政机关及工作人员的作风问题,以积极参与的姿态推动党政机关改革,净化政治生态,推动社会治理能力的提升。在全面依法治国和全面从严治党的大背景下,电视问政节目以其独特的优势,在推动党政机关及其工作人员工作作风转变方面发挥着巨大的积极作用。

(一) 协商民主:电视问政的理论前提

"民主是现代政治追求的最核心的价值,是现代国家制度建构的基本原则,更是现代国家治理的合法性之源。"[①] 我国是人民民主专政的社会主义国家,人民是国家的真正主人,是公共权力的所有者。但是我国的民主不同于西方的民主,不是"一人一票",更不是完全的放任自流,而是在中国共产党集中统一领导下的民主,坚持民主集中制原则。人民代表大会制度是人民当家作主的制度保障。选举人大代表代表人民参与国家政治生活,是人民行使国家权力的重要方式。毋庸讳言,人大代表在联系人民群众方面存在一些问题,有时并不能及时地解决人民群众关心、关注的问题。习近平总书记指出:"有事好商量,众人的事情由众人商量,是人民民主的真谛。协商民主是实现党的领导的重要方式,是我国社会主义民主政治的特有形式和独特优势。"[②] 人民政协是协商民主实现的重要载体,

---

① 王怀强:《论国家治理现代化的基本维度》,《科学社会主义》2017年第1期。
② 习近平:《决胜全面建成小康社会 夺取新时代中国特色社会主义伟大胜利——在中国共产党第十九次全国代表大会上的报告》,人民出版社,2017,第37~38页。

但是政协委员的数量和规模毕竟是有限的，政协委员也存在不能充分联系群众、不能及时了解和掌握人民群众的呼声和需求等问题。而电视问政在人民群众与主管领导之间架起了一座桥梁，人民群众可以直接向主管领导反映问题，在全国人民的监督之下，这些问题往往能够得到及时、妥善的解决，切实维护了人民群众的根本利益，人民群众的主人翁意识得到增强。

在现实生活中，一些应该为人民群众提供公共服务的部门及其工作人员存在懒政、不作为等作风问题，虽然"门好进、脸好看"了，但是事情依然难办。与人民群众切身利益密切相关的一些问题无法解决，直接影响到政府的公信力和中国共产党的执政基础。通过电视问政的形式，人民群众可以直接将相关问题反映给主管领导，主管领导则在全国人民的监督下给出问题解决的时间期限，并且节目组会对问题的解决情况进行追踪报道，对主管领导造成无形的压力，有利于问题的迅速解决。

人民民主专政的国家性质决定了人民与政府部门及其工作人员之间的地位是不对等的，尽管在法律上政府部门工作人员是人民的公仆，但是他们在实际上掌握着公共权力，相比之下，实质上是国家主人的人民群众反而处于劣势地位，这导致人民当家作主的实现面临一定的困境。电视问政，在一定程度上摆正了人民与政府部门及其工作人员的位置，即人民才是这个国家的真正主人，政府部门及其工作人员则是人民的公仆。"随着民主政治的推进，公共权力逐渐回归其公开运行的本意。"① 公共权力只有在阳光下运行，才能保证公平、公正的正确方向。电视问政，使公共权力"敞开"在公众面前，并接受公众的监督和质疑，政府部门作为公共权力的行使者，是否真正做到了"权为民所用、情为民所系、利为民所谋"，则需要人民群众的检验。

（二）公众参与：电视问政的实践基础

"社会治理"与"社会管理"的一个重要区别在于公众参与的程度，社会治理更加强调公众与政府之间的互动。社会治理既要发挥政府服务管

---

① 何志武：《协商民主：电视问政的合理性基础》，《皖西学院学报》2016年第1期。

理社会的作用，也要发挥社会组织、社区自治和公民参与的作用。电视问政，既是"问"政府部门及其工作人员对公共权力的实施情况，也是"问"公众对党政部门工作的满意度。通过电视问政，人民群众与党政部门实现了双向互动。电视问政，关键在于公众之问，公众对公共权力行使情况进行监督是电视问政的一个重要方面。

公众如何对公共权力进行有效的监督？党的十八大以来，党中央加大反腐败力度，坚持将权力关进制度的笼子里，努力构建让权力在阳光下运行的良好政治生态。反腐败的利剑高悬，确实对腐败分子起到了很大的震慑作用，逐渐形成了"不敢腐"的良好氛围。但是出现了一些党员干部既不做违法乱纪的事情，也不作为，掌握着公共权力，却不使用公共权力为人民服务，让权力成为摆设的现象。这种不作为的"懒政"行为，同样严重损害了人民群众的切身利益。电视问政，通过限定相关部门对公众关注问题的整改期限，让主管领导在全国人民面前红脸、出汗，并对整改效果进行跟踪，后期让主管领导将整改的效果面向全国人民进行反馈说明。这种问政形式有效地解决了部分政府部门工作人员的"懒政"行为。公众通过电视问政可以更清楚地知道政府在干什么，政府行为无疑也会更加透明，电视问政也因此有效促进了政府职能转变，对服务型政府建设有重大意义。

政府部门及其工作人员如何行使公共权力才能令公众满意？公众提问是电视问政的关键环节，也是电视问政节目火爆的最主要原因。曾经不敢说、没机会说的话，在电视问政节目现场人民群众往往会大胆地表达出来，并对某些主管部门领导解释不清楚的问题提出质疑，当然其中也会掺杂一些不满的情绪。"大多数'民怨'的表达本身是对公共服务质量的负面评价，由此带给被问询官员的压力可想而知。"① 公众对政府的工作不满意，并借助电视直播在全国甚至全球及时传播，会在很大程度上影响政府的公信力。"为人民服务"是我国政府部门的工作原则，只要真正把这项原则贯彻落实到实际工作中，坚持公平、公正、高效率地解决群众最关

---

① 韩万渠、沈亚平、原珂：《公民在场、政府效能评价与电视问政的运行机制——以武汉市电视问政实践为例》，《理论导刊》2016年第8期。

心、最迫切的问题,就一定能够赢得人民群众的信任和支持,人民群众对政府工作的满意度也自然会得到提升。

(三) 政府作为:电视问政成功的关键

电视问政节目的热播,在很大程度上得益于政府积极作为,组建或者指定具体部门支持和配合电视问政节目的录制,在涉及某个政府部门时,即使是负面、苛责性的意见,主管领导也会积极配合节目组完成节目录制。另外,针对群众提出的意见或建议,相关部门会迅速进行整改,并接受人民群众的监督,直到人民群众满意为止。政府部门这种敢于承认存在的问题、敢于直面问题并有效解决问题的担当精神是电视问政节目成功的关键。如果政府部门不作为,公众之间并不能有效促进政府工作作风的改进,势必会打击公众参与的积极性,缺少公众的积极参与,电视问政节目也就会沦为政府部门的表演秀。

社会治理的一个重要目标就是摆正政府与社会之间的关系,使之处于一种理想的状态,即"善治"①。而善治目标的实现,不仅要求公民提高主人翁意识,提高参与社会治理的积极性和主动性,而且要求政府部门及其工作人员积极作为。

2013年,党的十八届三中全会明确提出:"全面深化改革的总目标是完善和发展中国特色社会主义制度,推进国家治理体系和治理能力现代化。"②

---

① 善治理论自20世纪90年代兴起以来,引发了学术界的热烈关注。这一理论主要强调政府不再是唯一的社会治理主体,强调政府与公民的合作,从而达到一种理想的社会治理状态。以国内研究"善治"的代表人物俞可平为例,其主编的《治理与善治》由社会科学文献出版社于2000年出版;著作《走向善治》由中国文史出版社于2016年出版;论文《治理和善治引论》发表于《马克思主义与现实》1999年第5期,《治理和善治:一种新的政治分析框架》发表于《南京社会科学》2001年第9期,《社会公平和善治是建设和谐社会的两大基石》发表于《中国特色社会主义研究》2005年第1期,《善治与幸福》发表于《马克思主义与现实》2011年第2期,《没有法治就没有善治——浅谈法治与国家治理现代化》发表于《马克思主义与现实》2014年第6期,《法治与善治》发表于《西南政法大学学报》2016年第1期。国内还有不少学者对这一理论做了比较系统的研究。

② 《十八大以来重要文献选编》(上),中央文献出版社,2014,第512页。

这一重要目标被不少学者称为国家的"第五个现代化"①。事实上,"我们在国家治理体系和治理能力方面还有许多亟待改进的地方,有些甚至成为制约我们发展和稳定、影响社会主义制度优势充分发挥的重要因素"②。社会治理作为国家治理的重要组成部分,与现代化的目标也存在较大的差距。当前,尽管政府通过制度安排和治理战略的调整进一步增强了社会治理的有效性与合法性,但是在部分行业和部分领域依然存在不少问题,公民对社会治理的满意度还有待提升。

(四) 媒体监督:电视问政成功的重要保障

公民通过电视问政向政府相关部门及其工作人员"问责"只是手段,主要目的在于"问效"。通过节目现场向主管领导问责,以问责的形式促进政府部门工作作风的改进,促进社会治理效果的提升,促进公共利益的最大化,不断增强公民的获得感和幸福感,这才是电视问政节目的出发点和落脚点。电视问政充分发挥了新闻媒体对政府部门的监督作用,西安电视问政不仅被报纸等传统媒体争相报道,而且成为网络、微信、微博等新媒体关注的焦点。新媒体技术以其交互性与即时性、海量性与共享性、多媒体与超文本、个性化与社群化等特征③,极大地提升了信息传播的效率与广度,从而使政府部门的工作问题展现在全国人民面前。部门主管领导面向全国人民作出的承诺,被新闻媒体以跟踪报道的形式不断跟进。媒体监督的巨大压力,迫使政府部门及其工作人员不得不改进工作作风、提高

---

① 李景鹏的论文《关于推进国家治理体系和治理能力现代化——"四个现代化"之后的第五个"现代化"》发表于《天津社会科学》2014年第2期;殷星辰的论文《社会治理创新:关于"第五个现代化"的深义与断想》发表于《甘肃理论学刊》2014年第3期;罗平汉、方涛的论文《从"四个现代化"到"第五个现代化"——中国共产党现代化思想的演进轨迹》发表于《探索》2014年第5期;李刚的论文《国家治理体系和治理能力现代化——"第五个现代化"问题》发表于《赣南师范学院学报》2014年第5期。以上学者的文章都赞同或支持"国家治理体系和治理能力现代化"是国家的"第五个现代化"的观点。但是也有对这种观点持反对态度的学者,如齐卫平在发表于《江汉论坛》2015年第7期的文章《中国共产党现代化认知的发展和超越——对"第五个现代化"提法的质疑》中明确表示对这种观点持质疑态度。
② 秋石:《把握历史方位 推进理论创新和实践创新》,《求是》2017年第18期。
③ 石磊:《新媒体概论》,中国传媒大学出版社,2009,第15~18页。

工作效率。

　　媒体监督不仅体现在电视问政后期的"问效"方面，而且体现在节目录制前期的"问责"方面。在电视问政节目正式录制之前，新闻媒体记者会针对群众反映的突出问题进行暗访调查，针对不作为、乱作为的现象进行拍摄并在媒体上曝光，以引起相关部门领导的重视。新闻媒体记者拍摄的政府部门及其工作人员不作为、乱作为影像，为电视问政节目的录制提供了素材。正是由于新闻媒体记者前期的调研工作具有真实性，并与公民的日常生活密切相关，电视问政节目才会在播出时引发社会的广泛关注。

　　媒体通过电视问政的形式介入社会治理，推动政府与公民之间互动沟通机制的创新，对促进社会治理现代化具有十分重要的意义。但是，"新媒体助推公民参与社会治理，也面临着公共空间失序，利益群体失控，以及政府协商失信等诸多问题"①。一方面，需要不断加强网络社会治理，坚持正确的舆论导向，分清主流和支流。少数政府部门及其工作人员的确存在不作为、乱作为的现象，但是绝大多数政府部门始终坚持为人民服务的工作宗旨，把人民群众的根本利益放在第一位。另一方面，需要加强培育公民意识，坚持权利和义务相统一的原则，公民享有监督政府部门及其工作人员的权利，但是并不代表可以发表一些不正当的言论，公民自身应加强自律。电视问政创新了政府和公民之间的互动模式，为政府倾听百姓呼声提供了便利，但是在通过新媒体对电视问政节目进行传播的过程中，应注意遵守相关法律法规。

　　电视问政创新了社会治理过程中公民"在场"的模式，为政府与公民之间的互动和沟通架起了一座桥梁，对于促进社会治理现代化，提升社会治理成效具有十分重要的意义。协商民主为电视问政的实现提供了理论前提，公众参与为电视问政奠定了实践基础，政府作为是电视问政成功的关键，媒体监督是电视问政成功的重要保障。协商民主、公众参与、政府作为和媒体监督四者共同构成了电视问政节目成功的重要因素。电视问政为公民参与社会治理提供了一个良好的平台，但是公民参与社会治理时必须

---

① 朱江丽：《新媒体推动公民参与社会治理：现状、问题与对策》，《中国行政管理》2017年第6期。

遵纪守法，有序参与社会治理。中国特色社会主义新时代的公民应加强培育自身的公民意识，牢固树立权利和义务相统一的观念，提高参与社会治理的能力，与政府部门及其工作人员建立良性互动的关系，促进社会治理"善治"目标的实现。

三 新基建推进社会治理现代化：机制与对策

"新基建"是相对于传统基础设施建设而言的，是新型基础设施建设的简称。与传统基础设施建设相比，新基建具有强信息性、强关联性、强带动性的特征。中央密集部署新基建，既是应急之需，也是长远大计。2018年底的中央经济工作会议就明确提出了"新基建"概念。发展新基建的重要目的在于补短板、破难题，以新配套、新业态、新要素增强新兴产业发展活力与促进传统产业转型升级，从而实现经济高质量发展。科学布局新基建，不仅有利于全国基础设施的整体优化和协同融合，有效应对经济下行压力，推动经济持续健康发展，而且有助于在抢抓科技和产业革命机遇、建设智慧社会中发挥基础性和先导性作用，提高社会治理现代化水平，在全面建成小康社会的基础上为实现中华民族伟大复兴的中国梦奠定坚实的社会经济基础。

（一）新基建推进社会治理现代化的可能性及可行性

国家发展改革委在2020年4月20日的新闻发布会上首次明确了新型基础设施的概念，"初步研究认为，新型基础设施，是以新发展理念为引领，以技术创新为驱动，以信息网络为基础，面向高质量发展需要，提供数字转型、智能升级、融合创新等服务的基础设施体系"[①]。并进一步指出新型基础设施主要包括信息基础设施、融合基础设施、创新基础设施三个方面内容。新基建具有强信息性，对互联网技术的深化应用是发展新基建的重要基础。新基建具有强关联性，其本质仍然是基础设施建设，而基础

---

① 《"新基建"怎么定义？发改委权威解释来了》，人民网，2020年4月20日，http://it.people.com.cn/n1/2020/0420/c1009-31680461.html。

设施建设往往关乎经济社会发展的全局。新基建具有强带动性,既能有效地促进传统基础设施转型升级,又可以有效地应用到传统产业之中,促进产业结构优化升级;既可以独立地作为数据要素参与经济活动,又可以为其他生产要素赋能,进一步提高生产效率。

第一,新基建的内涵决定了其推进社会治理现代化的可能性。

新基建与社会治理都需要以新发展理念为引领。以"创新、协调、绿色、开放、共享"为核心内容的新发展理念是领航高质量发展、破解发展难题的时代航标,是习近平新时代中国特色社会主义思想的重要内容,重构了21世纪中国的发展逻辑。"把创新摆在第一位,是因为创新是引领发展的第一动力。发展动力决定发展速度、效能、可持续性。"① 新基建正是对我国在5G、人工智能、大数据等领域最新创新成果的综合运用,是科技创新成果服务经济社会发展、惠及人民群众的生动写照。新基建通过对传统基建进行改造升级,让传统基建焕发出新的生机与活力,促进传统基建与新基建协调发展,共同致力于经济社会全面发展,更好地满足人民群众对美好生活的需要。无论是新基建的实施过程,还是新基建带来的发展成效,都体现了绿色发展的理念。新基建几乎不会产生工业三废,对生态环境零污染,是我国打赢污染防治攻坚战的有力武器。无论是深化科技研发,还是新基建巨大的资金投入,都需要国内外以开放的姿态充分开展合作,从而保证新基建切实取得实效。"人民对美好生活的向往,就是我们的奋斗目标。"② 党的一切奋斗都是为了人民,让人民共享发展成果,既是党全心全意为人民服务根本宗旨的体现,也是社会主义本质的要求。可见,在新基建和社会治理过程中都要贯彻新发展理念,这为以新基建推进社会治理现代化提供了现实可能性。

新基建与社会治理都需要信息网络技术的支撑。首先,利用以5G、人工智能、数据中心等为代表的信息基础设施,为"大连接"扫清障碍,助力实现从"人人互联"进一步迈向"万物互联"。信息基础设施建设的基

---

① 习近平:《在省部级主要领导干部学习贯彻党的十八届五中全会精神专题研讨班上的讲话》,人民出版社,2016,第8页。
② 习近平:《论把握新发展阶段、贯彻新发展理念、构建新发展格局》,中央文献出版社,2021,第21页。

础是"信息",是对信息网络技术的应用。在信息网络技术应用的基础上,新的生产要素产生了,即数据。数据让"万物互联"成为可能。如果没有新基建,数据很难作为生产要素加入经济活动之中,更不可能成为促进经济高质量发展的重要因素之一。其次,深度应用互联网、技术开发、人工智能等技术,促进传统基础设施转型升级,进而形成融合基础设施,进一步提高传统基础设施的智能化水平。融合基础设施是新型基础设施的重要形态之一,传统基础设施在我国国民经济发展过程中发挥着重要的基础性作用,但是随着时代的发展与变迁,传统基础设施已经无法满足高质量发展的需要,需要深化应用互联网、技术开发、人工智能等对传统基础设施进行改造升级,以更好地发挥传统基础设施的功能。最后,加强支撑科学研究、技术开发、产品研制的具有公益性的基础设施建设,提高全民族的科技创新水平,增强我国在科技领域的国际竞争力,为建设科技强国提供优质的科研条件,正如习近平总书记所言,"只有把关键核心技术掌握在自己手中,才能从根本上保障国家经济安全、国防安全和其他安全"[①]。新基建需要科技支撑,社会治理也需要科技支撑,科技创新成为二者融合发展的共同基点。

新基建和社会治理都依赖于经济社会高质量发展。新基建可以极大地释放历次科技革命和产业变革积累的能量,重构生产、分配、交换、消费各环节,催生新技术、新产品、新产业、新业态、新模式,带动全社会质量变革、效率变革、动力变革,进而对经济发展、社会治理、国家治理、人民生活产生重大影响。短期来看,新基建有利于消解新冠疫情对我国经济社会发展造成的负面影响,实现扩内需、稳就业、稳增长;长期来看,新基建有利于进一步优化我国的产业结构,释放经济增长潜力,增进民生福祉。习近平总书记指出:"向改革创新要动力,发挥引领高质量发展的重要动力源作用。"[②] 新基建不仅是促进我国科技创新的新动能,也是推进我国经济高质量发展的新动能、新引擎。新基建可以有力推进智能制造和

---

① 习近平:《在中国科学院第十九次院士大会、中国工程院第十四次院士大会上的讲话》,人民出版社,2018,第11页。
② 习近平:《论把握新发展阶段、贯彻新发展理念、构建新发展格局》,中央文献出版社,2021,第305页。

制造智能，为传统行业转型升级赋能，推动传统产业智能化改造，打造特色产业集群。同时，可以在数字产业化、产业数字化进程中创造和拥抱新模式、新业态，将数字经济真正打造成为经济高质量发展的新引擎。新基建必然会带来产业结构的革命性变化，进而推动经济效率的变革，形成新的动能、新的空间，为经济发展提供新的驱动力，达到推动经济高质量发展的目的。社会治理现代化需要建立在经济社会高质量发展的基础上，没有经济社会高质量发展这一社会和谐稳定的基础，就不可能有社会治理的现代化。经济社会高质量发展是推进新基建的重要支撑。

第二，新基建的特征决定了其推进社会治理现代化的可行性。

新基建具有强信息性，可为推进社会治理现代化提供科技支撑。信息基础设施是新基建的重要内容，指基于新一代信息技术演化生成的基础设施，其中 5G 是信息基础设施的主要代表。一方面，5G 网络本身包含了无线网络、核心网络以及相应的光纤网络。另一方面，5G 可赋能传统的经济和社会的基础设施，包括能源、交通、工业以及医疗教育等基础设施，这些基础设施都会在 5G 时代进行数字化、智能化改革。另外，以物联网、工业互联网、卫星互联网为代表的通信网络基础设施，以人工智能、云计算、区块链为代表的新技术基础设施，以数据中心、智能计算中心为代表的算力基础设施等，都离不开对信息的加工处理，都与大数据、云计算的应用密切相关。习近平总书记早在 2016 年就明确强调"要加强信息基础设施建设，强化信息资源深度整合，打通经济社会发展的信息'大动脉'"①。信息不仅是生产要素，而且已经成为支撑社会治理的重要因素，对信息的有效掌握可以极大地提高社会治理的精准性、精细化及人性化。另外，对信息的治理也是社会治理的一项重要内容，尤其要加强对新闻舆论信息、网络信息等融媒体信息以及个人信息安全的治理。

新基建具有强关联性，可为推进社会治理现代化进行总体谋划。以科技创新为先导的新基建不是单纯的某种新型基础设施建设，其与人类社会的各领域、各行业相互交织、相互渗透、相互作用，并能为各领域、各行业的高质量发展提供强有力的支撑。正是由于新基建与政治、经济、文

---

① 习近平：《在网络安全和信息化工作座谈会上的讲话》，人民出版社，2016，第 4 页。

化、社会、生态文明建设具有比较强的关联性，是关乎中国未来发展全局的关键，中央才会密集部署新基建，把新基建作为年度重大项目来推进。"基础设施既是过去发展的成果，又是未来发展的条件。"① 具体而言，新型基础设施按照具体的行业门类可以分为：现代资源能源与交通物流、先进材料与智能绿色制造、现代农业和生物产业基础设施；现代公共教育、文化与卫生健康基础设施；生态环境与空天海洋基础设施；国家总体安全和国家治理现代化基础设施；等等。通过以上分类可以看出，新基建几乎涉及现代人类社会生产方式和生活方式的各个方面，同时，也涉及社会治理的方方面面。利用新基建对社会治理体系进行总体谋划，进一步完善关乎全局性、战略性的制度体系，构建共建共治共享的社会治理共同体，才能更好地推进社会治理现代化。

新基建具有强带动性，是推进社会治理现代化的基础性工程。投资基建是拉动经济增长的重要方式之一，新基建的投资数额往往比传统基建的更大，对经济增长的带动作用更强。但是，新基建对经济社会发展的带动作用远不止如此。新基建的强带动性主要体现在促进传统产业结构升级、培育新业态、增加新动能上。以5G、大数据、人工智能等新技术为核心的新基建，迎合了数字经济时代的产业升级需要，有助于培育经济增长新动能。以5G为例，根据中国信息通信研究院的预测，2020年到2025年，我国整个5G网络的投资，企业将达到1.1万亿元，此外一些垂直行业相关的投资大概为0.5万亿元。在信息消费领域，它会带动1.8万亿元的移动数据流量的消费、2万亿元的信息服务消费，对新型终端产品的消费将达到4.3万亿元。② 除了带动经济增长以外，5G是发展数字经济的关键支撑，能够拓展数字经济的新领域、新空间，带动新型信息消费，加快智慧医疗业务创新，促进教育行业智能化变革，促进人们的娱乐方式变革等。新基建对我国发展的带动作用是全面的，是社会治理现代化的基础性工程。

---

① 潘教峰、万劲波：《构建现代化强国的十大新型基础设施》，《中国科学院院刊》2020年第5期。
② 王志勤：《加快5G新基建，驱动数字化转型升级》，《互联网天地》2020年第4期。

（二）新基建推进社会治理现代化的机制

社会治理是国家治理的重要方面，要进一步"完善党委领导、政府负责、民主协商、社会协同、公众参与、法治保障、科技支撑的社会治理体系"①。社会治理体系的完善是推进社会治理现代化的关键，新基建不仅能够助力提升社会治理主体的治理能力，而且可以使各治理主体之间实现无缝连接，发挥整体优势。作为经济发展的新动能和未来建设的新风口，新基建的价值不仅在"建"，更在"用"，用新基建推进社会治理现代化不仅必要，而且可行。新基建通过技术变革，加强了党的基层组织建设，成为提高基层党组织领导力的技术支撑；新型基础设施的推广和普及，极大地拓宽了公众参与社会治理的渠道，有效地推动了社会治理社会化；新基建涉及人类社会发展的方方面面，大大提高了社会治理的可及性，使精细化治理成为可能；"科技支撑"是新时代社会治理体系的重要环节，新基建对社会治理的科技支撑是全方位的，是提高社会治理智能化水平的关键之举。

第一，新基建有利于加强党对社会治理的领导。

办好中国的事情，关键在坚持中国共产党的集中统一领导，同样，推进社会治理现代化的关键也在于党的领导。在中国特色社会主义进入新时代的今天，党依然面临执政考验、改革开放考验、市场经济考验、外部环境考验和精神懈怠的危险、能力不足的危险、脱离群众的危险、消极腐败的危险，"四大考验"和"四种危险"是长期的、复杂的、严峻的，检验着百年大党的执政能力和执政水平。面对考验和风险，党要进一步增强政治领导力、思想引领力、群众组织力、社会号召力，充分发挥基层党组织的战斗堡垒作用，充分发挥党员干部的先锋模范作用。当前，党组织建设面临组织点多、面广、分散、流动等困境，落实全面从严治党绝非易事。布局新基建，可以充分发挥"互联网+党建"的优势，有效规避党建基础工作不规范、区域发展不平衡、管理触角不深入等现实问题，使基层党组织的战斗堡垒作用得到充分发挥。"随着互联网+党建的实践推进，基层社

---

① 《十九大以来重要文献选编》（中），中央文献出版社，2021，第287页。

会治理在工作理念、组织形态、服务群众、资源整合等关键要素和环节上实现了全面升级,保持了党组织鲜活的生命力。"① 利用新基建加强基层党组织建设,可以有效解决基层党组织软弱涣散的问题,密切党员与党组织之间的联系,规范基层党组织工作,使党的集中统一领导的制度优势充分转化为推进社会治理现代化的效能。

第二,新基建有利于推动社会治理社会化。

"社会治理"区别于"社会管理"的显著特征之一,在于"社会治理"更注重政府与公民之间的双向良性互动,而"社会管理"则强调政府对公民单向度的垂直管控。因此,公众参与程度是衡量社会治理现代化水平的一项重要指标。公众参与社会治理除了需要法律保障、政治保障、经济基础之外,也需要科学技术支撑。目前,中国公众参与社会治理仍处于边探索边推进的起步阶段,已经逐步形成通过社区自治参与社会治理、通过网络媒体参与社会治理、通过非政府组织参与社会治理三条具有典型意义的路径。② 新基建对社会发展全方位的深刻影响,在很大程度上拓宽了公众参与社会治理的渠道,丰富了公众参与社会治理的方式方法,而且在空间和时间上为公众参与社会治理提供了极大的便利。新基建为公众参与社会治理带来的种种便利,必然会进一步激发公众参与社会治理的积极性、主动性和创造性,对于推动构建共建共治共享的社会治理共同体产生深远的积极影响,从而促进我国社会治理社会化。

第三,新基建有利于推进社会治理精细化。

社会治理精细化是一个实践命题,需要在社会治理的实践中予以体现。所谓社会治理精细化,是相对于传统粗放式治理而言的,是指在绩效目标指引下,通过机构部门的科学设置、管理流程重构推动粗放式社会治理思维和方式的转换,实现社会治理各主体管理框架的标准化、执行的细节化以及服务的人性化,是推进社会治理走向深入的必然路径。社会治理的成效如何,不能仅靠政府工作人员来评判,最为重要的是由人民群众和实践来检验。因此,社会治理要致力于提高人民群众的获得感、安全感和

---

① 张波:《互联网+党建引领基层社会治理创新》,《中共天津市委党校学报》2018年第2期。

② 谢远学:《中国公众参与社会管理路径研究》,华中科技大学博士学位论文,2014。

幸福感，让人民群众切身感受到社会治理给生产生活带来的变化。当前，社区工作人员是推进社会治理精细化的重要主体，他们在服务基层群众、维护社会稳定、打造平安社区方面发挥着重要作用。但是，这种仅靠人力资本投入的方式并不是实现社会治理精细化的长远之计。新基建为在减少人力资本投资的情况下实现社会治理精细化提供了可能，其能够在最大程度上保证公共政策与公共福利的供给精准有效。"可靠易用的云、更加智能的大数据、云端一体的智联网和随时随地的移动协同这些关键技术，既是数字经济发展的基础设施，也在重塑我们的需求、生产、供应、消费以及整个社会的治理方式。"①

第四，新基建有利于提升社会治理智能化水平。

党的十九大报告第一次提出"智慧社会"的概念。"智慧社会"也被说成"智能社会"，实现社会治理智能化是建设智慧社会的关键。"社会治理智能化是社会治理体系和治理能力现代化的必然要求，其本质上是社会治理主体利用现代科技对社会治理工作赋能的过程。"② 建设智慧社会，需要强大的科技支撑。党的十九届四中全会明确了"科技支撑"对社会治理现代化的重要作用。以新基建推进社会治理智能化，才能更好地发挥科技进步对社会治理现代化的支撑作用。以人工智能为例，它在社会治理过程中扮演着治理技术和技术治理的双重角色，一方面，人工智能可以有效地解决一些社会问题，并提高社会治理的效果；另一方面，人工智能的发展本身也会产生一系列社会问题，这些问题只能在进一步规范和发展人工智能的过程中予以解决。随着高新技术的快速更新迭代，我们已经意识到，人工智能与大数据技术的发展也给社会治理带来了一定的负面影响，特别是个人的信息安全受到前所未有的威胁。在推进新基建的过程中，既要注重其智能化功能的发挥，也要注意规避可能存在的风险。"治理手段的信息化和技术化是社会治理智能化的保证。"③ 应通过

---

① 张建锋：《用大数据助力治理现代化》，《人民日报》2019年10月17日，第5版。
② 张贵群：《社会治理智能化发展的现实困境与实施路径研究》，《领导科学》2020年第6期。
③ 裴庆祺、马得林、张乐平：《区块链与社会治理的数字化重构》，《新疆师范大学学报》（哲学社会科学版）2020年第5期。

新基建为社会治理制度、手段和过程赋能,推进社会治理智能化,实现社会治理活动的多层次覆盖、高效能运转和全过程管理,进而实现建设智慧社会的目标。

(三) 以新基建推进社会治理现代化的对策建议

尽管在拉动传统经济转型升级、"一业带百业"、促进经济高质量发展、推进社会治理现代化方面新基建具有无可比拟的优势,但是新基建并不是包治百病的灵丹妙药,也存在一定的风险与挑战。因此,对待新基建,需要以科学、审慎的态度统筹布局、协调推进,将新基建在推动社会经济发展方面的优势真正发挥出来。

第一,坚持以传统基建为基点,夯实社会治理现代化的经济基础。

经济基础决定上层建筑,推进社会治理现代化,也需要坚实的经济基础。加快布局新基建并不意味着不再发展传统基建。基础设施是经济社会发展的重要支撑,新基建要与传统基建协同融合、统筹发展,以新基建促进传统产业改造升级,培育壮大新兴产业,从而实现经济社会高质量发展。"基础设施只有随着经济社会发展不断升级,才能持续发挥支撑作用。基础设施的重要地位决定了其建设需既适应当下又面向未来,既科学安排又适度超前。"[①] 传统基建是我国的一大优势,在国内外享有较高的美誉度和强大的竞争力,对于我国改革开放以来创造经济快速发展和社会长期稳定"两大奇迹"、提升综合实力都发挥了重大作用。但随着中国特色社会主义进入新时代,我国社会主要矛盾已转变为人民日益增长的美好生活需要和不平衡不充分的发展之间的矛盾。传统基建由于自身固有的弊端和缺陷,无法从根本上解决不平衡不充分发展的问题,也无法有效满足人民对美好生活的需求。实践已经证明,新基建将成为支撑经济社会数字化、网络化、智能化转型的关键,在稳投资、促消费、助升级、培植经济发展新动能等方面已经显示出巨大的潜力。尽管如此,新基建暂时也无法完全替代传统基建,传统基建的基础性地位依然应受到高度重视。积极推进新基建与传统基建深度融合,并形成"万物互联"的基础设施网络体系是未来

[①] 殷鹏:《统筹推进传统基建和新基建》,《人民日报》2020年4月20日,第9版。

经济社会发展的必然,我们要用动态发展的眼光科学统筹新基建与传统基建融合发展,为我国经济社会高质量发展提供新动能,夯实社会治理现代化的经济基础。

第二,坚持以发展需求为导向,提高人民在社会治理中的获得感。

"新基建最大隐忧在于投资进度快于下游需求增长,因而造成产能过剩和重复投资、低效投资。"① 因此,科学布局新基建必须坚持以发展需求为导向的原则。一方面,要利用新基建补足传统基建的短板,完善公共设施供给,更好地保障和改善民生。随着产业革命的升级,出现了一些新产业,新基建也要跟上去,否则就不利于新产业的发展。比如,如果没有完善的充电桩网络布局,有效解决新能源汽车充电难的问题,新能源汽车产业发展就会陷入步履维艰的境地。从这个意义上看,新基建是新产业发展的保障。另一方面,要利用新基建培育新产业,激发新的消费热点,带动新的消费需求。比如,对5G的深化应用使消费互联网、产业互联网及工业互联网的发展成为可能,并使数字经济逆市上扬成为可能。既然新基建能满足人们的需求,又能创造新的需求,那么是否要布局新基建、布局何种新基建,一定要结合具体的应用场景,坚持以发展需求为导向。无用武之地的新基建不仅不能创造价值,还是资源的严重浪费,更不可能满足人民群众对高品质公共产品的需求。

第三,坚持以科技创新为动力,加强社会治理现代化的科技支撑。

新基建之"新",在很大程度上取决于科技的进步,尤其是关键核心技术构成了新基建的基础。一方面,新基建依赖于新技术,没有科技创新,就没有新基建。新基建要求技术创新性更强、发展变化更快,很多关键技术的不断创新发展是新基建不断发展的技术基础和重要支撑。华为公司能够在5G领域取得突破性成就,正是几十年如一日坚持科技创新、加强科技研发的结果。我们不得不承认,我们在新基建科技创新方面还存在一些问题:"人工智能产业链条初步形成,但在底层算法、开源框架上基础比较薄弱;作为传统制造业转型的铺路石,工业互联网平台建设用到的

---

① 李迅雷、徐驰:《以"新基建"推进国家治理现代化》,《人民论坛·学术前沿》2020年第10期。

智能装备、高端工业软件大多数依赖进口；我国有较强的数据中心部署能力，但'缺芯少魂'的局面没有得到根本扭转，随时可能面临被'卡脖子'的风险……"① 只有不断加强科技创新，在前沿技术领域不断取得突破，拥有关键技术的完全自主知识产权，不再受制于人，使我国真正成为科技强国，新基建才能行稳致远，有效发挥对社会治理现代化的科技支撑作用。另一方面，新基建为推动科技创新提供新平台、新动能。按照国家发展改革委的划分，支撑科学研究、技术开发、产品研制的具有公益性的基础设施是新基建的一种形态，这种形态的新基建直接服务于科技创新。应鼓励和支持企事业单位利用新基建进一步加强云计算平台建设、区块链等技术研究，进一步加强传感器技术、机器视觉技术、人工智能关键算法等支撑技术研究，充分利用新基建契机，加快把我国建成科技强国的步伐。可见，新基建与科技创新之间是相互支撑、相互促进的关系，科学布局新基建要坚持以科技创新为动力。

第四，坚持以市场机制为圭臬，培育社会治理现代化的多元主体。

不应把新基建视为短期刺激的工具，而应把它当作一项利于长远的基础性工程，要遵循市场规律发展新基建，坚决防止一哄而上的运动式增长，最后留下一笔无效投资和烂尾工程。传统基建几乎是由国家资本控制的，大型国企负责承建国家基础设施，社会资本、私营企业等难以参与其中。新基建的主要投资方不应是政府，而应充分调动市场主体的积极性，吸引更多的社会资本、企业等参与新基建。"此次加快信息网络等新型基础设施建设，不再沿用传统投资基础设施建设的老办法，而是要坚持以市场投入为主，支持多元主体参与建设，吸引更多民间资本和社会资本投入。"② 政府要以小部分财力"四两拨千斤"地借助PPP、特许经营、政府购买服务等创新机制，形成政府体外资金拉动、放大的"乘数效应"，让企业投资成为新基建的重要动力。尽管市场主体已经在新基建的一些领域表现出较大的积极性，但是单靠市场的力量也难以有效地推进新基建健康发展，对此，政府要优化规划布局、加强指标要素保障等，发挥政府引导

---

① 喻思南：《筑牢新基建的"地基"》，《人民日报》2020年4月29日，第5版。
② 李鑫：《新基建：一业带百业 利当前惠长远》，《中国城乡金融报》2020年5月11日，第2版。

作用。在重大项目建设过程中,政府支持政策性银行、开发性金融机构等建立大额新基建信贷优惠专项,通过财政资金贴息等方式使社会资本、社会建设主体获得低成本的长期融资,从而鼓励和引导更多的社会资本投入新基建领域。政府通过一系列宏观调控政策使市场充分发挥在新基建领域资源配置中的决定性作用,充分调动市场主体参与新基建的积极性,在一定程度上也等于培育壮大了一批社会治理主体。

第五,坚持以制度建设为保障,完善社会治理现代化的制度体系。

新基建需要以"制度基建"为保障。西泽研究院赵建教授认为,制度建设是中国最需要的"新基建"。应紧扣法律、法治、治理机制的优化,健全完善新基建的制度体系,重点放在"放水养鱼"的改革初心与"一百年不动摇"的中国特色契约精神之上,通过法治的可置信承诺让民间投资更有信心,让企业家成为新基建的主导者。"全面地看新基建与'制度基建',绝非'二选一'的排斥关系,但二者又明显是不同性质、不同层次的问题。"① 有效的制度供给可以极大地激发科技创新、管理创新的积极性和主动性,进一步发掘新基建发展的潜力空间,更充分地发挥新基建解放生产力和发展生产力的作用。因此,与新基建相比,"制度基建"更具有决定性意义,是推进中国社会治理现代化的关键一招。新基建的制度建设主要涉及经济体制改革领域,关键是要充分发挥市场在资源配置中的决定性作用,并使之制度化,将社会资本、私营企业等市场主体参与新基建的投资、管理、收益等制度化,进一步明确政府与市场在新基建领域的关系,从而规范政府行为,使政府既不能乱作为,也不能不作为。习近平总书记指出:"坚持社会主义市场经济改革方向,不仅是经济体制改革的基本遵循,也是全面深化改革的重要依托。"② 党和政府要将经济体制改革成果制度化,健全完善新基建的制度体系,使市场主体平等地参与市场竞争,进一步激发市场主体活力,增强经济社会发展的新动能。新基建的制度体系是中国特色社会主义制度体系的重要组成部分,是推进社会治理现代化的制度保障。

---

① 贾康:《新基建:既是当务之急,又是长远支撑》,《党政研究》2020年第4期。
② 《习近平关于全面深化改革论述摘编》,中央文献出版社,2014,第62页。

新基建既是促进中国实现高质量发展的新动能，也是推进社会治理现代化的重要动力。正确认识新基建，既要充分理解新基建的内涵与分类，也要把握新基建强信息性、强关联性和强带动性的特征。推进社会治理现代化，离不开新基建的强力支撑。一方面，社会治理现代化和经济社会高质量发展所要求的精细化数据和精准化施策，给以5G、人工智能、数据中心等为代表的新基建带来了发展机遇。另一方面，新基建对于数据收集、处理、分析的几何级提升，可以为公众参与社会治理提供极大的便利，并有效地解决社会治理的各项政策"精准调控"的难题，推动社会治理社会化、精细化、智能化。党和政府在推进新基建过程中，应坚持以传统基建为基点，夯实社会治理现代化的经济基础；坚持以发展需求为导向，提高人民在社会治理中的获得感；坚持以科技创新为动力，加强社会治理现代化的科技支撑；坚持以市场机制为主臬，培育社会治理现代化的多元主体；坚持以制度建设为保障，完善社会治理现代化的制度体系。以新基建推进社会治理现代化，不仅可能，而且可行，关键是要用好新基建，充分激发和发掘新基建在社会治理中的巨大潜力。

四 社会治理视域下青藏高原生态环境治理的路径选择

建设生态文明是关系人民福祉、关乎民族未来的长远大计。"所谓生态文明，是人类对传统文明形态特别是工业文明形态进行深刻反思之后，努力追求和正在建立的人与自然和谐相处的新的文明形态，是人类社会在发展理念、发展道路和发展模式方面的重大进步。"[1] 没有良好的生态环境，人类的生命健康安全将无法保障，已经取得的发展成果也将会丧失。青藏高原是我国重要的生态安全屏障，生态环境保护是推动青藏高原文明现代发展的第一要略。

---

[1] 郝时远等主编《中国民族发展报告（2015）》，社会科学文献出版社，2015，第214页。

（一）加强对生态移民的社会治理

"生态难民"的产生和生态自然保护区建设，是青藏高原地区推进生态移民工程的两个主要原因。生态移民工作与民族问题、宗教问题等社会问题相互交织，做好生态移民工作对于地域社会发展意义重大。"藏族生态移民是由于藏族世代居住的我国生态核心区生态环境的恶化，为改善和保护生态环境所发生的政府主导型迁移活动，以及由此活动而产生的以藏民族为主体的人口迁移。……藏族生态移民尤其三江源藏族生态移民处于我国环境保护的核心区，又是以藏族为主体民族的人口迁移，具有鲜明的民族特征。因此，藏族生态移民工程是我国以改善生态环境为目标的整体生态移民工程的关键组成部分。"①青藏高原地区推进生态移民工作首要目的是加强生态环境保护，因此，做好生态移民工作，对推进青藏高原生态文明建设具有举足轻重的意义。

第一，必须充分保障移民群众的基本生活水平。

将农牧民从其世代居住的地方迁移出来，不仅仅关系到地理位置上的变化，更关系到他们生产、生活方式和社会关系的变化。基层政府只有做到保障移民基本生活水平不受影响，移民才能在迁入地真正安居下来。如果在迁入地的生活水平还不如迁移前的水平，必然会造成民心不稳，即使顺利实现了搬迁，后续工作也会变得十分棘手。因此，保障移民群众的基本生活水平是做好生态移民工作的基础。

首先，加大对移民群众的救助力度。政府兴建的移民安置点往往在城镇的郊区，牧民失去赖以生存的草场，不得不放弃原有的以放牧为生的生产方式。"最初牧民因为变卖家产多少都有些储蓄，随着储蓄耗尽，牧民生活的困窘日益显现。政府最初发放的固定补贴随着持续的通货膨胀，实际购买力明显下降。"②缺乏收入来源、城镇所有的生活用品全部要靠购买，对本来就不富裕的移民群众的生活造成了较大的压力。因此，迁入地政府应加大对生态移民群众的救助力度，对移民群众在医疗、就业、子女

---

① 冯雪红、王玉强：《藏族生态移民研究回顾与展望》，《西南边疆民族研究》2015年第3期。
② 郝时远等主编《中国民族发展报告（2015）》，社会科学文献出版社，2015，第254页。

教育等方面予以救助。

其次，提高移民群众的就业能力。就业是民生之本，移民群众就业困难会导致一系列社会问题。推动移民群众再就业，必须做好以下两项工作。其一，引导移民群众转变就业观念。树立平等的职业观，是推动移民群众顺利就业的前提。其二，加强对移民群众的职业技能培训。不少移民的文化水平较低，缺乏有竞争力的职业技能，再加上普通话水平有限，可供他们选择的职业非常有限。只有加强对移民群众普通话水平和职业技能的培训，才能增强他们的就业优势，实现顺利就业。

最后，加强移民区的基础设施建设。在生态移民相对集中的地方，政府应修建小学和医院，满足移民群众子女的就近入学需求，同时保证移民群众的医疗卫生条件，为他们看病提供方便。在牧区生活习惯了的群众不太愿意在家里上厕所，因为觉得十分尴尬；在室外修建旱厕，又会影响与邻居之间的关系。根据这一情况，政府应在移民区加强公共厕所建设，为移民群众的生活提供便利。在调研过程中发现，部分移民不太希望将自己的孩子送到汉语学校学习，觉得孩子还小，应该加强对藏语的学习，有较强的传承藏语言和藏族传统文化的意识。迁入地政府应充分考虑移民群众的诉求，着力考量双语教育的广泛推广实施，这既有利于推广普通话教学，也可以让适龄少数民族儿童学习本民族语言、文化。政府可以考虑在有条件的移民区兴建小型图书馆，使少数民族文化得到弘扬和传承，而不让移民群众觉得在生态移民的过程中他们的语言文化丢失了。

第二，必须着力做好移民群众的社会适应工作。

生态移民工作并不是把群众从一个地区安置到另一个地区那么简单，最重要的是妥善解决被安置群众以后的生活。"我们不仅需要考察安置的具体过程及适应城市生活等带来的风险，更需要考察牧民迁移后，在文化变迁、社会融合等方面面临的风险。每一个环节的设计失误与行动失调都有可能对牧民（包括个体和群体）造成伤害，使其对项目产生抗拒心理，影响项目的整体效果。"[①] 从空旷的草原牧场到人口相对集中的城镇，移民群众的生活环境的改变会给他们带来较大的融入困难。

---

① 郝时远等主编《中国民族发展报告（2015）》，社会科学文献出版社，2015，第245页。

首先,做好移民群众的心理疏导工作。在生态移民城镇化安置过程中,基层政府及其工作人员与移民群众之间的有效沟通是根本。一方面,基层政府要把党和政府的移民政策向移民群众讲清楚、讲透彻,努力让移民群众理解和支持政府的决策。另一方面,基层工作人员应充分了解和听取移民群众的利益诉求,并将其及时反馈给相关政府部门;对生活有困难的移民群众及时伸出援助之手,为其排忧解难;对思想认识上有偏差的移民群众及时进行心理疏导,让生态移民工作有更加广泛的群众基础;对因社会环境改变而心理焦虑比较严重的移民群众,请心理咨询师进行专业性的心理辅导,帮助他们快速适应生活环境的变化。

其次,满足移民群众的宗教信仰需求。习近平总书记多次强调"党的宗教工作的本质是群众工作"。满足信教群众的宗教信仰需求,是做好青藏高原地区生态移民工作的重要抓手。

最后,促进移民群众之间的社会整合。一个理想的社会,全体社会成员都享有平等机会获取社会资源、参与社会活动和享受社会提供的各项福利。民族平等是我国民族政策的一个基本原则,促进"各民族共同团结奋斗、共同繁荣发展"是我们民族工作的目标导向。基于青藏高原生态移民安置工作实际情况考量,一方面,由于移民群众自身条件的局限性,其发展和活动空间受到较大限制,尤其是语言交流不畅问题相对凸显,在较大程度上限制了移民群众的活动范围;另一方面,移民迁入地的群众对生态移民群体的接纳和适应是一个循序渐进的过程,需要在当地政府帮助下进行心理调适和逐步接受,这在一定程度上也增加了移民群众融入当地社会的难度。为了让移民群众真正融入并适应移居地的生活,必须打破各种人为壁垒、消除种种不利因素,在生活实践中推动民族交往交流交融,实现当地群众与移民群众之间平等、友好、和睦相处,推动实现地域社会治理与发展的长治久安。

(二)健全生态环境保护和治理机制

青藏高原生态环境保护的重要性不言而喻,因此,如何有效维护高原的生态平衡、促进高原生态文明建设,值得深入探讨。传统"先污染后治理"的生态环境治理模式饱受诟病,"预防胜于治理"已逐渐成为共识。

在生态环境保护和治理方面,最重要的是坚持生态环境保护和扶贫开发相结合,以经济社会发展促进生态环境保护。另外,也应探索生态环境合作治理模式,最大限度地调动社会力量积极参与到生态环境保护和治理中,建立健全青藏高原的生态环境保护和治理合作机制。

第一,必须坚持生态环境保护和扶贫开发相结合。

生态环境保护必须以经济社会发展为基础,没有一定的经济社会发展作为保障,生态环境保护只是一句空话。"生态文明是人类社会努力追求的新的文明形态,它必须通过具体的发展道路和发展模式来实现,也就是生态文明建设。"[1] 生态文明建设必须融入青藏高原地域的经济建设、政治建设、文化建设、社会建设的各个方面和全过程,只有这样才能取得切实的效果。

其一,要正确认识环保和发展的关系。学术界普遍认为,经济社会发展水平与生态文明建设水平呈正相关关系。青藏高原经济社会发展相对滞后,这与生态环境脆弱不无关系。极其脆弱的生态环境使工业企业的发展受到严格的限制,对当地经济社会发展水平的提高造成了不利的影响。同时,由于青藏高原地区社会经济发展水平相对较低,在生态环境保护方面不仅缺乏必要的资金支持,而且保护模式单一、技术相对落后,对当地生态文明建设产生了消极的影响。生态环境保护和社会经济发展是相互促进、相互影响的。因此,青藏高原地域的生态文明建设必须建立在社会经济发展的基础之上。

其二,必须健全生态补偿机制。对青藏高原的地域资源进行有偿使用和生态补偿,是改善基层农牧民群众生活条件、促进经济社会发展的重要措施,也可以为生态环境保护工作提供有力的资金保障。"对牧户因生态退化和保护而受到的损失进行科学的生态补偿,使牧民在生态保护过程中的福祉不受损失,拓展牧民生计方式,改善牧户的生活满意度和幸福感,调动和激励牧民参与生态保护的积极性,实现区域生态保护和牧民幸福的双赢。"[2] 建立健全生态补偿机制,对企业造成节能减排的压力,有利于增

---

[1] 郝时远等主编《中国民族发展报告(2015)》,社会科学文献出版社,2015,第215页。
[2] 杨海镇、李惠梅、张安录:《牧户对三江源草地生态退化的感知》,《干旱区研究》2016年第4期。

强企业的环保意识。生态补偿机制协调了环境权、生存权和发展权之间的关系。生态环境保护的受益者(受益地区)给予青藏高原农牧民群众一定的经济补偿,使他们的生活和生产得以维护和发展,而农牧民群众也会因此更加积极主动地保护好本地区的生态环境,更好地维护受益者(受益地区)的生存权和发展权。

第二,努力探索生态环境合作治理模式。

生态文明建设是一项系统性工作,需要全社会的关注和支持才能顺利推进。作为生态文明建设推动进程中生态环境治理的有效模式,生态环境合作治理在较大程度上有利于解决生态环境保护中单一治理模式的失灵问题,其不仅有效解决了政府和市场失灵的问题,而且调动了基层群众参与生态环境保护的积极性,对于构建生态环境治理长效机制意义重大。

首先,要调动群众参与生态环境保护的积极性。青藏高原生态文明建设离不开基层农牧民群众的参与和支持,他们是生态环境保护和治理的重要主体。"牧民对环境保护的响应是生态保护战略有效实施的关键,主体参与意愿直接影响生态保护项目实施的成效和可持续性,是区域生态经济可持续发展的前提。"[1] 良好的生态环境是基层民众赖以生存的基础和生活质量得以维护的保障。青藏高原地区基层政府应大力推进生态环境管护员制度,可依据具体需求就近聘用一定数量的农牧民群众担任草原、林业和湿地管护员,每月发放一定的工资补助,并健全相关福利待遇体系,让基层农牧民群众成为青藏高原生态文明建设的"排头兵"和"先遣队",让他们切实体会到生态环境保护所带来的经济效益,从而让生态环境保护成为农牧民群众的自觉行动。与此同时,基层党员干部应加强对农牧民群众进行生态环境保护方面的教育,不断提高他们的环保意识和环保技能。

其次,鼓励社会资本参与生态环境保护。社会资本在生态环境保护方面注重追求环境价值和经济效益的统一,坚持生态环境保护和资源利用开发相结合,是青藏高原生态文明建设过程中不容忽视的一支重要力量。坚持"谁保护谁受益"的原则,鼓励和支持在生态环境保护方面有经验的民营企业参与到生态公园建设、生态旅游开发等项目中来,不断健全和完善

---

[1] 李惠梅等:《三江源牧户参与草地生态保护的意愿》,《生态学报》2013年第18期。

社会资本参与基层生态环境保护的相关规章制度,健全社会资本投资回报机制,拓宽社会资本在生态环境保护方面的融资渠道,推动青藏高原地区生态环境保护市场化机制的建立,实现生态环境效益和经济效益的双赢,为高原生态文明建设注入源源不断的资本动力。以生态环境保护带动当地经济社会的发展,努力将生态优势转化为经济优势。

最后,扶持民间环保组织的发展。在我国,民间环保组织的定义是以环境保护为主旨,不以营利为目的,不具有行政权力并为社会提供环境公益性服务的民间组织。[①] 随着人民群众环保意识的觉醒,民间环保组织成为继政府和企业之后青藏高原生态文明建设一支重要的社会力量。民间环保组织在生态环境保护方面具有不可替代的作用,可以"在政府的监督下,有效发挥自身优势以弥补政府治理公共事务的不足,充分开拓政府环保体系所没有覆盖或者覆盖程度薄弱的部分"[②]。青藏高原地区相关政府部门可在适度原则下放低民间环保组织的准入门槛,加强对民间环保组织的资金支持和政策引导,助其发展壮大,以便更好地发挥民间组织在基层生态环境保护中的作用。只有基层政府与民间环保组织之间建立起良性互动关系,才能使二者在生态环境保护方面相得益彰,共同推进青藏高原地区的生态文明建设事业。

---

① 周鑫:《环保民间组织——建设生态文明的生力军》,《环境教育》2010年第6期。
② 安秀伟:《合作与互补:我国民间环保组织与政府关系的分析》,《河北青年管理干部学院学报》2011年第3期。

第四章　新时代中华优秀传统文化的传承和弘扬的实践指向

在新时代，传承和弘扬中华优秀传统文化是文化建设与文化发展的核心命题，对于促进中华文化的创新与发展、推动建设中华民族现代文明具有重要意义。《中共中央关于党的百年奋斗重大成就和历史经验的决议》指出："中华优秀传统文化是中华民族的突出优势，是我们在世界文化激荡中站稳脚跟的根基，必须结合新的时代条件传承和弘扬好。"[①] 作为中华文化的核心内容和正向规制，中华优秀传统文化是中华民族共同的文化积淀、共享的文化传统，厚植着中华民族的精神基因，凝聚了中华民族共通的心理情感。在现实性上，民族共同体范畴的实然形塑有赖于文化意义的主体阐发，因为"真正把人们维系在一起的是他们的文化，即他们所共同具有的观念和准则"[②]。中华优秀传统文化是中华民族思想观念、人文精神、道德规范的历史积淀，彰显了中华文明的文化创造力和发展力，表征了中华民族在文化构建中共同的价值追求。中华民族共享的文明传承不仅促进了中华民族多元一体的历史形塑，而且助推着中华民族共同体的时代建构。在多元文化交流交锋日益激烈的全球化时代，推动中华优秀传统文化的创造性转化和创新性发展，不仅是中华文化面向未来的主题，而且是实现中华民族伟大复兴、提高国家文化软实力的前提。

---

① 《中共中央关于党的百年奋斗重大成就和历史经验的决议》，人民出版社，2021，第46页。
② 〔美〕露丝·本尼迪克特：《文化模式》，王炜等译，生活·读书·新知三联书店，1988，第18页。

一 中国共产党传承和弘扬中华优秀传统文化百年实践的演绎向度

回溯中国共产党传承和弘扬中华优秀传统文化的百年实践,马克思主义中国化与中华优秀传统文化传承相耦合的理论向度、中华文化发展和文化强国建设相协调的实践向度、时代精神赓续与铸牢中华民族共同体意识相连接的价值向度,构成了中国共产党传承和弘扬中华优秀传统文化百年历程的演绎图景。

(一)马克思主义中国化与中华优秀传统文化传承相耦合的理论向度

不断推进马克思主义中国化是中国共产党坚持理论创新的实践要义,因为"马克思主义理论不是教条而是行动指南,必须随着实践发展而发展,必须中国化才能落地生根、本土化才能深入人心"①。在马克思主义中国化进程中,坚持马克思主义基本原理同中华优秀传统文化相结合,既是马克思主义本土化指导中国新的实践的应然要求,又是马克思主义大众化推动国家发展的现实选择。在社会转型的复杂境遇中,基于文化主体形塑的理论向度研判,中国共产党传承和弘扬中华优秀传统文化的百年实践,始终指向马克思主义中国化与中华优秀传统文化传承相耦合之历时廓清。

马克思主义中国化意味着马克思主义理论的本土化、民族化、大众化。马克思主义中国化不仅是中国革命、建设、改革、发展的理论命题,更是推动中华民族共同体建设的实践命题。在百年淬炼历程中,中国共产党"不断推进马克思主义中国化时代化,用博大胸怀吸收人类创造的一切优秀文明成果,用马克思主义中国化的科学理论引领伟大实践"②。新中国的发展实践充分佐证了"马克思主义之所以行,就在于党不断推进马克思主义中国化时代化并用以指导实践"③。推进马克思主义中国化必须坚持马

---

① 《中共中央关于党的百年奋斗重大成就和历史经验的决议》,人民出版社,2021,第66页。
② 《中共中央关于党的百年奋斗重大成就和历史经验的决议》,人民出版社,2021,第63页。
③ 《习近平谈治国理政》第4卷,外文出版社,2022,第29页。

克思主义基本原理同中国具体实际相结合、同中华优秀传统文化相结合。马克思主义基本原理同中国具体实际相结合、同中华优秀传统文化相结合的历史进程,充分证明了历史前进的法则"并不是在他们自己选定的条件下创造,而是在直接碰到的、既定的、从过去承继下来的条件下创造"①。因此,在马克思主义中国化进程中,理论对实践的指导往往根植于具体的历史文化传统和时代境遇之中。其中,中华民族共同体文化的历史建构和现实导引更是主旨要件。事实上,马克思主义中国化在文化维度上主要指涉国外意识形态学说和中国独特的文化品格相融合的问题。在此之上,如何依托马克思主义中国化的文化根基进一步推进马克思主义基本原理与中国具体实际相结合,成为中国共产党百年实践的历史追问。

马克思主义中国化凸显了马克思主义基本原理与中华民族文化价值传统的彼此调适与相互耦合。作为中华文化的核心内容和正向规制,中华优秀传统文化支撑着中华文明的绵延不绝与进步前行,滋养着中华民族的生生不息与发展壮大。"理论在一个国家实现的程度,总是决定于理论满足这个国家的需要的程度。"② 实现好、维护好、发展好最广大人民的根本利益是马克思主义充分发挥理论效力的必然前提。马克思主义既是中国共产党的根本指导思想,也是中国共产党领导推进社会主义中国现代化转型的基本实践指南,其与中华传统价值体系具有多维的内在契合性,二者的视域融合在现实性上重塑着中华文化的时代肌理,唤醒着中华民族的价值自觉。在中国特色社会主义新时代场景中,马克思主义中国化的实现必须夯实马克思主义理论认同的文化场域、筑牢马克思主义信仰坚定的主体基础。有鉴于此,以中华优秀传统文化的创造性转化和创新性发展为基点,坚持马克思主义基本原理同中华优秀传统文化相结合,明确马克思主义本土化和民族化的价值意蕴,是消除马克思主义中国化进程中可能出现的理解间距和语言间距的重要方式。

作为马克思主义中国化的最新理论成果,习近平新时代中国特色社会主义思想既是马克思主义基本原理同中华优秀传统文化相结合的理论创

---

① 《马克思恩格斯文集》第2卷,人民出版社,2009,第470~471页。
② 《马克思恩格斯选集》第1卷,人民出版社,1995,第11页。

新，也是中国共产党传承和弘扬中华优秀传统文化的理论典范。中华优秀传统文化"蕴含的思想观念、人文精神、道德规范，不仅是我们中国人思想和精神的内核，对解决人类问题也有重要价值"①。马克思主义中国化是习近平新时代中国特色社会主义思想的理论底色，其不仅厚植于中华优秀传统文化的价值意蕴，而且连接着马克思主义中国化在新时代的创新性发展。

习近平新时代中国特色社会主义思想充分诠释了马克思主义价值规制与中华优秀传统文化价值推崇在时代境遇中之耦合交融，不仅给予马克思主义中国化通俗化的表达，而且焕发了中华优秀传统文化在新的实践场域中的发展生机。马克思恩格斯指出："一切划时代的体系的真正的内容都是由于产生这些体系的那个时期的需要而形成起来的。"② 就马克思主义中国化与中华优秀传统文化传承的耦合而言，"人民是我们党执政的最大底气，是我们共和国的坚实根基"③ "江山就是人民，人民就是江山"④ "我将无我，不负人民"⑤ 深刻刻画了马克思主义"以人民为中心"的基本立场与中华优秀传统文化"惠民利民、安民富民"的民本思想之意义投向；"为中国人民谋幸福，为中华民族谋复兴"⑥ 秉承着马克思主义政党初心使命与"精忠报国、振兴中华"的爱国主义情怀之现实旨归；"绿水青山就是金山银山"⑦ 生动阐释着马克思主义生态文明与"道法自然、天人合一"生态观念之和谐统一；人类命运共同体思想鲜明昭示着共产主义理想与"天下大同"和合理念之殊途同归；"坚持从历史走向未来，从延续民族文化血脉中开拓前进，我们才能做好今天的事业"⑧ "勇于自我革命，从严管党治党""幸福生活都是奋斗出来的""坚持依法治国和以德治国相结合"⑨ 等无不刻写着历史唯物主义、辩证唯物主义与"革故鼎新、与时俱

---

① 《习近平谈治国理政》第3卷，外文出版社，2020，第314页。
② 《马克思恩格斯全集》第3卷，人民出版社，1960，第544页。
③ 《习近平谈治国理政》第3卷，外文出版社，2020，第137页。
④ 《习近平谈治国理政》第4卷，外文出版社，2022，第512页。
⑤ 《习近平谈治国理政》第3卷，外文出版社，2020，第144页。
⑥ 《习近平谈治国理政》第3卷，外文出版社，2020，第182页。
⑦ 《习近平谈治国理政》第3卷，外文出版社，2020，第361页。
⑧ 《习近平著作选读》第1卷，人民出版社，2023，第283页。
⑨ 《习近平著作选读》第2卷，人民出版社，2023，第21、501、19页。

进""脚踏实地、实事求是""自强不息、厚德载物"传统理念之实然归依……在当代中国多元化价值思潮碰撞与博弈的现实境遇中,马克思主义中国化的实践不仅彰显于其话语体系的本土化转化和时代化解读中,而且显现于其价值意涵的传统化丰富和民族化映射中。有学者认为,对习近平新时代中国特色社会主义思想"新的飞跃"之定位体现了对党的指导思想历史定位的平衡性,也顺应了党心民意。① 作为马克思主义中国化理论成果新的飞跃,习近平新时代中国特色社会主义思想体现马克思主义的理论底色与价值规制,萃取了中华优秀传统文化的核心意旨和价值取向,并据此整合了中华民族共同的利益诉求,融汇了中华民族共通之心理情感,引领着中华民族走向伟大复兴。

推进马克思主义中国化必须坚持马克思主义基本原理同中华优秀传统文化相结合。无论是社会主义现代化建设,还是实现中华民族伟大复兴中国梦,都必须坚持"以史为鉴、开创未来,必须继续推进马克思主义中国化"②,因为"我们党的历史,就是一部不断推进马克思主义中国化的历史,就是一部不断推进理论创新、进行理论创造的历史"③。作为中华民族的文化根脉,中华优秀传统文化既是中国特色社会主义文化的重要组成部分,也是中国特色社会主义事业的根基。在中国特色社会主义新时代发展阶段中,必须"深入挖掘和阐发中华优秀传统文化讲仁爱、重民本、守诚信、崇正义、尚和合、求大同的时代价值,使中华优秀传统文化成为涵养社会主义核心价值观的重要源泉"④。马克思主义中国化的发展进程永无止境,作为当代中国马克思主义、21世纪马克思主义,习近平新时代中国特色社会主义思想坚持"两个结合",勇于理论创新,赋予马克思主义鲜明的实践特色、民族特色、时代特色。⑤ 在新的历史发展阶段中,必须坚持马克思主义指导思想不动摇,明确习近平新时代中国特色社会主义思想的

---

① 石仲泉:《论党的指导思想的三次飞跃——学习〈中共中央关于党的百年奋斗重大成就和历史经验的决议〉》,《毛泽东邓小平理论研究》2021年第11期。
② 习近平:《在庆祝中国共产党成立100周年大会上的讲话》,人民出版社,2021,第12页。
③ 习近平:《在党史学习教育动员大会上的讲话》,人民出版社,2021,第12页。
④ 《习近平谈治国理政》第1卷,外文出版社,2018,第164页。
⑤ 黄坤明:《习近平新时代中国特色社会主义思想实现了马克思主义中国化新的飞跃》,《人民日报》2021年11月22日,第6版。

领导地位，继续推进马克思主义的中国化、时代化发展，推动马克思主义基本原理同中国具体实际相结合、同中华优秀传统文化相结合。必须在马克思主义价值引领下推动中华优秀传统文化的创造性转化和创新性发展，以中华优秀传统文化的价值理念充实马克思主义的价值意蕴、丰富马克思主义的理论意涵，以中华优秀传统文化的时代阐发在更大程度上发挥马克思主义对人类社会发展进步的引领功能。

（二）中华文化发展与文化强国建设相协调的实践向度

文化的价值蕴含着价值主体的文化创造。文化以民族为载体依附于具体国家而存在与发展，"向上向善的文化是一个国家、一个民族休戚与共、血脉相连的重要纽带"①。在中华民族共同体历时形构的漫长进程中，作为中华文化的核心内容和正向规制，中华优秀传统文化导引着中华民族的历史形塑，引领着源远流长之中华文明的迈步前行。在社会主义现代化强国建设场域中，基于文化功能国家投射的实践向度考察，中国共产党传承和弘扬中华优秀传统文化的百年实践实际上也是中华文化发展与文化强国建设相协调之共时显现，其不仅为社会主义现代化进程提供了强大的精神动力，而且为中华民族伟大复兴注入了强劲的思想活力。

在中华民族共同体框架内，文化及其作用绝不能仅仅从其自身进行诠释，文化关涉国家前途、民族命运与社会走向，文化博弈实为国家经济竞争与政治较量的投射。"文化是一个国家、一个民族的灵魂。文化兴国运兴，文化强民族强。"②回溯中华民族共同体历时形构的进程，中华民族尽管在几千年历史长河中历经国家分合、民族离散、外敌入侵、国土沦丧以及重重天灾人祸，但从未动摇过国家统一、民族团结的坚定决心，这些磨难却反而愈发唤醒中华民族从自在到自觉之根本转变，形塑着中华民族的自我觉醒与自强不息。"历史和现实都表明，一个抛弃了或者背叛了自己历史文化的民族，不仅不可能发展起来，而且很可能上演一场历史悲

---

① 《习近平谈治国理政》第4卷，外文出版社，2022，第103页。
② 习近平：《决胜全面建成小康社会 夺取新时代中国特色社会主义伟大胜利——在中国共产党第十九次全国代表大会上的报告》，人民出版社，2014，第14页。

剧。"① 所以"只有坚持从历史走向未来,从延续民族文化血脉中开拓前进,我们才能做好今天的事业"②。事实上,维系中国这个幅员辽阔、人口众多且文化多元的统一多民族国家的整体认同始终依赖于中华文化价值体系所展现出的整合力、向心力和凝聚力。价值体系是文化意涵的核心注解,在中华民族共同体框架内,其提供了是与非、善与恶、好与坏等道德标准,这些标准通过教化施加于人民大众,内化为其约定俗成的道德遵循并进而外化为行为规范,规制着其行为举止,推动着文明发展。"一个国家、一个民族的强盛,总是以文化兴盛为支撑的,中华民族伟大复兴需要以中华文化发展繁荣为条件。"③ 作为中华民族多元融汇的文化积淀和世代承续的文化血脉,中华文化熔铸于中华民族历史形塑进程中,深烙于中华民族的共通情感中,在实现中华民族伟大复兴中国梦中充分发挥着其凝聚力量和精神指引之社会功能。在中华民族走向伟大复兴的时代征途上,"十四亿中国人民凝聚力这么强,就是因为我们拥有博大精深的中华文化、中华精神,这是我们文化自信的源泉"④。正是基于中国人民对中华文化精神内涵之自觉践行,中华文化的历史延续和现实发展才成为可能并得以实现,也正是基于中华文化所淬炼之共通情感和价值共识,中华民族才能在历经漫长的社会变迁和无数次的聚合离散之后还维系着整体统一和内在凝聚。

中国共产党传承和弘扬中华优秀传统文化的百年实践体现了其深刻的文化发展观,其厘清了中华优秀传统文化传承发展在国家发展前行进程中的目标旨归,指明了中华文化在百年未有之大变局境遇中的发展面向,即"要加强对中华优秀传统文化的挖掘和阐发,让中华文化同各国人民创造的多彩文化一道,为人类提供正确精神指引"⑤。作为中华民族共同体历时建构之文化形式,中华文化并非一成不变,其价值意蕴既保守又开放,随

---

① 习近平:《在哲学社会科学工作座谈会上的讲话》,人民出版社,2016,第17页。
② 习近平:《在纪念孔子诞辰2565周年国际学术研讨会暨国际儒学联合会第五届会员大会开幕会上的讲话》,人民出版社,2014,第14页。
③ 《习近平关于社会主义精神文明建设论述摘编》,中央文献出版社,2022,第18页。
④ 习近平:《论党的青年工作》,中央文献出版社,2022,第222页。
⑤ 习近平:《在中国文联十大、中国作协九大开幕式上的讲话》,人民出版社,2016,第15~16页。

着社会价值诉求的现实导向而变化发展。在这个动态发展过程中,既要妥善对待和传承中华文化的文化肌理与价值传统,坚守中华文化的基本立场,又要充分考虑社会主流价值准则与时代价值需求,坚定中华文化的社会主义方向。有鉴于此,必须在社会主义核心价值观引领下,充分挖掘和阐发中华优秀传统文化的价值意涵,推动中华文化的时代传承与创新发展。

发展于中国特色社会主义实践中的社会主义先进文化,是时代精神的现实诠释。中国特色社会主义文化与中国特色社会主义道路、理论、制度相系,植根于中国特色社会主义伟大实践,并不断汲取中华优秀传统文化的养分,由此成为全面建成社会主义现代化强国的精神动力和中华民族伟大复兴的价值引领。就此而言,中国特色社会主义文化建设必然以中华优秀传统文化、革命文化以及社会主义先进文化为建设内容。

中国共产党基于文化建设百年实践的历史经验,从价值诠释、立场坚守、展演态势和原则遵循等维度阐明了中国特色社会主义文化建设的实践领域。在社会主义现代化进程中,中华文化的传承发展应立足于社会现代化转型实际,结合中国特色社会主义时代背景,以发展"面向现代化、面向世界、面向未来"的中国特色社会主义文化为任务指向,并"坚持为人民服务、为社会主义服务,坚持百花齐放、百家争鸣,坚持创造性转化、创新性发展,不断铸就中华文化新辉煌"[1]。中国特色社会主义文化的价值诠释立足于马克思主义的价值观念,在实际工作中坚持以社会主义意识形态引领文化建设,指向了"牢牢掌握意识形态工作领导权,建设具有强大凝聚力和引领力的社会主义意识形态"[2]的时代要求。

思想文化的选择总是与社会道路抉择紧密相关。作为中国特色社会主义语境中社会主流意识形态的本质意涵和核心表达,马克思主义不仅是中国共产党长期执政的思想旗帜,而且是中国特色社会主义事业发展壮大的行动指南。坚守中华文化立场,是中国特色社会主义文化建设的必然选择。中华文化有独特的言说方式,在异质文化与多元价值强势涌入的时代

---

[1] 习近平:《决胜全面建成小康社会 夺取新时代中国特色社会主义伟大胜利——在中国共产党第十九次全国代表大会上的报告》,人民出版社,2017,第41页。
[2] 《中共中央关于党的百年奋斗重大成就和历史经验的决议》,人民出版社,2021,第44页。

境遇中，坚守中华文化立场就是在中华民族文化时代发展进程中保持其独立性、主体性和本真性，在文化国际化的发展潮流中坚定文化自信，而非依赖于对西方"现代化"之攀附与盲从。作为中华文化传承发展的时代演绎，中国特色社会主义文化建设必须保持中华文化的独立特性与主体属性，彰显中华文化的民族特色与本真意涵。"三个面向"蕴聚了中国特色社会主义文化建设的发展态势。观照中华文化演进历程，"面向现代化"凸显其时代性，"面向世界"折射其民族性，"面向未来"则反映其发展性。"坚持为人民服务、为社会主义服务"是中华文化发展的方向与目的，"坚持百花齐放、百家争鸣""坚持创造性转化、创新性发展"是促进中华文化发展的实践维度。在中国特色社会主义新时代，"建设社会主义文化强国，激发全民族文化创新创造活力，更好构筑中国精神、中国价值、中国力量，巩固全党全国各族人民团结奋斗的共同思想基础"①，逻辑性地与中华文化发展方向形成了内在关联，与中华优秀传统文化创造性转化和创新性发展形成了相互促进的关系。

文化强国建设的目标是提升国家文化软实力。文化软实力是国家软实力的核心要素，表征为一个国家或地区文化的影响力、凝聚力和感召力。②文化软实力不仅对内引领社会文明进步，而且对外影响国家的国际地位。国家文化软实力的提升必须夯实其传统文化根基，推动中华优秀传统文化的创造性转化和创新性发展是其实践要义，因为"中华优秀传统文化是我们最深厚的文化软实力，也是中国特色社会主义植根的文化沃土"③。推动中华优秀传统文化的创造性转化和创新性发展是文化强国建设的重要任务，也是传承和弘扬中华优秀传统文化的题中应有之义。基于中国共产党传承和弘扬中华优秀传统文化百年实践的经验指导，中华优秀传统文化的创造性转化和创新性发展必须结合时代条件，既"要坚持古为今用、以古鉴今，坚持有鉴别的对待、有扬弃的继承"④，又"要揭示蕴含其中的中华

---

① 《中共中央关于党的百年奋斗重大成就和历史经验的决议》，人民出版社，2021，第44页。
② 〔美〕约瑟夫·S. 奈：《硬权力与软权力》，门洪华译，北京大学出版社，2005，第6~7页。
③ 《习近平在中共中央政治局第十八次集体学习时强调 牢记历史经验历史教训历史警示 为国家治理能力现代化提供有益借鉴》，《人民日报》2014年10月14日，第1版。
④ 《习近平谈治国理政》第2卷，外文出版社，2017，第313页。

民族的文化精神、文化胸怀和文化自信,为新时代坚持和发展中国特色社会主义提供精神支撑"①。中国特色社会主义进入新时代,党和国家实施的中华优秀传统文化传承发展工程,内蕴了推进中华优秀传统文化创造性转化和创新性发展的战略方针。"加快国际传播能力建设,向世界讲好中国故事、中国共产党故事,传播好中国声音,促进人类文明交流互鉴,国家文化软实力、中华文化影响力明显提升"②,充分演绎了中华文化发展与文化强国建设相协调的内生逻辑。

(三) 时代精神赓续与铸牢中华民族共同体意识相连接的价值向度

精神理念是文化体系的核心,在社会现代化转型场景中,中华民族共同体的时代建构必然蕴含时代精神赓续与铸牢中华民族共同体意识的现实连接。在百年未有之大变局时代境遇下,基于文化的价值向度,中国共产党传承和弘扬中华优秀传统文化百年实践,表征了时代精神赓续与铸牢中华民族共同体意识的逻辑互构。"中华民族形成了伟大民族精神和优秀传统文化,这是中华民族生生不息、长盛不衰的文化基因,也是实现中华民族伟大复兴的精神力量。"③ 有鉴于此,在实现中华民族伟大复兴征途中,以中华优秀传统文化的传承和弘扬巩固中国精神代际相传的文化基础,以中国精神的时代赓续推动铸牢中华民族共同体意识,既是政治遵循也是实践抉择,中华优秀传统文化孕育了中国精神生发的历史文化根脉,也承载了中国精神时代演进的价值意蕴。以爱国主义为核心的民族精神和以改革创新为核心的时代精神集中汇聚为铸牢中华民族共同体意识的价值导向。在中国共产党革命、建设、改革进程中,中国精神激励着全国各族人民团结奋进、自强不息,鼓舞着中华民族敢于开拓、勇于创新。从精神理念的传承范式出发,"爱国主义是中华民族的精神基因,维系着华夏大地上各个民族的团结统一……改革创新体现了中华民族最深沉的民族禀赋,反映了当代中国发展进步的要求"④。以爱国主义为核心的民族精神是中华民族

---

① 《习近平关于社会主义精神文明建设论述摘编》,中央文献出版社,2022,第229页。
② 《中共中央关于党的百年奋斗重大成就和历史经验的决议》,人民出版社,2021,第46页。
③ 《习近平关于社会主义精神文明建设论述摘编》,中央文献出版社,2022,第233页。
④ 《习近平总书记系列重要讲话读本》,学习出版社、人民出版社,2016,第11页。

的价值追求，以改革创新为核心的时代精神是中国特色社会主义建设的价值指引。

作为中华文化和中国精神的时代精华，习近平新时代中国特色社会主义思想不仅深刻诠释了民族精神的时代发展，而且彰显了中华民族一以贯之的不懈追求。因为真正的哲学必然蕴含时代精神的精华、反映时代发展的一般规律，习近平新时代中国特色社会主义思想作为时代精神的诠释必然昭示时代变革的方向、引领时代的发展。马克思认为："必然会出现这样的时代：那时哲学不仅在内部通过自己的内容，而且在外部通过自己的表现，同自己时代的现实世界接触并相互作用。"① 时代精神的赓续往往是对时代课题的回应、对现实的介入和对社会进行改造的结果，"这种精神是凝心聚力的兴国之魂、强国之魂"②。

为实现中华民族伟大复兴，中国共产党始终坚定初心使命、践行使命担当，不仅大力弘扬中国精神，而且"鲜明提出以伟大建党精神为源头的中国共产党人精神谱系，积极培育和践行社会主义核心价值观"③。在此基础上，弘扬红色精神、传承红色血脉成为赓续中国精神的应然要义。在中华民族共同体的框架内，培育和践行社会主义核心价值观是中国各族人民的价值共识，具有价值整合和价值导向的实然功能。因此，"我们要大力培育和践行社会主义核心价值观，用共同理想信念凝聚民族意志，用中国精神激发中国力量，动员全体中华儿女共同创造中华民族新的伟业"④。在这一过程中，中国精神的时代赓续离不开社会主义核心价值观所进行的价值整合、利益调适和社会动员，以中国精神的弘扬获取前进的动力不仅是中国精神赓续的过程而且是其赓续的结果。

铸牢中华民族共同体意识是时代精神赓续的重要指向。民族团结和社会稳定不仅需要精神的指引和中华民族共同体意识的深化，而且需要在传统精神与时代精神的价值联系中牢固树立"四个与共"的共同体理念。作

---

① 《马克思恩格斯全集》第1卷，人民出版社，1995，第220页。
② 《习近平谈治国理政》第1卷，外文出版社，2018，第40页。
③ 陈金龙：《以中国式现代化推进中华民族伟大复兴》，《人民日报》2022年2月22日，第7版。
④ 《习近平关于社会主义政治建设论述摘编》，中央文献出版社，2017，第128页。

为中国各族人民价值诉求的社会表达,中华民族共同体意识不仅生发于中国各民族的交往交流交融中,而且生发于中国各民族构筑共有精神家园的文化实践中。就此意义而言,"铸牢中华民族共同体意识是新时代党的民族工作的'纲',所有工作要向此聚焦"[1]。作为中华民族社会实践的产物,中华文化所蕴含的价值期待、文化责任和理想诉求,以普遍的社会心理和同类价值意识形塑共同体的文化基础,诠释了共同体的文化意义和价值指向。[2] 作为时代精神赓续核心要义的集中表达,中国精神映射出中国人民的自觉认可和普遍赞同。溯源中华民族共同体的建构历程,"高一层次的民族认同意识,即共休戚、共存亡、共荣辱、共命运的感情和道义"[3],不仅是中华民族共同体生成和发展的精神源泉,而且是民族精神弘扬和凝聚的价值归属。

中华优秀传统文化是中华民族共同体民族基因的精神写照,是中华民族共同体意识形成和发展的价值渊源。在现代化、全球化、信息化所注解的时代场景中,铸牢中华民族共同体意识必须结合时代条件传承和弘扬好中华优秀传统文化,必须强化各民族的价值共识。在推动中华优秀传统文化创造性转化、创新性发展的进程中,铸牢中华民族共同体意识要求充分认识"各民族优秀传统文化都是中华文化的组成部分,中华文化是主干,各民族文化是枝叶,根深干壮才能枝繁叶茂"[4] 的文化格局。作为中华文化的重要组成部分,各民族优秀的传统文化是高度凝练的民族精神的历史表达,集中表征了各族人民价值诉求的时代意旨,形塑着铸牢中华民族共同体意识的情感共鸣与心理自觉。

时代精神赓续与铸牢中华民族共同体意识的连接,聚焦于"推动各民族坚定对伟大祖国、中华民族、中华文化、中国共产党、中国特色社会主义的高度认同,不断推进中华民族共同体建设"[5] 的价值向度。中华民族共同体意识内含各族人民共同遵守的道德规范和行为准则,是共同体集体

---

[1] 《习近平谈治国理政》第4卷,外文出版社,2022,第246页。
[2] 詹小美、刘锐:《铸牢中华民族共同体意识文化探赜》,《青海社会科学》2021年第2期。
[3] 费孝通主编《中华民族多元一体格局》,中央民族大学出版社,1999,第13页。
[4] 《习近平谈治国理政》第4卷,外文出版社,2022,第246页。
[5] 《习近平谈治国理政》第4卷,外文出版社,2022,第244页。

推崇和思想意志的文化结晶。在中华民族多元一体的发展进程中，中华民族共同体意识的生发与中华民族共同体的存在相系，内含休戚与共的社会关系、命运交融的价值共享、你中有我我中有你的身份认同等。赓续时代精神、铸牢中华民族共同体意识在中国特色社会主义新时代场域中的有机结合，集中投射了"五个认同"的意义诠释。基于二者结合的关系维度，人文精神、伦理道德等各族人民价值诉求的共识凝聚，不仅促进了时代精神的价值确证，而且推动了"五个认同"的自觉达成。

在社会历史变革的漫长进程中，中华优秀传统文化促进了中华文明的生成发展，既是时代精神赓续的文化底色，也是铸牢中华民族共同体意识的文化基础，铸牢中华民族共同体意识由此不仅彰显为中国精神赓续的时代命题，而且是引领中华民族成为包容性更强、凝聚力更大的命运共同体的时代课题。中国共产党传承和弘扬中华优秀传统文化的百年实践，表征为时代精神赓续和铸牢中华民族共同体意识的双向律动。"从党的百年奋斗中看清楚过去我们为什么能够成功、弄明白未来我们怎样才能继续成功"[1]，因此，结合时代条件传承和弘扬好中华优秀传统文化，赓续时代精神、铸牢中华民族共同体意识，承载了中国共产党为中国人民和中华民族英勇奋斗的初心和使命，凸显了实现中华民族伟大复兴历史与现实逻辑演绎的发展向度。

二 马克思主义基本原理同中华优秀传统文化相结合的时代向度

党的二十大报告对"开辟马克思主义中国化时代化新境界"作出了整体战略部署。近现代中国的历史毫无疑问是一部"国家蒙辱、人民蒙难、文明蒙尘"[2]的屈辱史，直至1949年新中国成立，中华民族才迎来了独立自主发展的光明前景。中华民族"站起来"并不是一帆风顺的，而是经历了一个漫长且曲折的探索过程。在此过程中，无论是地主阶级领导的洋务

---

[1] 《中共中央关于党的百年奋斗重大成就和历史经验的决议》，人民出版社，2021，第2页。
[2] 《习近平谈治国理政》第4卷，人民出版社，2022，第4页。

运动、农民阶级发动的太平天国运动,还是民族资产阶级领导的辛亥革命,无论是改良还是革命,都未能改变中华民族的悲惨命运,都未能使中华民族走上独立自主发展的道路。尽管晚清政府"中体西用"的立场仍是保守的,但还是为西方现代文明进入中国打开了窗口,并为辛亥革命后的新文化运动做了铺垫。① 俄国十月革命胜利之后,我国众多先进知识分子纷纷放弃无政府主义等资产阶级、小资产阶级思想,转向了马克思列宁主义,并以此为指导完成了中华民族历史上开天辟地的大事变——成立中国共产党。中国先进知识分子为什么能够实现信仰的转变?马克思主义为什么能够广受中国知识分子的欢迎,并在中国落地生根?回答好这些问题,除了要从政治因素中寻找答案之外,也不能忽视思想文化因素的重要性。习近平总书记在党的二十大报告中指出:"中国共产党为什么能,中国特色社会主义为什么好,归根到底是马克思主义行,是中国化时代化的马克思主义行。"② 中国化时代化的马克思主义之所以"行",在很大程度上是由于中国具有马克思主义生根发芽的思想文化土壤,中华优秀传统文化与之具有内在契合性,二者之间拥有有效结合和有机融合进而实现双向赋能的思想基础。

在马克思主义传入我国后,先进知识分子就开始关注它与中华优秀传统文化相结合的问题,特别是在中国共产党成立之后,马克思主义基本原理同中华优秀传统文化相结合的问题开始从理论探讨转向实践探索。从实践上看,二者相结合的具体实践,贯穿了中国共产党领导中国革命、建设和改革的百余年奋斗历程。从理论上看,二者相结合产生了一系列马克思主义中国化的理论成果,成为党治国理政的重要指导思想。本小节试图从内容维度上分析马克思主义基本原理同中华优秀传统文化能够实现深度结合和有机融合的原因,进一步廓清马克思主义基本原理同中华优秀传统文化的关系,从而为推动二者实现更好的结合找准工作抓手。在此基础上,本小节对如何推动二者相结合进行了探讨,认为马克思主义基本原理同中华优秀传统文化相结合的过程,其实是一个相互成就、双向赋能的过程,

---

① 林尚立:《当代中国政治:基础与发展》,中国大百科全书出版社,2017,第265页。
② 习近平:《高举中国特色社会主义伟大旗帜 为全面建设社会主义现代化国家而团结奋斗——在中国共产党第二十次全国代表大会上的报告》,人民出版社,2022,第16页。

由于马克思主义的融入,传承了五千年的中华优秀传统文化得以激活,中华优秀传统文化因此拥有了指导其创造性转化、创新性发展的"灵魂";中华优秀传统文化也为推动马克思主义中国化提供思想文化"沃土",成为推动当代中国马克思主义发展的"酵母"①。

(一) 马克思主义基本原理同中华优秀传统文化相结合的探索与实践

马克思主义基本原理同中华优秀传统文化相结合的可行性和必要性,是首先需要探讨的问题。一个产生于近代西方、一个产生于古代中国,无论是时空背景还是文化差异,这两种文化看起来都没有直接的关联。在中国共产党诞生前,就有学者探讨过二者相结合的问题。早在中国共产党成立之初,党的早期领导人便开始进行马克思主义基本原理同中国具体实际、同中华优秀传统文化相结合的实践探索。党的十八大以来,以习近平同志为核心的党中央十分重视文化建设,并强调坚定文化自信的重要性。马克思主义基本原理与中华优秀传统文化双向赋能的历史和实践,进一步增强了二者相结合的必要性。

第一,"第二个结合"的实践基础与学理探讨。

毛泽东在党的六届六中全会上正式提出了"马克思主义中国化"的概念,他在《中国共产党在民族战争中的地位》中指出:"马克思列宁主义的伟大力量,就在于它是和各个国家具体的革命实践相联系的。对于中国共产党说来,就是要学会把马克思列宁主义的理论应用于中国的具体的环境。"② 长期以来,在中国共产党的话语体系中,"马克思主义中国化"就是指"马克思主义基本原理同中国具体实际相结合"。毛泽东进一步强调,在对待马克思列宁主义时要"按照中国的特点去应用它"③,这里的"中国的特点"其实就包含中华优秀传统文化,中华优秀传统文化是"中国具体实际"的重要组成部分,甚至可以说是基础部分。毛泽东用实事求是阐释马克思主义的实践观、用矛盾论阐释唯物辩证法,邓小平用小康阐释中国

---

① 余玉花:《论中华优秀传统文化在当代中国马克思主义发展中的作用》,《思想理论教育》2021年第9期。
② 《毛泽东选集》第2卷,人民出版社,1991,第534页。
③ 《毛泽东选集》第2卷,人民出版社,1991,第534页。

式现代化道路、从中华优秀传统文化中寻找马克思主义基本原理的阐释路径，这些都是马克思主义基本原理同中国具体实际相结合的生动体现。习近平在庆祝中国共产党成立100周年大会上的讲话中明确提出"坚持把马克思主义基本原理同中国具体实际相结合、同中华优秀传统文化相结合"①的要求，并着重强调"同中华优秀传统文化相结合"，这与习近平强调坚定文化自信一脉相承。至此，"马克思主义中国化"的叙事方式从"一个结合"转变为"两个结合"，并强调马克思主义基本原理同中华优秀传统文化相结合是中国共产党团结带领全体中国人民坚定文化自信、注重从中华优秀传统文化中发掘治国理政资源的重要体现与深刻展演。

在习近平明确提出"两个结合"的命题之前，马克思主义基本原理同中华优秀传统文化相结合的问题就一直是国内学术界关注的焦点，学者们对马克思主义为什么能够在中国落地生根作了深入的探讨。其中，作为国内最早关注马克思主义的近代思想家之一，梁启超认为："墨子是个小基督，从别方面说，墨子又是个大马克思，马克思的共产主义是在'唯物观'的基础上建设出来，墨子的'唯物观'比马克思还要极端。"②尽管梁启超把墨子称为"小基督"的观点略有偏颇，但他能发现马克思与墨子在唯物观上的契合之处，在当时已实属不易。对推动马克思主义哲学中国化作出过巨大贡献的《大众哲学》作者艾思奇认为，中华民族和中华优秀传统文化内含马克思主义的种子，"马克思主义是科学的共产主义，而共产主义社会，曾是中国历史上一切伟大思想家所共有的理想"③。此处艾思奇所谓的"共产主义社会"，其实就是我国古代知识分子向往的大同社会。张岱年认为，"马克思主义在中国的传播之顺利，绝不仅由于政治的原因"，"还有思想意识方面的原因"④，唯物论和辩证法是马克思主义哲学的内核，也是中国哲学的重要内容，二者在表述上虽有区别，但也有契合之处。同时，张岱年指出，"如何运用马克思主义来看待儒学，是一个严肃的学术课题"⑤。运用马克思主义

---

① 《习近平谈治国理政》第4卷，人民出版社，2022，第10页。
② 梁启超：《饮冰室合集》第5册《饮冰室专集之三十九》，中华书局，1989，第20页。
③ 艾思奇：《五四文化运动在今日的意义》，《新中华报》1939年4月28日，第6版。
④ 张岱年：《马克思主义在中国的传播与中国传统哲学的背景》，《中国社会科学院研究生院学报》1987年第3期。
⑤ 张岱年：《运用马克思主义来看待儒学》，《光明日报》2000年7月11日，第B03版。

的世界观和方法论对待儒学，不仅是学术或理论问题，而且是政治实践问题；二者深度结合和有机融合，产生了一系列中国化的马克思主义思想，成为推动中国特色社会主义事业不断向前发展的思想指引和行动指南。

第二，关于"第二个结合"的学术讨论。

党的十八大以来，国内学界不仅探究了马克思主义同中华优秀传统文化能够结合的原因，而且梳理了二者相结合的历史进程以及具体的路径方法等，其中有两方面的研究很有价值。其一，深入探究马克思主义基本原理同中华优秀传统文化能够实现结合的原因。房广顺、郑宗保认为，马克思主义中国化之所以能够成功，一方面是由于马克思主义本身是开放的、科学的理论体系，另一方面是因为马克思主义与中华优秀传统文化具有内在契合性。① 何中华从时代性、民族性以及文化原型层面论述了马克思主义与儒学会通的可能性②，认为马克思主义和儒学在运思方式上的一致是二者实现会通的根本前提③，并论述马克思主义基本原理同中华优秀传统文化相结合是一个随着实践发展而发展的历史进程，在党的十八大以后，二者的结合达到了一个崭新的高度④。其二，阐释马克思主义基本原理同中华优秀传统文化相结合的重要意义。秦博等人认为，二者结合是一个相互成就、互利互惠的过程，一方面，要推动马克思主义中国化，必然需要中华优秀传统文化提供的丰厚文化土壤；另一方面，历史悠久的中华优秀传统文化也因马克思主义的融入而蓬勃发展。⑤ 孙力认为，二者的结合激活了马克思主义同中华优秀传统文化之间交融互鉴的基因，加速了马克思主义在中华大地生根发芽的进程，同时，实现了中华文化的现代转型，增强了中华民族的凝聚力。⑥ 显然，学者们认为马克思主义基本原理同中华优秀传统文化相结合，是一个彼此成就、

---

① 房广顺、郑宗保：《马克思主义与中国传统文化相契合的当代选择》，《社会主义研究》2015年第2期。
② 何中华：《马克思主义与儒学的会通何以可能？》，《文史哲》2018年第2期。
③ 何中华：《"圣之时者"与历史地审——马克思与儒家在运思方式上的契合》，《济南大学学报》（社会科学版）2020年第5期。
④ 何中华：《深刻理解马克思主义基本原理同中华优秀传统文化相结合》，《人民日报》2021年8月9日，第12版。
⑤ 秦博、王虹、徐实：《推动中华优秀传统文化与马克思主义中国化的深度融合》，《红旗文稿》2018年第6期。
⑥ 孙力：《"两个结合"：马克思主义中国化的规律揭示》，《思想理论教育》2021年第9期。

（二）马克思主义基本原理同中华优秀传统文化相结合的契合点

"马克思主义是我们立党立国、兴党兴国的根本指导思想。"① 同时，中国共产党是中华优秀传统文化的忠实传承者和坚定弘扬者，始终把传承和弘扬中华优秀传统文化作为治国理政过程中重要的文化使命，并把文化建设纳入"五位一体"总体布局。习近平指出："坚持和发展马克思主义，必须同中华优秀传统文化相结合。只有植根本国、本民族历史文化沃土，马克思主义真理之树才能根深叶茂。"② 毫无疑问，中国共产党是推进马克思主义基本原理同中华优秀传统文化相结合的领导主体，而广大人民群众则是推进二者相结合的主体力量。除了具备主体条件之外，马克思主义基本原理同中华优秀传统文化在内容维度上的契合才是二者能够顺利相结合的根源。其中人民立场与民本思想的契合、实践观与知行合一观的契合、共产主义理想与大同社会理想的契合是最为重要的，也是二者能够顺利实现结合的重要思想基础。

第一，"人民立场"与"民本思想"的理念契合。

马克思主义的诞生有深厚的社会经济基础。正是由于对严重的两极分化等社会问题的关注以及对工人阶级的悲惨境遇的同情，马克思恩格斯在深入思考无产阶级解放问题的基础上，创立了马克思主义。马克思主义具有鲜明的阶级属性，它站在当时统治阶级的对立面，致力于为广大无产阶级寻找一条实现自身解放的正确道路。人民性是马克思主义最鲜明的品格，人民立场是马克思主义政党区别于其他政党的显著标志。习近平指出："马克思主义博大精深，归根到底就是一句话，为人类求解放。"③ 马克思主义揭示了人类社会发展的一般规律，认为全人类的解放必须以无产阶级的解放为基础，并指明了推翻资产阶级统治、实现无产阶级解放，进

---

① 习近平:《高举中国特色社会主义伟大旗帜 为全面建设社会主义现代化国家而团结奋斗——在中国共产党第二十次全国代表大会上的报告》，人民出版社，2022，第16页。
② 习近平:《高举中国特色社会主义伟大旗帜 为全面建设社会主义现代化国家而团结奋斗——在中国共产党第二十次全国代表大会上的报告》，人民出版社，2022，第18页。
③ 《十九大以来重要文献选编》（上），中央文献出版社，2019，第424页。

而建立没有压迫、没有剥削、人人平等、人人自由的人类理想社会的正确道路。马克思主义以坚定的人民立场、致力于人类解放事业的博大胸怀站在了人类道义的制高点,以此为指导思想的马克思主义政党也拥有了最广泛的阶级基础。习近平指出:"马克思主义之所以具有跨越国度、跨越时代的影响力,就是因为它植根人民之中,指明了依靠人民推动历史前进的人间正道。"[①] 在马克思主义诞生之前,没有哪一种科学理论能够站在广大人民的立场上并服务于广大劳苦大众的解放事业。

中华优秀传统文化中形成了浓厚的民本思想。《孟子·尽心下》有载:"民为贵,社稷次之,君为轻。"《管子·牧民》中说:"政之所兴,在顺民心;政之所废,在逆民心。"魏徵劝谏唐太宗说:"君,舟也;人,水也;水能载舟,亦能覆舟。"(《贞观政要》)可见,民本思想在中华文明发展的不同时期都有具有代表性的表达,其影响随着儒家地位的上升而不断增强。尽管封建社会民本思想是建立在不平等的人身依附关系之上的,它的出发点是确保江山永固,更好地维护封建统治,但在客观上仍具有保障人民权益的积极作用。近代资产阶级革命派更是直接将"民为邦本,本固邦宁"写入《香港兴中会章程》。从春秋战国到辛亥革命时期,尽管朝代、政权不断更迭,民本思想却在中国人的思想观念中不断强化。当经过新文化运动洗礼的先进知识分子接触到马克思列宁主义之后,他们便产生了思想上的亲近感,马克思主义的人民立场由于与中华优秀传统文化中的民本思想内在契合而在近代知识分子心中引起强烈共鸣,这种共鸣会不自觉地成为他们宣传马克思主义的内驱力,从而为马克思主义在中国的广泛传播创造必要条件。

出自《尚书·五子之歌》的名言"民惟邦本,本固邦宁"被习近平在重要讲话中多次引用,他还明确提出了"民心是最大的政治"[②] 的重要论断。毫无疑问,中国古代知识分子"为生民立命"的情怀与马克思主义"为实现人类解放而奋斗"的价值追求具有内在一致性。作为马克思主义执政党,中国共产党继承并超越中华优秀传统文化中的民本思想,旗帜鲜

[①] 《十九大以来重要文献选编》(上),中央文献出版社,2019,第424页。
[②] 《十八大以来重要文献选编》(下),中央文献出版社,2018,第560页。

明地把立党为公、执政为民作为执政理念,把全心全意为人民服务作为根本宗旨,把为中国人民谋幸福、为中华民族谋复兴作为初心使命,民本思想成为党治国理政的思想内核。习近平指出:"为什么人、靠什么人的问题,是检验一个政党、一个政权性质的试金石。"① 中国共产党坚持一切为了人民、一切依靠人民,把人民"满不满意、高不高兴、答不答应"作为评价一切工作成效的根本标准。正如习近平所言:"江山就是人民、人民就是江山,打江山、守江山,守的是人民的心。"② 中国共产党始终坚持为中国人民谋幸福,努力让人民共享高质量发展成果,把增进民生福祉、满足人民对美好生活的向往作为一切工作的出发点和落脚点。在治国理政的具体实践中,中国共产党实现了马克思主义的人民立场与中华优秀传统文化中民本思想的有机融合,充分地证明了中国共产党是中华优秀传统文化的忠实传承者和坚定弘扬者。

第二,"实践观"与"知行合一观"的融会贯通。

马克思恩格斯创立马克思主义的直接目的就是更好地指导欧洲工人运动,从而使理论的力量转化为实践的力量,推翻资产阶级统治,建立一个无产阶级专政的新世界。正如马克思所说的:"哲学家们只是用不同的方式解释世界,而问题在于改变世界。"③ 马克思不甘于做一位只会解释世界的理论家,而是要做一位运用正确理论推翻旧世界、建立新世界的革命家。同样,以他的名字命名的马克思主义并不是僵化、一成不变的理论,其是世界无产阶级运动的行动指南,而作为来源于实践并用来指导实践的理论,必然要随着实践的发展变化而发展变化。在《共产党宣言》发表之前,英国和法国的空想社会主义者怀着悲天悯人的情感,以浪漫的笔调描绘了未来人类社会的美好图景,但由于未能科学揭示人类社会发展规律,也没有找到指导人类步入理想社会的正确途径,其思想最终只能沦为一种空想。马克思通过创立剩余价值学说和唯物史观,科学揭示了人类社会发展的一般规律,为人类实现自身解放指明了正确道路。同时,他也清醒地认识到,"批判的武器当然不能代替武器的批判,物质力量只能用物质力

---

① 《习近平谈治国理政》第3卷,外文出版社,2020,第520页。
② 《习近平谈治国理政》第4卷,外文出版社,2022,第9页。
③ 《马克思恩格斯选集》第1卷,人民出版社,2012,第140页。

量来摧毁"①。马克思主义并不是局限于书斋的理论,而是指导全世界无产阶级通过实践打碎旧世界、建立新世界的理论。要真正发挥其积极作用,必须用它来武装广大无产阶级的头脑,为把理论变成"物质力量"创造条件。

道家强调"无为而治",佛教强调通过"自渡"来"渡人",而儒家文化自汉武帝"罢黜百家,独尊儒术"开始就成为中国传统文化的主流,后来的儒、释、道融合也是以儒学为中心的融合,儒家"学而优则仕"的理念更是中国古代众多知识分子始终不渝的人生信条。在我国古代大多知识分子看来,读书只是"修身"的手段,最终是要实现"治国""平天下"的目的,强调"修身"的功用性。可见,中华优秀传统文化的核心仍然是入世哲学。"在儒家传统中,经世致用观强调关注社会现实,利用所学解决时代的问题,这一观念在每个时代都发挥着历久弥新的作用。"②无论是"修身、齐家、治国、平天下",还是"为天地立心,为生民立命,为往圣继绝学,为万世开太平",中国古代知识分子大多希望通过提高自身的修养和能力达到影响和改造现实世界的目的,知行合一、经世致用是他们毕生的追求,正所谓"读书期于明理,明理归于致用"(张之洞语)。特别是明清时期,湖湘学派将"知行合一、经世致用"的思想发展到顶峰。中华优秀传统文化中蕴含的这种直面现实、勇于担当、"以天下为己任"的知行合一、经世致用的处世哲学,为历朝历代的统治者所采用并积极弘扬,从而深刻地影响了一代又一代中国人的价值观,并逐渐成为中国精神的文化内核。

马克思主义是实践的理论,实践性是马克思主义的显著特征。将理论的力量转变为物质的力量,关键在于将理论应用于具体实践。在评价一个人时,中国古人主张"听其言,观其行",并且强调"行胜于言"。评价一个理论是否科学,也要注重其实践的成效。不可否认,在新文化运动之前,马克思主义作为一种社会思潮就已经传入中国,但当时并没有引起我国知识分子的广泛关注。直到俄国十月革命的胜利让中国近代先进知识分

---

① 《马克思恩格斯选集》第1卷,人民出版社,2012,第9页。
② 王绪琴:《儒家经世致用观的历史考察及现代意义》,《自然辩证法研究》2017年第6期。

子更为直观地感受到马克思列宁主义改造世界的实践伟力,他们才纷纷转向研究、宣传马克思列宁主义。可见,近代中国先进知识分子之所以选择马克思主义,在很大程度上是由于他们看到了马克思主义的实践伟力,将其"移植"到中国主要就是为了改造中国。概言之,马克思主义之所以能够在近代中国广泛传播并生根发芽,在很大程度上是由于中国自古以来就有重视实践的思想文化传统,而马克思主义的实践性正好能够被中国知识分子所接受。最早接受马克思列宁主义的先进知识分子逐渐成为我国早期的马克思主义者,他们将马克思主义的实践品格与中华优秀传统文化中的经世致用处世哲学融会贯通,并在推动马克思主义中国化的具体实践中实现了马克思主义基本原理同中国具体实际、同中华优秀传统文化的深度结合和有机融合。

第三,共产主义理想与大同社会理想的愿景一致。

在马克思主义诞生的标志性文献《共产党宣言》中,马克思恩格斯指出了人类未来社会的发展趋势——"资产阶级的灭亡和无产阶级的胜利是同样不可避免的"[1],并认为未来的人类社会"将是这样一个联合体,在那里,每个人的自由发展是一切人的自由发展的条件"[2],尤其是作为社会大多数的"无产者在这个革命中失去的只是锁链。他们获得的将是整个世界"[3]。这里所说的"联合体"即"自由人的联合体",就是共产主义社会。但是,实现共产主义并不是一蹴而就的,共产主义取代资本主义是一个漫长且曲折的过程。在《〈政治经济学批判〉序言》中,马克思提出了"两个决不会"理论,即"无论哪一个社会形态,在它所能容纳的全部生产力发挥出来以前,是决不会灭亡的;而新的更高的生产关系,在它的物质存在条件在旧社会的胎胞里成熟以前,是决不会出现的"[4],指明了资本主义社会灭亡和共产主义社会产生的条件。"两个不可避免"和"两个决不会",既指出了共产主义取代资本主义的必然性,也指明了这一过程的漫长性与曲折性。共产主义理想的提出,让深受资产阶级压迫和剥削的无

---

[1] 《马克思恩格斯选集》第1卷,人民出版社,2012,第413页。
[2] 《马克思恩格斯选集》第1卷,人民出版社,2012,第422页。
[3] 《马克思恩格斯选集》第1卷,人民出版社,2012,第435页。
[4] 《马克思恩格斯选集》第2卷,人民出版社,2012,第3页。

产阶级看到了希望的曙光,帮助他们点燃了为实现自身解放而奋斗的火种。巴黎公社作为人类历史上第一次无产阶级政权的伟大尝试,虽然存在的时间很短暂,但对世界无产阶级革命仍具有极大的示范和激励作用。1917年俄国取得了十月革命的胜利,在马克思主义指导下建立了世界上第一个无产阶级专政的国家,人类社会向共产主义社会理想迈出了实质性一步。随着东欧剧变、苏联解体的发生,国际共产主义运动不可避免地陷入低潮,但不可否认,无产阶级专政的伟大实践已在人类社会发展史上留下了浓墨重彩的一笔。

我国先民早在春秋战国时期就对未来社会作出了美好设想,在《礼记·礼运》篇中描绘了"大道之行也,天下为公"的未来社会美好图景。大同社会理想得到了中国古代无数知识分子的高度认同,他们入朝为官以后将这种理想深刻融入其"治国、平天下"的行动之中,并以此推动大同社会的构建。尽管在当时的社会经济条件下,大同社会理想并未真正实现,但这并不影响中国古代知识分子对大同社会理想的不懈追求。即使在中华民族危亡之际,这种追求依然未曾减弱。康有为在传统大同社会理想的基础上进一步描绘了大同社会的具体形态:"于是时,无邦国,无帝王,人人相亲,人人平等,天下为公,是谓大同。"① 孙中山把建立"天下为公"的大同社会作为革命的重要目标,尽管他在领导多次革命之后仍旧未能改变近代中国半殖民地半封建社会的性质,但他追求"大同"的精神依然令人敬佩。习近平指出:"中国共产党人是孙中山先生革命事业最坚定的支持者、最忠诚的合作者、最忠实的继承者。"② 作为中国民主革命的先驱,尽管孙中山未能实现革命理想,但其革命精神激励着无数中国共产党人为实现大同理想而不懈奋斗。可见,愈是在中华民族生死存亡之际,中国先进知识分子构建大同理想社会的愿望就愈加迫切,大同理想在凝聚民心、汇聚民力方面的作用就愈加强大。

无论是共产主义远大理想,还是中华优秀传统文化中的大同社会理想,其对未来美好生活的设想都超越了当时的经济社会发展条件。但不同

---

① 康有为:《大同书》,上海古籍出版社,2005,第71~72页。
② 习近平:《在纪念孙中山先生诞辰150周年大会上的讲话》,人民出版社,2016,第4页。

的是，大同社会理想更侧重于对未来社会的美好想象，它是中国的"乌托邦"，中国知识分子并没有找到实现大同社会理想的正确道路。尽管经过当前人类社会关于共产主义的大规模实践，共产主义社会仍然是未被体证的未来社会，但马克思主义指明了实现这一社会理想的正确道路，因此，我们认为共产主义理想建立在科学理论的基础之上，代表着人类未来社会发展的必然趋势。从这个意义上讲，共产主义理想与大同社会理想之间有本质的区别。但二者都是对未来社会的美好构想，我国古代知识分子提出大同社会理想时，想必也坚定地相信它是可以实现的。因此，我们不可否认二者之间存在一定的契合性。在新民主主义革命时期，毛泽东在《论人民民主专政》一文中曾用"大同"来阐释共产主义，他指出，中国要"经过人民共和国到达社会主义和共产主义，到达阶级的消灭和世界的大同"[①]。中国共产党不仅要团结带领中国人民实现民族独立，而且要"使人类进到大同境域"[②]。而在马克思恩格斯看来，人类只有进入共产主义社会，阶级才会消灭。所以，毛泽东笔下的"世界的大同"和"大同境域"就是理想的共产主义社会。习近平指出，我们秉持"天下一家"的理念，为全球新冠疫情防控作出了积极贡献，"生动诠释了为世界谋大同、推动构建人类命运共同体的大国担当"[③]。据此可见，在中国政治话语中，大同社会理想和共产主义理想对人类社会发展的愿景是高度一致的。

（三）马克思主义基本原理同中华优秀传统文化相结合的着力点

推进马克思主义基本原理同中国具体实际相结合、同中华优秀传统文化相结合，是新时代推进马克思主义中国化时代化的内在要求。"马克思主义中国化的过程，就是同中华传统文化精华相融合、与中国具体实践相结合的过程，文化自信是对'中国特色'的最好诠释。"[④] 传承和弘扬中华优秀传统文化，是中华民族伟大复兴的题中应有之义。马克思主义的融入，激活了中华优秀传统文化中的现代文明基因，使之焕发出前所未有的

[①] 《毛泽东选集》第4卷，人民出版社，1991，第1471页。
[②] 《毛泽东选集》第4卷，人民出版社，1991，第1469页。
[③] 《十九大以来重要文献选编》（中），中央文献出版社，2021，第690页。
[④] 《十九大以来重要文献选编》（上），中央文献出版社，2019，第76页。

生机与活力，从而更好地引领人类文明发展。百余年来，中国共产党推进马克思主义中国化的历史，实质上就是马克思主义为中华优秀传统文化"铸魂"，中华优秀传统文化为推进马克思主义中国化"培土"，进而实现二者之间相互成就、双向赋能的历史。二者相结合的过程虽然是一个双向赋能的过程，但在此过程中，必然有一方处于主导地位，而另一方处于从属地位。二者相结合，不仅是为了传承和弘扬中华优秀传统文化，更好地推动中华优秀传统文化的创造性转化、创新性发展，更为重要的是为了更好地推进马克思主义中国化时代化，坚持马克思主义在我国意识形态领域指导地位的根本制度。

第一，以构建马克思主义中国化思想体系强化意识形态领导权。

马克思主义基本原理、中华优秀传统文化两种不同思想文化体系的结合，结束了我国"文明蒙尘"的历史，创造了人类文明新形态，中华民族进一步坚定了文化自信。在文化自信的"塔式结构"中，基底是中华优秀传统文化，中坚是中国革命文化，顶端是社会主义先进文化。马克思主义在我国文化自信的"塔式结构"中发挥统揽作用，是它的支柱和灵魂，是塔尖上的夜明珠。① 没有马克思主义基本原理同中华优秀传统文化的深度融合，也就没有今天的文化自信，更不会有人类文明新形态。百年来，中国共产党始终在坚持马克思主义同中国具体实际相结合、同中华优秀传统文化相结合的基础上推进马克思主义中国化时代化，成功构建了以毛泽东思想、中国特色社会主义思想体系、习近平新时代中国特色社会主义思想为主要内容的马克思主义中国化思想体系。在这一思想体系指导下，党团结带领全体中国人民不断夺取革命、建设和改革新的伟大胜利。实践是理论创新的源泉，理论创新是推动实践发展的重要力量。党的十九届六中全会通过的《中共中央关于党的百年奋斗重大成就和历史经验的决议》指出："习近平新时代中国特色社会主义思想是当代中国马克思主义、二十一世纪马克思主义，是中华文化和中国精神的时代精华，实现了马克思主义中国化新的飞跃。"② 新时代继续推进马克思主义中国化，重点要在奋力

---

① 项久雨：《新发展理念与文化自信》，《中国社会科学》2018年第6期。
② 《中共中央关于党的百年奋斗重大成就和历史经验的决议》，人民出版社，2021，第26页。

实现第二个百年奋斗目标的新征程中继续发展当代中国马克思主义、21世纪马克思主义，在实现中华民族伟大复兴、全面建成社会主义现代化强国的伟大实践中将习近平新时代中国特色社会主义思想不断推向前进。

马克思主义是为全世界无产阶级服务的科学理论，"中国是世界的一部分，马克思主义中国化是马克思主义在世界实践和发展的一部分"①。中国共产党团结带领全体中国人民夺取新民主主义革命伟大胜利、完成社会主义革命和推进社会主义建设、进行改革开放和社会主义现代化建设、开创中国特色社会主义新时代，都是世界无产阶级革命和社会主义运动的重要组成部分。世界社会主义五百年，先后实现了从空想到科学、从理论到实践的伟大飞跃。20世纪80年代末90年代初，东欧剧变、苏联解体深刻改变了世界政治格局，世界社会主义运动随之陷入低谷，甚至被一些西方学者认定是"历史的终结"②。经过改革开放40多年的快速发展，中国取得了举世瞩目的伟大成就，由此，社会主义在21世纪的中国焕发出前所未有的生机与活力，让世界再次看到社会主义制度尤其是中国特色社会主义制度的巨大优越性。中国特色社会主义是社会主义，而不是其他什么主义。之所以具有"中国特色"，主要是因为它在坚持科学社会主义基本原则的基础上，有效地融入了中国具体实际和中华优秀传统文化。中华优秀传统文化为构建马克思主义中国化思想体系提供了深厚的文化底蕴。

第二，以构建马克思主义中国化方法体系加强意识形态管理权。

百余年来，中国共产党不断进行理论创新和理论创造，积极探索中国特色哲学社会科学发展的正确道路。中国特色哲学社会科学必须以马克思主义为指导，要充分发挥马克思主义对中国哲学社会科学发展的引领作用。习近平指出："要坚持古为今用、洋为中用，融通各种资源，不断推进知识创新、理论创新、方法创新。"③ 如果说内容上的契合是马克思主义基本原理同中华优秀传统文化能够实现有效结合的重要基础，那么方法创

---

① 陶德麟：《对马克思主义中国化研究中两个问题的理解》，《中国社会科学》2009年第1期。
② 〔美〕弗朗西斯·福山：《历史的终结与最后的人》，陈高华译，广西师范大学出版社，2014。
③ 《习近平谈治国理政》第2卷，外文出版社，2017，第339页。

新就是推动二者实现有效结合的重要手段。在推进马克思主义中国化、发展和繁荣中国特色哲学社会科学的过程中，一定要通过方法创新构建马克思主义中国化的方法体系。"对一切有益的知识体系和研究方法，我们都要研究借鉴，不能采取不加分析、一概排斥的态度。"① 我们既要借鉴吸收国内外不同学科、不同专业的研究方法，也要注意甄别，真正做到"为我所用"。同时，"需要注意的是，在采用这些知识和方法时不要忘了老祖宗，不要失去了科学判断力"②。马克思主义的世界观和方法论一刻也不能丢，要在辩证唯物主义和历史唯物主义的方法、立场和观点指导下，充分借鉴和吸收国内外不同学科的研究方法。

同中国具体实际相结合、同中华优秀传统文化相结合，是中国共产党推进马克思主义中国化时代化的基本路向。马克思主义中国化的方法体系应包括一般方法、特殊方法和具体方法。辩证唯物主义和历史唯物主义既是马克思主义的世界观和方法论，也是推进马克思主义中国化必须坚持的一般方法。马克思主义主要包括马克思主义哲学、马克思主义政治经济学、科学社会主义三大组成部分，而每一部分都是一个完整的学科体系。既然这三大组成部分属于不同的学科，也就意味着有本学科的特殊研究方法。马克思主义中国化必然是这三大组成部分的中国化以及三大组成部分特殊研究方法的中国化。需要指出的是，特殊方法与一般方法是相对而言的，不是绝对的"特殊"，而是在一般方法指导下的"特殊"。中国共产党坚持实事求是的思想路线，在具体实践中必然要求"一切从实际出发"。在"五位一体"总体布局中，每个领域都有具体的实际，自然也就需要与之相适应的具体方法。在一定意义上而言，具体方法就是一般方法和特殊方法的具体化，直接作用于推进马克思主义中国化的具体实践。

第三，以构建马克思主义中国化话语体系掌握意识形态话语权。

马克思主义之所以能在中国落地生根，除了与中华优秀传统文化在内容上的契合之外，还在于我国早期的马克思主义者实现了对马克思主义话语的转化。"教给马克思主义说中国话"或者"让马克思主义说中国

---

① 《习近平谈治国理政》第 2 卷，外文出版社，2017，第 341 页。
② 《习近平谈治国理政》第 2 卷，外文出版社，2017，第 341 页。

话"①，构建马克思主义中国化的话语体系，是推进马克思主义中国化的重要维度。早在新文化运动时期，我国先进知识分子就意识到马克思主义与中华优秀传统文化相结合的问题，认为除了内容的契合，还应实现话语的对接。在新民主主义革命时期，毛泽东用知与行的关系、矛盾的概念阐释马克思主义实践观和否定之否定规律，不仅找到了马克思主义基本原理同中华优秀传统文化的结合点，而且找到了马克思主义中国化的生长点，《实践论》和《矛盾论》成为马克思主义中国化的光辉典范，开了"让马克思主义说中国话"的先河。在改革开放和社会主义现代化建设时期，邓小平用"摸着石头过河"等经典表述强调坚持马克思主义实践观的重要性，用中华传统文化中的"小康"一词阐述中国式现代化道路。习近平总书记十分重视从中华优秀传统文化中最大限度地挖掘治国理政资源，强调中国特色哲学社会科学要体现中国特色、中国风格、中国气派，充分体现了其在推动构建马克思主义中国化话语体系方面作出的开拓性贡献。

在推进马克思主义中国化时代化过程中，"既不能刻舟求剑、封闭僵化，也不能照抄照搬、食洋不化"②。在马克思主义中国化话语体系构建方面，我们要重点警惕"食马不化"和"食古不化"的不良倾向。"食马不化"具体表现为本本主义和教条主义。学习掌握马克思主义基本原理，是中国共产党人的必修课，任何时候都只能加强，而不能削弱。但学习马克思主义基本原理要做到融会贯通，而不能陷入本本主义、教条主义的泥淖。针对本本主义，毛泽东指出："马克思主义的'本本'是要学习的，但是必须同我国的实际情况相结合。我们需要'本本'，但是一定要纠正脱离实际情况的本本主义。"③我们党在新民主主义革命时期走过弯路，偏离中国具体实际的本本主义是主要诱因。针对教条主义，邓小平指出："什么叫教条主义呢？教条主义就是脱离自己的现实。经验本来是好东西，如果不善于学习，就会变成坏东西。"④这主要是针对苏联模式而言的，正

---

① 陶德麟：《实践与真理——认识论研究》，人民出版社，2017，第264页。
② 习近平：《高举中国特色社会主义伟大旗帜 为全面建设社会主义现代化国家而团结奋斗——在中国共产党第二十次全国代表大会上的报告》，人民出版社，2022，第19页。
③ 《毛泽东选集》第1卷，人民出版社，1991，第111~112页。
④ 《邓小平文选》第1卷，人民出版社，1994，第267~268页。

确对待苏联的经验教训，中国特色社会主义才能行稳致远。另外，实用主义也不是正确对待马克思主义应有的态度。习近平指出："对待马克思主义，不能采取教条主义的态度，也不能采取实用主义的态度。"① 构建马克思主义中国化话语体系，关键在于让马克思主义"说中国话"，用广大人民群众听得懂的话语体系阐释马克思主义基本原理。"食古不化"具体表现为文化复古主义。中国共产党致力于推动中华优秀传统文化创造性转化和创新性发展，强调坚定文化自信的重要性，但这不是单纯地复归中华传统文化，而是要吸取中华传统文化中的精华，为马克思主义中国化"培土"，发展社会主义先进文化。因此，发掘中华传统文化的优秀基因，要坚持古为今用的原则，让中华优秀传统文化"讲现代话"。

综上所述，马克思主义和中华优秀传统文化都不是封闭僵化的思想文化体系，马克思主义的开放性和中华优秀传统文化的包容性是二者能够相结合的逻辑前提。马克思主义基本原理同中华优秀传统文化相结合的实践活动，贯穿于党推进马克思主义中国化的百年历程，在此过程中，二者实现了双向赋能。中华优秀传统文化为马克思主义中国化"培土"，奠定了马克思主义在中国之所以"行"的思想文化基础；马克思主义为传承和弘扬中华优秀传统文化"铸魂"，自此，有了正确的指导思想来推动中华优秀传统文化创造性转化和创新性发展。历史和实践充分证明，马克思主义绝不可能绕开中国本土文化而在中国扎根、开花和结果。② 中国化时代化的马克思主义之所以"行"，不仅是由于马克思主义本身的真理性、人民性、实践性和开放性，更为重要的是因为中华大地有能够让马克思主义生根发芽的思想文化底蕴，并顺利实现了马克思主义基本原理同中国具体实际、同中华优秀传统文化的深度结合和有机融合。在党的二十大报告中，习近平指出："不断谱写马克思主义中国化时代化新篇章，是当代中国共产党人的庄严历史责任。"③ 深刻理解马克思主义基本原理同中华优秀传统

---

① 习近平：《在哲学社会科学工作座谈会上的讲话》，人民出版社，2016，第13页。
② 何中华：《历史和自由：马克思主义与儒学契合的两个侧面》，《社会科学战线》2020年第12期。
③ 习近平：《高举中国特色社会主义伟大旗帜 为全面建设社会主义现代化国家而团结奋斗——在中国共产党第二十次全国代表大会上的报告》，人民出版社，2022，第18页。

文化相结合的重要意义和路径指向，有助于我们更好地理解"中国共产党为什么能、中国特色社会主义为什么好"的内在逻辑，从而更好地推动马克思主义中国化时代化，在构建马克思主义中国化思想体系、方法体系和话语体系的基础上，牢牢掌握意识形态的领导权、管理权和话语权，更好地坚持马克思主义在意识形态领域指导地位的根本制度，不断开辟马克思主义中国化时代化新境界。

三 式微与固基：传统文化现代传承的路径考量

文化建构价值，传统文化的现代传承实质为其内在价值的当代传承与现实发展。价值的核心在于其效用性，即对主体存在的实质意义，同样，传统文化价值凸显着其对价值主体之有用性与适用性。传统文化是一个既保守又开放的体系，其所蕴含的价值与意义随着人们的现实利益的多少而增减，"利益（物质的与理念的），而不是理念，直接控制着人的行动"[1]。在当前多元文化与异质价值激荡与冲撞愈演愈烈的趋势下，如何在传统文化的现代传承进程中消除其消极价值的影响，巩固其积极价值的意义与利益所在，是研判传统文化现代传承必须首先揣度之实际问题。

（一）式微困境：多元价值彰显与传统价值转换

"所谓中国传统文化，事实上是指中国封建社会的文化。"[2] 形成并发展于中国封建社会几千年历史进程中的传统文化，必然有与现代化冲突的一面。现代化进程中的货币、贸易、征服、移民运动的全球对接，不仅在资本扩张与增值的经济过程中凸显，而且在代表着不同价值观的多元文化的激荡与碰撞中更加深化，其结构性失衡不断挑战传统文化现代传承的传统根基和阐释原则。经济全球化进程中激烈的民族文化冲突与竞争使多元文化衍生的多元价值得以彰显与强化，"在价值多元的现实语境下，在各种各样的价值要求中，人们总是喜欢以各种不同的面貌，或似是而非的形

---

[1] 〔德〕马克斯·韦伯：《儒教与道教》，王容芬译，商务印书馆，1995，第19页。
[2] 《师道师说：张岱年卷》，东方出版社，2013，第170页。

式,在所谓去中心化的解构中,把政治认同变得模糊。受此影响,价值及价值观的纷至沓来弱化着主流价值体系的一元统摄,已然成为现代化进程中无可争辩的事实"①。在多元价值彰显的当代社会,价值主体通过多元价值的需求分化与利益整合对价值进行比较、批判与抉择,而这一过程中存在目的理性与价值理性的冲突、多元价值与主体价值的悖反,不仅给社会主流价值观的传播与认同带来阻力与障碍,也使中华文化传统价值的当代传承与转换陷入现实困境。

在异质文化交流、交融与交锋的过程中,虽然传统文化的存在具备长期性与持久性,但是,在强烈的冲击浪潮与文化体系普遍开放的形势下,极有可能形成传统文化价值传承的混乱与迷茫局面,引起社会精神的迷失、传统道德在现代社会的失调与失衡以及意识形态的混乱冲突,并最终导致严重的后果。中华文化传统价值具有两重性,即积极与消极之两面性。一方面,自强不息之传统、人文主义之精神、唯物主义无神论、爱国主义之气节等无不体现与表征着传统价值积极向上的思想与精神。另一方面,因循守旧之惰性思想、家庭本位之狭隘立场、尊官贵长之陈旧传统等又时刻凸显与激化着传统价值与现代价值需求之矛盾与失谐。尤其是在多元价值盛行的现实语境中,不仅传统文化内蕴之负面消极价值被非正常地放大,导致其与现代化之冲突进一步加剧与扩大,而且其正面积极价值也遭受着强烈冲击甚至是抵抗。有鉴于此,传统文化所表征的价值传统与价值观念在多元价值冲突与竞争之现实语境中迫切需要转换、变革与创新。

传统价值在现代多元价值现实语境中的转换需要彰显其与现代社会价值主体之价值需求与价值利益所契合与相符之面。传统价值的现代转换困难重重,阻力极大。一是由于传统文化中积极健康的价值观往往比较深邃博大,理解与领悟难度较高;与之相反,消极陈腐的传统价值观念往往不仅易于保留且更乐于为人们所接受并在实践中作为。二是由于多元价值的冲突与糅合使价值主体对价值的判断与选择陷入迷茫与不知所从之处境。因此,在现实复杂的背景下,人们对于传统价值的研判、认同与接受必然要经历一个艰难的过程。传统价值所体现的积极正面的价值观最大限度地

---

① 王仕民、詹小美:《价值多元语境中的政治认同》,《哲学研究》2014年第9期。

迎合并凸显着现代社会主流价值需求与价值观念，具有较强的科学性和进步性。因此，"所有这些认识的环节（步骤、阶段、过程）都是从主体走向客体，受实践的检验，并通过这个检验达到真理（＝绝对观念）"①。同样，传统文化的价值转换也必然要求价值主体清醒认识到传统价值的传承与现代转换必须处理好价值多元国际化与主流价值个性化之间的关系。国际化是指一个国家的政治、经济、文化、军事等诸种要素与世界主流发展趋势的相融，并在世界范围内产生重大影响，它是一个多角度、全方位、一体化的问题。而价值多元国际化指一个国家的主支流价值观与其他国家的不同价值观发生交融并彼此相互影响冲击的价值现代化进程，也是多元民族文化在现代化进程中交流交融之必然后果。主流价值个性化则不仅凸显单个国家或民族之主流价值的独特异质性，同时强调国家或民族内部个体价值之利益性与独立性。因此，在多元价值并存且异质价值竞争愈加激烈之现实场域，价值多元国际化与主流价值个性化之间的冲突与矛盾愈发明显与激化，这同样为传统价值的现代传承与转换增加了现实之难度与障碍。

从社会发展的趋势来看，所有国家和民族的传统文化与价值传统都存在国际化的问题，都不可避免地要于多元价值语境中接受价值主体的研判与选择，价值多元国际化也是人类价值观评判与抉择的必由之路。随着人类历史由相互隔绝走向相互交流，形成真正意义上的世界历史，所有国家和民族的传统文化都将卷入国际化的潮流，有志于立足世界文化之林的民族文化都将以其独特的价值传统和文化精华贡献于全世界的文化宝库，同时汲取宝贵的营养，发展本民族的传统文化。当然，传统文化本身蕴含自身独特之价值传统，价值多元国际化背景下传统价值之传承与现代转换更要关注和保持本民族传统文化与价值传统的本真性与独立性，这也是传统文化生命力之根基与表征。

（二）固基强本：传统价值归元与文化自信重塑

传统文化是中华民族特有的历史创造、积累和精神记忆，是民族之

---

① 《列宁全集》第55卷，人民出版社，2017，第290页。

魂，也是中华民族区别于其他民族的主要特征之一。作为中华民族价值体认的继承与发展，中华传统文化价值内涵代表了经济全球化时代民族文化价值追求的理性自觉。"一个健全的民族文化体系，必须表现民族的主体性。民族的主体性就是民族的独立性、主动性、自觉性。一个民族，如果丧失了主体性，就沦为别国的殖民地。如果文化不能保证民族的主体性，这种文化是毫无价值的。匍匐于古人之下是奴性，匍匐于外人之下也是奴性。"① 因此，传统文化的现代传承必须坚持独立自主，保持传统文化的本真性与独立性，使传统文化在现代化与价值多元的现实环境中实现价值的本质归元并使其自信得以唤醒与重塑。

"价值体系本身是一种文化形态。人类价值体系的发展，是一种文化的历史选择过程。"② 文化的历史选择过程不是僵化的固态形式的呈现，而是以形式多样的流动形态向前展延。因此，尽管传统文化是一种历史形成，但当它直观地出现于现实主体面前时，实则自身已经经历主体的再次创造。"事实上，任何一个文化的轮廓，在不同人的眼里看来都可能是一幅不同的图景；而在讨论到我们自己的文化之母，也就是直到今天仍对我们有影响的这个文化时，作者和读者就更不可避免地要随时受个人意见和个人感情的影响了。"③ 也正因为如此，传统价值归元与文化自信重塑需要我们在消化吸收外来文化的有益成分时，坚持文化的民族性不动摇，任何时候都不可丧失传统文化的民族个性之主导地位。由文化所主导的人类价值体系构建于人类文明社会的发展进程中并伴随人们生产生活方式的改变而由低到高过渡，在价值的历史选择与评判过程中，其民族性始终彰显于不同阶段与形态的文化价值体系中。一个国家或者民族的文化，如果不与异质的现代文明文化相碰触，就易陷入落败困境，但是如果其在与异质文明文化交锋交融的过程中失去其民族性与本真性，则必然有消融之危险。"人的目的是多样的，而且从原则上说它们并不是完全相容的，那么，无

---

① 《师道师说：张岱年卷》，东方出版社，2013，第192页。
② 李从军：《价值体系的历史选择》，人民出版社，2008，第103页。
③ 〔瑞士〕雅各布·布克哈特：《意大利文艺复兴时期的文化》，何新译，商务印书馆，1997，第1页。

论在个人生活还是社会生活中,冲突与悲剧的可能性便不可能被完全消除。"① 在价值多元国际化与主流价值个性化发生冲突与交锋的背景下,如何保持传统文化的个性从而实现传统文化的价值归元?文化的个性化导致各民族传统文化内容和形式存在巨大差异。中华传统文化的现代传承必然要积极融入国际化趋势,但国际化并不意味着以外国文化取代本民族传统文化,而是更好地保持和升华本民族传统文化的本真性与民族性,使之与社会主义新文化的价值需求与价值观念更加和谐交融。传统价值归元与文化自信重塑需要在传统价值的现代传承与转换中体现并服务于现实主体利益。"据我们看,所谓一家文化不过是一个民族生活的种种面面。"② 在现实主体对传统文化价值作出判断、认同与抉择的过程中,他们最终选择的必然是其现实生活所需要的、能够体现并有助于实现其现实利益诉求的价值部分。正因为传统文化内蕴并呈现了现实主体所想要的价值利益,其现代传承才有意义。所以,传统价值的现代传承与转换实质并非把传统文化的价值意义强加于主体,而是主体依据其现实与内在利益需要不断主动去理解、认可、接受并内化传统价值的过程。个体对价值的研判、选择与妥协之根本标准在于一种价值观念对其利益的契合与满足程度。人们对传统价值进行分析与选择的过程,也是其对自身现实生活进行价值评判的过程。主体的价值判断与抉择在传统与现实中实现了内在矛盾的挣扎与融通,因此,传统文化的价值与意义随着人们的现实需要而变化,传统价值的传承与转换毫无疑问要与现实主体的价值表达在利益基础上存在较高程度的共识,只有从价值多元的现实社会表象中寻找并选择传统文化所蕴含的现代普适价值,才能最终真正实现传统价值归元与文化自信重塑。

在文化价值多元冲突和融合的时代,传统价值归元与文化自信重塑还要求价值主体必须十分了解其身处的文化传统与价值体系,必须明确在多元文化与多元价值冲突交锋之现实场域中民族传统文化的发展特点与基于传统文化的价值体系在现代传承中的优势。黑格尔曾言:"只有真理存在

---

① 〔英〕以赛亚·伯林:《自由论》,胡传胜译,译林出版社,2003,第242页。
② 梁漱溟:《东西文化及其哲学》,上海人民出版社,2006,第18页。

于其中的那种真正的形态才是真理的科学体系。"① 同样，传统文化价值现代传承优势与普适基础必然蕴含于现实之适合文化载体与价值观念，这样才更能于价值多元现实体系中体现其有用性与适用性，也更利于价值主体对其进行甄别、判断与选择。中华传统文化源远流长，形式层面存复杂与简单，内容层面有精华与糟粕，价值层面含真理与谬论，如何研判与抉择？价值主体不仅需要持科学态度运用逻辑分析，更需要借助适当之文化态势与价值形式，否则，容易陷入盲目与无所适从中，因为价值主体自身就具有二元性，处于判断—选择—传承—认同之反复循环过程中。

价值多元的现实冲击迫使我们必须对传统文化价值的现代释义与选择优势具有清晰的理解与认知，从而唤醒民族文化的自觉与自信，这也是传统文化的现代传承之必然内涵。费孝通认为，文化自觉和文化自信的实现与重塑不仅要认识、理解和接触自己的文化，而且要吸纳世界于我有益的文化并与之和平共处。"在这多元格局中，同时也在接触中出现了竞争机制，相互吸收比自己优秀的文化而不失其原有的个性"②，才能凸显传统文化之当代优势与自身价值，真正重塑民族文化的自觉与自信。正如萨义德所言："每一文化的发展和维护都需要一种与其相异质的并且与其相竞争的另一个自我的存在。"③ 在价值多元的现实语境中，传统文化发展与传统价值传承的现实境遇必然共存异质文化与不同价值的竞争与冲击，而这种竞争与冲击实质为多元文化与价值观念之间的互动过程。在这一过程中，价值主体的价值判断与抉择将更具科学性与现实性。当然，传统价值之现代传承与文化之自信重塑必须立足于本民族丰富多彩、日新月异的生活实践，文化发展以及传承的事实证明文化必须扎根于生活本身。只有源于生活的传统文化传承，才能形成自身的文化优势与文化自信。在经济全球化与文化全球化并重发展的现代，我们不仅要了解本民族丰富的传统文化资源，还应当清楚在建设中国特色社会主义过程中所取得的新文化成果。独特的社会发展道路不仅决定了中华文化的发展方向，也为中华民族在新历

---

① 〔德〕黑格尔：《精神现象学》（上），贺麟、王玖兴译，商务印书馆，1979，第3页。
② 费孝通：《费孝通论文化与文化自觉》，群言出版社，2007，第190页。
③ 〔美〕爱德华·W.萨义德：《东方学》，王宇根译，生活·读书·新知三联书店，2007，第426页。

史阶段的文化传承与发展提供了广阔空间和良好条件，不仅是传统文化实现现代传承与发展的源泉，也是传统价值归元与文化自信重塑的坚实基础。

(三) 文化反哺与传统文化价值创新

美国著名人类学家玛格丽特·米德在《文化与承诺：一项有关代沟问题的研究》一书中提出"后喻文化"理论，即在文化急速发展与变革的时代，受新思潮、新风尚和新传播工具的冲击与影响，长辈反过来向晚辈学习的现象。[①] 在文化反哺的时代背景下，中华传统文化在与西方异质文明文化的交流与交锋过程中经历着更为强烈的冲突与碰撞。传统文化传承是价值传承的重要载体与模式，但是，文化反哺时代频现的多元价值冲突使传统文化的价值传承遭受巨大的冲击，受众严重流失。

在文化反哺时代，"中国新文化的创造，应会综全人类已经发现的一切相对真理，达到已知真理的会综，同时开辟认识真理的广阔道路。真理不断发现，文化不断更新"[②]。任何一种文化，其生命力都在于创新。没有创新的文化是凝固的文化，对于有几千年历史渊源的中华传统文化来讲，也不例外。事实上，经济全球化所导致的文化竞争的加剧，使创新意识和创新能力在传统文化的现代传承中显得比以往任何时代都更加重要。中华优秀传统文化是在几千年的发展过程中形成的，是中华民族的智慧结晶。它不仅承担着文化传承和文化积累的重任，更是文化创新的基础。所谓文化创新，恰恰是对传统文化继承和积累基础上的创新，而绝对不是脱离文化基础的一味追求标新立异，因此，传统文化之创新必然是"承旧创新"而绝非"除旧立新"。在文化反哺时代，传统文化之"承旧创新"实质上指传统价值观念在多元价值并存的现实境遇中，从形式与内涵双重方面实现现代更新与转换，使自身对现实社会价值主体更具适用性与指导性。传统文化的"旧"指中华民族文化几千年流传下来的传统基础，而"新"指传统文化在当代社会的复杂场域中的新发展。"承旧创新"实然指向文化

---

① 〔美〕玛格丽特·米德：《文化与承诺：一项有关代沟问题的研究》，周晓虹、周怡译，河北人民出版社，1987，第131页。
② 《师道师说：张岱年卷》，东方出版社，2013，第191页。

传统基础上的创新，必须正确对待历史文化传统，而不是屏除民族文化的传统去立所谓单纯的"新"，这无异于自取灭亡。异质文化之冲击与竞争造成的后果无非三种：其一，自我封闭，陷入衰亡；其二，异质趋同，沦为附庸；其三，为我所用，发展壮大。

在文化反哺时代，现代异质文化与价值强势涌入并激烈冲击传统文化与价值，传统文化的现代传承和创新必须保持自身的独立性与民族性。中华文化民族特性的保持与发展在于本源的历史与逻辑演进，绝非盲目地攀附"现代化"。"现代化"是一种社会历史现象与过程，在某种程度上意味着国家发展的同质化或者趋同化，而文化的民族性是固基的根本，也是历史长河中国家本质表征的外现，中华文化之特质即存于其文化传统，所以文化与价值的时代传承与创新绝不能忽视传统本身。

因此，在批判和否定传统文化的糟粕和不足的同时，价值主体也必须面对这样一个事实：传统文化是文化传承的母体，也是文化现代创新的基础。"文化是发展的。文化在发展的历程中必然有变革，而且有飞跃的变革。但是文化不仅是屡屡变革的历程，其发展亦有连续性和累积性。在文化变革之时，新的虽然否定了旧的，而新旧之间仍有一定的连续性。"① 文化的传承与创新如果脱离传统文化的基础，一味地对传统文化进行抨击，不仅将使传统文化无法实现自身的创新，而且将使当今中华文化的创新成为无源之水。从这个意义上说，只有承旧方可创新。其实，中华传统文化本身拥有普遍性的内涵和语义，如"儒家文化中的同情、分配方面的正义、责任意识、礼教、热心公益和群体取向等，它们与西方文化中的工具理性、自由权利意识、隐私权和个人主义等启蒙价值一样"②，都可以放之四海而皆准。可见，中国传统文化中的这些精华可以在未来获得新生和发展，成为世界共享的文明财富，传统文化的传承与创新没有理由脱离这些优良传统。在文化的现代传承与创新的过程中，必须尊重母体文化传统，文化创新的动力来自对传统文化的不断发掘和理解。中国传统文化有自己的言说方式，有自己的民族特色。在国际化的交流中，保持民族文化的传

---

① 《师道师说：张岱年卷》，东方出版社，2013，第120页。
② 郭建宁：《传承优秀传统文化 发展中国先进文化》，《共产党人》2011年第C1期。

统,弘扬民族文化的特色,是我们在经济全球化时代发展民族文化的艰巨任务。

当然,传统本身也有优良与落后之区别,文化与价值亦不例外。因此,对待传统文化与传统价值也必须持有理智与科学的态度。一种文化或者价值观念本身必然内含相互对立之元素,即积极正面的部分与消极负面的部分,但二者的区分并非僵化不变的,而是在不同的社会历史发展阶段中动态变换。传统与现代对文化价值形式与内容之评判标准的区别从实际意义上决定着在文化反哺时代传统文化价值观念之现代传承与创新要更加趋向于现实社会的需要与价值主体之利益。文化建构价值,文化在赋予主体价值评判与选择之能力的同时也推动着主体价值意识与价值判断能力之发展,在这一双向互动的过程中,文化价值规律与主体价值心理交互作用与反作用,彰显着人类历史文化创造积累与主体价值心理发展之历史继承性与统一性。因此,文化反哺时代的传统文化传承必须立足于民族文化时代发展之现实境遇,立足于多元文化与价值观念冲突与趋同之价值场域,有区别有选择地对传统文化加以改造继承,并于此过程中尊重文化自身传统与文化价值建构规律,处理好传承与创新之间的关系,在传统价值传承与现代转换过程中保持传统文化自身的本真性与独立性,实现传统价值归元并重塑民族文化自信,这才是传统文化实现真正意义上现代传承之有效路径。

四 中华优秀传统文化认同的理论视域

现代性引发的信仰和价值危机与全球化的深入发展使文化认同问题逐渐进入人们的视野,"尽管人们处于'文化超市'中,但人们也在寻求一个自己的家而超越它,这个家就是自己的(或是民族的)文化认同"[①]。作为民族文化最核心的价值表达和最深层的价值体认,在统一多民族国家复杂多样民族关系和多元文化构成的现实境遇中,中华优秀传统文化认同愈

---

① Gordon Mathews, *Global Culture/Individual Identity: Searching for Home in the Cultural Supermarket* (London: Routledge, 2000), p.184.

发成为共同体生活的时代命题。

（一）中华优秀传统文化认同的本真意涵

"认同"一词最早起源于拉丁文 idem，"意指共同认可，一致承认"①。从认同的实然意涵来看，认同呈现出多样复杂的现实形式，"Identity 包括归属性的、地域性的、经济的、文化的、政治的、社会的以及国别的"②。无论何种时空认同，从现实性上均演绎为主体自我身份的归属确认，作为认同核心的文化认同亦不例外，其从本质上指认同主体共同的文化心理抑或文化归属感，据此研判，中华优秀传统文化认同实质上指向人民群众对中华优秀传统文化的认可和赞同并由此产生归属意识而获得文化自觉的动态过程。

文化认同显现于价值认同的实然意涵，价值认同演绎着文化认同的核心意旨，中华优秀传统文化认同的本质即人民群众对中华优秀传统文化所蕴含的价值体系和价值理念的认同。作为主体对象性活动的本质力量，文化始终受到价值体系的导引与约束，任何文化认同都意味着主体对这一文化所表征的价值规范与价值理念的认同。文化价值建构的理论逻辑从本体意涵阐明文化认同的现实意旨即投射于价值认同，价值即为有用性，"是人们对客体属性的具体评价和主观应用，是人对需要与满足这种需要的客体属性在特定方面的交汇点"③，由此出发，中华优秀传统文化认同现实达成的关键就在于其所蕴含的价值理念与价值规范可以表征且能够满足人民群众的利益表达和价值诉求。作为主体社会客观性实践活动的结果，特定的文化模式、文化传统与文化理念在历史的演进过程中往往浓缩为社会成员特定的群体性价值取向与价值诉求，基于主体视域投射的文化认同往往意味着认同主体对特定文化所蕴含的价值规范与价值理念的认同。主体对于中华优秀传统文化的理性认知和价值研判是其认同产生的前提和基础，因为文化认同本身即表征为肯定的价值判断，体现为归属于这一文化群体

---

① 舒新城主编《辞海》，上海辞书出版社，1989，第 1004 页。
② 〔美〕塞缪尔·亨廷顿：《我们是谁？——美国国家特性面临的挑战》，程克雄译，新华出版社，2005，第 21~22 页。
③ 李德顺：《价值论——一种主体性的研究》，中国人民大学出版社，1987，第 124~125 页。

的内部成员对群体内外部文化要素所呈现之价值效用是否符合传统文化价值标准的承认方式和认可态度。① 当然，中国人民在主动认知、理解并认可、接受传统价值的过程中会对中华优秀传统文化内含的价值理念衍生出主体价值认知与判断，且由于群体的介入，这种认知和判断会内化为价值意识与价值抉择并抽象为社会主流的价值观念与价值形态。正如有学者所言："文化认同是人类对于文化的倾向性共识和认可。这种共识和认可是人类对自然认知的升华，并形成支配人类行为的思维准则和价值取向。"② 这一过程既呈现为个体价值意识本身解构与相互渗透的过程，又表征为建构群体价值共识的过程，亦体现为个体价值意识与群体价值意识同构并发生价值彼此认同进而产生价值凝聚与价值整合的过程。当然，中华优秀传统文化认同的实然达成并不是强加其所内蕴之价值理念与价值意义于人民群众，而是人民群众依据自身内在诉求与现实需要不断对中华优秀传统文化进行认知、理解，并于此基础上进行价值研判和价值抉择，最终自觉内化传统价值于生活实践的积极主动的过程。同时，个体的这一自觉行为是为了实现自身当前的充分发展，但在客观上也促进了中华优秀传统文化价值体系在多元文化价值体系共生场域中的相应解构与重构，由此出发，中华优秀传统文化认同的达成不仅表现为人民群众对传统文化的积极传承过程，而且本质上也呈现为中华优秀传统文化实现自身创新发展的过程。

主体利益诉求与客体价值表达的同一性是中华优秀传统文化认同现实达成的深层基础和本然之义。"文化认同是寻求某种文化的一致性或同一性，但由于它缘起于文化的差异、流变和断裂，因而其进程、形态和内容都是复杂而多重的。"③ 更确切地说，文化认同不仅仅是寻求某种文化的一致性或同一性，而且指向不同文化以及认同主客体现实诉求的同一性和妥协性，并由此引发认同行为和认同过程的复杂性和多维性，因此，在现实性上，无论是从认同状态还是认同过程来看，中华优秀传统文化认同都毫无例外地呈现为多元意涵与多维具象的复杂统一。杨·阿斯曼认为，每种文化体系抑或文化状态都存在一种"凝聚性"结构，其首先于时间层面将

---

① 冯天瑜主编《中华文化辞典》，武汉大学出版社，2001，第20页。
② 郑晓云：《文化认同论》，中国社会科学出版社，1992，第8页。
③ 韩震：《全球化时代的文化认同与国家认同》，北京师范大学出版社，2013，第37页。

过去的重要事件及相关回忆以特有的方式进行固定和留存,并且不断重现此片段以获取并强化现实意义,由此实现过去和现在的紧密关联;其次于社会层面又从所有成员对过去的共同记忆中剥离出对他们极具约束力和规制力的东西,即社会成员所共同认可并遵循的价值体系与行为准则。① 中华优秀传统文化认同的现实图景立于传统文化与现代文化、外来文化与本土文化等多元异质文化体系相互排斥和彼此博弈的基础之上、过程之中,其并非对中华文化的单一叙事,而是表征为多元文化历时空的相互浸染和整体熔炼。文化依附于民族而存在和发展,"民族是一个具有共同生活方式的人的共同体,必须和'非我族类'的外人接触才能发生民族的认同,也就是民族意识"②。同理,在文化多样与价值多元的现实场域中,异质文化的接触与交融不仅是中华优秀传统文化共通心理和共同意识形成的前提和路径,而且成为中华优秀传统文化认同达成的基础,因此,中华优秀传统文化认同不仅表现为中国人民对中华优秀传统文化本身的认知、理解与接受过程,而且呈现为中国人民对中华优秀传统文化价值体系与其他文化价值体系的比较、研判与选择过程。由此推断,中华优秀传统文化认同不仅表现为主体对自我群体文化的自觉归属和身份确认,而且表现为其对于异质文化的认知、理解与接纳并将其价值体系外现于行动,进而于心理和情感产生归属感和依赖感的动态过程。

"只要自己的利益与他者的利益必须协调起来,那么,使用话语也就表明了妥协的必然性。在伦理-政治话语中,关键在于阐明一种集体认同,这种集体认同必须为个体生活方案的多样性留有余地。"③ 作为集体认同的呈现状态,中华优秀传统文化认同在其纷繁复杂的现实图景中不仅要考量中华文化与多元文化的价值同一与利益一致,而且要观照本土文化与外来文化的异质对立与价值冲突,中华优秀传统文化认同也由此在多元异质文化的相互博弈和彼此妥协过程中得以建构和彰显。

---

① 汪民安主编《文化研究关键词》,江苏人民出版社,2007,第352页。
② 费孝通:《民族研究文集》,民族出版社,1988,第5页。
③ 〔德〕哈贝马斯:《对话伦理学与真理的问题》,沈清楷译,中国人民大学出版社,2005,第92页。

（二）中华优秀传统文化认同的演绎逻辑

中华优秀传统文化认同指中国人民对于中华优秀传统文化及其内含的价值体系的认可和赞同，"认同可以是强加的，但很少如此；更正确地说，认同是皈依的，因为它们呈现的正是人们想要的"①，中华优秀传统文化认同亦是如此，中国人民在认同过程中对中华优秀传统文化的主体抉择和价值诉求永远随着其现实需要而改变。基于主体意义研判，中华优秀传统文化认同绝非盲目的想象和混沌的行为，其时空演绎的基因图谱和实然面相共同映照出这一认同的达成实质上立于发展演进之源、他者斥异之中、主体彰显之上。

文化发展的时空演绎从本源上决定着中华优秀传统文化认同必然呈现为发展演进的动态过程。中华优秀传统文化是中华儿女在中华民族一体形塑和多民族异质交融过程中的文化积累和价值集聚，不仅表征着中华民族多民族和谐共生的文化习得和价值体系，而且体认着各族人民命运共济的利益一致和价值共识，也由此更加凸显其在多元文化交锋和多元价值冲突的现实境遇中极强的社会适应性和时代传承性。"文化具有适应性，在广义上指社会传承的知识是人类的主要适应方式，狭义上则指每一文化都是人类为生存而设计的计划，这个生存计划使人类以群体的形式在特定的环境中得以生息繁衍、绵延不断。"② 中华优秀传统文化诠释着中华传统文化中最为核心的价值理念和最深层的价值体认，是中华传统文化在其发展进程中"优胜劣汰"图式的自觉过滤与时代抉择，保留着中华民族共同体生存繁衍之文化所需，据此，为适应主体需求而自觉进行的主动调适和自我选择不仅促进了中华传统文化的自我传承和前行，而且推动了中华传统文化的自我创新和发展。任何一种文化价值体系的发展都表现为文化自我的客观承继与主体动态的历史选择有机统一的过程，据此，中华传统文化尽管在其生成之时已经深深刻上时代烙印，但当其再现于不同时空情境中并

---

① 〔美〕约瑟夫·拉彼德、〔德〕弗里德里希·克拉托赫维尔主编《文化和认同：国际关系回归理论》，金烨译，浙江人民出版社，2003，第43页。
② 〔美〕S. 南达：《文化人类学》，刘燕鸣、韩养民编译，陕西人民教育出版社，1987，第54页。

面临不同主体的审视时,实质上已经经历过数次的被选择以及被创造的过程,并被赋予可能不同的时代意涵与主观意旨。事实上,中华传统文化在其发展演进过程中不仅经历了现实社会对传统价值观念的自觉过滤与客观留存,而且承受了中国人民对文化价值传统的理性研判与主动抉择,这也决定了中华优秀传统文化必然是符合社会发展需求且表征中国人民价值诉求的社会主流价值体系的时代性抉择与发展性整合。

"他者"文化的反生建构是中华优秀传统文化认同成为可能和现实达成的基础要件和核心要义。文化认同在他者斥异中得以建构和彰显,离开他者文化的建构和存在,文化认同也必将流于空泛而毫无意义。建构认同也就意味着排斥或建构"他者"。① 任何一种文化的发展,都不可能孤立存在,都需要一种与其相异质的他者文化的存在,据此,中华优秀传统文化认同的达成也离不开对"他者"文化的建构和斥异,"他者"文化的存在是认同达成的核心基础,因为"每一文化的发展和维护都需要一种与其相异质的并且与其相竞争的另一个自我的存在"②。文化认同的过程内含与"他者"文化的对立和对其的斥异,与异质文化的接触、交流是中华优秀传统文化认同实现的前提和路径。封闭的社会难以孕育共同的文化心理和共享的价值理念,同样,封闭的文化也难以适应自身的发展与时代的需求,尤其是在文化碰撞与价值激荡的现实语境中,多元异质文化的接触、交锋与交流已经成为不可回避的趋势与事实。在中华民族共同体的预设框架内,价值多元国际化与主流价值个性化的交锋冲突与竞争博弈,在多元文化共生与多元价值并存的时代境遇中愈发凸显与激化,倘若一个国家或民族的传统文化体系故步自封、隔绝世界,其结果必然是陷入落败甚至被遗忘之困境。任何一个文化体系都需要在异质文化的存在和建构中得以发展和丰富,"在这多元格局中,同时也在接触中出现了竞争机制,相互吸收比自己优秀的文化而不失其原有的个性"③,与"他者"文化相互竞争过

---

① P. Steve Sangren, "Anthropology of Anthropology? Further Reflections on Reflexivity," *Anthropology Today*, 2007 (4): 13-16.
② 〔美〕爱德华·W. 萨义德:《东方学》,王宇根译,生活·读书·新知三联书店,2007,第426页。
③ 费孝通:《费孝通论文化与文化自觉》,群言出版社,2007,第190页。

程中的取长补短在推动文化自身发展进步的同时也在筑牢文化认同达成的基础要件。在多元文化价值体系的时代语境中，中华优秀传统文化的认同达成更加迫切地需要凸显其与社会发展价值理念及中国人民价值诉求的契合之处，因此必须将其置于多元异质文化体系的相互比较与彼此竞争之社会场域中。

无论从行为本身还是过程意义来看，中华优秀传统文化认同均遵从且彰显"自我"与"他者"在相互理解与承认过程中实现交互转换之主体间性的现实逻辑。作为在各个主体之间存在的共同性（胡塞尔语），主体间性指"一个事物是主体间的，对于它有达于一致的途径，虽然这个途径不可能独立于人类意识。……主体间性通常是与主观性而不是客观性相对，它可以包括在客观性范围内"[①]。其实际指涉多元主体关系中"自我"与"他者"的交互转换。认同的主体间性指向主体从他者的承认中认识自己，并通过认识自己的过程认识他人，"自我"与"他者"心理的共通性和利益的共享性是认同行为主体间性的生动写照和演绎结果，有鉴于此，基于主体间性的中华优秀传统文化认同不仅存在于认同主体基于多元文化体系之"自我"与"他者"的构型关系中，而且显现于认同主体正确理解与存在歧义的并存语境中，并且实现于异质文化承认与斥异的相互对立中。基于自我规范和他者理解而达成认同主体彼此之间的情感共通、利益一致与价值共识是中华优秀传统文化认同主体间性得以体现且被理性诠释的基础和结果，一如哈贝马斯曾经强调我们必须还"自我"以主体间性的意义，现代性的范畴内涵只有在主体间性的标志下才能被解读，因为没有人能成为仅属于自身的主体，失去与他人的关联，任何人都不可能过有意义的生活，甚至于过属于自己的生活。[②] 据此理解，中华优秀传统文化认同主体间性的建构之意图并非消解认同行为过程的主体性，而是在本土文化与异质文化的"自我"与"他者"相互承认和斥异的过程中实现主体的角色对换与相互感知，因此，主体间性不仅实质诠释文化认同对单向度主体的摒弃与超越，而且必然体现多元异质文化共生场域中文化认同主体的交互

[①] A. 莱西（A Lacey）：《哲学辞典》，麦克米兰，1986，第113页。
[②] 章国锋：《关于一个公正世界的"乌托邦"构想——解读哈贝马斯〈交往行为理论〉》，山东人民出版社，2001，第41页。

转换。

（三）中华优秀传统文化认同的现实根基

中华优秀传统文化不仅是中华文明悠久历史的积累和沉淀，而且是中华民族共同的精神之源和文化之魂，其并非中华民族中的某一民族独自的文化积累与价值集聚，多元一体的民族结构历史地生成了中华文化的多元一体，也由此决定了中华优秀传统文化的多元一体态势。在现实性上，中国人民的生活展演、主体自觉的教育强化构建了中华优秀传统文化认同的固基路径，在现实社会中共同筑牢了中华优秀传统文化认同的意义场与实践域。

中国人民的生活展演是中华优秀传统文化认同达成的根本路径。中华优秀传统文化是建立在中华民族共同利益之上的文化形态，其实质上整合了多民族各自的文化智慧并进而凝聚为中华民族共同的精神诉求和价值理念。无论从历史延续还是当代滋养考量，中华优秀传统文化均承载着中华民族最深层的文化意义和价值意涵。爱国主义、整体为上、厚德载物、自强不息、和合与共等内容相辅相成，构成了中华优秀传统文化相对稳定的内容。爱国主义与社会主义的统一、群体意识与集体主义的结合、"民惟邦本"与"执政为民"、"天人合一"与"科学发展"、"和而不同"与"和谐社会"，凸显了中华优秀传统文化的当代价值。作为仅仅容纳正面意义的文化精髓，中华优秀传统文化的进步性因素框定了中华民族共同的心理特征和文化传统；作为民族生存和发展的精神力量，中华优秀传统文化以情感、规范、目标为导向，切入中华民族生存的客观与实际，展现中华民族发展的脉络，推进中华民族这一特定人群本质力量的群体性集聚。在多元价值的冲突中、传承相袭的源流里、现实问题的张力下、中国人民生活的现实场域中弘扬和传承中华优秀传统文化，以中华优秀传统文化涵养社会主义核心价值观并推进其培育与践行，有助于巩固中华优秀传统文化认同的情感共通和心理自觉。作为中华优秀传统文化最集中的表达，民族精神在中华民族成员生活场域中的传承和弘扬是凝聚民族共识并进而推动文化认同实然达成的根本路径。民族精神是民族文化创造出来并成为该文化思想基础的东西。① 在中华民族精神的核心构成体系中，基于爱国情感的爱国主义精神、基于整体主义价值观念的集体主义精神、基于奋发进取的拼搏精神、基于伦理秩序的重德精神、基于和谐一致的大同精神等，从精神本源上彰显了中华民族爱国向上、自强不息、积极进取、和谐共生的共同价值理念和行为准则，并推动了民族共识的形成和民族凝聚力的维系。作为中华文化最深层的诠释，价值理念在中华民族成员生活场域中的传承和弘扬是汇聚共同价值并由此促进文化认同实然达成的关键路径。中华优秀传统文化所蕴含的主要价值理念集中体现在中国社会的传统伦理道德体系中，"伦理道德是中国传统文化的核心，也是中国文化对人类文明最突出的贡献之一"②。传统伦理道德历来便是维持和规制中国社会人际关系和社会秩序的行为准则和核心规范。回溯历史，源于中华传统文化的传统伦理道德规范既有精华部分，也难以避免糟粕内容，但高度表征着中华优秀传统文化价值意涵的中华传统美德却于时代境遇中更加凸显其积极作用。"在文化系统中，伦理道德是对社会生活秩序和个体生命秩序的深层设计。"③ 中华传统美德不仅是对中华优秀传统文化所蕴含之价值理念的社会体认，而且是中华传统文化对社会秩序和各主体关系的深层设计和现实规范。中国人民的文化自信源自对中华优秀传统文化的自信，而对中华优秀传统文化的坚定自信又依赖对中华传统美德的信奉和遵从。中华传统美德不仅导引和规范了社会的发展前行，而且凝聚了中华民族的共通心理情感和共同价值取向。有鉴于此，中国人民在生活场域中对中华优秀传统文化价值理念和道德规范的实践展演不仅凝聚了中华民族的共通情感和共享价值，而且夯实了中国人民的集体心理和整体共识，并由此推动了中华优秀传统文化认同的现实达成。

主体自觉的教育强化是中华优秀传统文化认同实然达成的关键路径，其为中国人民的文化认同提供群体秩序与道德规范。教育是教育者在一定的目标导引下运用理论和知识对受教育者施加影响的主观性活动，具有明确的目的指向和实施计划。"要改变一般人的本性，使它获得一定劳动部

---

① 张岱年、程宜山：《中国文化与文化论争》，中国人民大学出版社，1990，第17页。
② 张岱年、方克立主编《中国文化概论》，北京师范大学出版社，2004，第210页。
③ 张岱年、方克立主编《中国文化概论》，北京师范大学出版社，2004，第3页。

门的技能和技巧,成为发达的和专门的劳动力,就要有一定的教育或训练。"① 教育不仅是实现中华优秀传统文化传承和再生产的方式,而且是中华优秀传统文化认同由自发走向自觉、由个体走向群体的现实途径。在现代化、全球化、信息化引发的社会转型进程中,多元文化的碰撞与多元价值的冲突愈加激烈,文化虚无的张扬和价值虚无的迷茫愈加严重,由此更加凸显出中华优秀传统文化教育的时代价值。"一种适当的教育,只要保持下去,便会使一国中的人性得以改造,而具有健全性格的人受到这种教育又变成更好的人。"② 作为一种文化价值理念教育,中华优秀传统文化教育旨在通过规范社会秩序和规制主体行为推动社会主体养成健全的人格品性和合格的道德品性,因此,中华优秀传统文化教育实践必须贯穿国民教育的始终。作为中华优秀传统文化教育的原点,家庭教育在受教育者的性格塑造和品德养成中占据不可替代的重要地位。父母言传身教的启蒙和熏陶、家庭环境潜移默化的影响等,不仅对受教育者形成正确的世界观、人生观起着关键作用,而且对传统文化的保持和道德传统的传承具有重大意义,因此,中华优秀传统文化教育必须重视家庭教育环节。作为中华优秀传统文化教育的主阵地,学校教育承载着立德树人的根本任务,中华优秀传统文化教育必须纳入学校教育的全过程。同时,鉴于语言文字和媒体宣传在文化传播和文化普及中的重要性,也必须给予语言文字教育和媒体宣传教育高度重视。"现代民族国家有意识地运用语言政策、正规教育、集体仪式以及大众传媒来整合公民,并确保他们对国家的忠诚。"③ 应在考量实际形势的基础上研究制定语言政策和语言教育大纲,并充分利用不同教育阵地在不同教育领域开展语言教育。在信息化引发的媒介化生存场域中,中华优秀传统文化教育也必须加大文化传承教育力度,必须综合运用各种传媒载体、融通各种多媒体资源、统筹多方力量,在此基础上实现教育方式的创新和教育内容的拓展。凯尔纳曾言:"一种强有力的理论和方法有可能退化,并僵化成教条,因而,只有警觉的批评、开放性、灵活性

---

① 《马克思恩格斯选集》第2卷,人民出版社,1995,第174页。
② 〔古希腊〕柏拉图:《理想国》,刘勉、郭永刚译,华龄出版社,1996,第52页。
③ 〔美〕马克·I.利希巴赫、〔美〕阿兰·S.朱克曼编《比较政治:理性、文化和结构》,储建国等译,中国人民大学出版社,2008,第301页。

和允许修正和发展才能防止这种僵化和教条主义。"① 利用新媒体手段和先进的传播方式充分发挥文化物化载体和文化符号指征的传统价值传承和民族精神培育作用，加强和推广中华优秀传统文化教育，把中华优秀传统文化思想理念体现在行为规范中，弘扬社会美德和家庭道德，积极开展以中华文化为主题的国际文化交流和宣传活动等，在创新教育方式和拓展教育内容的基础上使中华优秀传统文化的时代魅力和当代价值更加彰显，并在强化文化认同的基础上夯实中华优秀传统文化认同的精神共识和价值共识。

作为人的本质力量的对象化活动，文化认同表征为客观存在转化为主观意识的能动过程，由此出发，中华优秀传统文化认同不仅指向中华民族成员基于文化认知与理性研判的价值认可和价值抉择，而且指向基于价值认可与价值抉择的归属确证和自觉获得。"人们的观念、观点和概念，一句话，人们的意识，随着人们的生活条件、人们的社会关系、人们的社会存在的改变而改变。"② 作为价值评判与价值抉择的主体行为，中华优秀传统文化认同实质上承载着中华民族成员主体意义的自我建构，其必须诉诸中华民族成员的生活展演和民族主体的自觉养成。中华优秀传统文化精神理念在中华民族成员生活场域中的现实展演和教育强化不仅巩固了中华优秀传统文化认同的主体动因和价值意旨，而且增强了其实然达成的价值共识和心理自觉。

五 民族地域文化传承与发展的考察

所谓文化，是自己编制的意义网，所以文化分析并非寻求规律，而是探究意义（格尔茨语）。在现实性上，民族地域文化的传承与发展指涉民族地区传统文化价值理念的现代调适和转化创新。文化是民族形塑的核心要件，在中华民族共同体框架内，高度的文化自信源自民族文化的时代传

---

① 〔美〕道格拉斯·凯尔纳：《媒体文化——介于现代与后现代之间的文化研究、认同性与政治》，丁宁译，商务印书馆，2004，第163页。
② 《马克思恩格斯选集》第1卷，人民出版社，1995，第291页。

承与创新发展，因为其"无时无刻不在影响、制约着今天的中国人，为我们开创新文化提供历史的根据和现实的基础"①。作为中华文化的空间标识，次生多元而又一体走向的民族地域文化不仅是世居族群文化记忆的时代呈现，而且是中华民族文化传统的具象演绎，其在本源上体认着中华文化的传统理念，厚植着社会主义核心价值观的民族意涵。"一个种族现存的文化及价值观，并不是对现实的生产方式和生存方式的绝对反映，而是对这个种族现存的生产方式和生存方式的意识反映的历史和现实的统一。"② 以河湟文化为例，作为民族地域文化的典型，异彩纷呈的河湟文化生动诠释着中华民族一体形塑的价值追求。从藏传佛教宣扬之宽容和谐到伊斯兰教提倡之仁爱友善，从民俗礼仪之礼貌周全到民族伦理之文明诚信，从"唐卡"描绘之吉祥祝愿到"堆绣"编制之美好向往，从现代"花儿"吟诵之小康景象到河湟小调传唱之勤劳勇敢，从河湟文学歌颂之无私奉献到河湟社火舞动之爱国热情等，不仅充分展现了河湟文化的价值意旨，而且在较大程度上契合了新时代中国特色社会主义的价值准则。

（一）民族地域文化传承与发展的成因解析

作为多元族群的历史栖居地，民族地区的文化生成与文化发展注定表现多样，意涵丰富。世居族群在长期生产生活实践中的互动交融催生了区域空间多元的文化态势，也决定了地域文化的多维呈现。

具象呈现的相对分散是民族地域文化传承与发展式微的客观性因素。民族地域文化不仅内容多元，而且其具象展演呈现普遍分散态势，这导致其传承与发展在很大程度上难以达成统一规划。文化的生成发展受区域地理环境与气候条件的制约和影响，自然环境和区域特征赋予文化天然的空间特质和物化表象。"每一种文化都以原始的力量从它的土生土长的土壤中勃兴起来，都在它的整个生活期中坚实地和那片土壤联系着。"③ 河湟地区自古以来便为多元族群的聚居地，既是连接我国中原腹地和青藏高原的

---

① 张岱年、方克立主编《中国文化概论》，北京师范大学出版社，2004，第10页。
② 李从军：《价值体系的历史选择》，人民出版社，2008，第124页。
③ 〔德〕奥斯瓦尔德·斯宾格勒：《西方的没落：世界历史的透视》，齐世荣等译，商务印书馆，1963，第39页。

重要通道，也是历史上闻名遐迩的唐蕃古道、丝绸之路的必经要塞。作为华夏族群最初的文明发源地之一，河湟一带是华夏诸族接触最早、交往最多、关系最复杂的地区之一，其地域文化的历史生成深受中原文化西延的影响。世居族群在长期的共同生产生活实践中通过相互联系和交流、影响和渗透，共同创造和积淀了类型不一、内容丰富的地域文化，但其无论从空间分布还是内容呈现而言均较为分散。首先，从地域空间分析，河湟文化空间分布比较宽广，丰富多样的地域文化遍地开花，行政规划上隶属也相对复杂，统一开展保护与传承工作较难。其次，从资源内容来讲，由于河湟地区多元的民族构成，其地域文化的空间具象也彰显不同特色。具体而言，西宁主要是对历史文化景观、曲艺、音乐、美术等传统文化艺术资源的综合性呈现；互助凸显浓郁的土族文化特色，循化以撒拉族传统文化为主要特征，化隆则以回族传统文化为主……同时，以热贡艺术为代表的藏族文化特色在河湟地区也极其凸显。有鉴于此，基于文化资源分布的相对扩散与特色凸显的主体差异，河湟地域文化的传承与发展很难形成统一有序的整体规划，给实际工作带来较大难题，这也是现实场景中民族地域文化传承与发展所面临的普遍性难题。

民族性的愈加强化是民族地域文化传承与发展式微的主体性因素。"一个地区的民俗或文化，是一定的自然资源环境及人文环境中长期形成并传承的风俗习惯，是一个民族具有的世代相习的传统文化现象。"① 作为多元族群生活方式的具象展演，表现多样的民族地域文化不仅生发于多元族群地域空间内的生产生活实践，而且体现了时空场景中多元族群各自迥异的传统习俗。族群文化不仅在特定空间中建构着"自我"与"他者"的心理边界，而且在既有情境中规制着族群主体的生活模式，因为作为社会对文化差异的组织方式，族群在本质上即是文化的②，族群文化的主体性也由此得以注解。在民族地区时代场景中，外来文化的冲突、现代文化的碰撞、族群文化的博弈等，都不同程度地凸显着其地域文化的特质，也愈加强化着地域文化的民族性。民族地域文化不仅在具体内容上深烙着民族

---

① 谭蝉雪：《敦煌民俗——丝路明珠传风情》，甘肃教育出版社，2006，第1页。
② 马戎：《关于当前我国民族问题的进一步讨论——也谈第二代民族政策》，《当代中国民族宗教问题研究》第9集，中国社会科学出版社，2015。

性特点，而且在展演范式上镌刻着民族性色彩，其鲜明的民族性特征在很大程度上限制了其受众范围，对文化传承与发展造成了交流困境。基于展演范式分析，民族地域文化资源无论在语言表达上还是主体视域中都彰显着极强的民族性。语言表达的族群传统在民族地域文化资源的时代呈现中尤为突出。作为文化具象的记忆叙述，语言承载着任何一种民俗文化事象的形成发展与代际相传，民族地域文化的具象演绎更是在较大程度上依赖地方民俗语言的推广与传播。与此同时，民族地域文化的传承发展及其现实展演也较为强调民族性优势，其民族性在文化表象与具体内容等方面均各有侧重。以河湟文化为例，其民族性在主体性上集中显现于藏族、回族、土族、蒙古族等，在具体内容上则集中表现在民族民间文学、传统音乐舞蹈表演、传统手工技艺、传统医药以及饮食服饰、节庆仪式等方面。地域空间的传播扩散与多元族群的认可接受是民族地域文化传承与发展的现实前提，但由于族群常常"通过强调自身特定的文化特征，来强化'族群边界'以排除其他族群成员的介入"①，在现实场域中，族群文化传统特征的民族性在愈发强化的同时也恰恰弱化了民族地域文化传承与发展的实然态势。

在多元空间场景中，具象呈现的相对分散、民族性的愈加强化尽管在一定程度上弱化了民族地域文化传承与发展的实际成效，但作为主体目的的行为指向，民族地域文化的实然走向从根本上取决于主体诉求与时代需求。在多元并蓄、一体共演的空间情境中，世居族群在互动交融的现实图景中也提升了多元民族地域文化一体走向的价值，并据此构建了其传承与发展的意义场与实践域。

（二）民族地域文化传承与发展的问题研判

在我国社会现代化转型进程中，市场经济的价值导向往往使经济效益成为地域文化传承与发展的主要关切。不可否认，经济效益的切实获取不失为民族地域文化传承与发展的有效前提，因为"利益（物质的与理念

---

① 〔挪威〕巴斯主编《族群与边界——文化差异下的社会组织》，李丽琴译，商务印书馆，2014，第11页。

的),而不是理念,直接控制着人的行动"①。但民族地域文化传承与发展之目的并不在于经济效益的现实获取,而是指向地域文化价值传统的现代调适与转化创新。在次生多元一体地域场景中,对民族地域文化现实态势进行全景扫描并非易事,因此基于空间个案描摹的问题研判成为研究其时代传承与创新发展的实践前提。通过实证考察结合时代境遇进行研判,价值认知的社会弱化、主体行为的功利化倾向、文化资源的培育不力、教育作为的相对欠缺等均不同程度地弱化了实践场景中民族地域文化传承与发展的实然成效。

价值认知的社会弱化严重制约着民族地域文化传承与发展的主体意愿。价值意涵的主体认知是民族地域文化传承与发展的前提条件,但就河湟文化传承发展相关实证调研情况进行分析,当地人对地域文化价值意涵的认知理解呈现普遍弱化趋势。从受访群体的基本认知来看,绝大部分受访者表示不甚了解或者根本就不了解河湟文化的价值内涵。具体到对文化创造的主体性理解,不少受访者竟然认为河湟文化是多元族群分别创造积累的,还有受访者甚至表示是由个别族群创造积累的,民众的理解偏差甚至误解现象相对严重。事实上,尽管当地人普遍认为河湟地域文化资源丰富多样,但大多数受访者的认知范围仅仅局限于宗教寺庙、博物馆、传统手工技艺、传统民间艺术表演等物态景观和具象呈现层面,对物态文化资源的重视与非物态文化资源的轻视呈现严重的两极分化现象,这在很大程度上导致当地人对地域文化价值的理解认知不仅不够全面,而且存在严重偏差。文化符号的情节认知集中体现了当地人价值认知的深化程度,但现状同样令人担忧。针对河湟文化极具代表性的文化符号"塔尔寺"及藏传佛教的历史渊源,仅有少部分信教群众表示自己非常了解或者基本了解,同样,就典型性文化事项如"花儿会"进行认知调查,也仅有少数受访者表示基本清楚"花儿会"的历史由来及文化寓意,对"花儿会"的情节认知与意涵理解呈现极端弱化态势。问题尤其凸显于地域文化价值功能的民众认知与理解层面,受访者对地域文化经济价值高度认可之同时却表现出对精神价值的轻视,而且对地域文化价值意涵在生活实践中的精神导引与

---

① 〔德〕马克斯·韦伯:《儒教与道教》,王容芬译,商务印书馆,1995,第19页。

道德规制作用更是缺乏认知，这直接影响了民族地域文化传承与发展的行为实效。

主体行为的功利化倾向严重误导民族地域文化传承与发展的实践指向。在市场化导向下，源于各族人民对地域文化价值认知的相对弱化以及自我利益的过度强化，功利化倾向危机在地域文化传承与发展的空间场域中极其凸显。从河湟地区实证考察的具体情况分析，当地群众就地域文化的传承与发展表现出较为严重的功利化价值取向。其一，在心理态度层面，尽管整体态度较为积极，如受访者普遍认为地域文化的传承与发展较有意义，但当继续追问其主要作用时，绝大多数受访者选择经济效益，而认为文化价值传承同样重要的受访者占比不到一成。其二，在实践态度层面，尽管绝大多数受访者表现出积极的践行意愿，但一半以上受访者表示仅在有需要时或者对自己有帮助时才会积极主动去保护与传承。由此可见，无论从心理还是实践层面，民众文化态度的功利化倾向都非常强，这严重影响了地域文化传承与发展的主体积极性与行为自觉性。关于河湟地域文化具象的生活展演，多数受访者表示自己在日常生活中不太遵守传统习惯与礼仪风俗，还有小部分受访者表示自己从不遵守，同时，也有不少受访者强调自己很少学习或从未学习过传统音乐舞蹈、手工技艺等。这些令人担忧的反馈结果固然与当地群众对地域文化价值意涵的模糊认知有密切关系，但究其实质，大多数受访者行为怠慢的根本原因在于其认为地域文化的传承与发展对自身意义不大甚或无实际意义，由此可见功利化倾向在较大程度上不仅导致当地群众对地域文化价值意涵的认知偏差，而且严重羁绊了地域文化传承发展的主体自觉。

文化资源的培育不力严重阻碍了民族地域文化生产性传承与发展的生态优化。民族地域文化的生产性传承与发展旨在在文化资源经济效益的开发利用过程中实现文化价值的创造性转化和创新性发展。在现实生活中，无论是物态具象还是非物质呈现，文化资源的传承保护与时代展演都离不开作为对象性活动主体的人的参与，甚至部分资源项目即依托于人而存在和发展。有鉴于此，在生产性传承与发展过程中，对文化资源的精心培育尤其是对作为行为主体的保护与传承人才的培育就显得尤为特殊和重要。就河湟地区现实情况研判，国家以及地方政府先后制定出台了具体的优惠政策鼓励和支持年轻人参与传统文化艺术项目的保护传承工作,但整体而言对传承人才的培育力度还相对不够,不仅缺乏统一的培训机制,而且激励与奖励力度相对不够。很多年轻人明确表示不愿意从事传统文化艺术项目的传承工作,究其原因,无外乎不能挣钱、没有确切的发展前景等。此外,许多文化艺术项目的传承人仍然处于单打独斗、各自为战的分散状态,致使部分传统技艺与文化艺术项目处于相对弱势的流传境地,缺少公开推广的平台,社会影响力严重不足,大量传统文化项目的物化景观难以实现妥善保护与传承。

教育的相对欠缺严重影响民族地域文化传承与发展的行为自觉。作为精神教化和价值灌输的实践形态,教育不仅能够帮助当地群众形成对地域文化价值意涵的正确认知,而且能够强化中华优秀传统文化认同的价值自觉,从而从主体视域出发创设民族地域文化传承与发展的有利环境。从河湟地区实证调研的反馈结果分析,受访者虽然对地域文化、中华文化、中华优秀传统文化等相关概念范畴有一定程度的认知和了解,但总体而言不够理性客观,尤其是对地域文化的现存态势、内容指向、价值意涵及地域文化与中华文化的关系缺乏理智理解与正向评判。

事实上,在社会现代化转型进程中,市场化导向在很大程度上强化了民族地域文化传承与发展的经济性动机,同时,多元的文化态势、外来文化的冲击、文化虚无的泛滥等消极因素不仅挑战着民族地域文化传承与发展的传统根基,而且影响着其现实情境。但当"我们把一个过程说成是危机,这样也就赋予了该过程以一种规范意义:危机的克服意味着陷入危机的主体获得解放"①。挑战与机遇从来都是如影随形,尽管问题重重,但人民群众积极的文化心理、对民族地域文化实然态势的理性认知及对发展前景的乐观心态等从本源上筑牢了其传承与发展的主体动力与客观基础。

(三) 民族地域文化传承与发展的路径

异彩纷呈的民族地域文化不仅体现了各民族意涵多元的价值传统,而

---

① 〔德〕尤尔根·哈贝马斯:《合法化危机》,刘北成、曹卫东译,上海人民出版社,2000,第4页。

且体现了中华文化的价值传统,因为中华文化并非某个单一民族的文化,而是中国各民族也即中华民族的文化。① 民族地域文化的传承与发展创设了传统文化时代传承的现实语境,巩固了中华文化创新发展的地域情境。在中国各民族交融共生之地域场景中,价值意涵的充分挖掘与弘扬传播、基于生活实践的社会展演、主体自觉形塑的教育养成等共构着民族地域文化时代传承的路径,推动着中华文化创新发展的现实达成。

价值意涵的充分挖掘与弘扬传播是时代场景中民族地域文化传承与发展的基本前提。价值体系是地域文化的核心,因为"在任何一种文化体系中,价值观都扮演着文化核心的角色,决定着文化的根本性质、基本气质与深层意义世界"②。各民族尽管在生活上异于彼此,但在长期共居生活中彼此的生活方式和民俗礼仪相互影响,彼此的文化创造与文明传统相互分享,生动展演了一体交融的历时图景,这不仅促进了各民族的彼此认同与地域社会的稳定发展,而且在决定地域文化多维呈现之同时也巩固了其一体走向的价值语境。"人类社会发展的历史表明,对一个民族、一个国家来说,最持久、最深层的力量是全社会共同认可的核心价值观。"③ 作为中华文化一以贯之价值理念的地域呈现,民族地域文化在当地群体生活实践的展演中承载并滋养着社会主义核心价值观的民族传统与文化根基。传统民俗所蕴含的礼仪礼节与道德规范体现了各族人民热情好客、礼貌周到之良好品性,宗教寺庙的文化景观体现了各族人民善良宽容、博爱无私之和谐追求,神话小说、口传文学等折射出各族人民祈福求吉、美好生活之共同向往,民族歌舞、传统戏剧等展示了各族人民和睦相处、安居乐业之生活面貌等。民族地域文化的传承与发展必须从顶层设计层面强化其价值意涵的弘扬传播,不仅要通过加强对外宣传提升民族地域文化的辐射力和影响力,更要让其价值意涵深入人心,调动民众保护传承与自觉践行的积极主动性。据此,顶层设计层面必须制定明确的战略目标并就执行方案作出具体规划,把弘扬传播的各项任务落实到基层,各级各类文化相关部门都要切实担负起文化价值的宣传、弘扬和传播职责,以达到预期效果。从具

---

① 丹珠昂奔:《习近平关于新时代民族问题的重要论述》,《青海民族研究》2018年第4期。
② 沈壮海:《文化软实力及其价值之轴》,中华书局,2013,第5页。
③ 《习近平谈治国理政》第1卷,外文出版社,2018,第168页。

体内容考量，既要讲清楚丰富多彩的民族地域文化是世居族群共同的文化积累和智慧结晶，又要讲明白异彩纷呈的民族地域文化是中华文化的重要组成部分，是地域文化的传统承载、中华文化的地域传统。就实施规划而言，必须强调政府作为，各级政府要拓宽宣传渠道，结合当地实际和民众需求，可组织举办各种文化公益性宣传教育活动，如文化艺术作品展示活动、传统文化下乡活动等，还可邀请专家学者赴乡村基层进行地域文化知识普及与专题讲座，引导和扶持当地民间艺人、非物质文化遗产代表性传承人及相关从业人员等积极发挥创作热情。同时，各级政府还需进一步加大专职宣传人员尤其是双语人才的培养力度，真正提升文化宣传与价值传播等的效果。如与当地高校、职业院校等进行合作，培养既懂文化又会语言的专业人才，通过选调生考试、企事业单位招考等不同人才引进渠道，充实基层部门的文化宣传专职队伍，切实推动文化宣传工作，为民族地域文化的弘扬传播与传承发展创设良好的生态环境。

基于生活实践的社会展演通过内容拓展和形式创新推动民族地域文化的创造性转化，更加彰显其时代魅力和现实价值。作为各族人民生活方式的具象呈现，民族地域文化的现代转型在内容上只有紧贴现实生活，反映新气象新风貌，才更易于被群众所认可接受，也更有助于其传承发展。在河湟地区相关部门推广的文化下乡活动中，创作者把社会主义核心价值观、中华传统美德等具体内容融入当地群众喜闻乐见的传统文艺形式如"花儿会"、民族歌舞艺术等进行宣传弘扬，取得了较好的实际效果。基于文化资源的地域特色和族群构成的次生多元，民族地域文化的传承与发展必须充分关切主体需求，尤其是宗教信仰文化资源的保护传承与创新转化，切不可恣意妄为，必须尊重信教群体在现实生活中的价值追求。在具体实践中，民族地域文化的传承发展还可与文化建设活动相结合，如文明社区创建、美丽乡村建设、新农村文化建设等，既能够促进文化资源的保护传承，又可以丰富民众精神生活。事实上，较多民族地区目前基层村镇的民族特色文化建设活动开展得如火如荼，但总体而言影响力不够，不能充分发挥其对民众精神生活的有效引领，文化建设对民众生活的功能辐射性还有待加强。在实际走访过程中，我们发现部分民族自然村村委会不仅工作职责条例明确规定要用社会主义先进文化丰富群众精神文化生活，健全基层公共文化服务体系，努力提高文化素质，传承和保护民族传统文化，而且建有专门的文化活动室，成立有民族舞蹈队，表演内容紧贴现实生活，尤以颂扬民族团结、小康生活、党的富民政策等积极理念为主题，并经常外出参加民族团结创建以及各种类型的文化宣传活动，这些无论对于民族文化的保护传承还是社会主义先进文化的弘扬传播均起到了积极作用。事实上，民族地域文化的传承与发展必须强化其价值意涵的社会展演，激发民众自愿参与的积极主动性，创设其价值传承与创新发展的文化生态与主体心理。在具体实践中，可依据地域文化特色与民众生活实际，深入开展传统节庆主题活动和文化振兴工程，大力丰富传统节庆活动，培育有影响力的传统节庆品牌。同时，各地还可依托其传统文化特色优势组织创作优秀的文学作品、文艺项目等并进行广泛宣传和公益演出，以民族传统艺术形式展示民众生活实际，把社会主义核心价值观宣传、中国梦弘扬、中华传统美德传播等有机融入传统民间文学艺术中，这既有助于民族地域文化具体事象的现代转型，又有利于其价值理念的转化创新。

主体自觉形塑的教育养成是民族地域文化传承与发展的践行前提。主体自觉是"具有坚强的主体性格的自由自在（尽管只是形式的）的个性"（黑格尔语）①，基于文化意义的主体自觉诠释了中华民族的理性认知和价值取向，展现了中华民族的价值体认和价值传承。地域空间文化实践场域中的主体自觉并非来自自然预设，而是从根本上依赖于社会主义意识形态引领下潜移默化的教育养成，因为"要改变一般人的本性，使它获得一定劳动部门的技能和技巧，成为发达的和专门的劳动力，就要有一定的教育或训练"②。作为精神强化与价值塑造的核心展演，教育的最终目的在于主体自觉的心理养成，其不仅是实现文化生产和价值传承的基本方式，而且是培育主体文化自觉的有效路径。在具体实践过程中，民族地域文化的传承与发展不仅要强化公益性宣传教育，而且要与学校教育紧密结合，组织开展传统文化进校园活动，完善专业人才培养教育机制。首先，必须深化当地民众对民族地域文化价值指向的正确理解与理性评判。在教育内容

---

① 金炳华主编《马克思主义哲学大辞典》，上海辞书出版社，2003，第29页。
② 《马克思恩格斯选集》第2卷，人民出版社，1995，第174页。

上，不仅要加强民族地域文化的普及教育，解释清楚丰富多样的民族地域文化是世居民族共同的文化创造和共享的文化财富，帮助民众形成正确认知与理性评价，而且要明确民族地域文化与中华文化关系的理论释义，帮助民众明白民族地域文化是中华文化的重要组成部分，是厚植社会主义核心价值观的地域根基。在教育方式上，要充分发挥各级文化部门的组织协调职能，坚持政府引导、全社会广泛参与，积极拓展教育渠道，把文化宣传教育落实到城镇、乡村、社区、机关、企业、学校等基层单位。其次，学校教育是推动民族地域文化传承发展不可或缺的动力保证。把彰显地域特色的文化建设工作与中小学教育、职业教育以及高等教育等结合起来，让民族地域文化走进校园，在青少年学生中普及民族地域文化知识，激发其对民族地域文化的兴趣，深化其对民族地域文化价值体系的主体认同，不失为促进民族地域文化传承发展的有效应对。在具体做法上，结合相关课程设置，各地中小学可依托民俗文化风情园、生态保护区、博物馆、文化艺术产业区等进行实践教学与文化体验，使学生近距离感知民族地域文化的独特魅力，加深学生对其的认知理解。最后，民族地域文化的传承发展还必须进一步完善专业人才培养教育机制，充分发挥非物质文化遗产代表性传承人、民间艺人、传统文化艺术从业者等专职人才对地域文化保护传承与开发利用的积极作用。人才匮乏是民族地域文化保护传承与转化创新的现实瓶颈，必须加大专业人才培养力度，健全完善人才培养教育机制，拓展专业人才培养路径。政府有关部门可委托有关高校、职业技术院校等开展专业技能人员培养，对文化机构专职工作人员、非遗项目传承人、民间传统手工艺人等进行专业培训，组织学习交流活动等。

作为文化实践的主体，当地民众的主体自觉是民族地域文化传承发展的践行动力，因为"我们每一个人都过着一种更加积极的生活，而不仅仅是被动地接受已经存在的符号和结构"[①]。在中国特色社会主义新时代，无论是整体布局的顶层设计还是具体政策的规划部署，民族地域文化的传承发展都必然有赖于当地民众的行为自觉。加强文化价值意涵的挖掘与传

---

① 郭忠华：《权力、结构与社会再生产——安东尼·吉登斯专访》，《国际社会科学杂志》（中文版）2009年第2期。

播，拓展文化宣传教育的渠道，在实践路径的有机统一中强化当地民众的主体自觉，既是民族地域文化时代传承的必然应对，也是中华文化创新发展的现实基础。

六 民族地区中国梦价值认同的文化建构

民族地区各民族多样的历史传统与社会环境生成了虽表征多元内蕴价值却日渐趋同的文化构成范式，同时沉淀了中国梦认同的价值意蕴。文化的核心在于价值的建构，价值即指有用性，"是人们对客体属性的主观评价和具体应用，是人的需要与满足这种需要的客体属性在特定方面的交汇点"①。从民族地域文化出发研判中国梦的价值认同，认识和解构多民族聚居区域多元文化的形成与发展、历史与特质，理解和把握民族地域文化构成之源与流，并在此基础上建构民族地区中国梦价值认同的文化语境与路径，不仅是民族地区中国梦价值认同实现之关键向度，也无疑是当代文化价值研究领域的新视角。

（一）多元文化：中国梦价值认同的载体

中华民族多元一体的历史格局奠定了中华文化多元一体的本质特征，正如费孝通所言："它的主流是由许许多多分散孤立存在的民族单位，经过接触、混杂、联结和融合，同时也有分裂与消亡，形成一个你来我去、我来你去、我中有你、你中有我，而又各具个性的多元一体。"② 多元文化在本质上体现着中华文化多元一体历史格局的同时，也孕育着其内部的多元一体文化态势，并生成为民族地区中国梦认同的价值载体。

民族地区多元文化特质表现为其纷繁复杂之多元族群文化模式的现实构成，族群文化不仅是中华文化之基本构成单位，也是民族地区多元文化之原发基础。民族地区族群文化表象多样，但"任何一种文化的存在都不是散漫的、无结构的，而是按照一定的结构功能发展起来的。文化在一定

---

① 詹小美：《中国梦价值认同论》，中山大学出版社，2021，第1页。
② 费孝通：《文化与文化自觉》，群言出版社，2010，第52页。

的生态环境中创造、积累、内聚、发展，各种特质渐渐稳定，结构功能也慢慢定型。文化的这种结构功能的稳定形态，通常称为文化模式"①。表征多元的民族地域文化也呈现多样的族群文化模式，族群文化之间的均衡发展孕育民族地域文化多元之特征。民族地区多元文化逻辑推演之本源在于中国地域文化的复杂多元性。不同族群在长期的政治、经济以及文化互动与联系中推动着彼此的融合与共生，在此过程中，汉族逐渐成为凝聚的核心，某些少数民族随着区域生产生活方式的变化而相应消长，最终形成中华民族多元一体格局。因此，中华民族多元一体格局在奠定中华文化多元一体的历史沉淀与现实框架的同时又深深烙上地域多元文化的痕迹。民族地区内部异质族群文化相互独立，差异明显，但不互相抵触或试图同化，而是在实现自我发展的动态过程中"你中有我，我中有你"，同时又由于利益的互通与一致，互相取长补短，最终于文化价值层面走向了"一体"本源，也建构着民族地区中国梦认同之价值意蕴。

对于民族地域文化而言，"多元性是其区域文化的显著特征，而多元性的互融与和合共生的'一体性'又是其内在结构"②。离散维系着民族地域文化之多元性，趋同则导向其发展之一致性，二者彰显了多元异质文化模式与文化体系价值内涵之逻辑演进与历史生成，并最终夯实为民族地区中国梦认同的价值载体。

（二）价值共识：中国梦价值认同的基础

文化在赋予人类思辨能力的同时也发展了主体的共同价值意识，人类在创造与积累文化的历史过程中也生成并发展了自身的价值判断意识。民族地区中国梦的价值认同，即是在以中国梦为认知对象的基础上，研究民族地区多元文化价值的存在与发展，以及这些价值与当地民众主体价值判断与抉择之间的现实互构关系。这一过程旨在寻求并凝聚二者之间的价值交集，并将其以具体的文化形态展现，进而为价值主体所接触、选择、认

---

① 司马云杰：《文化价值论——关于文化建构价值意识的学说》，安徽教育出版社，2011，第71页。
② 杨文炯、樊莹：《多元宗教文化的涵化与和合共生——以河湟地区的道教文化为视点》，《兰州大学学报》（社会科学版）2013年第6期。

同，并最终升华为价值共识。中国梦价值内涵所彰显之民族性最大限度地体现了中国多民族之整体价值诉求，且与民族地区多元文化价值体系发生高度价值凝聚，生成并传承为民族地区中国梦价值认同之根本。

地域文化及其价值观念无疑是对区域内多民族生产生活方式的精神思辨与意识反映，然而"一个种族现存的文化及价值观，并不是对现实的生产方式和生存方式的绝对反映，而是对这个种族现存的生产方式和生存方式的意识反映的历史和现实的统一"①。民族地区多元文化模式与价值体系也绝非在当地民众现实生产生活基础上一蹴而就的，而是伴随区域内多民族共生共荣历史进程的逻辑演进，最终反映民族地区现存生产生活方式的历史与现实之统一。同样，"中国梦是历史的、现实的，也是未来的"②。从历史演进的维度研判，每个民族都有自己的梦想，而这一梦想是在民族历史发展进程中自然生成的，古代先人在中华民族形成与发展的历史长河中早就于懵懂混沌之中演绎并践行中国梦的价值内涵与价值追求。"家国天下"的包容情怀与一以贯之的悠久文明传统，凝聚为坚韧不拔的民族精神，彰显了生生不息的民族向心力，哺育了锐意进取、独立自主的民族斗志，成为中国梦历史生成与发展的价值基础与民族积淀。价值认同的源起必须借助于传统叙事的记忆，通过对共同信念的再现、总括、强调以及传播，建构民族地区中国梦价值认同的符号共识体系。当然，民族地区现存之形式多样、内容丰富的民间传统文化与生活风俗同时承载着中国梦价值认同的重要功能。被选择与留存的传统技艺往往是已经为主体所认同的片段，民俗生活的方方面面深刻影响着民族地区多民族与其个体的认同意识和价值归属感。表征多元的文化价值体系内隐着共同的特性与本质，这些共同的特性与本质是文化价值理解与认同的基础，而这一基础构成了多民族的价值共识，积淀为民族地区中国梦认同的价值基础。

"离开了文化认同的张力与导引，民族成员的社会性便会流于空泛、陷入迷津。"③ 文化的价值认知对群众起着价值引领与价值导向功能，正如中华文化是实现中国梦的重要支撑。民族地区中国梦价值认同不仅仅表征

---

① 李从军：《价值体系的历史选择》，人民出版社，2008，第124页。
② 《习近平著作选读》第2卷，人民出版社，2023，第57页。
③ 詹小美：《民族文化认同论》，人民出版社，2014，第15页。

于价值主体对中国梦抽象价值内涵之认可与赞同，更重要的是多民族群体与成员个体对民族地区多元文化价值具体精髓的认知、抉择与内化。因此，民族地区中国梦价值认同之过程必然是伴随认知、判断、选择与创造的动态发展过程。事实上，维系人口众多且文化多元的中华民族认同与政治认同的，始终是文化所支撑的价值理念与整合力，同样，维系民族地区多民族之整体价值认同与民族认同的，也应当是民族地区多元文化价值聚焦与糅合之价值共识。中国梦"认同可以是强加的，但很少如此；更正确地说，认同是皈依的，因为它们呈现的正是人们想要的"①。文化建构价值原理并非指强加文化之价值内涵于价值主体，而是主体依据自身的内在需求去认同接受文化价值并将其内化为价值理念的主动过程。民族地区多元文化价值构成是一个保守与开放并存的动态体系，其中所含之价值内容与意义将一直伴随价值主体的现实利益需求发生变化。有鉴于此，民族地区多元文化价值的历史传承与中国梦的价值诉求在现实利益上存在高度的价值共识，充分体现了价值主体对中国梦进行研判后所作出的最终价值判断与理性抉择。个体于文化创造和积累的历史发展过程中对文化自身所蕴含的价值经过理性思考后衍生自己的价值认知与判断，而群体的介入与参与使这一认知和判断最终内化为主体的价值意识与价值抉择并最终抽象为民族地区之主流价值观与价值模式，这一过程本身既有个体价值解构与彼此之间的相互渗透，又有群体价值共识的建构，同时还发生着个体价值意识与群体价值意识的同构，进而产生价值群体之间的整体价值凝聚与价值整合。"与美国梦追求个人的成功不同，'中国梦'首先是民族之梦，是一种集体意志。"② 中国梦凝聚中华民族整体之价值体认与价值目标，民族地区多元文化则催生多元价值与多元利益需求。区域内民众在多元价值与利益分化的现实境遇中进行价值的认知、比较、判断与抉择，并于此过程中孕育出区域内多民族的价值准则与价值共识，汇聚为民族地区共同体中国梦价值认同的根基与精神源泉。

---

① 〔美〕约瑟夫·拉彼德、〔德〕弗里德里希·克拉赫维尔主编《文化和认同：国际关系回归理论》，金烨译，浙江人民出版社，2003，第43页。
② 艾四林：《"中国梦"与中国软实力》，《中国特色社会主义研究》2013年第3期。

(三) 利益相通：中国梦价值认同的目标

"人们奋斗所争取的一切，都同他们的利益有关。"[①] 价值认同实现的最核心要素是主体利益表达与诉求得到满足，实现价值认同的根源在于主体与客体之间存在一致利益。民族地区中国梦价值认同之本质在于成员个体对中国梦所含之特定价值观认可与赞同并进而将其升华为理念，指导自身行动。因此，中国梦的内在价值真正外现为当地民众的利益表达与诉求并真正推动群体实际利益的实现，是建构民族地区中国梦价值认同的目标所在。

价值的核心在于其有用性，即对价值主体具有实质意义与真正效用。因此，研判民族地区中国梦认同的价值必须基于中国梦是否对民族地区成员个体具备价值意义与实际利益。中国梦实质上聚焦和整合了全体中国人民的利益诉求，体现了中华民族的整体利益，集中代表了全体中国人民的根本利益，是组成中华民族的56个民族利益的最大公约数。"人民幸福"是中国梦之根本落脚点，共同富裕自古以来就是中国人民的夙愿，从"民为邦本"的传统理念到"为人民服务"的精神宗旨无不折射出中华文明的发展主题。

多民族的利益整合与调适一直是中华民族发展不可回避之难题。在中华民族历史形成与发展之漫长过程中，"随着统一多民族中国的形成、巩固和确立，各民族的根本利益相互关联，客观上在形成和发展着中华民族一体性，只是这种深层次的内在联系，被历代王朝推行的民族压迫制度和民族间的纷争所掩盖，人们比较明确地注意到民族的矛盾和隔阂，而各民族间根本利益的一致和整体不可分割的联系，未能成为自觉的民族意识"[②]。中国梦价值内涵始终维系着多民族之间与个体之间的一致利益，从价值表达与归属的层面缓解族群隔阂与矛盾，同时融洽了民族关系，在此基础上促进了主体价值认同的内化与民族意识的升华。群体价值认同的实质为成员个体在追逐利益过程中妥协直至共同满足之利益结果的达成。中

---

① 《马克思恩格斯全集》第1卷，人民出版社，1956，第82页。
② 陈连开：《求同初阶——陈连开学术论文集》，中央民族大学出版社，2008，第18页。

国梦自身特定的价值内涵与价值表达从根本上淬炼并凝聚了中华民族共通之价值理想、价值目标与价值利益，传承了中华民族一以贯之的民族精神与多元一体之历史传统，形成了中华民族不同利益群体消解纷争、达成共识的价值基础与利益纽带。"民族间经济的联系和依赖，把各民族社会生活内在的需要紧密地结合在一起……形成了中华民族作为一个整体而存在的一份牢固的基础。"① 民族地区多元族群在交融互动生活中逐渐形成共同利益，沉淀着中国梦认同的价值目标与价值体认。

（四）共生与博弈：中国梦价值认同的路径

民族地区多元文化共生与博弈的现实互动也生成了民族地域文化"多元一体、和而不同"的根本格局，并最终促进了文化价值取向的一致性与趋同性，构建了民族地区中国梦价值认同的路径。

从多元文化中寻找共同的精神目标与价值追求，是建构民族地区中国梦价值认同的根本路径。多元价值取向的群体文化在不同民族的日常生活与频繁文化互动过程中产生了冲突与交融，分歧意味着异彩纷呈，认同意味着共同繁荣，理想的状态应当是多元和谐。民族地区多元文化在历史发展的长河中始终处于认同与斥异并存之演进过程，并最终形成多元文化和谐共生之现实局面，某种文化形态消灭或者同化其他文化形态从而建立单一文化版图的情形未曾出现过，多元异质文化体系在价值表达与信仰层面实现了一致与相通，为民族地区中国梦价值认同的实现提供了异质同源的文化基础与信仰支撑。同时，多民族间频繁的日常生产生活交融互动也从根本上促进并推动了异质文化之间的涵化与整合，并在此过程中形成了价值共识。在民族地区多元文化发展与演进的漫长历史过程中，汉族文化尽管一度具备明显的发展优势，甚至现在也在某些区域内部发挥着影响，但民族地区内部始终保持着多元异质文化群体自由公平的共生与博弈路径：汉族文化在与其他民族文化交流互动的过程中也受到了不同程度的影响。异质文化之间的共生与博弈不仅成为民族地区多民族互动交流的重要模式，而且是民族地区多民族之间复合生存状态的基础与根基所在。

---

① 陈育宁：《民族史学概论》，宁夏人民出版社，2001，第58页。

民族地区多民族的复合生存状态构建了中国梦价值认同的现实语境。异质文化之间的交融是彻底而又纯粹的,从物质到思想,从信仰到生活,从表象到理念,无所不有,这一互动过程也建构了一套从物质层面到精神层面符合逻辑的民俗信仰文化体系,其形式表征和价值内涵在社会历史的发展与变迁中逐渐得以演进与积累,并不断佐证其现实存在与发展的必要性及合理性。同时,多元文化的历史变迁在语言层面的表征更为明显,语言发展的趋同增强了文化与民族情感的多元认同。多元文化之间的交融与涵化通过渐渐趋同与相通的语言交流打破了民族之间原有的文化隔阂,在民族情感以及价值认同层面有了实质性的进展,也消解了中华民族内部多民族之间纯粹的"我们"与"他们"的明显界限与理念异化,从而在民族复合体内部实现了成员个体与民族整体之间的"我"与"我们"的价值认同与情感归属,建构了民族地区中国梦价值认同的实现路径。"当人负载着文化意义进行社会互动和群体生活的时候,社会群体、社会关系也是一种文化关系。从这一点上说,社会群体也是文化载体,社会关系也是一种文化关系。"[①] 人类创造的文化达到一定程度后,文化会形成系统的结构并走向逻辑化,系统化逻辑化的文化结构模式在历史的发展积淀过程中会逐渐形成稳定的文化传统与生活习俗,这些文化传统与生活习俗一旦融入民众日常生活之中便会对他们的行为方式与价值取向产生潜移默化的影响并极有可能使其有所改变。无论是在民族地区历史发展过程中还是在现实社会中,多民族在漫长的频繁互动生活中冲突与碰撞从未间断过,但整体上维系并保持着齐头并进的共生发展局面。中国梦价值认同的实质是对其所蕴含的主流价值观的认可、赞同与共享,而价值认同根源于多元文化价值之间的斥异与对抗最终形成的妥协与和解结果。因此,民族地区中国梦的价值认同也毫无疑问是一个动态的不断发展的过程,其中必然会发生不同民族多元文化之间以及社会主流价值观与区域内部多元价值观之间的冲突与交融。诞生于共同地缘空间的多元文化在交融共生与博弈制衡的现实矛盾境遇中涵化与整合的同时,也使民族之间在文化的交流与交融中汇聚着

[①] 司马云杰:《文化价值论——关于文化建构价值意识的学说》,安徽教育出版社,2011,第3页。

价值共识。民族地区多元文化群体在共生与博弈的过程中，孕育并集聚了价值共识与共同利益。这种价值共识与共同利益的外在表现，即民族地区多民族之间和谐交融的价值体认与价值表达，它凸显了中国梦的价值内涵与宗旨，并在价值认知与价值判断的基础上构建了民族地区中国梦价值认同的路径。

民族地区中国梦价值认同的路径构建，关键在于认识并妥善处理民族地区多元文化模式及其共生和博弈之文化态势，毕竟"在表面上是偶然性在起作用的地方，这种偶然性始终是受内部的隐蔽着的规律支配的"[1]。民族地区多元并蓄、一体交融的文化态势高度契合中国梦认同的价值内涵，多元文化之间共生与博弈的发展走向内蕴着各族人民的价值共通，共同建构着民族地区中国梦认同的文化载体。

---

[1] 《马克思恩格斯选集》第 4 卷，人民出版社，2012，第 254 页。

第五章　新时代铸牢中华民族共同体意识的实践推进

铸牢中华民族共同体意识是新时代党的民族工作的主旨内涵。习近平总书记强调:"以铸牢中华民族共同体意识为新时代党的民族工作的主线,推动各民族坚定对伟大祖国、中华民族、中华文化、中国共产党、中国特色社会主义的高度认同,不断推进中华民族共同体建设。"①"以铸牢中华民族共同体意识为主线,加强和改进党的民族工作。"②"把铸牢中华民族共同体意识作为新时代党的民族工作和民族地区各项工作的主线……不断加强和改进党的民族工作,扎实推进民族团结进步事业。"③ 作为中华民族历史形塑的精神引领与国家价值诉求的社会表达,中华民族共同体意识生成发展于中华文化的历史积淀,植根于中华文明的意涵滋养,体认着中华民族之共享价值,确证着中华民族之归属自觉。事实上,维系幅员辽阔、人口众多、文化多元的统一多民族国家之整体认同的动力,始终指向生活实践中共享价值之历史凝聚与共鸣情感之主体相通,因为对于各族人民而言,"在过去,有共同的光荣和痛楚可以分享,在未来,有同一个计划需要实现;同甘共苦、共同展望,这就是……更有价值的东西"④。据此,在中国特色社会主义新时代场景中,基于实践论域把握铸牢中华民族共同体意识的中华民族体认与社会主义国家旨归,在各族人民的生活实践中推动铸牢中华民族共同体意识,在民族交融的空间构型中提升各族人民的归属

---

① 《习近平谈治国理政》第 4 卷,外文出版社,2022,第 244 页。
② 习近平:《高举中国特色社会主义伟大旗帜 为全面建设社会主义现代化国家而团结奋斗——在中国共产党第二十次全国代表大会上的报告》,人民出版社,2022,第 39 页。
③ 习近平:《铸牢中华民族共同体意识 推进新时代党的民族工作高质量发展》,《求是》2024 年第 3 期。
④ 〔法〕厄内斯特·勒南:《国族是什么?》,陈玉瑶译,《世界民族》2014 年第 1 期。

自觉，增强各族人民对伟大祖国、中华民族、中华文化、中国共产党、中国特色社会主义的价值认同，既是复杂境遇中推动中华民族现实形塑的时代命题，又是新时代场景中实现中华民族伟大复兴的政治命题。

一 铸牢中华民族共同体意识的时代论域

共同体意识强调主体对身份归属的认同感，指将一个共同体中不同的个人团结起来的内在凝聚力。① 中华民族共同体意识指涉多民族在生活实践中逐渐内生且不断聚合的共识性价值与共鸣性情感，是中华民族历史形塑的精神引领与国家价值诉求的社会表达。在中华民族共同体框架内，中华民族共同体意识以命运共同体的外显形式体现于各族人民休戚与共的社会关系中，凝聚着各族人民的共同价值，确证了各族人民身份认同的心理基础。在新时代民族团结与发展的现实场域中，以民族交往交流交融的深化推进中华民族共同体的时代形塑，以文化传承推动构筑中华民族共有的精神家园、以"五个认同"阐发中华民族共同体的价值旨趣，共同促进了铸牢中华民族共同体意识的主体深化、国家形构和价值提升。

（一）关系论域：推进中华民族共同体时代形塑的民族交往交流交融

在中华民族共同体框架内，民族交往交流交融以族际互动的关系演绎巩固了多元一体的民族格局，构成了新时代铸牢中华民族共同体意识的关系论域。族际互动是民族关系历史生发的基础和前提，因为"社会——不管其形式如何——是什么呢？是人们交互活动的产物"②，多民族频繁密切的交往互动，在"你中有我、我中有你"的形构过程中形塑着民族关系的发展态势。在复杂多变的社会转型境遇中，族际互动本质意涵的实然演绎伴随民族交往交流交融的深入展现了铸牢中华民族共同体意识的基本路径。把握历史和现实交互的双重维度，多民族共享生活记忆在民族交往交

---

① 〔法〕涂尔干：《社会分工论》，渠东译，生活·读书·新知三联书店，2000，第42页。
② 《马克思恩格斯选集》第4卷，人民出版社，1995，第532页。

流交融中的强化，在聚合各族人民共同利益诉求的同时，进一步提出了推进中华民族时代形塑的深刻命题。从内在逻辑层面厘清民族交往交流交融的内涵指向是实践前提。中国自古以来就是多民族国家，早在虞舜时期我国就已"方五千里，至于荒服。南抚交阯、北发，西戎、析枝、渠廋、氐、羌、北山戎、发、息慎，东长、鸟夷"（《史记·五帝本纪》）。基于理论释义的逻辑理路研判演绎着族际互动历史图景的民族交往交流交融，在现实性上指向民族关系历时构型的起点、过程与结果。

民族交往是民族关系的起点，其密度与程度决定了民族关系的未来形态。从历史视域考镜源流，多民族之间的交往互动是中华民族共同体基本的形塑方式，频繁的政治经济文化交往是各族人民赖以生存与发展的社会基础。其中，族际通婚是民族交往的重要形式，历史上汉族与少数民族的通婚对民族地区的社会发展有深远影响，推动了民族地区的文化启蒙和文明演进。民族交流是民族关系的强化过程，其效度与质量决定了民族关系的历史走向。民族交流在更深层意义上指向文化层面的沟通理解和文明层面的互鉴共享，其不仅促进了各族文化观念和文明意识的发展进步，而且催生了中华民族共同体意识的自觉形成。族际文化交流所引发的文化涵化对于各族人民的身份认同来说，在一定程度上比血统还重要，甚至在北朝时期"凡汉化之人即目为汉人，胡化之人即目为胡人，其血统如何，在所不论"[①]。民族交融是民族关系的演绎结果，其广度与深度决定了民族关系的实然态势。民族交融实质上体现为多民族"你中有我、我中有你"之共生与共享状态。从严格意义而言，我国历史上曾经出现过的民族之后抑或消隐抑或延续至今，从血统上讲都是彼此之间交融的结果。民族的形成与发展均离不开与其他民族的互动交融，"异流融汇"不仅是旧族群消隐与新族群形成的根本方式，也是中华民族一体形塑的重要态势。在社会现代转型进程中，民族交往交流交融是铸牢中华民族共同体意识的重要路径，铸牢中华民族共同体意识是民族交往交流交融的根本目标。[②] 民族交往交流交融不仅呈现了中华民族共同体历时建构的多维图景，而且展演了铸牢

---

① 陈寅恪：《唐代政治史述论稿》，上海古籍出版社，1982，第122页。
② 郝亚明：《以铸牢中华民族共同体意识为目标，促进民族交往交流交融》，《中国民族报》2019年3月22日，第8版。

中华民族共同体意识的内在机理。

在中华民族由多元走向一体的历时进程中，共享的生活记忆和共同的利益诉求是铸牢中华民族共同体意识的基石。作为民族和社会时空演进的导引规范，中华民族共同体意识指涉之共识性价值与共鸣性情感恰恰源于各族人民共享的生活记忆与共同的利益诉求。在中华民族一体形塑的漫长进程中，共享的生活记忆是中华民族共同体意识自觉生发的历史根基。自秦汉以来，民族交往交流交融一直是民族关系演绎的主流趋向，互动交融的生活经历汇聚为各族人民共享的生活记忆，也促成了多元一体民族格局的最终形成。在华夷内外有别的封建王朝，尽管族际冲突往往通过武力战争来解决，但每一次战乱动荡之后都会迎来更为彻底的民族交融，这推动了中华民族的历史形塑。民族交融的历史过往与中华民族共同体的形塑历程结合在一起，集聚了各族人民共享的生活记忆，描摹了民族交融的时空面向，形成了族际互动与多民族国家建构的历史界面，也佐证了从"华夷之辨"到"华夷一家"社会主流意识的孕育发展和内涵嬗变。在中国特色社会主义新时代场景中，共同的利益诉求是铸牢中华民族共同体意识的现实承载，因为"要使各民族真正团结起来，他们就必须有共同的利益"[①]。对统一多民族国家未来图景进行合理阐释的中国梦在现阶段集中表征了各族人民的共同利益诉求，其不仅明确了新时代中国特色社会主义的发展方向，而且体现了各族人民生活诉求的实践指向，从社会发展视域滋养着铸牢中华民族共同体意识的动力基础。

在社会现代转型境遇中，通过民族政策的有效推进、民族互嵌的深化等推动民族交往交流交融，在民族交往交流交融生活实践中唤醒并激发各族人民对共享往事的深刻追忆，调适并整合各族人民共同的利益诉求，协调并聚合各族人民对利益诉求的一致努力，是铸牢中华民族共同体意识的一贯遵循。

公平公正的民族政策是推动民族交往交流交融的前提保证。民族政策的制定旨在促进民族团结进步和民族地区社会发展，其不仅是民族工作的指导方针，而且是民族诉求现实达成的合法保证。在统一多民族国家现实

[①]《马克思恩格斯全集》第 4 卷，人民出版社，1958，第 409 页。

场域中，民族政策的公正公平不能从泛化意义上进行片面理解，由于地域发展水平差异以及民族人口发展不均等现实因素，基于差异原则给予少数民族相当的优先权利和合理倾斜是保证民族政策公正公平的应然之义。在具体举措上，经济层面应坚持政策扶持与自力更生相结合，在整体规划中应充分考虑民族地区发展的客观实际，充分调动一切积极有利因素，加快民族地区发展进程；政治层面应继续深化民族区域自治制度，大力培养并优先任用民族干部，在更大程度上保证实现各族人民的政治发展权利和政治进步要求，推动民族地区政治事务的协商管理工作，进一步扩大民族区域自治的主体基础并充分调动各族人民政治参与的积极性；文化层面应在尊重差异基础上实施多元文化共同发展计划，在民族语言文字、民族宗教信仰、民族习俗礼仪等方面进行有效落实。

民族互嵌是深化民族交往交流交融的有效方式。互嵌指客观存在的彼此之间相互掺杂交叉的关系态势，民族互嵌则实质上指向各族人民社会关系的结构样态，旨在打破各族人民彼此之间的空间封闭与心理隔阂，夯实一体交融。民族互嵌蕴含空间和心理双重维度，空间关系和心理认同是其关键因素。① 嵌入式社区建设是当前推动民族空间互嵌的重点方向，其并非要简单否定现有的民族聚居和民族杂居模式，而是要营造有利于民族互动交融的居住格局。这一方式在民族地区有不同的探索尝试。相较于空间互嵌，各族人民基于文化互嵌的心理接纳更具重要意义，其不仅决定着民族交往交流交融的图景呈现，而且规制着民族关系的构型态势，从根本上影响着民族交往交流交融的实然走向。据此，在嵌入式社区建设中，必须基于平等原则尊重民众的个人意愿、文化差异与生活习惯，将社区建设与同民众日常生活密切相关的就业、教育、医疗等结合起来，注重完善社区软环境配套工作，基于居住格局空间嵌套推动民众的心理接纳与情感交融，巩固民族交往交流交融的正向态势。

双语教育的推动实施是深化民族交往交流交融、铸牢中华民族共同体意识不可或缺的重要手段。语言是民族关系形成和发展的重要中介，其最

---

① 王希恩：《民族的融合、交融及互嵌》，《学术界》2016年第4期。

重要之处在于能够产生想象的共同体,能够建造事实上特殊的纽带。① 在民族发展进程中,共同语言在一定程度上决定着多民族的关系走向和共生态势。在中国特色社会主义新时代场景中,各族人民对共享往事的记忆唤醒和共同诉求的利益整合均有待语言沟通理解之上情感共鸣与心理共通的主体达成。民族关系构型场域中的双语教育主要指向汉语教育和少数民族语言教育,两种教育是相辅相成、有机统一的。建构共同语言是共同体形塑的核心指征,但普及共同语言的同时绝不能忽视少数民族语言的重要作用。重视汉语的推广普及并非要弱化少数民族语言的地位,恰恰相反,民族地区的汉语教育必须承认和尊重少数民族语言的差异性。在实施过程中,汉语教育固然要大力推广,但针对少数民族语言令人担忧的传承状况,必须尽快出台相关政策支持少数民族语言的时代传承,积极鼓励少数民族语言的传播发展。

事实上,民族交往交流交融既是铸牢中华民族共同体意识的实践路径,又是其展演过程,因为共尚规范的共同体意识本就意味着成员之间愿意彼此交往交流、共同生活,也愿意一同追寻和创造更有意义和更美好的生活。② 在交往互动实践展演中共同追忆一起经历的生活过往,在一体交融社会场域中共同展望国家富强、民族复兴、美好生活之未来蓝图,是铸牢中华民族共同体意识并进而推进中华民族时代形塑的现实路径。

(二) 文化论域:构筑中华民族共有精神家园

在新时代场景中,文化传承价值意蕴的民族基因以共生的价值追求阐发,构筑中华民族共有精神家园构成了铸牢中华民族共同体意识的文化论域。作为共识性价值和共鸣性情感的高度集聚,中华民族共同体意识生发于中华文化的历史积淀,植根于中华优秀传统文化的意涵滋养,这充分阐

---

① 〔美〕本尼迪克特·安德森:《想象的共同体——民族主义的起源与散布》,吴叡人译,上海人民出版社,2016,第125页。
② 青觉、徐欣顺:《中华民族共同体意识:概念内涵、要素分析与实践逻辑》,《民族研究》2018年第6期。

释了"过去并非自然生成,而由文化创造"①。较之"政治民族"的政治忠诚和政治效忠,民族对文化的忠诚更具强大的凝聚力和生命力(梅涅克语)。基于中华民族生活场域的文化传承,更应将中华优秀传统文化的创造性转化和创新性发展展现在中华民族共有精神家园的构筑进程里,深化在中华民族共同体意识价值基础的心理自觉中。

汲取了各民族文化精华的中华优秀传统文化通过对各民族文化智慧的历时整合、逐渐汇聚了中华民族共同的精神基因和共享的价值理念,其不仅框定着中华文化的价值准则,而且蕴含着中华文明的道德规范,在民族历时演进的漫长进程中引导着中华民族的一体形塑。只有当人们拥有共同的思想、兴趣、情感以及希望的时候,他们才会感到同属于一个群体。②溯源历史,审视当代,中华文明代际相传几千年从未间断之根本原因,即在于中华优秀传统文化所蕴含的一脉相承之精神追求和价值追求,其聚合着中华民族的价值共识和共通情感,维系着各族人民的身份认同。民族精神是中华优秀传统文化最核心的思想表达。中华民族精神是各族人民在长期共同生活中逐渐形成且被广泛尊崇的精神信仰,在各族人民的生活实践中起着精神导引和共识凝聚的重要作用。道德规范是中华优秀传统文化最深层的价值释义。高度体认中华优秀传统文化价值意涵的中华传统美德则彰显着中华民族爱国向上、自强不息、积极进取、和谐共生之思想理念,有助于民族共识的形成和民族凝聚力的维系,在构建社会主义新道德的同时也淬炼了各族人民共享的价值规范与共通的心理旨趣。

体认中华文化核心意旨的中华优秀传统文化是中国各民族共创且共享的文化积累和价值传统,其厚植着中华民族共同体意识的文化根基,是铸牢中华民族共同体意识的价值导向。在中华民族一体形塑进程中,多民族异质文化的互动交融推动了中华文化价值走向的一体趋同,因为共享文化的历史进程同时是汉族确证少数民族文化为中华文化、少数民族推崇汉族

---

① 〔德〕扬·阿斯曼:《文化记忆:早期高级文化中的文字、回忆和政治身份》,金寿福、黄晓晨译,北京大学出版社,2015,第45页。
② 〔美〕帕特里克·格里:《历史、记忆与书写》,北京大学出版社,2018,第21页。

文化为中华文化的双向认同过程。① 中华文化异质趋同的共享形成消除了多民族固有的文化隔阂与心理局限，在中华民族共同体内部发展了从"我"到"我们"的情感依赖和心理归属。事实上，中华民族生生不息之根本始终在于中华文化之固本强基，共享的价值体系是中华民族一体形塑的主体动力，没有价值体系，就没有再生的社会集体。② 作为中华文化价值体系的集中释义，中华优秀传统文化表征着中华民族特有的精神标识，体认着中华民族共同的价值追求。作为中华民族共享文化传统的思想精髓，中华优秀传统文化框定着中华文化的正面意义；作为中华民族历史形塑的精神导向，中华优秀传统文化以其对民族历时演进的客观切入推进着民族发展的代际承续。在文化多元与价值迷茫的现实场域中，推动中华优秀传统文化在中华民族生活场域中的实践传承，强化其价值意涵的自觉展演，夯实共享价值理念的主体认同，是铸牢中华民族共同体意识的必然之举。

中华优秀传统文化的时代传承必须在马克思主义指导下，结合社会发展实际推动其创造性转化和创新性发展，通过其价值意涵的主体展演强化各族人民的价值共享与情感共鸣，构筑中华民族共有精神家园，培育铸牢中华民族共同体意识的社会价值语境。马克思主义是中华优秀传统文化时代传承的价值导向。作为当代中国社会主流意识形态的核心表达，马克思主义实质上指向特定的文化体系，文化体系的凝聚性"结构"在社会层面恰恰包含了共同的价值体系和行为准则。③ 作为中华文化的价值体认，中华优秀传统文化注解着中华民族价值共识的历史凝聚和价值准则的社会推崇，其时代传承实质为在社会主流价值导向下探寻传统价值体系与当代价值追求的契合融通。由此出发，在中国特色社会主义新时代场景中，中华优秀传统文化的创造性转化和创新性发展必须坚持以马克思主义为指导思想，在马克思主义价值引领下从社会意识形态层面实现中华优秀传统文化

---

① 范君、张前：《"石榴籽"效应：铸牢中华民族共同体意识的应然视角》，《青海社会科学》2018年第3期。
② 〔法〕利波维茨基、〔加〕夏尔：《超级现代时间》，谢强译，中国人民大学出版社，2005，第111页。
③ 汪民安主编《文化研究关键词》，江苏人民出版社，2007，第352页。

的时代化和生活化，在中华优秀传统文化传承进程中从主体价值追求层面推动马克思主义的民族化和本土化。

基于实践范畴的逻辑演进，中华优秀传统文化的时代传承必须遵循辩证扬弃和推陈出新的基本原则。马克思强调："人们自己创造自己的历史，但是他们并不是随心所欲地创造，并不是在他们自己选定的条件下创造，而是在直接碰到的、既定的、从过去承继下来的条件下创造。"[①] 实现创造性转化和创新性发展是中华优秀传统文化传承的前提。创造性转化指中华优秀传统文化表达形式、具体内容的现代转型，其贯通传统与现代；创新性发展指中华优秀传统文化思维方式、思想意涵的现实超越，其融通民族与世界。创造性转化是创新性发展的前提与积累，创新性发展是创造性转化的提升与目标，二者由此及彼，不可分割。在现实性上，中华优秀传统文化的创造性转化和创新性发展在内容上要处理好传统与外来的关系，对待传统要坚持辩证扬弃，对待外来要重视学习借鉴其中的精华；在内涵上要处理好传承与创新的关系，在尊重传统的前提下创新，在立足现实的基础上传承，上升到原则便为辩证扬弃和推陈出新。集中表征当代中国主流价值理念的社会主义核心价值观生动诠释了中华优秀传统文化创造性转化和创新性发展之原则，从国家层面的价值目标到社会层面的价值取向再到个人层面的价值准则，其所诠释的诚信正义、崇德向善、爱国敬业等价值理念不仅是对中华优秀传统文化的价值传承，而且契合了时代价值追求，既符合社会主义发展方向，又借鉴了世界文明成果。

中华优秀传统文化的时代传承必须推动其价值理念在中华民族生活场域中的实践展演。在具体实践中，首先，要大力弘扬中华优秀传统文化，注重中华传统美德和人文精神的广泛传播，形成民众对其价值理念的理性认知与正向评判；其次，要丰富中华优秀传统文化生活展演的具体方式，不仅要依托诗词歌赋、音乐舞蹈、琴棋书画等传统载体传承文化形式，而且要通过习俗礼仪、家风家训、伦理道德等行为规范践行价值理念，推动价值传统在生活实践中创新发展；最后，要以教育推动中华优秀传统文化价值理念的实践强化，中华优秀传统文化教育在过程上要贯穿国民教育始

---

① 《马克思恩格斯选集》第 1 卷，人民出版社，1995，第 585 页。

终，在形式上要多元并举，在内容上要整体统一，与马克思主义意识形态教育、社会主义核心价值观教育、爱国主义教育等有机结合，在马克思主义引领下推动中华优秀传统文化的创造性转化和创新性发展，形塑文化自信，养成文化自觉。

弘扬和传承中华优秀传统文化，构筑中华民族共有精神家园并非试图抹杀各民族文化的多样性，而是基于各族人民共享的价值传统凝聚价值共识，激发情感共鸣，铸牢中华民族共同体意识的价值语境。中华优秀传统文化所蕴含的传统美德、人文精神和核心思想理念体现了中华民族评判是非曲直的价值标准，重塑了民族文化创新发展的价值机理，影响了各族人民的价值取向和行为指向。在价值迷茫和信仰困惑的时代境遇中，共享的价值理念可以让"焦虑的灵魂获得安顿"①。推动中华优秀传统文化价值理念的生活展演，再现民族交融生活的历史记忆，强化共享价值理念的时代意旨，聚合价值寻向的共同诉求，构筑中华民族共有精神家园，是铸牢中华民族共同体意识的本然所向。

（三）认同论域：提升中华民族共同体价值旨趣的"五个认同"

在实现中华民族伟大复兴的进程中，"五个认同"（对伟大祖国、中华民族、中华文化、中国共产党、中国特色社会主义的认同）根基性表达的利益性诠释以情感共通的利益自觉提升了各族人民共享的价值意旨，构成了新时代铸牢中华民族共同体意识的认同论域。社会转型的结构性矛盾、阐释民族边界的认同语境、多元价值的冲突对决将认同的身份性诠释和价值性建构投射在冲撞与交融的现实情境中。"五个认同"是中华民族共同体意识时代阐述的核心内容，是凝聚中华民族共同体意识的最大公约数，也是统领性要素。② 正是基于中华民族情感、利益延伸的价值共识，"五个认同"所诠释的中华民族共同体意识构成了中华民族共同体共享的价值意旨，而"文化—民族"认同、"政党—政治"认同、"道路—国家"认同，

---

① 〔英〕安东尼·吉登斯：《现代性与自我认同：现代晚期的自我与社会》，赵旭东等译，生活·读书·新知三联书店，1998，第4页。
② 郎维伟、陈瑛、张宁：《中华民族共同体意识与"五个认同"关系研究》，《北方民族大学学报》（哲学社会科学版）2018年第3期。

在根基性、中继性和归属性梯级中的价值连接则阐发了铸牢中华民族共同体意识的实然指向。

"五个认同"是新时代铸牢中华民族共同体意识的价值集聚，其承载着中华民族共同体共通情感的历史凝聚，诠释着中华民族一致的利益诉求，也彰显着各族人民对中国共产党的执政肯定和对中国特色社会主义的价值认同。对中华文化和中华民族的根基性认同沉淀着民族互动交融的情感依赖并最终导向情感的心理共通。"历史常强调一个民族、族群或社会群体的根基性情感联系。"① 根基性情感联系不仅建构了各族人民身份归属自我确认和他者承认的评判依据，而且推动各族人民在交融生活中最终形成共通情感。共通情感是新时代铸牢中华民族共同体意识不可或缺的主体动因，其维系着各族人民从"我"到"我们"的心理共鸣，凸显着身份确证的主体倾向，深化着各族人民共同体归属的稳固意志。对中国共产党执政的政治认同指向深层次的中继性利益认同，其在社会现代转型的多维情境中整合着各族人民的利益诉求。利益一致是铸牢中华民族共同体意识的物化基础，因为即使"最文明的民族也同最不开化的野蛮人一样，必须先保证自己有食物，然后才能考虑去获取别的东西"②。基于共同繁荣发展和公平分配原则，利益交融和利益共享在新时代场景中聚合着各民族一致的利益诉求，刻写着各族人民对中国共产党执政成绩和中国特色社会主义制度之正向肯定，也汇聚为铸牢中华民族共同体意识的内在向心力。"道路—国家"归属性认同映射于"五个认同"价值指向的现实旨趣。作为"一个共同体能够借以产生共同意志和共同行动的条件"③，国家是民族共同体内部凝聚的必然产物。中国特色社会主义认同和基于社会主义意涵的国家认同体现了各族人民最深刻的价值追求，其源发于五千年中华文明的历时涵化、感悟于中国特色社会主义制度的价值引领、升华于对中国特色社会主义道路的高度认可，巩固了铸牢中华民族共同体意识之主体心理和价值自觉。

---

① 王明珂：《历史事实、历史记忆与历史心性》，《历史研究》2001年第5期。
② 《马克思恩格斯全集》第12卷，人民出版社，1998，第354页。
③ 〔美〕格奥尔格·G.伊格尔斯：《德国的历史观》，彭刚、顾杭译，译林出版社，2006，第321页。

在价值多元的时代境遇中夯实"五个认同",提升中华民族共同体的共享价值意旨,明辨中华民族共同体意识价值意涵的实然指向,是铸牢中华民族共同体意识的现实路径。作为统一多民族国家时代形塑的价值导向,基于"五个认同"的价值意旨必须以双重维度进行考察,其在历史维度上指传统美德、人文精神、核心思想理念等价值共识的凝聚,在现实维度上则指各族人民对社会主义中国归属认同的价值确证。在中华民族一体形塑进程中,价值共识的历史凝聚提炼了各族人民共同遵守的道德规范和行为准则,规制了中华民族共同体价值寻向的内部意涵和外部界限,升华了中华民族共同体集体的思想意志和心理品格,也促进了中华民族共同体意识的生成和强化。在中国特色社会主义新时代场域中,各族人民对社会主义中国归属认同的价值确证是中华民族共同体意识内涵的升华,因为中华民族共同体意识的高级形式表现为各民族不仅能够认同、积极评价所属国家,更能在情感上自觉地承担作为公民的职责和义务。① 国家认同的含义非常宽泛,中国特色社会主义认同集中体现了当代中国国家认同的实质意涵,社会主义建设所取得的惊人成就在满足各族人民利益诉求的同时也确证着其对社会主义中国的归属,在新时代熔铸着铸牢中华民族共同体意识的基础。

"五个认同"的逻辑演进路径各有侧重,但整体呈现为有机统一的实践面向。基于共通情感的"文化—民族"根基性认同之强化必须正确处理各民族差异性和中华民族一体性,基于利益一致的"政党—政治"中继性认同之提升必须增强执政党治国方略和共同体政治绩效的主体肯定,基于价值自觉的"道路—国家"归属性认同之深化必须推动共享价值理念的社会传播,坚定中国特色社会主义政治信仰,从而夯实铸牢中华民族共同体意识的主体自觉。

正确处理各民族差异性和中华民族一体性是强化"文化—民族"根基性认同的主旨之义。在多元一体的民族构成场景中,共通情感的唤醒与激发有赖于民族平等和民族团结的现实维护。民族平等意为无论人口多少、经济发展程度高低、文化风俗异同,各民族在社会生活和国家法律中的地

---

① 吴俊:《政治伦理视域中的爱国主义与公民认同》,《马克思主义与现实》2013年第1期。

位一律平等,各族人民依法享有相同的权利且履行相应的义务;民族团结指向多维,其概念范畴指向各民族的彼此团结以及中华民族的整体团结,其关系态势指向各民族交融一体的和谐共生、命运共济,其主体必须坚决反对和抵制民族歧视和民族分裂,维护民族团结和国家统一等。维护民族平等和民族团结要求理性认知并正确处理差异性和一体性,在尊重各民族差异性基础上建构认同,在中华民族一体形塑中凝聚共识,铸牢中华民族共同体意识的主体动力。在具体实践中,必须坚持以"各民族共同团结奋斗、共同繁荣发展"两个共同目标为指引,贯彻落实党的民族政策,推动民族区域自治与基层群众自治相结合,推进民族事务法治化,保障少数民族的合法权利和权益;推动民族团结创建活动的普及化,坚决反对和抵制民族歧视和民族分裂,维护民族团结和国家统一;推动民族团结进步教育的常态化,将其纳入国民教育全过程,且与社会道德教育、民族地域文化建设等有机结合,实现各民族团结互助、共同进步理念的大众化传播。

由中国共产党执政方略主体认可所导向的政治绩效社会肯定是提升"政党—政治"中继性认同的关键所在,据此,必须在中国共产党领导下加快推动社会治理的现代化,加强民生建设的实效性,以利益共享铸牢中华民族共同体意识的物化基础。推进社会治理现代化,是完善和发展中国特色社会主义制度、推进国家治理体系和治理能力现代化的重要内容。[①]在现实性上,社会治理现代化指向治理理念、治理体制、治理方式、治理能力等维度,其旨在通过提升治理能力、健全治理体系等促进社会和谐发展、保障人民幸福生活。从社会治理现代化的主体角度考察,民生建设的实效保障是推动社会治理现代化的重中之重,关系着人民美好生活主旨诉求的现实达成。在具体进程中,必须基于公平分配原则大力推进教育、医疗、卫生、就业、住房等领域建设,让民众共享中国特色社会主义建设的丰硕成果,而且要按平等的方向补偿由偶然因素造成的倾斜(罗尔斯语),给予民族地区一定的政策倾斜和政策扶持,以利益共享增强各族人民对中国共产党的执政认可,以政治绩效巩固中国特色社会主义政治制度的价值认同。

---

① 陈一新:《加快推进社会治理现代化》,《人民日报》2019年5月21日,第13版。

共享价值理念的现实提升是深化"道路—国家"归属性认同的本然所指，必须坚持在马克思主义引领下大力弘扬社会主义核心价值体系，升华共享价值的时代意旨，铸牢中华民族共同体意识的主体自觉。马克思主义是我国主流意识形态的核心表达，框定了中国特色社会主义的价值界域，体现了社会主义中国的价值导向。以马克思主义引导各族人民的价值追求，坚定其中国特色社会主义政治信仰，是国家认同现实达成的前提要义。以马克思主义指导思想、中国特色社会主义共同理想、以爱国主义为核心的民族精神和以改革创新为核心的时代精神、社会主义荣辱观等为基本内容的社会主义核心价值体系从意识形态、理想信念、精神本源、道德规范等多重维度构建了民族、国家、社会系统中共享的价值理念，不仅是中华民族共同体最稳固的特质，而且是社会主义中国最深层的价值。有鉴于此，必须在马克思主义引领下加强社会主义核心价值体系的弘扬传播，推动社会主义核心价值观教育、爱国主义教育、理想信念教育等有机统一，形成教育合力，实现共享价值理念的社会化传播和生活化传承，构建铸牢中华民族共同体意识的现实情境。

从关系理性的理解视域出发，构建中华民族共同体并非客观理性的被动选择，而是主观理性的主动抉择。在中国特色社会主义新时代场域中，铸牢中华民族共同体意识实质上指基于共识性价值和共通性情感历史凝聚培养中华民族共同体身份皈依的主动心理，养成社会主义中国归属的主体自觉。由此出发，在情感、利益、价值向度延展中夯实"五个认同"，以共通情感促进民族团结，以利益一致聚合共同诉求，以价值自觉巩固国家统一，深化各民族和谐共生、命运共济之一体交融，推动中华民族的时代形塑，基于中国特色社会主义政治信仰坚定强化社会主义中国归属认同，是新时代铸牢中华民族共同体意识的实践旨归。

二 民族地区铸牢中华民族共同体意识的文化面向

在中华民族一体形塑历史进程中，基于文化交融的价值共享与情感共通聚合着中华民族共同体意识孕育生成与发展嬗变之主体动力。在文化多元与价值迷茫的时代境遇中,只有不断铸牢中华民族共同体意识,才能保障国家统一和长治久安,维护民族团结和社会稳定,最终实现中华民族伟大复兴的中国梦。① 在中华民族多元一体格局中,由于地理位置的特殊性、民族格局的复杂性、文化态势的多样性等,民族地区铸牢中华民族共同体意识尤为彰显文化意义。

(一) 铸牢中华民族共同体意识的文化指向

民族地区既为多元文明之历史交汇地,又为中华文明之重要展演场域。各民族在地域空间交融生活中共同创造且积淀了形态多样、意涵多维的文化,这些文化承载着各民族代际相传的文化价值与文明创造,在时代演绎中张扬着地域文化"和而不同"的空间特质,阐发着其价值旨归的一体走向,并据此展现着民族地区铸牢中华民族共同体意识的文化指向。

多元一体的民族格局决定了民族地区多元文化共生的格局。在特殊的地理环境中,各族人民在长期的共同生活实践中创造了具有鲜明地域特色的文化,并在各民族互动交融图景中将其沉淀为民族地区特有的文化标识与历史记忆。基于存在态势考量,民族地域文化大多不仅形态多样,而且意涵多维,涵盖了宗教文化与民间信仰、民族民间文学、传统民俗音乐舞蹈、传统戏剧曲艺与民族传唱小调、民族民间手工艺美术、民间习俗礼仪以及传统医药等具体文化现象。"思想、观念、意识的生产最初是直接与人们的物质活动,与人们的物质交往,与现实生活的语言交织在一起的。"② 作为民族地域文化现象的历时展演,各民族的文化现象与地域空间的历史、文化、宗教以及生活习俗等有不可分割的密切关系,其不仅是地域社会文化传统的具象标识,而且是中华文明代际相传的历史源头,在各民族交融生活的现实演绎中承载着各族人民的文化诉求与价值理念,体现着各族人民对未来生活的美好向往和无限憧憬,以及对祖先的崇敬、对神灵的敬畏和对国家的忠诚。在民族地区社会历史变迁进程中,各族人民在交往互动中相互学习、彼此借鉴,在相互理解包容中走向共识达成与文明

---

① 何星亮:《增强中华民族共同体意识 实现中华民族伟大复兴》,《光明日报》2020年6月12日,第6版。
② 《马克思恩格斯选集》第1卷,人民出版社,2012,第151页。

共享。

"和而不同"既是中华文化的历史走向，也是民族地域文化的空间态势。空间概念与精神的、文化的、社会的、历史的空间联系在一起①，在现实性上，文化的物化总是存在于一定空间，而空间的生产总是依托于文化导向。文化空间的特质投射彰显文化区域的不同特色，与此同时，文化意义的主体表达赋予物态空间特殊的价值意涵，二者在民族地区多元一体的空间场景中形塑着文化生成的呈现态势。不同地区相同的文化现象是民族迁移互动的文化传播结果②，多民族"和而不同"之特质生发并形成于区域空间民族建构与文化传播的时空历程。特有的民族不仅标识着民族建构之地域根基，而且构设着地域文化"和而不同"之价值语境。作为社会传统的具象承载，民族地域文化在其民族性、宗教性、交融性之图谱中显现着多元文化"和而不同"之特性。

民族性折射出地域文化"和而不同"之主体特性。作为一种文化现象，民族是人们对其出身和世系所作的文化解释（查尔斯·凯斯语），民族释义着民族地区的社会关系，民族文化也由此负载着民族地域文化之时空演绎。生发于各族人民交融生活实践的多元文化不仅体现了各族人民迥异的生活习俗，也决定了地域文化的民族性特质。宗教性体认着地域文化"和而不同"之本质特性。源于复杂的民族格局，宗教文化体现了民族地域文化之重要机理和核心要义。民族地域文化大多与民族、宗教密切相关，从宗教寺庙历史文化景观到民族民间美术与建筑彩绘艺术，从珍贵经卷古籍到民族民间文学经典叙事，从传统民间舞蹈表演艺术到传统民族节庆习俗等，无不凸显宗教文化色彩。宗教信仰和宗教仪式不仅影响着地域社会各民族的关系构型，而且构设着地域空间民众的生活方式。交融性展演着民族地域文化"和而不同"之实然特性。作为民族地域文化交融性的符号指征，民俗文化和习俗仪式的互融和共享彰显着空间文化交融展演之多向维度。对河湟地区典型性空间范式进行考察发现，在文化互动交往关系演进中，各民族在日常生活方面相互影响，民族地域文化共同体也由此

---

① 〔法〕亨利·列斐伏尔：《〈空间的生产〉新版序言（1986）》，张一兵主编《社会批判理论纪事》第1辑，中央编译出版社，2006，第176页。
② 梁钊韬主编《文化人类学》，中山大学出版社，1991，第172页。

形成且不断得以巩固。在服饰着装上,土族、保安族、汉族、回族等民众深受藏族影响喜穿藏袍、佩戴藏族饰品,土绣在汉族、藏族、回族、保安族、东乡族等河湟诸族日常穿戴中也多有体现;在民居风格上,汉式建筑和内居装饰比较流行和普遍,但各民族在居住风格上又深受藏族传统习俗影响;在传统仪式上,土族与汉族一样过端午节、中秋节和春节等,蒙古族和藏族一样实行天葬和火葬,汉族的庙会、土族和回族等的"花儿会"、藏族的端午迎神会和拔河比赛等节日庆祝仪式吸引了众多民众的参与和分享。作为各民族代际相传的记忆指征,民族地域文化交融性之特质不仅深化了多元文化"和而不同"之意义,而且在时代境遇中促进了各民族互动交融的发展。

作为多元一体中华文化的典范演绎,民族地区多元文化在各族人民互动交融生活实践中不断提升其一体走向的价值旨归。地域文化的多元不仅指向民族文化构成的多元异质,而且体现于文化结构的多重态势,其价值旨归的"一体走向"则指涉民族文化在地域场景中所凝练之共享价值和共通心理,其实质并非文化同化抑或文化融合,而在于彰显民族地区多元文化之间交融互鉴之实然态势。基于多元一体的民族格局,民族地区历来便为文化交融地区,中原儒道文化、高原游牧文化等在长期浸润与涵化中形成了"你离不开我,我离不开你;你中有我,我中有你;甚至我就是你,你就是我"的异彩纷呈的民族文化亲缘关系。[①] 多元文化在地域空间的共生交融从本质上催化了其一体走向之价值意旨。在频繁的互动交流生活实践中,世居民族源于彼此的文化影响和共同的利益诉求,相互认可、接受并内化为契合自身发展之价值体系,并在这一历史过程中实现了自身文化价值的解构和重构。在多元空间场域中,不同民族文化尽管在历时共生演进中也时有竞争与博弈,但彼此之间始终保持着共生与博弈之自由与公平,并在此过程中凝聚了区域空间之文化共识,作为地域空间社会风俗与道德规制的具象演绎,从丰富多彩的历史文化景观到样态不一的传统民族民间艺术,从内涵丰富的民俗民间文学到意蕴浓厚的传统习俗礼仪等,不

---

① 班班多杰:《和而不同:青海多民族文化和睦相处经验考察》,《中国社会科学》2007年第6期。

同民族文化尽管相互独立，却在彼此借鉴中自我发展的同时也吸收对方之优势，并最终呈现一体趋同之价值图景。

民族格局决定了民族地域文化多元并蓄、一体共演之空间态势，地域文化在丰富多彩的呈现态势中展演着其价值意涵。在区域空间各民族互动交融的生活场景中，文化互鉴与价值共享不仅推动着各民族的传统传承与文明相续，而且基于主体视域彰显着铸牢中华民族共同体意识的价值指向。

（二）铸牢中华民族共同体意识的文化涵濡

作为文化人类学研究的新视域，文化涵濡关切文化之间的互动关系，其以包容—浸润—涵养之功能图式指谓人们对文化体之间接触、影响的效用和后果凸显的一种回应。[①] 基于民族地域文化态势实然研判，各民族文化彼此之间的互化和共化催生了其一体共演之价值指向，作为文化互动交融历时演绎之空间回应，其从主体视域涵濡着民族地区铸牢中华民族共同体意识之共识凝聚。

作为各民族文化传统的具象展演，次生多元而又一体走向之文化态势给予民族地区空间场景中铸牢中华民族共同体意识之动力保证。精彩纷呈的文化不仅是民族地域文化之厚植根基，而且是中华文化之空间展演，更是中国特色社会主义先进文化之重要来源。"每一种文化都以原始的力量从它的土生土长的土壤中勃兴起来，都在它的整个生活期中坚实地和那片土壤联系着。"[②] 伴随地域社会多民族之空间形塑，在民族地区多元文化发展演进过程中，区域环境在推动和制约空间文化生产的矛盾律动中不仅实现了文化从"物化"形态到"人化"世界的转化，也抽象并凝练了空间文化的天然特性和区域特质，并从世系起源上形塑民族地域文化意义的空间维度。

作为中华文化的地域展演，民族地区的多元文化态势恰恰在价值论域

---

① 詹小美、揭锡捷：《铸牢中华民族共同体意识的文化涵濡》，《青海社会科学》2019年第5期。
② 〔德〕奥斯瓦尔德·斯宾格勒：《西方的没落：世界历史的透视》，齐世荣等译，商务印书馆，1963，第39页。

契合了社会主义核心价值体系之本真意涵。人的实践行为是在目的性导引下获取自身满足的社会活动，利益满足的最大化实现是其现实指向，正如恩格斯所言："在社会历史领域内进行活动的，是具有意识的、经过思虑或凭激情行动的、追求某种目的的人；任何事情的发生都不是没有自觉的意图，没有预期的目的的。"① 作为世居民族意识自觉的实践观照，民族地区多元文化一体走向态势在最高程度上体现了民族地区群众共同的价值诉求，规制着地域社会普适之价值取向。传统民族民间习俗所蕴含之礼仪礼节与道德规范，体现了民族地区群众热情好客、礼貌周到之良好品性；传统民族民间美术与手工技艺等传递着民族地区群众对美好生活之向往与热爱；传统民族民间文学、神话传说等倾诉着民族地区群众勤劳勇敢、不畏艰险之精神传承；传统民族民间音乐戏剧、民间小调等传唱艺术颂扬着民族地区群众爱国爱家、和平正义之价值追求……在异质文化多元冲突现实场域中，以社会主义核心价值体系引领共享价值传统的地域展演，凝聚多元主体契合社会主流价值导向之价值共识，是铸牢中华民族共同体意识的价值指向。

多元一体的文化构成承载着铸牢中华民族共同体意识之价值寻向。"族群就是一种社会群体，其成员宣称具有共同世系或在继嗣方面相近，并宣称具有历史上或现实的共同文化。"② 世居民族在互动交融生活中创造了多元地域文化，其可以溯源民族地区主体建构与文化形成之历史过往。文化依附于人类而存在和发展，民族建构着文化体系之核心要素，博厄斯认为过去遗留下来的文化特质会展示在当代的空间分布中，通过这些文化特质可以重建一个民族文化的过去历史。③ 民族文化一旦形成，其蕴含的精神理念和价值意识就会在主体实践和日常生活中不断得以巩固和提炼，并日益上升为各族人民所共同遵循的行为规范和价值准则。

多元地域文化在世居民族互动交融生活实践中以其对中华民族一体形塑之空间展演，提升"五个认同"之价值共识，养成铸牢中华民族共同体

---

① 《马克思恩格斯选集》第4卷，人民出版社，2012，第253页。
② Stephen Cornell, "The Variable Ties That Bind: Contend and Circumstance in Ethnic Process," *Ethnic and Racial Studies*, 1996 (19): 265-289.
③ 〔美〕博厄斯：《人类学与现代生活》，刘莎等译，华夏出版社，1999，第104~107页。

意识之心理自觉。在民族交融空间场景中，现实矛盾与历史理性的杂糅态势形象勾勒出民族地域文化多元并蓄、一体共演之清晰脉络。李文实曾言："神话传说与古史记载，虽出现与形成有先后，但夏民族源于氐羌，则是无可怀疑的历史事实，不仅如此，它还是以后中华民族的主源之一呢！"① 各民族文化在共生博弈中孕育并集聚着共享价值，推演着民族地域文化一体走向之价值嬗变，在现实性上物化着各族人民共同的价值诉求，并最终于价值意义上走向一体本源。

回溯民族地域文化多元一体交融之空间图谱，无论其呈现态势如何演变，在现实性上均始终指向价值认同之中华民族一体语境与统一多民族国家整体旨归。"人们宁愿冒生命危险，放弃自己的爱，舍弃自己的自由，牺牲自己的思想，为的就是成为群体中的一员，与群体协调一致，并由此获得哪怕是想象的身份感。"②

在中国特色社会主义新时代场景中，中国共产党领导下的民族区域自治制度给予民族平等和民族自治合法性保障，也保证着民族地区群众合理利益诉求和政治权利的实现，打破了民族之间固有的文化隔阂与心理局限，消除了纯粹的"我们"与"他们"的界限，给予民族地区群众情感表达和利益诉求的安放空间，基于"五个认同"价值意旨主体明晰涵濡着地域空间铸牢中华民族共同体意识之共识自觉。

（三）铸牢中华民族共同体意识的文化应对

作为共识性价值和共鸣性情感的高度集聚，中华民族共同体意识生发于中华文化的历史沉淀，植根于中华优秀传统文化的意涵滋养。作为中华文化的空间承载，民族地区多元一体文化展演了中国特色社会主义文化的价值指向。对一个需要建立历史和形塑现在的国度来说，过往的传统提供记忆、凝聚共识、确立认同。③ 在新时代场景中，文化传承价值意蕴的民族基因再现了中华民族之共有记忆、阐发了各族人民之价值共识、确证了各族人民之归属认同，基于民族地域文化传承发展构建各民族共有的精神

---

① 李文实：《西陲古地与羌藏文化》，青海人民出版社，2001，第9页。
② 《弗洛姆文集》，冯川等译，改革出版社，1997，第50页。
③ 马戎：《中华文明共同体的结构及演变》，《思想战线》2019年第2期。

家园，是民族地区铸牢中华民族共同体意识的现实抉择。

中华民族共有的精神家园承起于中华民族一体形塑之历史进程，相继于中国特色社会主义建设之时代图景，既指向中国各民族之价值共享，又指向统一多民族国家时空形构中之文化共建。在中国特色社会主义文化建设时代场域中，坚持马克思主义和中国化马克思主义，以社会主义核心价值体系为引领，基于各族人民价值诉求深挖民族地域文化价值意涵，强化多元文化一体走向之价值展演，基于实践论域构筑中华民族共有精神家园，夯实铸牢中华民族共同体意识之文化语境。

民族地域文化的传承与发展既是中华优秀传统文化创造性转化和创新性发展的题中应有之义，也是中国特色社会主义文化建设的重要内容，其必须坚持马克思主义和中国化马克思主义的理论指导。"一切划时代的体系的真正的内容都是由于产生这些体系的那个时期的需要而形成起来的。"① 民族地域文化体现了中华文化的价值传统，其传承与发展必然要服从于中国特色社会主义文化建设的时代指向，必须坚持以马克思主义理论为指导。思想文化的选择总是与社会道路抉择紧密相连，马克思主义是中国特色社会主义语境中社会主流意识形态的本质意涵和核心表达，不仅是中国共产党的指导思想和行动指南，而且是中国特色社会主义事业的精神支柱和价值导向。在马克思主义理论体系价值引领下，传承发展优秀的民族地域文化，既是中国特色社会主义文化事业的现实所需，又是民族文化创新发展的历史选择。中国化马克思主义理论体系尤其是习近平新时代中国特色社会主义思想为民族地域文化的传承发展指明了践行方向。习近平新时代中国特色社会主义思想蕴含深刻的文化发展观，指引着中华传统文化的转型方向。作为传统文化创新发展的地域演绎，民族地域文化的传承发展必须坚持马克思主义、中国化马克思主义尤其是习近平新时代中国特色社会主义思想的理论指导，并依据时代要求和民众诉求对文化具象进行价值挖掘和意义阐释，凝聚共识。

在社会主义核心价值体系引领下深挖其价值意涵、深化其意义阐释是推动民族地域文化传承与发展、构筑中华民族共有精神家园的实践前提。

---

① 《马克思恩格斯全集》第3卷，人民出版社，1960，第544页。

在中华民族共同体框架内，传统文化必须在社会主义核心价值体系的引导与规制下传承发展，因为社会发展是一个在统一价值体系导向下不断走向和谐的过程①。在中国特色社会主义新时代境遇中，社会主义核心价值体系集中诠释了国家意识形态和社会制度之价值指向，民族地域文化的传承与发展必须接受社会主义核心价值体系的引导。民族地域文化体现了中华文化之传统美德，承载着世居民族之文明传承。在社会主义核心价值体系引领下，充分挖掘民族地域文化正向意涵，弘扬宣传有利于民族团结、社会和谐、国家稳定的积极理念，使之更加契合社会主义核心价值体系的要求，满足各族人民在时代场景中的价值诉求，是推动民族地域文化时代传承与创新发展的前提要义。

推动民族地域文化传承与发展、构筑中华民族共有精神家园必须加大民族地域文化价值意涵的弘扬传播力度。民族地域文化的价值传播要着重关切其一体走向的价值阐发，既要明确民族地域文化是世居民族共同的文化积淀和智慧结晶，又要强调一体交融之文化是中华文化的重要组成部分，体征着民族地域文化的价值传承，具体展演着中华文化的地域传统。有鉴于民族地区群众对民族地域文化与中华文化关系范畴的泛化误解，从内容来看，民族地域文化的价值传播还必须与社会主义核心价值观、中国梦、中华优秀传统文化等在民族地区的大力弘扬相结合，充分发挥其价值引领与整合作用。价值观是"主体人格中关于价值意向的深刻和稳定的观念系统，是作为价值活动之标准和导向的信念体系与心理结构的统一体"②。作为中华民族价值观的时代注解，社会主义核心价值观以情感、利益、价值为导向，对接着中华民族的生存实际和发展趋势，引导着中华民族价值认知和价值抉择的当代研判。作为中华民族共同的价值追求和美好愿景，中国梦在对中华民族价值导向的引领与现实需要的满足中凝聚着各族人民的价值共识，从价值诉求与价值归属的高度消解着民族隔阂，在此基础上推动着中华民族共同体意识的自觉升华。作为中华民族独特的精神标识，中华优秀传统文化蕴含丰富的思想理念、传统美德、人文精神等，

---

① 文军主编《西方社会学经典命题》，江西人民出版社，2008，第110页。
② 《中国大百科全书》第11卷，中国大百科全书出版社，2009，第242页。

既彰显着生生不息的民族向心力,又最大限度地包容着各民族的价值共识。在现实场景中,社会主义核心价值观的价值引领、中国梦的利益整合、中华优秀传统文化的精神导向不仅引导着中华民族的文化研判和价值抉择,而且规制着民族地域文化传承与发展的价值界域和意义指向。

构筑中华民族共有精神家园、铸牢中华民族共同体意识必须推动民族地域文化的传承发展切入各族人民生活实践,强化其正向价值意涵的主体展演。民族地域文化的时代传承与创新发展必须在内容上紧贴现实生活,反映地域社会乃至国家的新气象新风貌,这样才能更易于被民族地区群众所认可与接受。作为世居民族文化传统的地域显现,民族地域文化体现了中华文化的传统理念,厚植了社会主义核心价值观的民族意涵。据此,必须在社会主义核心价值体系引领下,在民众生活实践中通过内容拓展和形式创新推动民族地域文化的创造性转化和创新性发展,彰显其正向价值的主体导向。在具体实践中,首先,可依据文化特色与民众生活实际深入开展传统节庆主题活动和文化振兴工程,大力丰富传统节庆活动,培育有影响力的传统节庆品牌,组织开展群众性民俗文化娱乐活动。其次,可结合现有文化艺术资源优势积极打造民俗文化资源展示会、传统手工技艺项目展览会等,为地方民俗、表演艺术、手工技艺等提供展示平台,充分弘扬民族传统文化艺术价值内涵。最后,可依托民族地区丰富的历史文化物态景观尤其是宗教寺庙等,积极组织开展宗教文化艺术学习交流以及鉴赏等活动,帮助民众形成对多元宗教文化体系的正面认知与理性态度,发挥宗教文化体系的正向引导作用。

在多元地域场景中,多民族文化一体走向之价值意旨凝聚着各族人民归属认同之价值共识,也强化着铸牢中华民族共同体意识的价值语境。在民族地域文化时代传承与创新发展的空间情境中弘扬传播中华优秀传统文化,再现各族人民交融生活的历史记忆,强化共享价值理念的时代意旨,构建各民族共有的精神家园,是民族地区铸牢中华民族共同体意识之实然面向。

三 民族交融视域下中华文化认同的现实建构

基于民族的概念范畴,在中华民族共同体的框架下,民族交融实质上指向各民族"你中有我，我中有你"的构型关系，凸显了各族人民基于平等交流、优势互补、文明共享、相向而行之和谐共生、命运共济的历史承载和时代担当。对于统一多民族国家而言，全球化与"去中心化"的现实场域使文化认同比以往任何时候都显得更为迫切。民族交融视域中的中华文化认同实质上指向各民族"你中有我，我中有你"交融关系构型中各族人民对中华文化认可、赞同并由此产生共同体意识，进而获得中华文化心理自觉与中华民族归属自觉的动态过程。在各民族互动交融关系场域巩固中华文化认同的共通情感和共同心理，在中华文化认同的演绎过程中凝聚民族交融的价值共识，民族交融与中华文化认同在当代中国语境中的时空律动不仅指向了文化认同的民族体认，而且指向了文化认同的国家旨归。据此，民族交融视域下的中华文化认同不仅在较大程度上影响着中华民族共同体框架内多民族复杂关系的构型趋势，而且在一定意义上决定着统一多民族国家框架内各族人民的心理自觉和归属自觉。

（一）中华文化认同的顶层激励

作为民族交融场域中中华文化认同的制度设计，顶层激励指政府通过自上而下的具体制度总体设计推动民族交融与文化认同的现实达成。基于中国特色社会主义制度框架的顶层激励的制度设计主要指向基于民族平等和民族公平目标的中国特色社会主义民主制度、促进民族发展和民族团结的具体政策、保障民族平等和民族公平的法律法规等。

国家制度的顶层设计关涉各族人民利益诉求的定位和满足，也在一定程度上影响甚至决定着民族关系构型的实然态势和中华文化认同的应然走向，因此满足各族人民的利益是国家制度设计的目标所在。集中表征中华民族共同体内各族人民共同利益且诠释民族平等和民族公平的中国特色社会主义民主制度，不仅从物化形态上极大地满足了各族人民的利益需求，而且从精神层面上满足了各族人民的共同价值追求。作为人民民主专政的社会主义国家，人民民主始终是我们孜孜不倦的目标追求，尤其是在多元一体民族构成的当代中国现实场域中，各族人民对蕴含着平等与公平之民主的期盼和渴望从未改变。恩格斯指出，资本主义国家的"平等原则又由于被限制为仅仅在'法律上的平等'而一笔勾消了，法律上的平等就是在富人和穷人不平等的前提下的平等,即限制在目前主要的不平等的范围内的平等,简括地说,就是简直把不平等叫做平等"①。本质上区别于西方国家"法律上的平等",基于国情实际的中国特色社会主义民主制度在中国第一次实现了各民族彼此之间的真正平等和实质公平,其优越性不仅体现在它是社会主义性质的民主制度,而且体现在它是由中国民众选择和创造的最为符合中国国情的民主模式。

作为我国基本政治制度的核心内容,民族区域自治制度是处理民族问题的理论基石和实践导向。民族区域自治制度对民族区域社会发展的影响尤为凸显。民族区域自治制度给予民族地区自治权,充分保证了民族地区人民当家作主的权利,并推动了各族人民之间真正平等、和谐共生的实现进程。民族区域自治制度的实施实现了民族力量与区域因素、社会发展的有效结合,推动着民族地区社会的发展进步,而且还实现着区域进步与国家发展的现实对接,是有效合理的民族区域治理制度。世界上从来不存在绝对普适的民主模式,民主制度能够发挥效用与否关键在于其能否满足民众诉求且符合实际国情。中国特色社会主义民主制度既促进了人民当家作主的真正实现,又推动了国家的稳定发展,并由此调动起各族人民努力建设社会主义国家的积极性和主动性,从而筑牢中国特色社会主义建设的动力基础和政治保证。事实证明,中国特色社会主义民主制度不仅遵循社会民主发展的客观规律,而且凸显社会主义民主的中国特色,不仅从制度形态上立足于中国国情,而且从物化形态上能够满足人民群众的利益诉求,但由于其诞生时间较短,在一些层面相对不够成熟和完善,必须基于坚持与发展相结合的立场和态度坚定中国社会主义民主道路信念,不断丰富和发展中国特色社会主义民主制度,巩固中华民族的平等基础和公平保障。

基于民族团结和民族发展的民族政策的制定实施不仅是促进民族地区社会发展进步的具体保证和根本对策,而且是推动民族交融关系中中华文化认同实然达成的客观条件。民族政策的目标现实指向维护民族的平等团结和实现民族地区的繁荣发展,并由此巩固社会的政治稳定和国家的整体统一。我国现行的民族政策不仅内容丰富而且意义广泛,整体、全面地体

---

① 《马克思恩格斯全集》第2卷,人民出版社,1957,第648页。

现了民族平等和民族公平的实然之义。其中,民族平等和民族团结在民族政策体系中处于最高层次,是民族政策制定和实施的根本原则和总体依据。民族平等指构成中华民族之各民族无论人口多少、经济发展程度高低、文化风俗异同,在社会生活和国家法律中的地位是平等的,各族人民依法享有相同的权利且履行相应的义务。民族团结则指维护各族人民彼此之间的团结并由此促进中华民族的整体团结;促进不同民族相互之间的平等、团结、友爱、合作并由此推动多民族交融一体的和谐共生、命运共济;坚决反对和抵制民族歧视和民族分裂,维护民族团结和国家统一;各族人民相互扶持,促进民族地区社会实现繁荣发展。事实上,民族平等并非绝对对等,民族繁荣也并非同时繁荣。罗尔斯认为:"为了平等地对待所有人,提供真正的同等的机会,社会必须更多地注意那些天赋较低和出身于较不利的社会地位的人。这个观念就是要按平等的方向补偿由偶然因素造成的倾斜。"[①] 在我国民族地区社会发展的现实境遇中,针对民族地区发展水平的相对落后和少数民族人口发展的相对不平衡等现实因素,基于尊重差异和顾及平等的原则,在具体政策的制定及实施中应给予少数民族适当的政策倾斜。

具体考察民族地区社会治理的现实实践,在政治实施层面,实行民族自治和区域自治相结合,在各少数民族聚居的地方设立自治机关,并选拔相应少数民族人员任职自治机关主要职务,赋予民族地区自治权利;在具体的经济政策层面,坚持国家政策倾斜、资金扶持与民族地区自力更生相结合,在国家整体规划布局下充分考虑民族地区发展实际和客观资源,加快民族地区社会繁荣发展进程;就具体的文化政策而言,基于充分尊重文化差异的原则实施各民族文化共同繁荣发展的总体规划。在给予少数民族一定自治权利的基础上推动多民族的共同繁荣,不仅从实质意义上诠释着真正的民族平等和民族公平,而且从价值意涵上注解着民族交融一体的心理共通和文明共享。

激励制度的合法性效用和具体政策的有效性实施必然要求相应法律法规的保证。可行性法律法规的顶层设计不仅是民族平等和民族团结能够得

---

① 〔美〕约翰·罗尔斯:《正义论》,何怀宏等译,中国社会科学出版社,1988,第96页。

以真正实现的制度保障和政策依据,而且是推动民族交融关系中中华文化认同实然达成不可或缺的制度基础和客观要件。由于民族地区社会的发展实际,民族偏见会显现抑或隐藏于一些人的外化行为或者主观心态中。在现实性上,"民族偏见一经形成就可能在族际长期存在并代代相传,影响到民族间的交往和团结,甚至引起民族间的冲突,因为偏见往往会成为人们对待其他民族的态度并体现在社会行为中"①。在统一多民族国家框架内,民族偏见所引发的民族矛盾和民族冲突不仅不利于民族交往和民族团结,而且在很大程度上影响着民族平等关系的构建和共生关系的和谐,也影响着民族交融与文化认同的社会基础和主体心理。美国社会学家戴维·波普诺认为,在多民族国家内部,"如果主导群体成员与少数民族朝着共同的目标努力,如果他们为了达到这一目标需要彼此合作,相互依赖,如果他们在一起的时候有着平等的地位,而且他们的接触是由大家接受的法律或习俗所认可的,那么偏见性态度一般会减少"②。在多元一体民族构成的现实境遇中,基于民族平等实现国家整体的繁荣发展是中华民族共同体内各族人民共同的目标意旨,为共同目标奋斗过程中的偏见消除和平等实现也是各族人民的共有期盼和一致诉求,因此,保障性法律法规的制定实施显得尤为重要。作为民族法律体系的指导原则和制定依据,《中华人民共和国宪法》给予各族人民人人平等的基本保证和法律依据,其明确规定各民族一律平等,维护和发展各民族的平等团结互助和谐关系。作为民族法律体系的核心内容,《中华人民共和国民族区域自治法》则明确了民族区域自治制度的地位,从法律上保障了民族地区的自治权利和少数民族的自治权益,且对民族团结的维护和民族关系的巩固发挥了巨大作用。除此之外,与《中华人民共和国民族区域自治法》相配套的系列民族法律法规的制定和实施也在实质意义上推动着民族团结的维护和民族发展的进程,于多民族交融一体关系态势中构筑着各族人民文化认同的情感依赖和心理共通。

事实上,伴随现代化、全球化等时代特征所引发的社会转型,统一多

---

① 郑晓云:《文化认同论》,中国社会科学出版社,1992,第157页。
② 〔美〕戴维·波普诺:《社会学》(第十版),李强等译,中国人民大学出版社,1999,第307页。

民族国家的现实场域和民族地区社会的发展情境也在发生着持续不断的变化，对于民族问题的研判也应依据具体实际而作出相应改变。过分强调实质平等，一味追求结果平等，平等的目标终将毁灭平等对待，其结果很大可能将会导致目标毁掉手段。① 据此，构成中华民族的56个民族的现实平等不仅必须考量历史维度，而且必须考量现实语境，基于民族平等和民族公平的制度设计、政策制定、法律保障等顶层激励必然要依据历史和现实两重维度而不断丰富和完善，这样才能够筑牢民族交融关系中中华文化认同与中华文化价值共享之社会基础和制度保障。

（二）中华文化认同的社会强化

社会强化是民族交融关系场域中中华文化认同现实达成的必要环节，其意在通过明确目的导引下之各族人民的生活展演推动中华文化认同的达成。在现实性上，社会强化的生活展演主要指向两个层面，一是基于多民族文化整合的中华文化融入各族人民的生活实践，二是民族互嵌格局的形成和固化，二者在多元一体民族构成的生活场域中共同构建了中华文化认同的社会基础和实然景观。

中华文化不仅是中华文明悠久历史的积累和沉淀，而且是中华民族共同的精神之源和文化之魂。多元一体的民族结构从本源上决定着中华文化的多元一体构成，也由此生成着中华传统文化的多元一体态势。中华民族精神是中国各民族在长期的历史生活和社会实践中逐渐得以形成发展且被各族人民所共同尊崇的精神信仰，其不仅在民族的发展进程中具有广泛深刻的促进作用，而且在各族人民的生活实践中起着精神导引和共识凝聚的重要作用。中华优秀传统文化积淀着多样而珍贵的精神财富，也由此决定着中华民族精神实质上呈现为一个内容多元、层次多维的有机统一整体。其中，爱国主义精神在中华民族精神的整体结构体系中居于核心地位。爱国主义精神形成于中华民族共同体内各民族的长期共居生活中，并反过来促进了多民族的一体交融，其不仅体现了中华民族强烈的民族自豪感和牢

---

① 〔美〕乔·萨托利：《民主新论》，冯克利、阎克文译，东方出版社，1998，第396~397页。

固的民族自信心，而且投射于各族人民对祖国深厚的情感依赖和坚定的心理归属。爱国主义精神是中华民族精神最为稳固且起着主导作用的内容，民族精神的整体价值意涵集中凸显了爱国主义这条主线，其不仅是民族精神其他内容的存在基础，而且规制着其他内容的发展方向。

费孝通认为，礼治秩序是中国社会"差序格局"的重要特征，与中华民族多元一体格局的宏观构成相对，"差序格局"指向中国社会微观层面的人际关系。传统中国的社会结构"以己为中心，像石头一般投入水中，和别人所联系成的社会关系，不是团体中的分子一般大家立在一个平面上，而是像水的波纹一样，一圈圈推出去，愈推愈远，也愈推愈薄"①。在这一水波样态的"差序格局"下，熟人关系和伦理道德成为规范个人社会关系和社会运转秩序的准则要义，不仅导引着人们之间的关系构型，而且规制着传统中国社会的发展前行，也由此更加彰显传统伦理道德之现实意义。回溯历史，源于中华传统文化的传统伦理道德规范既有其精华构成，也难免有糟粕内容，但高度表征着中华优秀传统文化价值意涵的中华传统美德却于时代境遇中更加凸显其积极作用。在多元一体民族构成的现实场域中，中华传统美德不仅导引、规范着社会的发展前行，而且凝聚着各族人民的共通心理意识和共同价值取向，并由此建构着社会主义新道德，推动着各族人民文化认同的现实达成。

民族互嵌格局的形成和固化既为民族交融现实场域中的中华文化认同提供空间基础，又呈现为其演绎路径。民族互嵌实质上指向各族人民社会关系构型的结构样态，"在民族关系或族际关系领域，互嵌实质上是一种关系，是指不同民族成员在心理、现实生活等层面相互交接、相互理解、相互认可的和谐关系，通俗地讲，就是不同的民族成员和睦地在一起"②。空间关系和心理认同是民族互嵌的两个关键因素。③ 事实上，相较空间关系的互嵌而言，人们基于文化互嵌的心理接纳更是民族交融场域中华文化认同达成的实然之源，其不仅影响甚至决定着民族关系的实然走向，而且规制着多民族文化互融与心理归属的主体动因。从心理接纳的互嵌关系而

---

① 费孝通：《乡土中国》，北京出版社，2005，第34页。
② 严庆：《"互嵌"的机理与路径》，《民族论坛》2015年第11期。
③ 王希恩：《民族的融合、交融及互嵌》，《学术界》2016年第4期。

论,民族交融关系构型中的中华文化认同本质上体现为各族人民对中华文化的价值认同与文明共享,因此,民族关系场域中的文化互嵌是中华文化认同实现的前提条件,其形塑且强化着各族人民彼此的心理接纳和价值共享。

中华文化认同实质上体现为主观对客观的反映,是把客观存在转化为主观意识的能动过程,认同不仅意味着对中华文化的理性认知和对中华文化价值的客观研判,而且意味着必须把基于认知和研判的抉择付诸实践。"观念的东西不外是移入人的头脑并在人的头脑中改造过的物质的东西而已"[①],各族人民的生活实践不仅是民族交融场域中中华文化认同主观见之于客观的强化,而且是其实现的前提和基础。在民族互嵌的交融生活中强化中华文化认同,在中华文化导引的认同演绎中促进民族交融,由此夯实民族交融视域中中华文化认同的实践基础和社会场景。

(三) 中华文化认同的教育固基

教育不仅是实现文化传承和再生产的方式,而且是民族交融关系构型中中华文化认同由自发走向自觉、由个体走向群体的固基路径。

马克思主义意识形态教育是巩固民族交融关系构型中中华文化认同的首要路径,其为民族交融现实场域中的中华文化认同提供了理论指导与价值引领。在当前文化多元与价值多元的时代境遇中,坚持指导思想的一元化与承认社会价值意识的多元化并非截然对立,而实质上呈现为辩证统一的整体,也由此更加凸显马克思主义意识形态教育在社会主义国家现实场域中的现实意义和重要作用。在当前意识形态国际竞争愈加激烈的形势下,必须坚持且强化马克思主义理论在我国意识形态领域的指导地位。马克思主义意识形态教育必须坚定和巩固中国共产党在意识形态教育场域的领导地位。在现实性上,社会主流意识形态体现着统治阶级的政治利益和执政党的政治意志,作为社会主义国家的主导意识形态,马克思主义意识形态在本质上代表着人民群众的根本利益和价值诉求,作为无产阶级的先锋队组织,中国共产党是全国各族人民利益需求和精神追求的领导者和执

---

① 《马克思恩格斯选集》第 2 卷,人民出版社,1995,第 112 页。

行者，必须坚持且强化中国共产党在意识形态领域的实际领导地位和话语主导权，这样才能确保意识形态教育的社会主义方向。马克思主义意识形态教育还必须坚持马克思主义理论在中国社会时代境遇中的创新发展。马克思主义意识形态教育不仅必须推动各族人民对马克思主义基本理论的主动认知和正确理解，而且必须强化其对中国化马克思主义理论的全面了解和自觉认同。马克思主义意识形态教育还必须融入各族人民的生活实践中。在由消费主义和娱乐主义主导的现实社会中，对各族人民的意识形态教育更加彰显时代价值和实践意义，必须以马克思主义意识形态引领各族人民的生活实践和精神追求，推动其在社会生活中树立正确的世界观、人生观和价值观。同时，由于种种社会制约因素、受教育者能力水平参差不齐以及思想意识教育自身的复杂性等，还必须明确马克思主义意识形态教育是一项复杂艰巨的长期工程。"意识形态不是一套教义，而是指人们在阶级社会中完成自己的角色的方式。"① 马克思主义意识形态教育实质上是潜移默化的生活灌输和习惯养成，其不仅旨在巩固和强化各族人民对马克思主义理论的理性认知和全面理解，更重要的是基于对理论体系的认知和理解从整体上树立中华民族的社会主义道路自信、理论自信、制度自信、文化自信，并进而巩固各族人民对中国共产党的执政认同、对社会主义中国的国家认同。

民族团结教育是巩固民族交融关系构型中中华文化认同的重要路径，其为民族交融场域中的中华文化认同提供社会保证和群体基础。民族团结是统一多民族国家框架内民族关系的核心态势和特征诠释，它不仅维系着中华民族的和谐共生，而且决定着中华民族时代境遇中的伟大复兴与命运共济。愈加便利的交往手段和交往方式在拓展交往空间广度的同时也延伸了交往内容的深度，使各族人民之间的交往交流交融愈加频繁和密切，也由此更加彰显了民族团结教育的重要性。在民族互动交融的现实场域中，必须实现民族团结教育的常态化，要将其与社会思想道德建设工程、民族团结创建活动等相结合，还要将民族团结教育纳入学校教育全过程，不仅

---

① 〔英〕特里·伊格尔顿：《马克思主义与文学批评》，文宝译，人民文学出版社，1980，第20页。

要贯穿于大中小学德育课程，而且要融入不同层次教育的学科领域。民族团结教育必须以习近平总书记提出的"五个认同"为指导。"五个认同"既是民族团结教育的行动指南，又是其意义所在。民族团结不仅是各族人民的共同期盼，也是统一多民族国家的生命之本，其中中华文化认同是精神支撑和价值引领，中华民族认同是情感寄托和身份归属，中国共产党认同是现实保证和领导力量，中国特色社会主义认同是动力源泉和发展方向，伟大祖国认同则为目标旨归和本质意旨。"五个认同"是民族团结的前提和基础，缺乏"五个认同"的目标指向，民族团结就会失去方向。通过强化"五个认同"，巩固民族团结的基础，稳定民族关系的良好态势，在民族团结的现实演绎中促进"五个认同"的实然达成，是民族团结教育的目标指向和意义所在。

作为精神教化和价值引领的实践形态，无论教育的内容、手段和方式如何变化，其始终立足于人类社会的客观存在和人类主体的生活实践。但与此同时，教育的意义旨归也最终投射于主体意识的自觉养成，因为"我们每一个人都过着一种更加积极的生活，而不仅仅是被动地接受已经存在的符号和结构"[1]。正如民族是"想象的共同体"，认同也是行为主体自我的意义建构，据此，教育不仅在其实施过程中形塑且巩固着民族交融实然演绎的主体动因和客观基础，而且在其目标旨归上构筑着民族交融视域中中华文化认同现实达成的主体意识和自觉归属。

四 中华文化认同：河湟地区多元场域中的民族交融

中华民族共同体结构下的民族交融指涉民族交往中的"你中有我，我中有你"，阐述和谐共生、命运与共、同舟共济的民族关系构型。处于我国西北民族走廊要塞的河湟地区，系指黄河上游、湟水河流域及大通河流域一带，具有典型的民族杂居特色。它不仅以"乃度河、湟，筑令居塞"[2]

---

[1] 郭忠华：《权力、结构与社会再生产——安东尼·吉登斯专访》，《国际社会科学杂志》（中文版）2009年第2期。
[2] （南朝宋）范晔：《后汉书》第10册，中华书局，1965，第2876页。

的甘青涉藏地区形成地缘屏障的天然门户,而且以多民族时空交融的图谱体现了中华民族共同体族际互动的现实行为。民族交融和文化认同的旨归契合,不仅反映了中华民族利益一致的关系形态,而且体认了中华文化一体走向的价值自觉。以河湟地区民族交融的时空情境为切入点探究其内部多元一体的民族凝聚特点,多民族在长期的共居生活中,由异质冲突到一体交融的时空演绎不仅诠释着中华民族多元一体关系构型的空间范式,而且指向中华文化认同的本原。据此,从文化认同的价值意蕴和情境交融的时空维度出发,聚焦河湟地区多民族的互动关系,具有重要的理论意义和实践价值。

(一) 历时与共时并蓄的交融情境

情境是主体实践所处的特定背景,就其功能而言可划分为三类,即真实情境、想象情境和暗含情境。[①] 就民族交融真实情境的实践主体而言,认知与诉求所呈现的意识和理解构成了交融情境的客观性;就民族交融想象情境和暗含情境的实践主体而言,主体对客体的意义赋予构成了交融情境的主观性。从本体论的维度研判,交融情境是历时的持续发展变化的主客观情境及其关涉因素的纵向聚合。历时性指某一现实领域中现象发展的历史连贯性,其研究对象为把时间上彼此相继的诸因素联系起来的种种关系,这些关系既不能被同一个集体意识所把握也不能构成一个体系。[②] 民族交融呈现为历时的动态延续过程,而不同历史阶段的民族交融则缘于社会主客观环境的变迁及诸多相关因素的交互作用,进而呈现出各自独特的演绎模式和表征形态。

民族是历史形成的稳定的人类共同体,多民族共同体形成和发展的历史进程以族群的交往和融通、文化的学习和互鉴相联系。历史上每一次的族际交融都会推动共同体民族情感的加深与认同。"只有根据历史发展才能衡量和评价时下的各种成分的相互关系"[③],这指向了历史情境聚合中的

---

① 辞海编辑委员会:《辞海》,上海辞书出版社,1989,第 2277 页。
② 冯契主编《哲学大辞典》,上海辞书出版社,2001,第 829 页。
③ 〔法〕克洛德·列维-斯特劳斯:《结构人类学》,张祖建译,中国人民大学出版社,2006,第 28 页。

民族交融应然之义以及社会情境聚合中的民族交融预设基础。从民族交融共时演绎的现实表征出发,可以看到在社会发展特定阶段中的民族交融作为民族关系的呈现,与相对稳定的社会结构及其关联系统的交互关系相续。作为概念的"交融"理念,诠释了民族多样性现实存在的可能性以及民族差异现实表征的合理性,并从现实性上注解了民族交往交流交融的规律性特征和矛盾性场景。在差异中寻求理解、在理解中建构认同,凸显了中华民族内部各民族和谐共生、命运与共的历史担当和时代责任。

作为民族交往互动的呈现结果与衡量指标,民族交融不仅表征为历时态的发展趋势,而且演绎为共时态的集聚特质。民族交融实质上表征着民族关系的现实构型,而"民族关系是一种社会关系,是一种历史关系,是民族生存和发展过程中相关民族之间的相互交往、联系以及作用、影响的关系。民族关系是双向的,也是动态的,是共时和历时的社会历史现象"①。因此,民族交融不仅体现为历时与共时的民族关系互构过程,而且体现在历时与共时的社会变迁共演结果中。

河湟地区多民族生存发展的历史轨迹,以其关系态势历时与共时的现实呈现,反映了中华文明重要发祥地民族交融的历史概貌。河湟地区自古便为多民族聚居地,共居的地缘空间、族际人口的流迁、中原文化的西渐、不断更替的族群政权、频繁的交流互动,共同形塑着多民族互动交融的历史情境和现实场域,深刻影响着中华民族的历史形成和发展进程。李文实曾言:"神话传说与古史记载,虽出现与形成有先后,但夏民族源于氐羌,则是无可怀疑的历史事实,不仅如此,它还是以后中华民族的主源之一呢!"②古史上氐羌又称羌戎,羌戎可谓中国最古老的族群之一,周朝以来一直活跃于河湟一带,并一度发展为河湟地区的主导族群。审视河湟地区族群构成的谱系关联,可以看到其不仅是古今诸族群互动交融的重构群体,而且是诸多因素相互作用的历史产物,多元族群的历时形构无不体现了区域空间内部民族交融的历时演绎和共时呈现。

埃里克森指出:"族群(the ethnic group)是经由它与其他族群的关系

---

① 金炳镐:《民族关系理论通论》,中央民族大学出版社,2007,第1页。
② 李文实:《西陲古地与羌藏文化》,青海人民出版社,2001,第9页。

而确定的,并通过它的边界而明显化,但(族群)边界本身即是一种社会的产物,其强调的方面各有不同而随着时间变迁而变化。"① 社会的历史变迁、主观情境的主体性意义、社会实践的现实行为,引导了民族边界的相应变化,借此建构了民族交融的时空情境。在河湟古今民族的历史演变过程中,吐蕃人在与汉人、羌人、鲜卑人、吐谷浑人等长期的共居互动生活中逐渐融为藏族,回人在与汉人、藏人等杂居交融的生活中由于深受汉藏文化的影响而逐渐形成现今的回族,留居青海河湟东部的吐谷浑人吸收融合藏人、汉人、蒙古人等族群成分逐渐形成土族,来自撒马尔罕的撒鲁人在与回人、藏人、东乡人等杂居的生活中相互融入而逐渐形成撒拉族,诸族群间的相互吸收和交融最终形成现今河湟地区以汉族、藏族、回族、蒙古族、撒拉族等为主体的民族格局。"族群之间因内在必然的要求而自发结成共时性与历时性、共享性与共轭性相统一的存在方式和价值取向。"② 多民族在共居的地缘空间和长期的共同生活中产生了共通情感和共同利益,由此催生了其群体意识和共享价值的历史形成和现实集聚,从本源上不仅形塑了河湟地区多民族历时与共时并蓄的交融情境,而且推动了多民族互动交融的时空演绎。

河湟地区多民族在族际迁徙与民族整合过程中展现了交往交融的时空图景,多样性的族际互动描绘了多民族凝聚的生活场景。族际人口持续的迁徙流动及这一过程中民族之间的交往互动本质演展为多民族生存演变的历史形态。据史籍考证,河湟地区早期的迁入居民为西戎、氐和羌,秦汉之后随着西戎、氐、羌的外迁和匈奴、鲜卑、吐蕃、蒙古等诸多民族的内迁,河湟地区的民族构成不断交替上演解构和重构之历史场景,"羌、藏、吐谷浑、党项、吐蕃、土、撒拉、东乡、保安、回族等河湟古今族群的出现,即是这一族群互动、整合的结果"③。作为中国古代文明的发源地之一,河湟地区历史上一直是多民族频繁迁徙流动之走廊并在历史长期的演

---

① T. H. Eriksen, *Ethnicity and Nationalism: Anthropological Perspectives* (London: Pluto Press, 1993), p.38.
② 袁年兴:《民族杂居区族际互动的结构性特征——一种超越二元对立的研究视阈》,《中央民族大学学报》(哲学社会科学版) 2012 年第 4 期。
③ 马建春:《多元视阈中的河湟:族群互动、文化认同与地缘关系》,社会科学文献出版社,2013,第 33 页。

进过程中逐渐成为重要的民族聚居地。河湟地区多民族生存发展的历史路径和根本态势，以民族流迁和共居生活的历史表征反映了民族人口迁移、族际互动频繁、民族交往密切的历史常态，杂居生活中的生产与交流生发了其相互依存与相互依赖的共生关系。

（二）多元与一体共演的文化构成

各民族在中华民族历史形成和自觉形塑的漫长进程中巩固了彼此之间的命运与共关系，也由此推动了中华民族由多元异质走向一体交融。文化依附于民族而存在，民族承载着文化的物态形式和价值意涵，中华民族多元一体格局决定了中华文化演进的多元一体态势。河湟地区自古以来便是多元文化的集聚区和交融地，民族的多样性在交往互动的过程中不仅勾勒了和谐共生、一体交融的时空图景，而且夯实了区域文化多元并蓄、一体共演的时代根基，既在整体层面注解了中华文化的多元一体特征，又在局部层面呈现了中华文化多元发展态势，可谓中华文化多元一体构成的经典范式。

民族交往不仅是中华民族多元一体格局时空形塑的历史前提，而且是中华文化多元一体格局历史形成的现实基础。马克思强调人类社会的历史既是生产的历史又是交往的历史，而生产本身又离不开个体彼此之间的交往。[①] 交往是人类发展与社会前进的动力，作为个体交往汇聚为群体交往的社会交往形式，民族交往既是民族生存发展的基本方式，又是民族关系形成的基础要件，历史上"民族认同的确立和巩固，民族关系的形成和发展，民族矛盾的发生和解决，乃至民族同化和融合的实现等，最终都要在民族的直接交往中才能完成"[②]。从主体研判的意义视角出发，历史过程中的族际交往总是表征为"自我"与"他者"之间的群体互动，多民族之间频繁的经济、政治、文化交往是民族共同体成员生存与发展的基础。在现实性上，多民族间的经济交往、政治交往和文化交往构成了族际互动的关系系统，其中，经济交往是基础，政治交往是中介，文化交往是导向。经

[①] 《马克思恩格斯选集》第1卷，人民出版社，1995，第68页。
[②] 王希恩：《当代族际人口流迁与民族过程》，《西南民族大学学报》（人文社科版）2008年第5期。

济交往是民族关系形成与民族和谐共生的物质支撑，在促进区域社会经济发展进步的同时，在一定程度上打破了边缘民族的封闭落后状态，奠定了民族之间政治文化交往和文明学习互鉴的基础。政治交往是民族关系发展和民族互动的中介力量，历史上的中央集权制以权威性的政治措施和民族政策赋予了中国传统的族际互动政治空间和行为规则，从中可探知统一国家内部多民族共生与趋同的政治基因。文化交往是族际互动过程中各族人民的价值导向，"在文化生活中，指导人们的行为活动的，首先是价值观"①。文化交往本质上体现为一种交换活动，但这一实践活动中的交换内容不是商品而是价值观念，马克思认为"观念的东西不外是移入人的头脑并在人的头脑中改造过的物质的东西而已"②，主体活动的精神成果在多民族文化交往中共享，由此导向中华民族共同体文化践行的意义域。

文化交往是民族交往的基本形态。多民族的文化交往既是中华文化多元孕育的具体表象，又是中华文化一体形塑的本真意涵。文化交往更多地表现为人类共享精神文明成果的过程，其价值宗旨指向了人类社会交往的本质。文化可以"穿越历史，从一个时代纵向地传递到另一个时代，并且横向地从一个种族或地域播化到另一个种族或地域"③。文化交往不仅呈现出人类实践的意义，而且表现出人类实践的结果。就主体交往的现实境遇而言，现代性使主体的交往动机和交往行为愈加倾向于工具理性，现代化工具和现代性文明尽管从本源上消解着地域空间对民族文化的重构，却愈加强化着不同族群间文化借鉴和文明共享，并由此推动民族文化的进一步发展。多民族的文化交往实质上指向不同文化群体精神成果的交换与共享，在现实性上表征为民族文化生产与交往的交互联系，因此，文化交往的前提是必须承认他者文化的合理性与存在性优势，合理的交往也由此构成"文化、社会以及个性结构形成与再生的媒介"④。多民族彼此之间的文化交往，构成了中华文化形成与发展的要件。民族是文化的自然载体与存

---

① 《张岱年全集》第6卷，河北人民出版社，2007，第72页。
② 《马克思恩格斯选集》第2卷，人民出版社，1995，第112页。
③ 〔美〕莱斯利·A. 怀特：《文化的科学——人类与文明研究》，山东人民出版社，1998，"序言"第2页。
④ 〔德〕哈贝马斯：《后形而上学思想》，曹卫东、付德根译，译林出版社，2001，第82页。

在方式，文化则为民族的本质体征与意涵确证，文化自然生成为民族文化模式。在中华民族整体形塑和中华文化一体演绎的时空进程中，尽管在中华大地上先后出现且生存过的不同民族最终或归于消融或进行重构，但其所承载的文化特质和所遗留的文明痕迹都不同程度地得以保留和传承。纵观中华文化形成发展的历史图谱，不难发现从起源伊始中华文化即呈现为多民族代际相承、互动交融之结果。

多民族在河湟地区共居空间内的交往互动，映射出区域文化多元特点的同时也构建着一体走向的心理共识和空间情境，从本源上形塑着区域空间多元并蓄、一体共演的文化样态。河湟地区文化构成的多元一体，不仅指向文化态势的多元异质和文化具象的多重表征，而且指涉民族文化共通心理和共同价值的凝聚态势和交融走向。民族承载着文化内涵和价值意义，不同的民族有不同的生活方式和礼仪习俗。《礼记》云："凡居民材，必因天地寒暖燥湿，广谷大川异制，民生其间者异俗，刚柔轻重，迟速异齐，五味异和，器械异制，衣服异宜。修其教不易其俗，齐其政不易其宜，中国戎夷，五方之民，皆有性也，不可推移。"① 历史上来自中原的儒道文化、来自西域的伊斯兰文化、来自蒙古高原的游牧文化、来自青藏高原的佛苯文化在河湟地区长期碰撞、交融，文化类型多种多样，且相互浸润、涵化，形成了"你离不开我，我离不开你；你中有我，我中有你；甚至我就是你，你就是我"的异彩纷呈的民族文化亲缘关系。②

区域文化的多元一体首先体现在文化体系逻辑构成的复杂性与多样性上。现今的河湟地区文化构成主体主要包含汉文化、伊斯兰文化与藏传佛教文化等，此外还存在多种具体神物的民间信仰文化，异质文化群之间相互独立、细节差异明显，但又并不相互抵触抑或是同化，而是在自我发展的同时基于利益的互通性与一致性互相投射并嵌入对方的优势与先进之处，最终走向了"一体"的同质。区域文化的多元一体其次显现于内部宗教文化的异质性与共通性，多元文化的共生与博弈在河湟地区的宗教信仰体系中尤为凸显与强烈。源于特殊的民族构成，河湟地区的宗教文化在本

---

① （清）阮元校刻《十三经注疏·礼记正义》，中华书局，1980，第1338页。
② 班班多杰：《和而不同：青海多民族文化和睦相处经验考察》，《中国社会科学》2007年第6期。

质上体现了河湟地区文化构成的重要机理和核心要义,"宗教现象在本质上可以归结为两个基本的范畴:信仰和仪式。前者属于主张和见解,并存在于许多表象之中,后者则是明确的行为模式"①,宗教信仰和宗教仪式不仅深度影响着河湟地区多民族的社会关系和内部认同,而且现实投射于各族人民的生活方式和行为模式中。河湟地区在历史上形成了儒释道信仰文化圈,同时还形成了以藏族、土族、蒙古族等民族为主的藏传佛教信仰文化圈及以回族、撒拉族等民族为主的伊斯兰教信仰文化圈,三者彼此承认共生于多元一体的文化格局中。从不同宗教信仰的文化表征看,各自的差异性尽管明显存在,但其互动与交融却是不争的事实。由此出发,就河湟地区文化构成而言,"多元性是其区域文化的显著特征,而多元性的互融与和合共生的'一体性'又是其内在结构"②。

河湟地区多元民族的交往互动在促进彼此交往交流交融的同时,也赋予了各民族相应的文化权利与文化责任,彰显了其文化选择。各族人民在多元文化一体共生的现实场域中,构建着共同的文化体系和共享的价值理念,多元一体的民族构成和文化态势由此在区域空间内部实现了反身抽象的时空互构。无论从民族构成的文化格局还是从文化体系中的民族互动出发,"多元"与"一体"在现实性上都呈现为相辅相成、有机互构的辩证统一关系,二者不仅共同描绘了河湟地区民族格局与文化构成由异质多元走向交融一体的文化图谱,而且共同演绎了多元民族和多元文化在多元现实场域中的和谐共生与一体交融。

(三) 多元场域中民族交融的认同指向

河湟地区多民族在历史共生与文化交融的过程中孕育并集聚了价值共识与利益相通,以多民族和谐交融的价值追求和利益主张注解了中华民族和谐共生的整体思维与中华文化现实认同的价值语境。"文化的整合及对

---

① 史宗主编《20世纪西方宗教人类学文选》(上),金泽等译,上海三联书店,1995,第61页。
② 杨文炯、樊莹:《多元宗教文化的涵化与和合共生——以河湟地区的道教文化为视点》,《兰州大学学报》(社会科学版)2013年第5期。

文化的认同是河湟地区族群互动关系中的一个重要特点"①,文化场域中多元和一体融合的时空对接,不仅彰显了中华民族利益一致的价值意涵,而且诠释了中华文化认同一致的民族体认。

族际互动实然导向民族交融,多民族的交往互动催生着民族交融的现实达成。交往是人类特有的存在模式和实践方式,是人与人之间发生社会关系的基本形式,民族交往则是民族共同体形成与发展的基础要件。哈贝马斯不仅把交往视为建立人际关系的手段,而且在某种程度上提出了主体交往的目的,即在"寻求沟通"(交流)的过程中基于"谅解"(理解)达成"协调"(交融)。他认为:"交往行为(Kommunicatives Handeln)概念所涉及的是至少两个以上具有言语和行为能力的主体之间的互动,这些主体使用(口头的或口头以外的)手段,建立起一种人际关系。行为者通过行为语境寻求沟通,以便在相互谅解的基础上把他们的计划和行为协调起来。"② 作为族际交往的基本形态,文化交往既是文化交锋的具象,又是文化交融的展演。主体的预设诉求是文化交往行为发生的前提存在,交往主体在文化交往过程中将一直秉承且不断确证其预设诉求,但这一诉求也并非一成不变的,而是伴随主体的交往程度不断发生利益诉求的现实重构,因此文化交往与文化冲突往往如影随形,但交往与冲突的最终旨趣必然指向现实的文化交融。各民族通过文化交往加深文化交流,强化彼此的理解与认可,进而达成文化意义的交融图景。作为中华民族一体形塑的前提与基础,多民族交往互动中的文化交融,不仅表征了中华民族共同体生存发展的历史过程与动态模式,而且催化了中华民族共同体意识的孕育并维护了现实的中华文化认同。

民族交融在本质上呈现为文化交融,文化交融不仅解释了民族交融的本真意涵,而且体现了文化认同的民族宗旨。文化认同实质上显现为价值认同,文化交融的价值认同生发于多民族文化的利益共同性和主体价值确认的一致性,两者在日常生活中呈现为行为规范与约定俗成的文明礼仪。

---

① 马建春:《多元视阈中的河湟:族群互动、文化认同与地缘关系》,社会科学文献出版社,2013,第17页。
② 〔德〕哈贝马斯:《交往行为理论:行为合理性与社会合理化》,曹卫东译,上海人民出版社,2004,第84页。

在现实性上，民族交融演绎了文化认同的存在态势，文化认同亦反映了民族交融的价值意旨，二者在中华民族共同体发展中的意旨契合，共同描绘了中华文化认同的图谱。文化交融不仅表现为生活习俗、语言习惯、行为方式、宗教信仰等实然层面的互相影响，而且更深刻地演绎为心理特征、思维模式与价值理念等应然层面的彼此借鉴。文化历史生成的逻辑源头在本质上赋予了河湟地区民族文化多元性与共通性，并由此生发了中华文化认同的历史语境与社会情景。作为民族交融的基础部分，文化交融在民族关系的现实反馈中呈现出独特价值。文化的多样性和异质性在文化交融现实语境中的碰撞，不仅彰显其多元的特质，而且凸显其一体化趋势，由此承担文化发展和创新的历史使命与时代担当。如王希恩所言："多样性主张的进步性更多在于它反映了文化和社会发展的客观规律。因为文化多样最终是由人所具有的不断追求新事物的创造天性所决定的；有追求有创造就会有不同。从这个角度讲，尊重差异就是尊重存在，就是尊重人的创造和人类文化本身。"①

文化交融历史呈现为各民族文化态势及其价值意蕴不断被其成员理解、接受、共享乃至重构的共聚过程。在统一多民族国家形成的历史过程中，文化交融发挥着不可或缺的推动作用和凝聚功能，孔子"欲居九夷"②的治学心态生动反映了华夏与诸夷文化交融的历史图景。正因为民族的文化定位既位于现实存在间又显于动态变化里，不同民族间的文化互动弱化了其在历史中形成的文化隔阂，相异民族间的文化交融突破了狭隘的心理局限，丰富了中华民族共同体的共通情感，在中华民族共同体内部形成了"我"到"我们"的情感依赖和心理归属。源远流长而又博大精深的中华文化之历史形成与现实发展，离不开多元异质民族文化于交往交流过程中的优势互鉴与和谐共生，各族人民的群体文化归属与集体身份确证也因此在多民族文化互动交融的过程中得以建构。

各民族在河湟地区频繁的交往互动中由异质冲突到一体交融的历时演绎，不仅体现着中华民族关系构型的空间范式，而且展演着中华文化的认

---

① 王希恩：《关于民族融合的再思考》，《西北师大学报》（社会科学版）2010年第1期。
② 杨伯峻译注《论语译注》，中华书局，1980，第91页。

同本原。各民族在交往互动过程中的冲突与交融贯穿河湟地区历史变迁的始终,历时情境中的现实矛盾与历史理性所形成的交织态势,形象勾勒出文化认同在族际互动中的清晰脉络,即在他者形塑的过程中"斥异"、在主体演绎的归属里"认同"。河湟地区各民族文化交融的历史演绎形式多样、表征多元,正如有学者所言,"从历史时期以来,河湟地区各民族间就结成了文化上相互影响、相互渗透和相互吸收的多元多边的互动关系,这种文化互动与河湟地区共同体文化的形成和发展的过程紧密相随并产生了重要影响"[①]。各民族在河湟地区的共同地缘空间内,形成兼容汉族、回族、藏族、蒙古族、撒拉族、土族等民族多元文化的地域文化格局。[②] 在历史演进过程中,汉文化曾经发挥主导作用,各少数民族文化同样演绎着民族特质与文化共性的交汇与融通。在共居生活中日渐萌芽并积聚发展的民族情感,以各民族共同利益的沉淀形塑了民族交融的文化心理与群体意识,并借此推动各民族文化交融中的价值认同。共居空间内各民族的频繁互动,逐渐萌生并形成共同情感、一致利益和共同价值,推动了区域空间多元场域中各族人民价值认同的最终达成。

"认同可以是强加的,但很少如此,更正确地说,认同是皈依的,因为它们呈现的正是人们想要的。"[③] 就此意义而言,民族交融关系和内部认同,并不主要表现为单纯的血缘关系和物质利益,民族交融最深刻的本质在于文化、情感、利益的汇聚和价值体认的趋同。民族间的交往交流不仅带动了中华民族多元一体的民族交融,而且促进了各民族文化的兼容并蓄和相互吸收。民族文化交融的历史表象体现为作为主体民族的汉族之文化对其他民族文化的导入和影响,表征为少数民族文化对汉文化的补充和影响。多民族文化在河湟地区数千年的历史变迁过程中逐渐走向趋同和一致,无强弱之分、无主次之别,多民族在交往互动中彼此借鉴,既充分吸收"他族"文化的优势,也贡献"我族"文化的长处,在相互包容理解中走向价值共识的汇聚与价值认同的达成。

---

① 杜常顺:《论河湟地区多民族文化互动关系》,《青海社会科学》2004年第4期。
② 青海省地方志编纂委员会:《青海省志·民族志》,民族出版社,2008,第4页。
③ 〔美〕约瑟夫·拉彼德、〔德〕弗里德里希·克拉托赫维尔主编《文化和认同:国际关系回归理论》,金烨译,浙江人民出版社,2003,第43页。

尽管时有战争和冲突，河湟地区各民族却一直在此消彼长的均衡势力中演绎着互动交融的历史图景。形式多样、意涵丰富的民俗礼仪和文化画像，不仅描绘了区域空间各民族交融共生的现实场景，而且描摹了各民族文化共享的深层记忆。事实上，回溯河湟地区各民族由异质冲突走向一体交融的图谱，无论文化构成如何演变，其自身发展的逻辑在现实性上始终指向中华文化认同的本质。各民族所承载的文化意涵既相互独立、差异明显，又相互佐证、共同发展，在自我完善的过程中凸显"你中有我，我中有你"的相互借鉴与价值共通。这种既源自利益一致又投射于价值一致的优势与文明，从根本上奠基了多元一体的中华文化特质，它所诠释的中华文化多元一体性，正以中华民族的共通心理和共同价值表达确证着中华文化认同的理性自觉和身份归属。

五　铸牢中华民族共同体意识
　　文化仪式的个案展演

"仪式是由某种由文化建构出来的象征性交流系统。它由模式化并且有序的各类词语和行动所构成，经常用多种媒体来表达。"① 作为社会结构的象征和人际关系的交流方式，"展演"强调了仪式的"表演"向人们展示"封装"着的值得关注的信息和观念，以及通过角色的扮演展示社会性实践和这一实践的重复所构成的象征性焦点。中华民族是由56个民族构成的不可分割的统一体，作为这一统一体的组成部分，土族的传统文化仪式展演体现了中华文化的特有表征。青海省民和回族土族自治县（以下简称"民和"）三川地区土族人民庆祝丰收的传统仪式"纳顿"节就是其中的典型。"纳顿"节每年农历七月十二日至九月十五日由各村轮流举行，亦称七月会、庄稼人会、庆丰收会等。习近平总书记指出："要加强对国粹传承和非物质文化遗产保护的支持和扶持，加强对少数民族历史文化的研究，铸牢中华民族共同体意识。"② 由此出发，系统研究土族"纳顿"节仪

---

① Jan Platvoet, Karel van der Toorn, *Pluralism and Identity: Studies in Ritual Behavior* (New York: Brill, 1995), pp.43-44.
② 《习近平关于社会主义精神文明建设论述摘编》，中央文献出版社，2022，第229页。

式个案展演内含的中华民族共同体价值叙事,深度挖掘仪式展演蕴含的表达、行为和指示功能,对于铸牢中华民族共同体意识无疑具有重要的理论意义和实践价值。

(一) 土族"纳顿"节仪式个案展演的价值叙事

作为一种多主体参与、交流、互动的集体叙事行为,仪式展演的价值叙事以时间和空间的连续活动和作用营造出共享的"叙事语境",并通过调动所有叙事参与者的表现力进行话语方式的超边界"整合"。布朗认为,仪式展演叙事的价值指向是社会成员公认的、既定的社会价值,而这种叙事的仪式展演则构成了社会组织的描述和社会总体结构中的象征性叙事。①土族"纳顿"节的仪式展演通过规制其间的展陈和参与活动,调动各种行为主体参与到土族历史和中华民族身份归属的讲述之中,通过展示性的交流行为,透视民族的自我认识和共同体共同归属的价值意旨,不仅具有鲜明的土族文化个性,而且具有中华民族多元文化彼此交融的共在、共通和共生色彩。审视"纳顿"节仪式展演的价值叙事,无论是庆丰收的仪式主题,还是对"风调雨顺""五谷丰登""国泰民安"的期盼,均以叙事序列中特定节点的价值承载表征中华民族共同体56个民族共有的价值体认和价值追求,并向公众释放共同体表达的文化意义。同时,仪式展演中的祭祖环节和其他面具舞蹈呈现了中华民族重视农业、注重忠孝节义的传统文化理念,以历史的"权威"之镜在仪式展演者和仪式参观者之间形成共同体价值叙事的阐释框架,进而影响仪式过程。

其一,"纳顿"节价值叙事的仪式象征。"象征符号""象征意义""象征方式"构成了仪式展演的叙事之维。特纳认为,仪式的价值阐发不仅投射于感性手段的价值传承,而且指向了意义符号生成的象征体系。②作为隐喻性陈述的方式之一,仪式展演的价值叙事正是通过"象征"这样一个特殊的"知识体系"来释放意义符码的。就仪式的象征符号而言,符号形式的服饰、手势、器物、声音等载体与符号所指的意义之间存在展演

---

① 彭兆荣:《人类学仪式研究评述》,《民族研究》2002年第2期。
② Victor Turner, Roger Abrahams, Alfred Harris, *The Ritual Process: Structure and Anti-Structure* (New York: Routledge, 1969), p.8.

者和特定社会群体约定俗成的"文化代码",这种"代码"既保存在传统的积淀之中,又呈现在解释其象征意义的思想观念之中;仪式的象征意义"除了本义以外还可在思想中表示其他东西"①,其所表现的意义和符号都是经社会和人为的赋予而形成的,由此贯通了特定社会群体中人们选择符号形式并赋予其象征意义的过程;仪式的象征方式则反映了象征符号在仪式中的使用,指涉象征符号如何在仪式展演的价值叙事中发挥其意旨功能的命题,无论是礼节性的动作、手势,还是承载着某种价值的身体规训,均以既定的文化习俗发挥着价值陈述功能。

在"纳顿"节的仪式中,各村老人、青壮年男子在村庙前举行祭祀,祈祷在神灵护佑下获得丰收,祭拜的对象既有二郎神,又有本村的村神,村庙前树起的草人、白布帐房房顶表面四角镶嵌的云水图案等,以超出自身的本义象征着抵挡冰雹暴雨等自然灾害以及五福捧寿的吉祥寓意,通过神像、神案、神帐、幡杆等象征形式在仪式场景中的排列组合,建构肃穆、庄严、神圣的叙事空间。"纳顿"节兼有土族人民传统的庙会形式,其通过欢庆丰收的迎神、献供、许愿、谢恩、打杠子、送神等象征形式,展开民间信仰、民间音乐、民间服饰、民间舞蹈的象征意义传递。村子里的男女老少分工协作,制作供品、准备食物、打扫卫生、款待亲友,全员参与、各司其职。仪式的观看者沉浸其中,唤起对过去的记忆,确证丰收庆典价值的独特性阐发,促成展演者与参与者的双向联动,共同组构了热闹、喧嚣、世俗的象征世界。献供、点香、烧钱粮、酒奠、敬神、崇神等象征方式,会手舞、面具戏等表演程式,用于人际交流的身体活动和语言活动的符号使用,统合仪式象征表达意义的外在样态、身体规训和模式操演,共同进行着包括土族文化在内的共同体叙事。

其二,"纳顿"节价值叙事的仪式主题。"主题凝练"、"场景布置"和"主体沉浸"构成了仪式展演的呈现之维。仪式展演的价值叙事有赖于将展演内容集中在某个突出主题上,围绕着仪式主题,仪式活动投射表演中的演员、接收者、竞赛者、庆祝活动参加者、音乐家和舞蹈家等展演主

---

① Roland Barthes, *The Semiotic Challenge*, trans. by Richard Howard (New York: Hill and Wang, 1988), pp. 131-135.

体的类型化，以及人们透过这一主题从日常生活中所获取的历史认知。仪式展演的价值叙事通过"主题"安排拟出富有意义的仪式情境，贯通行动、姿势、舞蹈、吟唱、演奏等表演形态，使活动本身、场景设置、实物展示成为价值叙事的手段。就仪式主题的凝练而言，根据主题内容将某种知识和姿态赋予意义，使其神圣化，通过交流的手段和表演的形式对群体信仰进行经验证明，构建向外传达的符号系统；对现实空间进行传统的"情境化再现"，完成价值传导的媒介叙事情境创设，通过仪式主题的场景布置引领人们的情感基调和主导情绪，进行社会化的群体心理建构；融合意识与行为的整体感受，彰显仪式叙事沉浸其中的忘我状态，通过正向的情绪体验给予仪式参与者们充实感、兴奋感和幸福感。

在"纳顿"节的仪式中，围绕庆祝庄稼丰收的主旨凸显农耕顺利、收获丰盈的价值叙事，进行答谢地方神灵、"报成""劝耕"的主题凝练，并将其延伸至丰收之后的主题展演，以丰收的新粮制成酩馏酒和大蒸饼感谢神灵的护佑，以"头缸头酒头酥盘"祈求来年的风调雨顺，以情深意厚的话语表达搭头、报喜、唱喜，借此传达对神的敬意。围绕庆丰收的叙事主题，基于神圣性与世俗性、娱乐性与功能性、崇高性与生活性统一安排展演的场所，以心理思维的意义感悟和人神沟通、以上下交感的精神境界和天地交融，建构祭祀者观念形态的意象空间和参与者现实存在的世俗空间。无论是仪式的生成和组织，还是仪式的主旨嵌入，其场景创设均承载了以丰收为核心的文化要义，从"牌头"们请出神像的仪式开始，神灵的"在场"就成为不可或缺的象征；在感谢丰收的"娱神"活动中，乐舞作为沟通的媒介就已充当人们对丰收之神期盼的表现形式。此外，"纳顿"节会场上的锣鼓和鞭炮进行情绪渲染，营造展演者和观看者的心灵体验，强化沉浸感；"大好""大好呀"的欢呼声、随风飘扬的七彩旗、神秘古朴的面具舞建构了欢乐祥和的沉浸氛围，促使人们在仪式主题的活化中获得充实感和愉悦感，进行积极的心理体验。

其三，"纳顿"节价值叙事的仪式行为。"动作姿态"、"行为情态"和"观念心态"构成了仪式展演的释义之维。将展演的价值理念付诸实践的行动，仪式的价值叙事指涉特定的行为方式，格兰姆斯认为，仪式展演的行为指向某种类型化的、重复的姿势和姿态。① 其价值叙事内含表现性的行为方式,无论是仪姿、动作、行为的仪式表现,还是行为者姿态、情态、心态的表演展示,均以价值叙事的行为组合构成了仪式展演的行为基础和表演情境。展演者进行行为叙事也就意味着仪式进行者对这种叙事的"扮演"。事实上,仪式行为动作的姿态涵盖行动、姿势、舞蹈、语言、感叹、歌唱、伴奏,流动、聚集、转型的行为转呈,而表演者的投入程度、观众的参与度则影响了价值叙事符号形式的建构;行为的情绪、情感、姿态和语态的外显构成了仪式行为价值叙事的情态,涵盖与行为范围相关的参照框架、与行为主导情绪相关的支配情感、与行为倾向和语势相关的声音、与行为表现方式相关的活动、与行为心理倾向相关的动机;影响仪式行为的观念心态指涉仪式行为者的心理定式,这是一种在仪式情境中隐含于观念层面的心理趋向,涵盖价值叙事心理活动的准备状态、活化仪式行为心理活动的趋势以及观念导引外化的心理趋向性和专注性。

在"纳顿"节的仪式中,舞蹈构成了价值叙事动作姿态的主要表现形式,舞蹈的顺次表演构成了仪式展演的活动样态、主体结构和主要过程。"纳顿"节仪式上的舞蹈叙事,其身体动作源于土族人民和邻近的各族人民生产劳动、日常生活、祭祀活动和军事活动的素材,表达与这些活动相关的情感、态度和情绪。其中,舞蹈《庄稼其》反映了土族社会从游牧生活向农耕生活转变的过程,承载了中华文明历史上主流的"以农为本"的思想;"会手舞"以行军队列、劳军、战阵、会师、祝捷的舞蹈形式进行情节叙事,其喜讯中打杠子的动作姿态具有明显的演武特点;三国戏以誓师的祭祀仪式和军傩文化的舞蹈形式讲述了共同的故事,叙述了土族与汉族等其他民族的历史共在性;《跳法拉》的动作姿态展演了内外结合的运动——调心、调身、调息;《杀虎将》的舞蹈动作展示角抵和相搏,与虎交战、降伏猛虎,展示土族祖先与大自然斗争的气概。此外,表达友情、亲情、邻里情、乡间情、民族情的树梢舞、纸扇舞勾勒人与自然、人与神灵、人与人之间的和谐共乐;仪式期间走亲访友,共饮酩馏酒增进情感,道一声"阿门儿贤";在共同的仪式场景中人们膜拜共同的神祇,踩着同

---

① 彭文斌、郭建勋:《人类学仪式研究的理论学派述论》,《民族学刊》2010 年第 2 期。

样的节奏,展示统一的观念律动。

(二) 土族"纳顿"节仪式个案展演的社会功能

功能是指物质系统所具有的作用、能力和功效,其与要素相联系,强调一定结构中系统的表现和运作方式。仪式由传统习俗发展而来,内含人们普遍接受、按某种规定程序进行的行为方式,经文化沉淀将一系列具有象征意义的行为集中起来。从个人需要的满足和社会稳定的诉求出发,仪式作为"社会秩序的某种象征"①,其价值展演的社会功能指涉仪式以表演的特定结构在内部和外部的联系与关系中显现出来的特性和能力。仪式引发社会行为效应,在仪式上,信仰被唤醒、神圣物被再造、集体意识被振奋。仪式展演作为强化价值和行为的方式,"已被作为一种将社会的强制性标准转换为个人的愿望、创造社会化情绪、引起角色转换、提供治疗效应、制定社会行为的神话宪章以及重新整合对立社群的工具来加以分析"②。正因为"仪式是所规定的服务于各种场合的规范行为,是对神秘或非体验物或魔力的信仰",仪式的社会功能常常被人们视为"恢复社会平衡和稳定的政治手段"③。与此同时,仪式的社会展演通过心理化建构使仪式的参与者和观看者对其价值叙事形成判定与认可,有助于构建积极的社会共识;仪式的氛围塑造倡导彼此的宽容与忍让,集成民众的思想、情感和向往,进而"使人的情感和情绪得以规范的表达,从而维持着这种情感的活力和活动",展演的礼仪是"联结众生的纽带,无此纽带,众生便会陷入混乱"。④

在现实性上,仪式叙事的价值表达功能、文化交流沉淀的影像功能、群体推崇的行为倡导功能、进行社会化导引的凝聚功能、强化集体力量的团结功能,构成了"纳顿"节仪式展演社会功能的基本面向。

---

① 夏建中:《文化人类学理论学派——文化研究的历史》,中国人民大学出版社,1997,第302页。
② George E. Marcus, Michael M. J. Fischer, *Anthropology as Cultural Critique: An Experimental Moment in the Human Sciences* (Chicago: The University of Chicago Press, 1986), p. 92.
③ 夏建中:《文化人类学理论学派——文化研究的历史》,中国人民大学出版社,1997,第306页。
④ 薛艺兵:《对仪式现象的人类学解释(下)》,《广西民族研究》2003年第3期。

其一，仪式叙事的价值表达功能。作为标准化的、具有表演性的象征形式，仪式叙事的价值表达通常与一整套的价值行为和实践沟通相联系，被用以"界定和表现特殊的时刻、实践或变化所包含的社会与文化意味"①。作为价值传导的载体，无论是符号化的思维还是符号化的行为在仪式展演中的运用，均表征了价值观念的符号和意义传导的系统，使观念的表达被生产、维系、修正和转换。仪式叙事所要表达的价值往往是处于中心位置的议题，其内容表达是重复发生的，它所强调的重点就是相应角色的扮演、价值观念形象化的践行和社会实践的重复，而那些与事件象征性焦点相连的概念常常通过与之结合的角色创造可表达的意涵和可展演的阐释，从而为个体提高自我意识、强化社会认同提供机会。在"纳顿"节仪式展演中，很多节目表演都承载了具有民族团结意涵的价值主题，如庙会中表演的"五大民族"节目，回族、维吾尔族、藏族、土族、汉族的扮演者相继上场，翩翩起舞，用"以团体或共同身份把人们吸引到一起的圣神典礼"②的形式使被传达的民族交往文化原型镶嵌在人们日常生活模式的结构中，同时使民族交融的团结理念在规则化的仪式过程里得到描述和强化。

其二，文化交流沉淀的影像功能。作为社会生存状态与生存逻辑交流沉淀的凝聚点，基于共享的、规范的、符号化的文化内容表达，仪式过程以清晰的时空标志和高度的象征性再现文化交流的传统，为人们提供价值涵濡的生活模式。它所包含的民族文化价值理念渗透在民俗生活的自然传承里，并得到转述、描绘和呈现，重新定义人们共时态的活动空间以及在这一空间中所扮演的角色。正因为仪式展演对一以贯之的文化关系的明确、对相互认可的观念和信仰的确认，文化才得以传承。因此，以象征为核心的仪式意义体系本身就是一种文化，它与社会秩序的联系相关，其历史性转型投射了民族文化的生活方式和意义模式，彰显"共性""共有""沟通"的文化代际相承，而那些被仪式佐证为特定人群客观文化的内容，则以相似性的呈现使共同文化的延续成为可能。在"纳顿"节仪式展演

---

① 〔美〕约翰·费斯克等编撰《关键概念：传播与文化研究辞典》，李彬译注，新华出版社，2004，第243页。
② 〔美〕詹姆斯·W. 凯瑞：《作为文化的传播》，丁未译，华夏出版社，2005，第28页。

中，系列表演节目都蕴含特定的象征意义，反映民族交流同一性的价值意蕴和文化多样性的生成语境，多视角营造了突破时空界限的共同在场，使展演者和观看者通过沉淀的影像各具角色、担当身份。其中，农耕文明丰收的文化景观通过搭头、报喜、唱喜等形式歌颂丰收、期盼人畜兴旺、期待来年更好；中国各族人民历来共同认可的文化理念通过三将舞、五将舞、关王舞等形式展现出来，如关王舞通过颂扬关羽所表达的报国思想，使人们进入仪式的观念世界中，内化为其中的一员，并在共同文化理念的引导下在心理上联结为共同体。

其三，群体推崇的行为倡导功能。作为明确行为模式的倡导者[1]，仪式通过表现信仰的行为推崇，演绎了"那种社会都能够接受的，个人与群体之间恰当的关系体系"[2]。正因为仪式展演的集体行为扮演了社会化导引的角色，能够产生与符号联系起来的集体情感，其不仅影响了群体信仰、群体思想、群体规范的教化，而且使群体中的个人通过仪式产生新的情感互动和符号交流，催生情感连带的社会互动。在"纳顿"节仪式展演中，劳动、丰收、感恩、期盼的展演主题，总家、派头、会手等展演者，土族、羌族、回族等各民族的观众，官亭（上川）、中川、峡口（下川）的展演场域，舞蹈、话语、音乐、服饰、布景等展演媒介，多层面塑造社会实践的行为方式，通过展出、观看、诠释、获知、内化等方式赋予其意义。其中，会手舞在大红、黄、蓝、绿、紫红的旗帜上标明中华民族共有的价值理念，如"国泰民安""天下太平""风调雨顺""五谷丰登""政通人和"等；"安召"圆圈舞集诗、歌、舞于一体，彰显吉祥如意的生活期待；舞蹈《土乡花伞》、歌曲《大三川》反映土族社会变迁、展现各族人民精神面貌，在仪式运用的反复延展和观念再现的沉淀中转变为集体的行为模式。

其四，进行社会化导引的凝聚功能。作为自我调节的"有机体"，"纳顿"节的仪式展演具有社会整合、社会协调、稳定社会的仪式功能。拉德克利夫-布朗认为，"人类有秩序的社会生活依赖于社会成员头脑中某些情

---

[1] 〔英〕埃尔西·伯奇·唐纳德编《现代西方礼仪》，侯俊等译，上海翻译出版公司，1986，第5页。
[2] 〔英〕布赖恩·莫里斯：《宗教人类学》，周国黎译，今日中国出版社，1992，第328页。

感的存在,这些情感制约着社会成员相互发生关系时产生的行为。仪式可以被看作某些情感的有规则的象征性体现"①。"纳顿"节的仪式展演对调节社会关系、维持共同发展的文化传统具有重要意义,在"纳顿"节千人安召舞的表演中,展演者既有当地的土族民众,又有其他民族的人员,各民族群众一起载歌载舞,通过仪式展演中的共舞传递和睦相处的社会情感,消解压力、彼此宽容,进行社会整合。作为人们社会需要的满足,"仪式有许多功能,无论是个人层面,还是在群体或社会层面上,它们可以成为情感的渠道并表达情感,引导和强化行为模式"②。三川的"纳顿"节由土族人民按照传统方式自发举行逐渐演化为政府支持、民众参与、社会接受的展演形式,极大地助推了社会协调的上下联动。作为传统信念的保存方式,仪式可以维护主体互动的社会秩序,借助仪式交流,人们在农忙结束后的"纳顿"节上结识新朋友,拉近心理距离、融洽关系。

其五,强化集体力量的团结功能。作为使传统得以保存的实践方式,"纳顿"节的社会展演具有创造民族集体感、深化社群归属感、提升群体认同感的仪式功能。涂尔干认为,"仪式首先是社会群体定期重新巩固自身的手段。当人们感到他们团结了起来,他们就会集合在一起,并逐渐意识到了他们的道德统一体,这种团结部分是因为血缘纽带,但更主要的是因为他们结成了利益和传统的共同体"③。"纳顿"节的仪式展演规模较大、参与人数众多,具有凝聚人心、建构记忆的特质,不仅是文化储存的载体,而且是唤起认同、构筑团结的工具,其拜祖大典使民族集体感在这样的仪式中不断地被生产和创造,身份感和亲缘感不断地更新与熔铸。正因为仪式归属塑造的共享往事往往是集体性的,具有内聚性的社会群体进行集体选择,往往通过仪式对传统进行活化以形成社会记忆,这种记忆是集体成员彼此认同的基础。"纳顿"节从民和三川地区的传统节日发展成为互助、大通、民和等土族聚居区围绕庆丰收主题而展开的仪式庆典,这种

---

① A. R. Radcliffe-Brown, *Structure and Function in Primitive Society: Essays and Addresses* (London: Routledge & Kegan Paul Ltd, 1979), p.175.
② 〔英〕菲奥纳·鲍伊:《宗教人类学导论》,金泽、何其敏译,中国人民大学出版社,2004,第173页。
③ 〔法〕爱弥尔·涂尔干:《宗教生活的基本形式》,渠东、汲喆译,上海人民出版社,1999,第507页。

共同记忆的建构不仅联结了土族民众，而且联结了杂居的各族同胞。"纳顿"节的仪式展演不仅涵盖了土族的物质生产、民族心理和文化底蕴，而且联结了中华民族统一的、不可分割的民族气质和价值取向，成为促进民族团结、维系社会和谐、提升群体认同的精神纽带。

（三）铸牢中华民族共同体意识仪式展演的路径优化

仪式展演着力于提升社会成员对共同体的归属感以及回应共同生活的人们的同一种需要，这一需要源于促进社会团结的心态以及通过仪式的聚合唤起集体力量的心性，其在社会结构中具有行动上的操作力，蕴含使社会向某一个方向行进的动力之源。对此，涂尔干强调"仪式的功能始终就是使心理倾向兴奋起来"[1]。中华民族共同体意识不仅是中华民族共同体存在的反映，而且可以能动地作用于中华民族的生存和发展，铸牢中华民族共同体意识有赖于各种渠道、各种载体、各种方式的合力作用。切入铸牢路径的媒介域应用，对仪式展演"活化"方式进行精准分析，探索这一载体实践运用的具体特征、作用机制和效果呈现，有益于铸牢中华民族共同体意识结构性效应的发挥。习近平总书记指出，要"推动各民族文化的传承保护和创新交融，树立和突出各民族共享的中华文化符号和中华民族形象，增强各族群众对中华文化的认同"[2]。土族与其他民族一起构成了中华民族共同体的基础单元，欢庆丰收、期盼祥和、团结互助是中华民族共享的文化符号所指。因此，从"纳顿"节仪式展演的路径优化出发，考察铸牢中华民族共同体意识仪式载体运用的方式，切入仪式象征符号认知、情节感知和价值感悟，形成历史与现实相互影响的体认与互构，分析由"铸牢"目的联合起来的展演动机、展演内容、展演方式的具体运用和系统整合，具有重要的实践价值。

其一，把握嵌入主题，丰富中华民族共同体意识内容表达的仪式叙事。仪式的符号和社会表述力承载着仪式主题价值意蕴的符号化传达，其语言形式、物件形式、行为形式、声音形式的符号元素构成了仪式情境的

---

[1] Emile Durkheim, *The Elementary Forms of Religious Life*, trans. by Karen E. Fields（New York: Free Press, 1995）, p.227.

[2] 《习近平谈治国理政》第3卷，外文出版社，2020，第300~301页。

感知形式,通过仪式的价值叙事"影响他们的合理观念、实践观念、仁爱观念及道德观念"①。优化展演叙事价值表达的仪式路径彰显了中华民族共同体意识主要内容通过仪式展演的价值传播所具有的组成社会结构表达系统的特质,其主题驱动的内容陈述不仅是中华民族共同体意识价值体认和价值追求的具体表达,而且是中华民族共同体意识内容沉浸的体验方式。在具体实践中,必须充分发挥仪式叙事价值表达对铸牢中华民族共同体意识的生产功能,深度挖掘仪式展演主题叙事对中华民族共同体意识传统符号的展示功能,全面聚焦中华民族共同体意识价值符号的再生产过程,细化连接时代特征和地域特征的符号所指;积极探讨如何将共同建设中华民族的历史传统、共同发展中华民族的文化观念、共同享有发展成果与"纳顿"节仪式展演中祭祀习俗的主要功能、歌颂丰收的传统主题、忠诚报国的主旨倡导、团结互助的行为引导有机地结合起来;考察民族文化符号在传统仪式中的再现,使仪式的展演者和观看者在庆丰收的身体操演过程中认同中华民族共有的符号和形象,并使之成为建构中华民族共同体文化记忆的重要资源,既要形象生动、简单凝练、约定俗成,又要重视符号翻新的新媒介域在铸牢中华民族共同体意识过程中的价值嵌入。

其二,坚持文化认同,丰富各民族文化交流的仪式展演。文化是受价值引导的思想观念,它只有"被吸引在群体中的人们所共同接受才能在群体中维持下去"②,在共同社会特征的基础上,"文化认同是最深层次的认同,是民族团结之根、民族和睦之魂"③,是构筑中华民族共有精神家园的重要保证。优化文化交流影像沉淀的仪式路径彰显了文化认同的身份归属通过仪式展演所进行的价值沉浸。文化认同在人们的情感皈依中起着身份定向和理论建构的作用,极大地促进了人们在与他人的互动中完成自身的社会化,因为作为行为规则的仪式规制着个体在他者面前如何表现自己。在具体实践中,需深入挖掘"纳顿"节作为中华传统文化展演空间所具有的结构性效应,系统衔接丰收庆典作为唤醒共同体文化记忆的符号互动场

---

① Clifford Geertz, *The Interpretation of Cultures: Selected Essays* (New York: Basic Books, 1973), p.124.
② 费孝通:《论人类学与文化自觉》,华夏出版社,2004,第196页。
③ 《习近平关于社会主义政治建设论述摘编》,中央文献出版社,2017,第157页。

所具有的价值体验功能，充分展现"纳顿"节连接土族文化特质和共同体文化特性的仪式展演过程，高度重视仪式所传导的文化理念，认识到其不仅来自土族人民历史性与现实性的日常生活，而且是中华民族集体智慧的创造；需进一步细化作为盛大民族节日的"纳顿"的幕像、语词体系所包含的文化符码体系和文化传统影像，加深展演的交互内嵌与自身发展的联动，统合民间艺术、民族舞蹈、民族仪礼等多种展现民族文化精华的形式，既要突出表演形式本身的影像再现功能，又要彰显各民族共有的行为准则、价值理念和审美情趣。

其三，强化责任担当，践行复兴伟业的仪式倡导。柯林斯认为，仪式互动创造了共同的象征现实，人们将注意力集中在共同的活动上进行情绪感染与共享，借此形塑力量的集合。① 其中，身份感觉的群体团结、采取行动的兴高采烈与充满热忱的主动进取、代表群体符号标志的仪式运用、道德感和"善"的理念传导构成了仪式互动聚力的四个要素。优化社会行为倡导的仪式路径彰显了致力于中华民族伟大复兴的责任担当通过仪式展演所进行的行动推崇。仪式行为倡导的情境化再现将社会空间分解为众多的微观场景，社会践行的仪式化用语、责任担当的行为规范、集体欢腾的仪式庆典通过各种社会展演叙事场景的"媒介—情境—行为"统合成中华民族发展的行为驱动力。在具体实践中，要充分考虑"纳顿"节的民俗内涵，其行为倡导的集体推崇不仅是村落内部稳定的基础，而且是维系其成员心理认同的手段，由此切入仪式展演互为主体性的探寻，通过行为的一致形成与中华民族历史演绎相联系的认知符号，以责任意识形塑身份感；针对性地凝练"纳顿"节题材内容的共同体表达，投射到历史典故、神话传说、天文地理等领域，在形式上可扩展至西北地区的"花儿""社火"表演等娱乐活动形式，使多元一体的中华民族历史传承、实现伟大复兴的时代要求、共同体意识生发的民族基础、中华文化"美美与共"的意涵成为同一性空间拓展、共同回忆建构的价值来源。

其四，观照"动机"与"情绪"集成的"心灵状态"，释放共识凝聚

---

① 〔美〕兰德尔·柯林斯：《互动仪式链》，林聚任、王鹏、宋丽君译，商务印书馆，2012，第24页。

的仪式功能。格尔茨认为,仪式直接"引发人们两种不同种类的习性:动机和情绪"①。动机是向量性的,具有定向的特征;情绪是体验性的,与满足需要的心理过程相联系。目的赋予动机意义,情境引发情绪,二者结合使民众的"心理倾向"兴奋起来形成特定的精神气质。优化社会凝聚的仪式路径彰显了中华民族由文化传统规定的利益调适、整合社会的价值共识通过仪式展演所进行的共同意识提升。仪式的象征意义组成完整的象征内涵,强化集体力量的普遍性,尽管仪式主题可以表现出不同的实践变体,其实质仍然指涉在一个文化主题下的主控性符号所连接的动机和情绪,其形塑的"心灵状态"具有社会凝聚功能,将个体力量置于强大的集体力量里。在具体实践中,需进一步探寻"纳顿"节村际交往理想模式的隐喻化表达与社会整合民心凝聚价值性目标的衔接点,明确以动机结局解释动机、以情绪源泉阐释情绪的仪式过程,分析邻近村庄互为主客队共同参与"合会手""唱喜讯""面具戏"的联动方式;系统完善由"动机"和"情绪"相连演绎的仪式教化功能,进一步梳理"纳顿"节内蕴的历史心性民族传承、文化积淀浸染底色、鲜活艺术涵濡亮色、生产生活习俗承袭,促进群体移情、进入相同节奏、扩大展演范围、吸引共同在场,通过各族民众的身份集聚获得更深度的社会认同。

其五,关注情感体验的认同焦点,激活民族团结情感连带的仪式效应。"仪式是一种相互关注的情感和关注机制,它形成了一种瞬间共有的现实,因而会形成群体团结和群体成员性的符号。"②仪式展演运用共通的符号展示情感联结,产生令人愉悦的认同体验,通过联结同一性空间汇聚群体共享的情感能量,柯林斯将其阐述为人类交流互动的核心要素。优化民族团结情感联结的仪式路径彰显了"56个民族是中华民族共同体"的价值意蕴通过仪式展演所连接的内化和外化。仪式集聚的"情感能量"往往是运用共同的情感沉浸阐发参与者身份认同的感知,获得延长团结感的共同符号,形塑认同焦点,推动"中华民族一家亲"理念的自觉内化和自觉

---

① Clifford Geertz, *The Interpretation of Cultures: Selected Essays* (New York: Basic Books, 1973), p. 112.
② 〔美〕兰德尔·柯林斯:《互动仪式链》,林聚任、王鹏、宋丽君译,商务印书馆,2012,第24页。

践行。在具体实践中,可深度抓取"纳顿"节各民族交往交流交融情感联结的展演资源,进一步延伸土族传统节日与春节拜年、"二月二炒豆子"等其他民俗传统节日的有效联系,将"嵌套在社会背景中"①的群体性、社会性和结构性的情感递移与节日文化的维系、教化、调适效用相结合;进一步拓展"纳顿"节仪式展演的现实功能,调动不同文化、不同性别、不同年龄的各族人民积极参与,塑造集娱乐性、健身性、民族性于一体的认同瞬间,聚焦"你中有我、我中有你"的认同指向,以视觉、文本、音乐、舞蹈等符号象征为原点,贯通"印象联结"和"观念联结",进行各族人民情感共通的"活化"体验。

六 铸牢中华民族共同体意识的国家通用语言文字之维

"民族团结是各族人民的生命线"②,新时代"要以铸牢中华民族共同体意识为主线"③,努力推进民族团结进步事业。"铸牢中华民族共同体意识是新时代党的民族工作的'纲',所有工作要向此聚焦。"④心理过程、民族观、国家认同是理解中华民族共同体意识的三个重要维度。就心理过程而言,中华民族共同体意识是"中华民族共同体"这一客观存在的实体在我国全体人民头脑中形成的主观映像。⑤就民族观而言,中华民族共同体意识是基于中华民族多元一体格局,在坚持马克思主义民族观、国家观、历史观的基础上形成的各民族平等、团结、互助、和谐的共同理念。就国家认同而言,中华民族共同体意识是指56个民族的群众都认为自己属于中华民族大家庭中一员的心理现象,这种心理现象是形成国家认同的心

---

① 〔美〕乔纳森·H. 特纳:《人类情感——社会学的理论》,孙俊才、文军译,东方出版社,2009,第72页。
② 《习近平关于社会主义政治建设论述摘编》,中央文献出版社,2017,第148页。
③ 《习近平谈治国理政》第3卷,外文出版社,2020,第299页。
④ 习近平:《论坚持人民当家作主》,中央文献出版社,2021,第329页。
⑤ 青觉、赵超:《中华民族共同体意识的形成机理、功能与嬗变——一个系统论的分析框架》,《民族教育研究》2018年第4期。

理基础。① 国家通用语言文字既是凝结中华民族文化传统的文化符号，也是各民族共享的交流工具。习近平总书记强调："要搞好民族地区各级各类教育，全面加强国家通用语言文字教育，不断提高各族群众科学文化素质。"② 推广普及国家通用语言文字对于促进各民族交往交流交融、构筑中华民族共有精神家园、铸牢中华民族共同体意识都具有重要意义。

（一）文献综述与问题提出

党的十八大以来，学界对通过推广普及国家通用语言文字铸牢中华民族共同体意识的意义和策略进行了多方面的探讨。其一，国家通用语言文字对铸牢中华民族共同体意识的重要性。王晨认为，推广国家通用语言文字，有利于增强文化自信，凝聚实现中华民族伟大复兴的精神动力；有利于促进民族交流交往交融，促进民族地区发展，维护民族团结和国家安全。③ 常安认为，铸牢中华民族共同体意识所需的经济基础、社会基础、文化心理基础都可以通过推广普及国家通用语言文字实现，国家通用语言文字的宪制意义值得重视。④ 其二，以推广普及国家通用语言文字铸牢中华民族共同体意识的内在机理。袁继富认为，语言文字的交际性、资源性和人文性是铸牢中华民族共同体意识的有利条件。⑤ 胡艳霞认为，语言文化认同是中华文化认同的重要内容，增强中华文化认同是铸牢中华民族共同体意识的根本之道。⑥ 其三，以国家通用语言文字铸牢中华民族共同体意识的实践路径。王启涛认为汉语言文字是历代中央政权的通用语言文字，并总结了我国历史上通过推广国家通用语言文字铸牢中华民族共同体

---

① 高承海：《中华民族共同体意识：内涵、意义与铸牢策略》，《西南民族大学学报》（人文社会科学版）2019年第12期。
② 《习近平谈治国理政》第3卷，外文出版社，2020，第301页。
③ 王晨：《进一步贯彻实施国家通用语言文字法 铸牢中华民族共同体意识——写在〈中华人民共和国国家通用语言文字法〉颁布20周年之际》，《人民日报》2020年11月11日，第6版。
④ 常安：《论国家通用语言文字在民族地区的推广和普及——从权利保障到国家建设》，《西南民族大学学报》（人文社会科学版）2021年第1期。
⑤ 袁继富：《从语言文字特性看铸牢中华民族共同体意识》，《理论研究》2020年第6期。
⑥ 胡艳霞：《增强语言文化认同，铸牢中华民族共同体意识》，《大连民族大学学报》2020年第4期。

意识的经验。① 李秀华认为，民族地区要全面、科学地推进少数民族语言文字和国家通用语言文字的教育和使用，以实现少数民族语言认同与国家通用语言认同的有机统一。②

在向着第二个百年奋斗目标迈进的关键时刻，中华民族共同体意识已成为学界关注的热点话题，关于铸牢中华民族共同体意识的国家通用语言文字之维的研究方兴未艾。学界已有的研究成果既强调推广普及国家通用语言文字对铸牢中华民族共同体意识的重要价值，也进一步分析了其中的内在机理以及具体实践路径，对本研究具有重要的参考价值和借鉴意义。本研究立足于我国各民族"大杂居、小聚居"的分布格局，基于少数民族主要聚居在自然环境较为恶劣、交通相对封闭地区的现实状况，深入分析在民族地区以推广普及国家通用语言文字铸牢中华民族共同体意识的价值意蕴、逻辑理路以及实践路径。少数民族群众对外交往的动力和能力都相对较低，以血缘关系建立起来的社会关系的同质性比较强，社会内部网络结构比较紧密。③ 这样的社会结构并不是孤立存在的，而是会造成一系列负面影响。为了适应新时代新形势新发展的需要，在全面建成小康社会的基础上扎实推进共同富裕，让民族地区更好地融入国家发展战略、实现高质量发展，必须以语言文字相通促进各族群众人心相通，进而增强中华民族的凝聚力和向心力，在中华民族大团结的基础上汇聚实现中华民族伟大复兴中国梦的磅礴伟力。

（二）以推广普及国家通用语言文字铸牢中华民族共同体意识的价值意蕴

《国家通用语言文字法》作为铸牢中华民族共同体意识制度体系的重要组成部分④，对国家通用语言文字"是什么"有十分明确的规定："国家

---

① 王启涛：《中国历史上的通用语言文字推广经验及其对铸牢中华民族共同体意识的重要意义》，《西南民族大学学报》（人文社会科学版）2020年第11期。
② 李秀华：《语言·文化·民族：民族语言认同与民族共同体的建构》，《西北民族大学学报》（哲学社会科学版）2018年第2期。
③ 王春辉：《语言与贫困的理论和实践》，《语言战略研究》2019年第1期。
④ 邹阳阳：《〈国家通用语言文字法〉与铸牢中华民族共同体意识研究》，《西北民族大学学报》（哲学社会科学版）2021年第6期。

通用语言文字是普通话和规范汉字。"在搞清楚国家通用语言文字"是什么"的基础上,还要进一步搞清楚"为什么",即推广普及国家通用语言文字对于铸牢中华民族共同体意识的价值意蕴。尽管学界对此已有较多的阐述,但仍可以从助力各民族共同走向社会主义现代化,推进各民族共同团结奋斗、共同繁荣发展,增强中华民族认同三个维度作出进一步阐释。

第一,推广普及国家通用语言文字是推动各民族共同走向社会主义现代化的着力点。

从工具理性的视角来看,少数民族语言文字的使用范围相对有限,即使是在本民族群众之间,使用少数民族语言文字进行交流沟通的机会也越来越少。另外,使用少数民族语言文字开展教学活动的学校也仅局限在民族中小学的部分年级和民族高校的部分专业。近年来,为了适应全面建设社会主义现代化国家的需要,党和国家在民族地区推广国家通用语言文字的力度不断加大,国家通用语言文字的普及程度显著提高、使用范围空前扩大。汉语不仅在国内被广泛使用,而且在全球范围内广受欢迎,作为联合国的六种工作语言之一,在国际社会的影响力不断提升。尤其是随着我国国际地位和国际影响力显著提升,其他国家民众学习汉语的热情日益高涨,"汉语热"在全球范围内持续增温。早在2017年就有权威媒体报道,国外学习使用汉语的人数估算已超过1亿。[①] 与国际社会"汉语热"形成鲜明对比的是,在国内少数民族聚居区,少数民族群众使用国家通用语言文字的水平却有待提高。少数民族群众尤其是青少年一代,只有熟练掌握国家通用语言文字,才能有更多机会走出去享受更优质的教育资源,从而更好地提升自身的综合素质,在实现自身价值的同时推动民族地区经济社会高质量发展。

教育现代化是各民族共同走向社会主义现代化的重要基础。"在民族地区普及国家通用语言文字不仅有助于各民族的团结,也有利于民族地区经济社会的发展以及教育公平的实现。"[②] 毋庸讳言,民族地区现有的教育资源和中东部地区相比仍存在不小的差距。尽管近年来民族地区基础教育

[①] 柴如瑾、王忠耀:《前所未有的"汉语热"》,《光明日报》2017年10月28日,第9版。
[②] 陈荟、桑尔璇、李晓贺:《民族地区普及国家通用语言文字的教育公平之义》,《民族教育研究》2020年第3期。

的硬件设施有了极大的改善，但在短时期内依然无法补齐师资队伍、教育教学质量等方面的短板。随着网络技术的普及，即使偏远的民族地区也能通过互联网享受到来自北京、上海等地的优质教育资源，但这要以少数民族学生熟练掌握国家通用语言文字为前提。青少年是民族的未来，他们的个人理想的实现程度在很大程度上决定了这个民族能够走多远。国家通用语言文字的普及是少数民族教育现代化的"助推剂"，也是帮助少数民族群众实现自由全面发展的"登山杖"。一方面，教育现代化需要以推广普及国家通用语言文字为基础；另一方面，教育现代化将有力地促进国家通用语言文字的推广普及，为铸牢中华民族共同体意识提供思想文化基础。可见，推广普及国家通用语言文字是铸牢中华民族共同体意识的重要媒介，也是推动各民族走向社会主义现代化的重要前提。

第二，推广普及国家通用语言文字是实现"两个共同"的助推器。

铸牢中华民族共同体意识要正确把握物质和精神的关系，必须让各族群众共享高质量发展成果。党的十八大以来，党中央高度重视推广普及国家通用语言文字在助力实现"各民族共同团结奋斗、共同繁荣发展"方面的重要作用，制定出台了一系列推普脱贫攻坚的政策方案，充分发挥了国家通用语言文字在助力社会主义现代化国家建设中的积极作用。"教育是提升个体素质的重要途径，能为贫困地区的经济增长提供稳定的可持续发展的动力。"[①] 掌握国家通用语言文字是个人接受优质教育的重要前提条件，而优质的教育资源是个人获得更好和更多发展机会的重要途径。因此，语言文字在个体人力资源开发过程中具有"元知识"和"元技能"的重要属性。可见，国家通用语言文字在少数民族人力资源开发中具有举足轻重的地位，推广普及国家通用语言文字是提升各族人民整体素质、促进民族地区人力资源开发、扎实推进共同富裕的必然选择。

贫困治理仍是一项世界性难题。回顾我国脱贫攻坚的艰辛历程可以清晰地认识到，贫困人口之所以难以摆脱贫困，在很大程度上源于其无法摆脱"贫困思维"的局限与困囿。"贫困思维"的典型特征是封闭、僵化、学习能力和变通能力差，习惯于墨守成规、一成不变，这种思维模式成为

---

① 陈丽湘、魏晖：《推普脱贫有关问题探讨》，《语言文字应用》2019年第3期。

很多人无力摆脱贫困的思想根源。众所周知，个人的思维模式一旦形成，往往很难改变。国家通用语言文字为少数民族群众走出大山、认识世界并融入更为广阔的新世界打开了一扇大门，也为根除他们的"贫困思维"创设了条件。全面建成小康社会、全面打赢脱贫攻坚战不是终点，促进各民族在共同团结奋斗、共同繁荣发展的基础上实现共同富裕，让各族群众都能实现自由全面发展，满足各族群众对美好生活的向往，才是中国共产党为人民执政的价值旨归。

第三，推广普及国家通用语言文字是增强中华民族认同的内在要求。

构建统一多民族国家，必然要求推广普及国家通用语言文字。在我国历史上，秦王扫六合，结束春秋战国的战乱局面之后，把统一语言文字作为巩固国家政权的一项重大措施。在我国统一多民族国家的历史长河中，尽管一直存在多种语言文字并存的现象，但官方语言往往只有一种，即汉语。另外，根据斯大林关于"民族"的定义，共同的语言是构成民族的四大因素之一，可见汉语在中华民族形成和发展过程中发挥了重要作用。"拥有通用的语言文字是一个国家团结统一的标志，也是增强国家认同的前提。"[①] 我国各民族与中华民族之间是个体与整体的关系，个体不能离开整体而存在，同样，也不存在离开了个体而独立存在的整体。新中国成立以来，尤其是在改革开放伟大进程中，各民族不断发展进步，各项事业都实现了翻天覆地的变化，中华民族迎来了伟大复兴的光明前景，中华民族共同体意识不断得到巩固和加强，这些都是中国共产党民族宗教政策和语言文字政策正确性的最好例证。

语言文字相通是民心相通的重要基础。各民族之间的交往交流交融往往都是从使用共同的语言文字开始的。只有国家通用语言文字被各民族广泛使用，各民族之间才能更好地实现交往交流交融，进而在情感、思想、文化和政治等层面加强理解并形成认同。[②] 从这个角度来看，推广普及国家通用语言文字对于不断增强"五个认同"、铸牢中华民族共同体意识都

---

① 董李俊、高雪婷：《改革开放以来国家通用语言文字普及的政策演进》，《中国民族教育》2020年第9期。

② 国家民委教育科技司：《推广普及国家通用语言文字是民族地区繁荣发展的必然要求》，《中国民族》2020年第9期。

至关重要。在具体实践中，承载中华优秀传统文化的国家通用语言文字是将各民族连接成一个整体的桥梁与纽带，各民族群众通过日益频繁的沟通、交流增进理解和互信，在语言相通的基础上逐渐实现人心相通，在维系中华民族的凝聚力和向心力的基础上进一步增强"五个认同"。另外，只有熟练掌握国家通用语言文字，少数民族群众才能更好地理解中国共产党的民族宗教政策和语言文字政策，更好地理解中国共产党为中国人民谋幸福、为中华民族谋复兴的初心使命，从而更加坚定听党话、跟党走的信心和决心，促进中华民族大团结，让中华民族共同体牢不可破。

（三）以推广普及国家通用语言文字铸牢中华民族共同体意识的逻辑理路

在我国，推广普及国家通用语言文字与保护少数民族语言文字都有相应的法理基础和法律依据，二者是各有侧重的统筹推进的关系，而不是相互排斥或此消彼长的关系。2021年8月27日，习近平总书记在中央民族工作会议上的讲话中强调："要推广普及国家通用语言文字，科学保护各民族语言文字，尊重和保障少数民族语言文字学习和使用。"① 推广普及国家通用语言文字的目的在于让少数民族群众获得更好的发展机会，促进民族地区高质量发展，进而使少数民族群众更好地融入中华民族大家庭，而不是要消灭少数民族语言文字。保护少数民族语言文字是中国共产党民族政策的重要内容，具有相关的宪法和法律依据。而在民族地区推广普及国家通用语言文字既符合历史逻辑，也有紧迫的现实依据。

第一，以推广普及国家通用语言文字铸牢中华民族共同体意识的法理逻辑。

宪法是我国的根本大法，具有至高无上性，是中国共产党治国理政的总纲领和总依据。《中华人民共和国宪法》第四条规定："各民族都有使用和发展自己的语言文字的自由，都有保持或者改革自己的风俗习惯的自由。"② 我国各民族都拥有发展和繁荣本民族文化的权利，语言文字作为文

---

① 习近平：《论坚持人民当家作主》，中央文献出版社，2021，第329页。
② 《中华人民共和国宪法》，人民出版社，2018，第9页。

化传承的重要载体受到宪法的保护。但是,《中华人民共和国宪法》第十九条又规定:"国家推广全国通用的普通话。"① 这种看似前后矛盾的规定,却体现了我国民族政策以及语言文字政策的精髓。使用本民族语言文字是少数民族群众的权利,但为了少数民族群众及各民族自身的发展利益,在全国范围内推广普及国家通用语言文字又十分必要。我国宪法的这两条规定,奠定了以推广普及国家通用语言文字铸牢中华民族共同体意识与保护少数民族语言文字的宪法基础。

推广普及国家通用语言文字,除了相关宪法基础之外,我国还有专门的法律对此予以规定。《国家通用语言文字法》第二条明确规定:"国家通用语言文字是普通话和规范汉字。"② 在法律上确认了普通话和规范汉字作为国家通用语言文字的地位,并指明了国家通用语言是普通话,而不是某一地方的方言;国家通用文字是规范汉字,而不是所谓的"简化字"或者繁体字。第三条规定:"国家推广普通话,推行规范汉字。"③ 以"推广"和"推行"两个动词进一步明确了国家语言文字工作的政策指向。第四条规定:"地方各级人民政府及其有关部门应当采取措施,推广普通话和推行规范汉字。"④ 对地方各级政府和公共部门在推广普及国家通用语言文字方面的工作任务提出明确要求。第八条规定:"各民族都有使用和发展自己的语言文字的自由。少数民族语言文字的使用依据宪法、民族区域自治法及其他法律的有关规定。"⑤《国家通用语言文字法》的相关规定为以推广普及国家通用语言文字铸牢中华民族共同体意识和科学保护少数民族语言文字提供了最直接的法理依据。

第二,以推广普及国家通用语言文字铸牢中华民族共同体意识的历史逻辑。

我国自古以来就是一个统一多民族国家,在中华民族五千年的历史长河中,汉族与各少数民族不断交往交流交融,逐渐形成了中华民族多元一

---

① 《中华人民共和国宪法》,人民出版社,2018,第16页。
② 《中华人民共和国法律(2011年版)》,人民出版社,2011,第923页。
③ 《中华人民共和国法律(2011年版)》,人民出版社,2011,第923页。
④ 《中华人民共和国法律(2011年版)》,人民出版社,2011,第923页。
⑤ 《中华人民共和国法律(2011年版)》,人民出版社,2011,第923页。

体的格局。在此过程中，尽管存在不同民族共用一种语言文字的情况，但是多种语言文字并存是一种客观存在的现象。正是多元文化的交流互鉴成就了对世界文明产生深远影响且今日依旧辉煌灿烂的中华文明。新中国成立后，为了进一步加强语言文字工作，于1949年10月成立了"中国文字改革协会"，并在1954年改为"中国文字改革委员会"，其主要职责是制订和推行汉语拼音方案、推广普及普通话、简化和整理汉字。《民族区域自治实施纲要》规定，"得采用一种在其自治区内通用的民族文字"作为行使职权的主要工具，"得采用各民族自己的语言文字"以促进各民族文化教育事业的发展。① 可见，即使在百废待兴的新中国成立初期，国家也十分重视国家通用语言文字的推广普及和少数民族语言文字的保护工作，并成立专门的机构负责此项工作。

1982年颁布实施的宪法明确规定国家推广全国通用的普通话。1985年，原来的"中国文字改革委员会"改名为"国家语言文字工作委员会"。为了适应21世纪语言文字工作的需要，《民族区域自治法》（2001年修正）第三十七条规定："招收少数民族学生为主的学校（班级）和其他教育机构，有条件的应当采用少数民族文字的课本，并用少数民族语言讲课；根据情况从小学低年级或者高年级起开设汉语文课程，推广全国通用的普通话和规范汉字。"② 在根据实际情况开展少数民族语言文字教育工作的同时，通过开设汉语文课程促进国家通用语言文字推广和普及，延续了党和政府推广普及国家通用语言文字和保护少数民族语言文字相结合的政策，并把推广普及国家通用语言文字作为突出强调的重点工作。在新中国成立70多年以来的具体实践中，党和政府始终坚持统筹推进国家通用语言文字推广普及和少数民族语言文字保护工作，并把提升少数民族群众使用国家通用语言文字的能力作为语言文字工作的重要内容抓好、抓实。

第三，以推广普及国家通用语言文字铸牢中华民族共同体意识的现实逻辑。

改革开放40多年来我国民族地区经济持续快速发展为国家通用语言文

---

① 《中华人民共和国民族政策法规选编》，中国民航出版社，1997，第2~3页。
② 《十五大以来重要文献选编》（中），人民出版社，2001，第1666~1667页。

字推广普及和少数民族语言文字保护奠定了坚实的经济基础。尤其是深处内陆的民族地区，在共建"一带一路"倡议的带动下，其在国民经济体系中的重要性日益彰显，甚至成为全球价值链的重要环节。当然，这一切都得益于党和政府持续深化的改革开放政策，持续推进改革开放使民族地区深度融入国家发展战略，有力地促进了民族地区各项事业的发展。

我国是一个拥有 56 个民族 14 亿多人口的社会主义大国，对于世界上的任何政党而言，治理好这个国家都不是一件易事。1949 年 10 月代表人民执掌政权以来，特别是党的十一届三中全会以来，中国共产党表现出非凡的执政智慧和执政水平，我们党带领全国各族人民创造了经济快速发展和社会长期稳定的"两大奇迹"。众所周知，发展是硬道理，稳定是硬任务；没有稳定的社会环境，就不可能有经济社会的持续快速发展，已经取得的发展成果也将会丧失。稳定是关乎经济社会发展全局的重大问题。邓小平明确强调："中国人这么多，底子这么薄，没有安定团结的政治环境，没有稳定的社会秩序，什么事也干不成。"① 经过长期实践，中国共产党以铸牢中华民族共同体意识为主线，构筑中华民族共有精神家园，以推广普及国家通用语言文字夯实中华民族共同体的思想文化基础，成功探索出具有中国特色的解决民族问题的正确道路。为了维护我国民族地区社会稳定和长治久安的和谐局面，必须坚持以铸牢中华民族共同体意识为主线，巩固各民族共同团结奋斗、共同繁荣发展的思想基础。

（四）以推广普及国家通用语言文字铸牢中华民族共同体意识的实践路径

推广普及国家通用语言文字，拓宽国民交流互动平台，是铸牢中华民族共同体意识的重要途径。② 在推广普及国家通用语言文字的实际工作中，既要坚持因地制宜、科学施策、稳步推进的原则，也要坚持依法依规统筹推进国家通用语言文字推广普及和少数民族语言文字保护工作，并在正确把握中华民族共同体意识和各民族意识的关系中强化少数民族群众的国民

---

① 《邓小平文选》第 3 卷，人民出版社，1993，第 331 页。
② 黄金辉、陈崇仁：《国民意识培育：增进中华民族共同性的内核及其进路》，《探索》2022 年第 1 期。

意识,增强少数民族群众对国家通用语言文字、中华文化以及中华民族的认同感,真正把语言文字政策落到实处,更好地推进民族地区各项事业健康发展,正确处理物质和精神的关系,补齐民族地区经济社会和文化事业发展不足这一短板,进一步夯实铸牢中华民族共同体意识的经济社会基础和思想文化基础。

我国幅员辽阔,不同地域的少数民族在国家通用语言文字推广普及方面既有相同点,也存在较大的差异性。由于不同少数民族的群众或同一少数民族在不同区域的群众使用国家通用语言文字的能力不同,即使是同一区域的同一个少数民族,对国家通用语言的掌握程度也存在较大的城乡差异。据此,在推广普及国家通用语言文字的过程中也就不能采取"一刀切"的措施,而应坚持因地制宜、一地一策、科学施策的原则,各级地方政府和相关部门要进一步细化推广普及国家通用语言文字政策措施,立足于增进共同性、尊重和包容差异性,努力提高推广普及国家通用语言文字的针对性和实效性。

任何一种语言文字的产生与发展都有其自身规律,在推广普及国家通用文字的过程中不可急躁冒进、急于求成。少数民族语言文字的使用有深厚的历史因素、环境因素和现实因素。推广普及国家通用语言文字绝不是人为地强制要求用普通话和规范汉字替代少数民族语言文字,而是在尊重少数民族群众意愿的前提下,教育引导他们熟练地掌握国家通用语言文字,并在公众场合、办公场所尽量使用国家通用语言文字,以达到方便沟通交流的目的。任何强制要求少数民族群众放弃使用本民族语言文字的做法都不仅是有害的,而且与我国宪法和法律精神相违背,并可能伤害民族感情、破坏民族团结。做好新时代的语言文字工作需要久久为功,既要坚定不移地推广国家通用语言文字,又要考虑少数民族群众的接受程度,把握好轻重缓急。[①] 因此,在民族地区推广普及国家通用语言文字,切勿犯"急躁病"和"冒进病",而应正确把握共同性和差异性的关系,在尊重语言文字发展规律的基础上采用积极稳健的政策和措施。

---

① 何生海:《推广国家通用语言文字与铸牢中华民族共同体意识》,《北方民族大学学报》2021年第6期。

（五）推广普及国家通用语言文字与科学保护少数民族语言文字协同推进

我国宪法和法律既有保护少数民族语言文字的规定，也有推广普及国家通用语言文字的规定，二者并不矛盾。在具体实践中，各级部门应坚持推广普及国家通用语言文字与科学保护少数民族语言文字相结合。党的十八大以来，党中央、国务院针对推广普及国家通用语言文字作出了一系列顶层设计，充分发挥了国家通用语言文字在助力打赢脱贫攻坚战方面的重要作用，不断增强各族群众的获得感、幸福感、安全感。就目前形势而言，少数相对偏远的民族地区仍未达到 2017 年教育部、国家语委印发的《国家通用语言文字普及攻坚工程实施方案》中到 2020 年"全国普通话普及率平均达到 80% 以上"的目标，推广普及国家通用语言文字工作仍需要持续发力，但也要注意加强少数民族语言文字保护工作，进一步落实好国家关于"科学保护各民族语言文字"的指导方针。我国语言文字政策充分考虑少数民族群众对本民族语言文字的特殊感情和国家通用语言文字被广泛使用的实际情况，充分尊重少数民族群众的主体地位，在一定程度上有利于铸牢中华民族共同体意识。

科学保护少数民族语言文字，首先需要摸清我国语言文字资源的家底。2015 年 5 月，教育部、国家语委印发了《关于启动中国语言资源保护工程的通知》，这是指导摸清我国语言文字家底的纲领性文件。[①] 在这一文件精神的指引下，相关部门在全国范围内开展了语言资源的调查工作。在我国 55 个少数民族中，54 个民族有自己的语言，有的少数民族还不止使用一种语言，我国少数民族语言数量超过 130 种。[②] 语言种类繁多，既是我国语言资源的优势，同时也给语言保护、推广普及国家通用语言文字等工作带来巨大挑战。2016 年，教育部办公厅与国家民委办公厅联合印发《关于推进中国语言资源保护工程少数民族语言调查的通知》，并制定了

---

① 丁石庆：《中国语言资源保护工程语料资源的质量、价值和效用——以少数民族语言材料为例》，《暨南学报》（哲学社会科学版）2018 年第 10 期。
② 王锋：《理念、目标和策略：语保工程的少数民族语言调查工作》，《西北民族大学学报》（哲学社会科学版）2019 年第 3 期。

2015~2019年总体规划表，集中组织实施了对少数民族语言文字现状的相关调查工作。我们在推广普及国家通用语言文字的同时，并没有让少数民族语言文字走向消亡，而是严格贯彻《中华人民共和国宪法》和《国家通用语言文字法》等法律精神，统筹推进推广普及国家通用语言文字和科学保护少数民族语言文字工作。

（六）强化国民意识培育，增强"五个认同"，夯实铸牢中华民族共同体意识的思想基础

"五个认同"是国民意识的突出体现。[①]国家通用语言文字是主权国家的标志之一，它能够唤醒公民的国家身份意识，而且公民使用并认同国家通用语言文字有助于增强公民的国家认同。另外，汉字的传承与中国文明的延续始终保持着相互成就、共同成长的辩证发展关系。[②]语言文字互通，有利于实现情感认同和价值认同的统一。语言是心灵的窗口，也是心灵沟通的桥梁，各民族群众语同音、书同文，彼此的心灵距离才会更近，才能在彼此深度理解、相互尊重的基础上实现价值相通、认同相一、民心相聚，从而夯实中华民族共同体的思想基础，"推动中华民族走向包容性更强、凝聚力更大的命运共同体"[③]。熟练掌握国家通用语言文字是实现"五个认同"的重要媒介。因此，必须教育引导少数民族群众进一步强化权利意识和义务意识，让他们深刻认识到学习掌握国家通用语言文字既是公民享有的权利，也是公民应尽的义务，应以使用国家统编教材为载体健全推广普及国家通用语言文字的常态化、长效化机制。

增强对国家通用语言文字的认同，是强化中华文化认同、中华民族认同以及在此基础上铸牢中华民族共同体意识的重要基点。增强中华文化认同，是铸牢中华民族共同体意识的根本之道，而对国家通用语言文字的认

[①] 黄金辉、陈崇仁：《国民意识培育：增进中华民族共同性的内核及其进路》，《探索》2022年第1期。

[②] 黄亚平：《论汉字传承与中国文明延续的辩证发展关系》，《深圳社会科学》2022年第1期。

[③] 《习近平谈治国理政》第3卷，外文出版社，2020，第299页。

同则是中华文化认同的重要组成部分。① 国家通用语言文字是中华文化和中华文明的重要载体，中华文化和中华文明是由56个民族共同创造的，是中华民族集体智慧的结晶。习近平总书记指出："文化自信是一个国家、一个民族发展中更基本、更深沉、更持久的力量。"② 应加强国家通用语言文字推广普及工作，让各民族群众了解普通话和规范汉字背后的中华文化意涵和中华文明意蕴，正确把握中华文化和各民族文化的关系，在坚定文化自信的基础上进一步增强中华文化认同。各民族趋于一致的价值判断、思想共识以及社会主义新型民族关系的构建，都需要建立在"五个认同"的基础之上，尤其是以国家通用语言文字为载体的中华文化认同，是促进民心相通、铸牢中华民族共同体意识的根本之道。

做好新时代党的民族工作，必须紧紧抓住铸牢中华民族共同体意识这条主线。国家通用语言文字是铸牢中华民族共同体意识不可或缺的内涵③，推广普及国家通用语言文字对于做好新时代党的民族工作具有重大意义。推广普及国家通用语言文字是推动各民族共同走向社会主义现代化的重要着力点，是各民族在共同团结奋斗、共同繁荣发展的基础上迈向共同富裕的助推器，也是铸牢中华民族共同体意识的重要抓手。推广普及国家通用语言文字与科学保护少数民族语言文字是中国共产党一以贯之的语言文字政策。协同推进国家通用语言文字推广普及与少数民族语言文字保护工作既有法理依据，也有历史依据和现实依据。推广普及国家通用语言文字既要坚持依法依规的原则，也要坚持因地制宜、科学施策、稳步推进的原则，切勿犯"急躁病"和"冒进病"。通过增强国家通用语言文字认同促进各民族的中华文化认同，进而不断巩固中华民族共同体的思想文化基础，在构筑中华民族共有精神家园、铸牢中华民族共同体意识的基础上，各族人民会牢固树立休戚与共、荣辱与共、生死与共、命运与共的共同体理念，共同建设伟大祖国，共同创造美好生活，凝聚起实现中华民族伟大复兴中国梦的磅礴力量。

---

① 胡艳霞：《增强语言文化认同，铸牢中华民族共同体意识》，《大连民族大学学报》2020年第4期。
② 《习近平谈治国理政》第3卷，外文出版社，2020，第18页。
③ 徐黎丽：《论国家通用语言文字在中华民族共同体建设中的文化作用》，《西北师大学报》（社会科学版）2021年第6期。

第六章 新时代中国特色社会主义前沿问题的教学面向

新时代中国特色社会主义前沿问题的教学面向,主要包括全面系统地讲授新时代中国特色社会主义的理论内涵和实践要求,促进学生理解和掌握新时代中国特色社会主义发展的历史逻辑、理论逻辑和实践逻辑,以及中国共产党领导下中国特色社会主义事业的发展方向和战略安排。教学要深入传授中国特色社会主义理论,特别是以习近平新时代中国特色社会主义思想为核心的理论成果,展现其对马克思主义基本原理与中国具体实际相结合的深刻认识。教学应紧密结合中国特色社会主义建设的实际,包括经济建设、政治建设、文化建设、社会建设、生态文明建设和党的建设等各个方面。教学要强化对社会主义核心价值观和中国精神、中国价值、中国力量的教育,引导学生树立正确的世界观、人生观和价值观。教学应注重培养学生的责任感和历史使命感,以及在新时代背景下国家和社会发展所需的创新能力、实践能力和国际视野。同时,也要鼓励学生积极参与社会实践活动,通过实际行动深化对新时代中国特色社会主义前沿问题的理解和认识。

一 新时代中国特色社会主义理想自觉形塑的教育固基

作为人类特有的思维方式与精神现象,理想是"同奋斗目标相联系的有实现可能性的想象"[1],是人类主体基于实践依据所达成的对"自我"与

---

[1] 辞海编辑委员会:《辞海》,上海辞书出版社,1979,第2776页。

"社会"的理性批判标尺,也同时形塑着主体基于"现实"对"未来"的主观想象和理性构想。新时代中国特色社会主义理想是指中国人民基于中国特色社会主义道路自信、理论自信、制度自信、文化自信对国家富强、民族复兴与美好生活的价值追求与未来设想。"一个国家、一个民族、一个政党,任何时候任何情况下都必须树立和坚持明确的理想信念。"① 新时代中国特色社会主义理想充分刻画着中国人民对未来社会和自身发展的价值追求与美好向往。教育不仅是中国人民新时代中国特色社会主义理想价值认同的意义场,而且是中国人民自觉形塑新时代中国特色社会主义理想的实践域。

(一)价值界域厘清:马克思主义意识形态教育

在新时代中国特色社会主义场景中,马克思主义意识形态框定着新时代中国特色社会主义理想的价值界域,引领着理想的价值取向。在意识形态国际化竞争愈加激烈的时代境遇下,坚持以马克思主义为指导,坚定社会主义政治信仰,夯实新时代中国特色社会主义理想的价值基础与主体心理,是新时代中国特色社会主义理想形塑教育固基的核心之义。

在当前意识形态国际化竞争愈加激烈的时代境遇下,马克思主义意识形态教育必须坚持和强化马克思主义理论在我国意识形态领域中的指导地位。作为中国特色社会主义语境下社会主流意识形态的本质意涵和核心表达,马克思主义代表着新时代中国特色社会主义具体实践的精神指向和价值导向。在当前文化多元与价值多元的时代境遇中,坚持指导思想的一元化与承认价值意识的多元化并非截然对立的,其在现实性上实然呈现为辩证统一的整体逻辑,问题的关键在于如何在价值诉求层面以马克思主义意识形态引领和规制社会多元价值体系与社会主义核心价值体系的整体契合。马克思主义不仅揭示了人类社会发展的普遍规律,而且是人类历史走向社会主义并进而实现共产主义的理论武器,更是中国共产党一以贯之的指导思想,集中体现了中华民族在中国特色社会主义新时代的理论指南与精神支撑。在中国特色社会主义新时代历史定位下,坚持马克思主义指导

---

① 《治国理政:新理念新思想新战略重点文章选编》,学习出版社,2016,第38页。

思想的主导地位不仅体现了中国共产党自身建设的本质要求，而且符合我国当前的政治发展状况和国家建设实际。只有始终坚持马克思主义在意识形态领域的指导地位，不断增强其吸引力和说服力，巩固中国共产党执政的理论基础和思想基础，使马克思主义成为中国共产党和中国人民的精神支撑和价值引领，才能确保中国特色社会主义道路的正确原则和科学方向。

马克思主义意识形态教育基于理论释义帮助人们理解，新时代中国特色社会主义理想既符合中国特色社会主义发展的历史趋势，又顺应科学社会主义历史发展的客观规律，是中国特色社会主义共同理想和共产主义远大理想的统一。习近平强调："坚定的理想信念，必须建立在对马克思主义的深刻理解之上，建立在对历史规律的深刻把握之上。"[①] 理想虽源自主观想象，但其实现受制于客观实际，理想只有顺应人类社会的发展规律，正确反映社会发展的客观实际，合乎现实与未来关系设定，方有实现之可能。从社会主义的世界历程研判，共产主义远大理想描摹了人们对于未来社会宏伟蓝图的美好向往，即实现"一个更高级的、以每一个个人的全面而自由的发展为基本原则的社会形式"[②]。从科学社会主义的国家进程考量，中国特色社会主义理想展现了中华民族对中国特色社会主义伟大事业的信仰追求和坚定信念。新时代中国特色社会主义理想立足于中国特色社会主义的发展实际，是对共产主义发展进程的科学展望。国家富强刻写着中华儿女对社会主义国家繁荣发展的主体期望，民族复兴倾诉着中华民众对中华民族团结进步的共同愿望，美好生活表达着人民群众对实现自身自由充分发展之共产主义社会的未来向往。

基于理论与实践双重维度的逻辑佐证，在意识形态教育领域中坚持党的领导地位，不仅是中国特色社会主义的本然指向，而且是中国特色社会主义的实然之义。社会主流意识形态体现了统治阶级的政治利益和执政党的政治意志，作为社会主义国家的主导意识形态，马克思主义意识形态在本质上体现了人民群众的根本利益和价值追求，作为无产阶级的先锋队组

---

① 《习近平谈治国理政》第2卷，外文出版社，2017，第35页。
② 《马克思恩格斯文集》第5卷，人民出版社，2009，第683页。

织,中国共产党是实现中华民族全体民众利益需求和精神追求的领导者和执行者,必须坚持且强化中国共产党在意识形态教育领域中的实际领导地位和话语主导权,这样才能确保当前意识形态教育的社会主义原则和方向。马克思主义意识形态教育不仅推进马克思主义理论意涵的中国化与时代化,而且推动马克思主义话语体系的民族化与大众化,进而使人们形成对马克思主义的理性认知,强化对中国化马克思主义的深刻理解,并进一步明确新时代中国特色社会主义理想的意义指向。因此,要将马克思主义意识形态教育融入人民群众的生活实践,在人民群众生活场域中强化马克思主义意识形态教育,是推动新时代中国特色社会主义理想形塑的关键。在中国特色社会主义时代境遇中,马克思主义意识形态教育的生活化旨在通过理论厘清和实践证明的现实对接深化人民群众对马克思主义指导思想的理性认知,提升人民群众对中国共产党执政地位的认可程度,坚定中国特色社会主义的政治信仰,巩固新时代中国特色社会主义理想形塑的主体自觉。

(二)时代意旨注解:习近平新时代中国特色社会主义思想教育

习近平新时代中国特色社会主义思想教育是新时代中国特色社会主义理想形塑的精神指南,其为新时代中国特色社会主义理想注解了时代意旨。作为中国现代化社会转型进程中马克思主义中国化的最新理论成果,习近平新时代中国特色社会主义思想不仅从理论上指明了中国特色社会主义在新时代的发展指向,而且在实践上明确了其战略布局。因此,要通过教育对习近平新时代中国特色社会主义思想进行理论厘清和实践证明。

其一,通过理论厘清强化新时代中国特色社会主义理想的价值认同。就社会主义国家的发展历程而言,"中国特色社会主义是当代中国发展进步的根本方向,问题的根本在于如何坚持和发展中国特色社会主义"①。习近平新时代中国特色社会主义思想正是对时代境遇中坚持和发展什么样的中国特色社会主义以及怎样坚持和发展中国特色社会主义等理论命题的

---

① 张乾元、李琨:《"四个全面"开辟中国特色社会主义新境界》,《新疆师范大学学报》(哲学社会科学版)2015年第6期。

现实回应。从历史阶段研判，中国特色社会主义进入了新时代；从发展定位研判，中国仍处于社会主义初级阶段；从实际国情研判，中国的社会主要矛盾发生重大转变，已经转化为人民日益增长的美好生活需要和不平衡不充分的发展之间的矛盾，满足人民群众对美好生活的追求是新时代中国特色社会主义的历史重任。习近平新时代中国特色社会主义思想全面阐释了理想面向的时代意旨，即对国家富强的满怀期望、对民族复兴的百年梦想、对美好生活的未来设想。

其二，通过实践证明明确坚持新时代中国特色社会主义理想的奋斗方向。无产阶级政党的实际行动必须有一个"明确的积极的纲领"[①]，作为中国共产党执政实践的纲领性指南，习近平新时代中国特色社会主义思想无疑是理想达成的实践构型。从领导力量考察，党的领导既是中国特色社会主义的最本质特征，又是中国特色社会主义制度优势的涵养之源。从具体方针总结，"十四个坚持"基本方略、"五位一体"总体布局、"四个全面"战略布局、人类命运共同体等，共同构成了新时代中国特色社会主义的战略布局。从范畴体系分析，道路、理论、制度、文化整体包含于新时代中国特色社会主义伟大事业中。道路自信确认实践抉择，理论自信明确旗帜方向，制度自信体现社会未来，文化自信则彰显精神导向，"四个自信"不仅从思想层面强化了新时代中国特色社会主义理想信念，而且从实践层面建构了其实现的客观场域。

作为国家理想信念的时代展演，习近平新时代中国特色社会主义思想不仅是中国共产党在中国特色社会主义新时代这一历史定位下治国理政的高扬旗帜，而且是中华民族共同体在中国特色社会主义新时代迈步前行的精神引领。作为精神教化和价值灌输的实践形态，习近平新时代中国特色社会主义思想教育不仅要立足于中国特色社会主义在新时代发展场景中的客观面向，而且要投射于人民群众在新时代现实场域中的生活实践，其意义也终将投射于人民群众精神意识与价值理念的自觉养成与心理强化。

---

① 《马克思恩格斯选集》第4卷，人民出版社，1995，第389页。

（三）民族意涵诠释：中华优秀传统文化认同教育

作为新时代中国特色社会主义理想形塑的根基指向，中华优秀传统文化教育为新时代中国特色社会主义理想的历时养成注入了民族意涵，其厚植着新时代中国特色社会主义理想形塑的坚实根基，有助于促成中华民族的价值认同。新时代中国特色社会主义理想展现了中国特色社会主义理想在新时代的具体面向，体现了马克思主义价值意蕴的民族化、时代化与大众化。在现代化、全球化、信息化引发的社会转型进程中，多元文化的碰撞与多元价值的冲突愈加激烈，文化虚无的张扬和价值虚无的迷茫愈加严重，这更加凸显了中华优秀传统文化认同教育在各族人民价值抉择与理想形塑过程中的重要意义。

中华优秀传统文化认同教育旨在诠释新时代中国特色社会主义理想的民族意涵，凝聚新时代中国特色社会理想自觉形塑的价值共识与共同心理。"在任何一种文化体系中，价值观都扮演着文化核心的角色，决定着文化的根本性质、基本气质与深层意义世界。"[①] 中华优秀传统文化孕育发展于中华文明五千多年源远流长的历史进程，表征着中华民族最深层的精神追求，沉淀着中华文化独有的精神标识。从价值意蕴研判，"中华优秀传统文化中很多思想理念和道德规范，不论过去还是现在，都有其永不褪色的价值"[②]。中国人民在"修身、齐家、治国、平天下"与"尊时守位建功业"的历史过程中培育和形成的革故鼎新、与时俱进、实事求是、天人合一的思想观念，勇于担当、爱国敬业、孝悌忠信的传统美德，求同存异、以文化人、俭约自守的人文精神，激励支撑着中华民族在几千年的历史长河中延续至今。爱国主义与社会主义的统一、群体意识与集体主义的结合、"执政为民"与"民为邦本"的传承、"道法自然"与"天人合一"的领悟、"求同存异"与"和而不同"的辩证，集中注释着中华优秀传统文化的当代价值，汇聚着中华民族共享的价值理念。从民族体认考量，中华优秀传统文化是建立在中华民族共同利益基础之上的观念形态，其不仅

---

① 沈壮海：《文化软实力及其价值之轴》，中华书局，2013，第5页。
② 《习近平关于社会主义精神文明建设论述摘编》，中央文献出版社，2022，第183页。

体现了中华文化的精髓实质，而且汲取了各民族的文化精华，在中华民族一体建构进程中，整合了各族人民共通的心理诉求。因此，中华优秀传统文化认同教育既有利于提升新时代中国特色社会主义理想形塑的价值共识，又有助于坚定新时代中国特色社会主义理想信念的共同心理。

中华优秀传统文化认同教育旨在阐明新时代中国特色社会主义理想蕴含的民族精神，铸牢新时代中国特色社会主义理想的坚定信念。民族精神是民族文化创造出来的并成为该文化思想基础的东西。[①] 中华民族精神是中华民族在长期的社会生活和实践中逐渐形成且为人们所共同尊崇的精神信仰，具有凝聚共识的重要作用。其不仅体现了各族人民强烈的民族自豪感和牢固的民族自信心，而且反映了各族人民对祖国深厚的情感依赖和坚定的心理归属。在中国特色社会主义新时代场域中，民族精神的传承和弘扬之重要意义在于凝聚中华民族价值共识，并进而推动新时代中国特色社会主义理想的形塑。

作为价值观教育的具体展演，中华优秀传统文化认同教育之意旨在于帮助人们健全人格品性和养成合格道德品性。在中华文明五千多年源远流长历史进程中孕育发展的中华优秀传统文化不仅体现了中华民族最深层的精神追求，而且沉淀了中华文化独有的精神标识，不仅促进了中华民族的生生不息与发展壮大，而且承载了中国特色社会主义现实发展的文化根基与价值意涵。多元一体的民族结构从本源上决定了中华文化的多元一体格局，也由此生成了中华优秀传统文化多元一体的呈现态势。作为中华优秀传统文化认同教育的原点，家庭教育在受教育者的性格塑造和品德养成中占据不可替代的重要地位。父母言传身教的启蒙和熏陶、家庭环境潜移默化的影响等，不仅对受教育者形成正确的世界观、人生观起着关键作用，而且对中华优秀传统文化和道德传统的传承具有重大意义。作为中华优秀传统文化认同教育的主阵地，学校教育承载着立德树人的根本任务，中华优秀传统文化认同教育必须纳入学校教育的全过程。同时，在信息化引发的媒介化生存场域中，中华优秀传统文化认同教育也亟须加大文化传承教育力度，必须综合运用各种传媒载体、融通各种多媒体资源、统筹多方力

[①] 张岱年、程宜山：《中国文化与文化论争》，中国人民大学出版社，1990，第17页。

量,并于此基础之上实现教育方式的创新和教育内容的拓展。利用新媒体手段和先进的传播方式充分发挥文化物化载体和文化符号指征的传统价值传承和民族精神培育作用,加强中华传统礼仪文化教育,把中华优秀传统文化体现在社会风范中,弘扬社会公德和家庭美德等,在创新教育方式和拓展教育内容的基础上使中华优秀传统文化的时代魅力和当代价值更加彰显,并由此在强化文化认同的基础上构建新时代中国特色社会主义理想的精神共识和价值共识。

(四) 主体动力激发:民族团结进步教育

民族团结进步教育为新时代中国特色社会主义理想激发主体动力,是推动新时代中国特色社会主义理想形塑的应然之举。在现代化与信息化注解的中国特色社会主义新时代境遇中,愈加便利的交往手段和愈加先进的交往方式不仅在空间上拓展了各族人民的交往广度,而且在内容上延伸了其交往深度,使各族人民之间的交往交流交融愈加频繁和密切,由此更加彰显民族团结进步教育的重要性。在新时代中国特色社会主义历史定位下,推动民族团结进步教育深化,促进各民族共同团结奋斗、实现繁荣发展,加强各民族交往交流交融,铸牢中华民族共同体意识,不仅是新时代中国特色社会主义理想形塑的本然指向,而且是新时代中国特色社会主义事业的应然向度。

民族团结进步教育激发新时代中国特色社会主义理想实现的主体动力。新时代中国特色社会主义理想的价值指向紧紧联系着国家利益、民族利益、人民利益的整体统一,引发各族人民的共鸣和认同。新时代中国特色社会主义理想在赋予主体主观激励的同时也约束着其价值取向与行为抉择,导引着其为理想的目标方向而不懈努力奋斗。新时代中国特色社会主义理想是中华民族共同的愿景,其动力源自各族人民的团结与交融,其实现必须依靠人民的力量,因此要以民族团结进步教育固牢新时代中国特色社会主义理想形塑的社会生态与主体心理。

基于增强新时代中国特色社会主义理想价值认同的实质意涵,民族团结进步教育还必须与"五个认同"相结合。"五个认同"既是民族团结进步教育的行动指南,又是其意义归属。其中,对中华文化的认同是精神支撑和价值引领，对中华民族的认同是情感寄托和身份归属，对中国共产党的认同是现实保证和领导力量，对中国特色社会主义的认同是动力源泉和发展方向，对伟大祖国的认同则为目标旨归和本质意旨。"五个认同"既是民族团结进步的前提基础，又是新时代中国特色社会主义理想形塑的价值导向。因此，民族团结进步教育的常态化实施不仅要与社会思想道德建设工程、民族团结创建活动等相结合，而且要纳入教育全过程，渗透于不同领域，拓展新时代中国特色社会主义理想的社会认知，深化主体共识。事实上，"人们的意识，随着人们的生活条件、人们的社会关系、人们的社会存在的改变而改变"①。作为精神教化和价值灌输的实践形态，无论教育的内容、手段和方式如何演变，其始终立足于人类主体的生活实践，教育的意义也最终投射于主体意识的自觉养成。在现实性上，新时代中国特色社会主义理想的自觉形塑实然指向主体意义的自我建构，由此出发，教育不仅在其实施过程中构建了新时代中国特色社会主义价值认同的主体动因和价值基础，而且在其目标上强化了新时代中国特色社会主义理想形塑的主体自觉和心理归属。

二 新时代爱国主义教育的协同推进

在中国特色社会主义新时代发展阶段中，爱国主义教育是推动铸牢中华民族共同体意识的重要手段。习近平总书记强调："要重视加强学校思想政治教育，把爱国主义精神贯穿各级各类学校教育全过程，把爱我中华的种子埋入每个青少年的心灵深处。"② 爱国主义是中华民族精神的核心意涵，体现了中华文化一以贯之的价值体认与中华民族一脉相承的价值追求。作为思想观念和行为准则的统一体，爱国主义是全国各族人民在改造自然和社会的实践中，在与落后的社会制度以及民族内部分裂势力作斗争的过程中，在与外国侵略者浴血奋战的洗礼中形成和发展起来的。作为中华民族共同的精神支柱，爱国主义同时还萌发和生长于民族融合的历史过

---

① 《马克思恩格斯选集》第1卷，人民出版社，1995，第291页。
② 《习近平在中央第七次西藏工作座谈会上强调 全面贯彻新时代党的治藏方略 建设团结富裕文明和谐美丽的社会主义现代化新西藏》，《人民日报》2020年8月30日，第1版。

程中。在多元并蓄、一体共演的空间场景中，协同推进爱国主义教育、凝聚各族人民的团结力和向心力，对于推动社会和谐发展、实现中华民族伟大复兴具有重要现实意义。

（一）以意识形态教育的社会固基明确价值遵循

爱国主义教育重在强化爱国主义精神在人们生活场域中的传承与践行，其目的在于增强各族人民国家认同的主体自觉。在当代中国，爱国与爱社会主义是辩证统一的，爱国就是要爱社会主义的中国，爱国主义的主题就是要推进中国特色社会主义的建设。有鉴于此，强化社会主义意识形态教育是当代中国爱国主义教育的首要之义，其为爱国主义教育的推进提供了价值导向与价值遵循。

爱国主义是中国特色社会主义的力量源泉，中国特色社会主义是爱国主义不断发展的方向保证，爱国与爱社会主义在本质上是一致的。伴随爱国主义与爱国精神的发展，中华民族从小到大，从弱到强，从各民族相互排斥和相互分离到相互吸引和相互交融，爱国主义与爱国精神由此具有了悠久的历史传统和深厚的历史积淀。古往今来，爱国主义与爱国精神以其独有的魅力，渗透在中国人的思想深处，影响着各族人民的认同心理，引导着他们的思想感情和行为方向。从历史范畴看，爱国主义在社会文明发展的不同阶段中，既表现出一以贯之的内容和原则，又表现出相差异的时代特征和要求。相较其他的民族共同体，中国历史上的爱国主义是一个拥有独特意蕴和人文魅力的思想观念和行为体系，它以情系故土的民族情怀、忧国忧民的爱国意识、追求民族复兴的美好理想、维护国家统一的坚定决心为主要内容，以广泛性、发展性、贯通性和深厚的历史积淀为基本特征，始终同集体主义的价值关怀、理性主义的价值认同、和平主义的价值观念联系在一起，充分体现了中华民族将个体融入整体、将感性纳入理性、用历史连接未来的人文智慧。中华爱国传统主张仁的本质是爱人，由爱人到爱群，在血亲之爱的基础上建立起爱国、爱民族、爱世界的价值追求，由骨肉之情发展到爱国、爱民族、爱世界的崇高情感。中华爱国传统强调"防微杜渐""居安思危"，着眼于民族和国家的未来；"立乎其大""天下兴亡，匹夫有责"凸显了中华民族独特的价值意识和历史敏锐度。

由此可见，中国传统的爱国主义不仅表现为在情感维度上对国家、对民族爱意深沉，而且表现为在理性维度上以符合历史进步趋势的祖国利益和祖国尊严为最高准则。"精忠报国""国而忘家""苟利国家生死以，岂因祸福避趋之"的光荣传统、"杀身成仁""舍生取义"的崇高气节等，无一不是爱国主义的深刻写照。

意识形态教育为爱国主义教育的当代展演提供了价值遵循，意识形态教育是建设具有强大凝聚力和引领力的社会主义意识形态的必然选择，为人们树立正确的国家观提供了有力的价值引领。盖尔纳强调："如今，对合法教育的垄断，比对合法暴力的垄断更重要，更具有核心意义。"① 在当前意识形态国际化竞争愈加激烈的形势下，意识形态教育必须坚持且强化马克思主义在我国意识形态领域的指导地位。始终坚持马克思主义在意识形态领域的指导地位，通过意识形态教育的社会化普及与常态化实施，不断增强人民群众对马克思主义与中国化马克思主义理论体系的主体认知与理解感悟，夯实中国共产党执政的群众基础和社会根基，深化人民群众对社会主义国家的归属认同，是爱国主义教育价值意旨的核心指向。

在多元并蓄、一体共演的现实场景中，意识形态教育还必须融入人们的生活实践，绝不能忽视意识形态教育在人们生活场域中的重要意义，因为"理论的对立本身的解决，只有通过实践方式，只有借助于人的实践力量，才是可能的"②。意识形态教育在人们生活场域中的社会固基是爱国主义教育当代展演的关键之义，其现实指向于在明确的教育目的导引下，通过生活展演强化人们对社会主义主流意识形态的理论厘清与价值认同。同时，由于种种社会规制因素、受教育者能力的参差不齐以及思想意识教育自身的复杂性等，我们还必须认识到意识形态教育是一项复杂艰巨的长期工程。意识形态教育实质上是潜移默化的生活灌输和习惯养成，因为"意识形态不是一套教义，而是指人们在阶级社会中完成自己的角色的方式"③。据

---

① 〔英〕厄内斯特·盖尔纳：《民族与民族主义》，韩红译，中央编译出版社，2002，第46页。
② 《马克思恩格斯文集》第1卷，人民出版社，2009，第192页。
③ 〔英〕特里·伊格尔顿：《马克思主义与文学批评》，文宝译，人民文学出版社，1980，第20页。

此，在多元一体民族构成的现实境遇中，意识形态教育不仅仅旨在引领各族人民对社会主流意识形态的理解认同与自觉抉择，更指向于各族人民身份意义之归属确证。

（二）以国家观教育的普及实施体现价值意旨

国家观教育是爱国主义教育的核心之义，其旨在通过教育体现爱国主义的时代意旨，尤其重在阐发其价值语境的民族体认和国家旨归。在中华民族多元一体空间场景中，必须重视包括"四史"教育、地方与祖国关系史教育等内容在内的国家观教育，强化爱国主义在时代境遇中的民族共同体指向和国家面向。

国家观教育重在阐发国家形构的民族体认，巩固各族人民国家认同的归属自觉，在民族地区推行实施国家观教育，必须强化国家主体意义之中华民族共同体指向，明确中华民族共同体意识的国家投射。国家是"政治实体的最高形式、民族精神的政治外壳、民族意志和命运的物质体现"①，国家表征着民族共同体的最高利益与最终归宿，民族共同体诠释着国家认同的现实图景。国家展演着民族共同体的现代外壳，民族共同体利益的维护和内部的凝聚必须依赖于国家的构建，因为国家"是一个共同体能够借以产生共同意志和共同行动的条件"②。文艺复兴和宗教改革从根本上助推了国家观念的复兴与普及，从某种意义而论可谓孕育了现代国家的基本形态。现代中国国家认同的建构在很大程度上深受历史和文化所传承下来的传统国家观念和国家治理理念的影响和规制。据此，有学者认为，基于中国历史发展的结构和逻辑，当代中国国家认同由国家认知、国家观念在三个不同时空复合而成，第一个时空是中国千年历史与传统的时空，其建构了中国人对"文化中国"的认同以及独特的国家观念；第二个时空是鸦片战争以来中国从传统封建国家迈入现代国家历史的时空，其建构了中国人对现代共和国的认同；第三个时空是新中国成立以来社会主义革命与社会

---

① George H. Sabine, *A History of Political Theory* (New York: Holt, Rinehart and Winston, 1961), p. 306.

② 〔美〕格奥尔格·G. 伊格尔斯：《德国的历史观》，彭刚、顾杭译，译林出版社，2006，第321页。

主义建设的时空，其建构了中国人对社会主义中国的认同。① 在多元文化交流碰撞和多元价值共生博弈的时代境遇中，国家认同的现实挑战不仅仅源自国家内部复杂的民族构成和多元的文化体系，而且表现为外来的文化价值冲击和国家在国际社会中角色定位的不断演变，二者在不同维度对各族人民国家认同的心理和情感有不同程度的影响和干扰。

国家观教育必须强调国家意涵之现实面向，增强各族人民对社会主义中国之归属确证与对中国特色社会主义之价值认同。在当代中国的现实语境中，现阶段的国家认同实质上指向对社会主义中国的认同。在现实性上，社会主义中国认同具体指涉各族人民对中国特色社会主义的理解认同，主要表现为深刻的价值认同。据此形成的道路自信、理论自信和制度自信、文化自信，体现了各族人民对共产党执政规律、社会主义建设规律和人类社会发展规律的认可与赞同。中国特色社会主义认同集中体现了当代中国国家认同的本质意涵。社会发展的多元性、历史积淀的多样性与现实境况的差异性决定了没有普适的国家路径与道路模式，任一国家的发展都必然依据其自身的历史本源性与现实特殊性，尽管"一切民族都将走向社会主义，这是不可避免的，但是一切民族的走法却不会完全一样"②。中国特色社会主义的实质为科学社会主义理论学说在中国现实境遇中的社会制度实践样式，其不仅推动一个相对落后的农业国走向了社会主义，而且推动其走向了民族复兴之路。中国特色集中反映了社会主义历史生发的中国模式，生动刻画了社会主义时代发展的现实境遇与阶段特征，展现了社会主义在当代国家形塑中的现实处境，投射于中华民族伟大复兴的目标旨归，恰如毛泽东所言，"各国应根据自己国家的特点决定方针、政策，把马克思主义同本国特点结合起来。……照抄是很危险的，成功的经验，在这个国家是成功的，但在另一个国家如果不同本国的情况相结合而一模一样地照搬就会导向失败"③。中国特色社会主义既在理论上实现了对马克思恩格斯所设想的东方国家社会主义实现路径的超越，又在实践上实现了对

---

① 林尚立：《现代国家认同建构的政治逻辑》，《中国社会科学》2013年第8期。
② 《列宁专题文集·论社会主义》，人民出版社，2009，第398页。
③ 《毛泽东文集》第7卷，人民出版社，1999，第64页。

苏联社会主义经典模式的突破，体现了人类社会文明的发展方向和历史趋势，是人类文明史上的伟大创举，不仅超越了掠夺和战争的资本主义现代化，是一条通过和平发展实现社会主义现代化的道路；而且超越了苏联模式，是使社会主义朝着和本国具体实际、时代特征紧密结合起来的更加健康的方向发展的道路。①

在多元社会思潮博弈共存的时代境遇中，国家观教育的大力推行还必须广泛开展"四史"（党史、新中国史、改革开放史、社会主义发展史等）教育，基于国家意涵的民族共同体指向与现实面向等深入强化爱国主义教育在地域社会的意义投向。"四史"教育集中体现了爱国主义教育在社会主义国家的时代映照，诠释了爱国主义教育在当代中国的价值投射。回顾中华民族的发展历程，在近代以降的民族危难、国家危亡之际，无数先进的仁人志士进行了救国救民的艰难探索，但无论是"大同思想""资本主义"，还是所谓的"第三条道路"，其结果不是陷于空想就是陷于失败。中国共产党的成立是开天辟地的大事件。100多年来，中国共产党带领和团结全国各族人民书写了中华民族历史上最恢宏的史诗。"中华民族近代以来180多年的历史、中国共产党成立以来100年的历史、中华人民共和国成立以来70多年的历史都充分证明，没有中国共产党，就没有新中国，就没有中华民族伟大复兴。"② 中国共产党带领中国人民的奋斗历史最终证明：只有中国共产党才能救中国，只有社会主义才能解放中国；只有改革开放才能建设中国特色的社会主义；只有走中国特色社会主义道路才能独立自主地建设富强民主文明和谐美丽的社会主义现代化强国。中华民族的发展和复兴，同时意味着中国特色社会主义的成功必然对世界社会主义事业起到极大的推动作用。由此可见，爱国主义是社会主义的基础，社会主义是爱国主义的升华，只有坚持社会主义方向，当代的爱国主义才能成为充满实际内容的思想和行动。以此为基础，中华爱国精神在当代的发展，是把握历史、立足现状、面向未来的发展，是在继承古代爱国情怀与爱国内涵的基础上吸纳团结统一、文化认同的传统的发展，是在弘扬近代中国

---

① 徐崇温：《中国特色社会主义道路是人类文明史上的伟大创举》，《马克思主义研究》2012年第4期。
② 《习近平谈治国理政》第4卷，外文出版社，2022，第8页。

争生存、求发展的奋斗精神的基础上的民主与科学的发展，是在总结中国特色社会主义实践的基础上全面建成小康社会、实现中华民族伟大复兴的发展。有鉴于此，必须广泛开展"四史"教育，加强全国各族人民对中国共产党的百年征程、新中国艰苦创业的曲折道路、改革开放历尽艰辛的发展历程、中国特色社会主义的辉煌图景等的全面了解，深化各族人民对中国共产党的执政认可、对中国特色社会主义的价值肯定，推动中华民族共同体意识自觉的现实提升。

与此同时，在民族地区多元构成空间场景中，还必须重视开展民族地区与祖国关系史教育，基于地域社会的发展历程强化各族人民归属认同的国家之维。民族地区自古以来便为民族聚居区，各民族在地域社会历史进程中不断上演交往交流交融之时空图景，族际之间互动交融之一体走向形象刻画了各民族其乐融融的生活场景。获得解放后，随着社会主义制度的推行和民族区域自治制度的实施，民族地区广大群众获得了参与管理国家事务和自主管理本地区事务的权利，充分实现了当家作主的政治民主。改革开放后，在中国特色社会主义制度保障下，民族地区经济社会发展实现了跨越式前进。进入新时代以来，民族地区步入发展最好、变化最大、群众得实惠最多的新时期。在党中央民族工作理论和具体方针有效贯彻落实下，在民族团结进步创建活动有力推动下，在住房、教育、医疗、交通等民生建设大力推进下，民族地区群众生活水平大幅提升，民生福祉不断增进，各民族共同团结进步、共同繁荣发展，人民群众充分感受到地域社会日新月异之变化，一片欣欣向荣、其乐融融之新气象，这为推动铸牢中华民族共同体意识、实现中华民族伟大复兴注入了强劲活力。

（三）以中国梦认同教育的现实强化实现利益一致

作为爱国主义教育核心内容的时代注解，中国梦认同教育是当代中国政治教育的重要内容。作为中华民族价值体认从认知到实践、从精神到物质的物态转化，中国梦承载着国家、民族、人民的利益物化，诠释着国家富强、民族振兴、人民幸福的基本意涵，将国家、民族与人民三个不同维度的主体有机联系起来。在民族地区多元空间态势中，重视开展中国梦认同教育，以国家富强发展指向、民族振兴共同愿景、人民幸福主体诉求在国家现实场域中强化共享价值的利益投射，实现共享价值的物化聚合以及三个主体的利益一致，巩固铸牢中华民族共同体意识的物化基础。

利益本质上体现为一种社会关系，反映了客体满足主体需求的关系，恩格斯曾言"每一既定社会的经济关系首先表现为利益"①。利益不仅是推动社会生产力发展的原动力，也是促进社会文明进步的主动力。在多元一体民族构成的现实场域中，利益同样也是促进铸牢中华民族共同体意识的导引力和主动力。表征且诠释着国家利益、民族利益、人民利益三位一体的中国梦贯通了不同层次三重维度主体的现实利益，整合了中华民族互动交融关系中各族人民的利益诉求。中国梦内含最广泛的民族共识、民族情怀与民族信念，是民族精神之最本质体现。中国梦不仅是国家与民族之梦，更是每一个中国人的梦，体现的是中华民族共同的奋斗目标，反映的是中华民族共同的理想追求，承载的是中华民族共同的未来与希望，因此，中国梦体现了国家、民族、人民的现实利益，是全体中国人民与整个中华民族的奋斗目标。

中国梦植根于中华民族的集体利益，集中代表着全体中国人民的根本利益，是组成中华民族的56个不同民族利益的最大公约数。中国梦不是空洞无物之梦，而是体现了中华民族整体利益之梦，"两个一百年"奋斗目标具体体现了中国梦的实践意义与利益内涵，是中华民族团结奋斗的最大公约数，这一公约数本质上归属于中华民族56个民族的共同富裕目标，从根本上整合并涵盖了各民族的一致利益，并将其上升为中华民族中国梦认同的价值目标。中国梦价值内涵的深层表达从整体上淬炼与凝聚着国家、民族与人民内在相统一的共同理想、价值目标与实际利益，秉承着中华民族多元一体的历史传统与一以贯之的整体民族精神，必然成为各民族消除分歧、凝聚共识的价值纽带与利益基础。中华民族多元一体格局注定中国梦的存在与实现方式必然是多元一体，广袤无垠的中华大地不同区域的多元富强构成了国家的一体富强，56个民族的多元振兴形成了中华民族的一体振兴，不同个体和利益群体的多元富裕组成了中国人民的一体富裕。中国梦有最广泛的民族共识，是根植于中华民族心灵深处的集体意识和愿

---

① 《马克思恩格斯选集》第3卷，人民出版社，1995，第209页。

景；中国梦有最强烈的民族情怀，是全体中华儿女强烈要求民族复兴的民族情感和民族情怀的显现；中国梦有最纯粹的民族信念，是全体中华儿女坚定不移、代代相传的执着与坚持，民族性必然是中国梦价值内涵的最终归宿与根本立足点。

中国梦体认且整合了全体中国人民的根本利益。"人们奋斗所争取的一切，都同他们的利益有关。"[①] 中国梦实质上恰恰聚焦和整合了全体中国人民的利益诉求，"人民"与"人民的富裕幸福"自古以来就是中华文明演进与中国政治发展的核心要素，从"民为邦本"的传统理念到"为人民服务"的精神宗旨无不折射出中华文明一脉相承的发展主题。新中国成立后，从"打土豪，分田地"到"发展才是硬道理"再到"科学发展"，直到中国梦的提出，"民为邦本"的民本思想与"为人民服务"的精神理念彻底实现了现实的统一，这也为中国梦的实现路径选择提供了最本质也是最关键的立足点即人民的根本利益。中国梦的实现必须依靠人民群众，必须依靠中国力量，走中国之路，中国力量之主体为中国各族人民，而力量凝聚本源在于各族人民的大团结与大交融，历史发展实践证明民族团结则国富民强，民族分裂则国衰民弱。中国力量的凝聚就在于组成中华民族的各族人民的大团结与大交融。中国梦的基本内涵为"国家富强、民族振兴、人民幸福"，其不仅是国家与民族之梦，更是每一个中国人的梦，因此，中国梦的实现必须凝聚各民族的力量，必须做到坚持统一多民族国家和中华民族的多元一体，坚持各民族的平等与公正，加强民族地区经济社会发展，推进各民族的共同繁荣。中国梦价值内涵的物化维系着各民族之间以及各族人民之间彼此的利益一致，从价值追求与价值归属的高度削弱着民族矛盾与隔阂，巩固着民族利益与民族关系，并在此基础上推动着价值认同的主动内化与民族意识的自觉升华。

中国梦认同教育的现实强化有助于创设"五个认同"的空间情境，提升各族人民对于中华民族共同体意识的主体自觉。各族人民对中华民族归属意识的强与弱，不仅受制于个体的判断和选择，而且受制于国家影响力的感召和凝聚。在关系形态上，中国梦是个人梦与家国梦的统一，它以中

---

① 《马克思恩格斯全集》第 1 卷，人民出版社，1956，第 82 页。

华民族一以贯之的集体主义精神为价值基础，以国家富强、民族振兴、人民幸福为价值原则，以全国各族人民团结奋斗的最大公约数为价值维度，通过对国家、民族、个人利益的整体阐释，生成了国家目标、社会责任和个人价值的同频共振。实现国家富强、民族振兴、人民幸福的中国梦，应以中国特色社会主义制度为遵循，以中国道路的自主性为原则，坚持和完善中国特色社会主义道路。作为中国梦的创造者和践行者，每一个中国人在梦想实现过程中都享有梦想成真的机会，中国梦也据此最大限度地整合了各族人民共同的利益诉求，集聚了各族人民共通情感的价值归属，促进了中华民族共同体意识在诉求达成奋斗过程中的自觉养成。

三 中华优秀传统文化认同教育高校展演的实践向度

文化认同教育旨在通过对文化内容、文化事项与文化意象的灌输传导、理性评判、理解感悟等强化教育客体对文化意涵的价值认同，并由此形成价值自觉。认同是行动者的意义来源，也是由行动者经由个别化过程而建构的（吉登斯语）[①]，由此释义，在现实性上，中华优秀传统文化认同教育实然表征为多元主体社会意义的自我建构过程，作为价值观教育的展演样式，其旨在通过强化受教育者对中华优秀传统文化发展历程的具体认知，达到让受教育者形成对中华优秀传统文化的正向评判与理性抉择，并进而达成价值认同、形成价值自觉的目的。立足高校"立德树人"的责任与使命，中华优秀传统文化认同教育不仅是形塑青年大学生文化自信、增强"五个认同"的应然之举，而且是铸牢中华民族共同体意识、培养堪当民族复兴大任时代新人的迫切命题。

（一）中华优秀传统文化认同教育高校展演的价值指向

各民族之共生交融夯实着中华文化多元一体的时代架构，并为中华优

---

① 〔美〕曼纽尔·卡斯特：《认同的力量》，曹荣湘译，社会科学文献出版社，2003，第3页。

秀传统文化认同教育的高校实践奠定了价值基础。在多元文化一体交融的现实场域中，共通情感的凝聚、一致利益的对接、价值共识的提升是中华优秀传统文化认同教育高校展演的价值本源、价值目标与价值基础。

第一，共通情感的凝聚是中华优秀传统文化认同教育的价值本源。

多元文化呈现与多元主体生源构成建构了中华优秀传统文化认同教育高校展演的现实语境。青年学生之间的文化交融彻底而又纯粹，从物质到思想，从信仰到生活，从表象到理念，异质文化之间的交往交流交融打破了来自不同民族的青年学生的文化隔阂与心理局限，推动其在情感认同上迈出了实质性步伐，削弱了"我们"与"他们"的理念异化与分隔界限，在青年学生之间发展了"我"与"我们"的认同归属感，认同归属的共通情感夯实了高校中华优秀传统文化认同教育的价值本源。

共通情感的凝聚是高校青年学生之间的文化屏障与文化边界得以消解并走向价值认同的心理支撑与行为基点，是青年学生中华优秀传统文化认同的价值本源。共通情感的凝聚体现为主体"感觉到大家属于一个人们共同体的自己人"[①]的心理，据此可见，共通情感的凝聚实质上表征为一种基于社会意义的心理现象。这种心理归属意识正源于中华民族世代积累并传承下来的中华优秀传统文化。马克思强调："在不同的占有形式上，在社会生存条件上，耸立着由各种不同的、表现独特的情感、幻想、思想方式和人生观构成的整个上层建筑。整个阶级在它的物质条件和相应的社会关系的基础上创造和构成这一切。通过传统和教育承受了这些情感和观点的个人，会以为这些情感和观点就是他的行为的真实动机和出发点。"[②] 由此出发，在高校多元文化共存的现实场域中，共通情感的凝聚使青年学生的文化归属与身份定位得以自我确证。高校青年学生个体间的文化差异是客观存在的，文化交流互动催生了彼此之间共通情感的形成，而多元个体的情感交融则削弱并消解了彼此之间的文化屏障与文化冲突，二者之间的有机互构不仅演绎了青年学生中华优秀传统文化认同的历史图景，而且构建了中华优秀传统文化认同教育的价值语境。

---

① 费孝通：《关于我国民族的识别问题》，《中国社会科学》1980年第1期。
② 《马克思恩格斯选集》第1卷，人民出版社，1995，第611页。

第二，一致利益的对接是中华优秀传统文化认同教育的价值目标。

"利益（物质的与理念的），而不是理念，直接控制着人的行动。"①中华优秀传统文化认同指人们对中华优秀传统文化所蕴含价值观的认同与共享，据此，中华优秀传统文化价值理念应体现高校青年主体的一致利益，这既高度关涉中华优秀传统文化认同的主体达成，也集中阐释中华优秀传统文化认同教育的价值目标。

中华优秀传统文化认同教育实质上指向价值观认同教育，价值认同实现之最核心要素是主体利益表达与诉求之满足，认同主体与客体之间具有利益一致性是高校中华优秀传统文化认同教育之基础。价值的核心在于其有用性，即对主体存在的实质意义，在多元个体构成的高校场域内进行中华优秀传统文化认同教育，必须首先明确中华优秀传统文化对青年学生的价值意义与利益所指。对于高校而言，多元个体是实际的利益诉求载体，不同个体存在就意味着不同利益存在，利益诉求的内涵与外延影响着多元个体对共同体的认同与排斥，而中华优秀传统文化从价值意涵上整合了青年学生的利益表达与价值诉求，并由此体现和巩固中华优秀传统文化认同教育的价值目标。

第三，价值共识的提升是中华优秀传统文化认同教育的价值基础。

中华优秀传统文化价值内涵凸显的民族旨归与利益表达，最终升华为中华民族的价值共识，凝聚为中华优秀传统文化认同教育高校展演的价值基础。

基于主体视域研判，中华优秀传统文化认同教育实质上表征为多元个体基于对中华优秀传统文化的认知与理解寻求价值交集，凝聚价值共识，达成价值认同，并进而形成价值自觉的过程。中华优秀传统文化是一个既保守又开放的体系，其所蕴含的价值与意义永远随着人们的现实需要而变化。从基本内容与核心理念来看，中华优秀传统文化不仅蕴含了丰富的道德理念和行为规范，而且积淀了多样、珍贵的精神财富。"天下兴亡，匹夫有责"的担当意识，精忠报国、振兴中华的爱国情怀，崇德向善、见贤思齐的社会风尚，孝悌忠信、礼义廉耻的荣辱观念，求同存异、和而不同

---

① 〔德〕马克斯·韦伯：《儒教与道教》，王容芬译，商务印书馆，1995，第19页。

的处世方法，文以载道、以文化人的教化思想，形神兼备、情景交融的美学追求，俭约自守、中和泰和的生活理念等，不仅集中诠释着中华民族的思想观念、风俗习惯、生活方式、情感样式，而且深刻滋养着中华民族独特丰富的文学艺术、科学技术、人文学术，具有极强的时代价值。据此，中华优秀传统文化的时代价值与高校青年学生价值诉求的多元指向存在较高程度的一致性。

价值共识是文化认同的最高层次，其指涉人们于多元文化互动的历史过程中提炼出来的共同承认且共享的价值理念，并进而将其上升为人们生活实践中的行为规范与道德目标。中国各民族在文化交融的历史进程中最终走向价值认同，并于此基础上内生出"高一层次的民族认同意识，即共休戚、共存亡、共荣辱、共命运的情感和道义"①。各族人民价值共识的历史表达集中彰显于中华优秀传统文化的精神理念与价值意涵中，不仅表现了中华民族集体的价值抉择和价值体认，而且最大限度地体现了各族人民的价值交汇与价值共识，并最终生发为中华优秀传统文化认同教育高校实践的价值旨归。

（二）中华优秀传统文化认同教育高校展演的原则遵循

基于社会主义现代化转型的时代场景，作为价值观教育的核心演绎，中华优秀传统文化认同教育的高校展演必须遵循其合规性与合理性原则。中华优秀传统文化认同教育在政治遵循上必须坚持马克思主义意识形态导向，牢牢把握社会主义先进文化方向；在价值恪守上必须坚持社会主义核心价值观引领，始终坚定社会主义价值指向；在践行指向上必须贯穿高校教育全过程，坚决保证推进实施的一体性与完整性，切实提升教育成效。

坚持马克思主义意识形态导向，牢牢把握社会主义先进文化方向是中华优秀传统文化认同教育高校展演的政治遵循。作为中国特色社会主义语境中社会主流意识形态的本质意涵和核心表达，"马克思主义是我们立党立国、兴党兴国的根本指导思想"②。马克思主义不仅是中国共产党的指导

---

① 费孝通主编《中华民族多元一体格局》，中央民族大学出版社，1999，第13页。
② 习近平：《高举中国特色社会主义伟大旗帜 为全面建设社会主义现代化国家而团结奋斗——在中国共产党第二十次全国代表大会上的报告》，人民出版社，2022，第16页。

思想和行动指南，而且是中国特色社会主义事业的精神支柱和价值导向，其揭示了人类发展的普遍规律，是人们认识世界和改造世界的理论武器。马克思主义"是发展着的理论，而不是必须背得烂熟并机械地加以重复的教条"①。中国共产党人在革命与建设实践中不断推动马克思主义中国化时代化发展，并形成了中国化马克思主义理论体系。作为马克思主义中国化的最新理论成果，习近平新时代中国特色社会主义思想不仅是中国共产党在中国特色社会主义新时代这一历史阶段治国理政、领导中国特色社会主义建设的高扬旗帜，而且是中华民族共同体在中国特色社会主义新的历史阶段迈步前行的精神引领。有鉴于此，在当前意识形态国际化竞争愈加激烈的形势下，中华优秀传统文化认同教育必须强化习近平新时代中国特色社会主义思想在文化教育场域中的指导地位与实践指向，积极推动马克思主义与中华优秀传统文化相结合，在中华优秀传统文化认同教育实践展演中增强中华文化认同、提升民族文化自信。

坚持社会主义核心价值观引领，始终坚定社会主义价值指向是中华优秀传统文化认同教育高校展演的价值恪守。价值观是"主体人格中关于价值意向的深刻和稳定的观念系统，是作为价值活动之标准和导向的信念体系与心理结构的统一体，是主体整合价值生活中具有经验事实的背景式价值知识"②。价值观集中体现了个体认知评价和行为选择的主观倾向和主体心理，是主体行为的内在标准和依据，其预设性地指引着主体的价值研判和价值取舍。在特定社会占据主导地位的核心价值观是社会成员所共同认同且自觉遵循的主流价值理念，在社会历史进程中承担着价值整合和价值引领的功能。"人类社会发展的历史表明，对一个民族、一个国家来说，最持久、最深层的力量是全社会共同认可的核心价值观。核心价值观，承载着一个民族、一个国家的精神追求，体现着一个社会评判是非曲直的价值标准。"③ 作为中华民族核心价值观的时代呈现，社会主义核心价值观植根于中华民族深厚的文化积淀，承继着中华文明的时代发展，体现着中华民族精神的当代之义，其以情感、利益、价值为导向，对接着中华民族的

---

① 《马克思恩格斯选集》第4卷，人民出版社，1995，第681页。
② 《中国大百科全书》第11卷，中国大百科全书出版社，2009，第242页。
③ 《习近平谈治国理政》第1卷，外文出版社，2018，第168页。

生存实际和发展趋势，引领着各族人民价值认知和价值抉择的当代研判，提供着社会文明进步的价值准则和价值遵循。社会主义核心价值观从国家、社会、个人三重层面高度凝练中国特色社会主义的价值观、道德观和人生观，并由此实现了中华优秀传统文化与社会主义先进文化的价值对接，在社会生活中导引着人民群众共享价值之时代聚合。由此出发，中华优秀传统文化认同教育必须坚持在社会主义核心价值观引领下明确中华优秀传统文化价值意涵的时代指向，以文化认同教育的实践强化整合青年学生共通的价值追求，为时代新人的培养提供明确的价值引领。

贯穿高校教育全过程，坚决保证推进实施的一体性和完整性，切实提升教育成效是中华优秀传统文化认同教育高校展演的践行指向。就教育成效的目标导向而言，中华优秀传统文化认同教育必须贯穿高校教育的全过程。作为中华优秀传统文化教育的主阵地，高校教育承载着"立德树人"的根本任务，必须将中华优秀传统文化认同教育纳入其全过程，在遵循学生认知规律和教育教学规律的前提下，按照一体化、分学段、有序推进的原则，把中华优秀传统文化全方位融入高校教育的思想道德、文化知识、艺术体育、社会实践教育等各个环节。与此同时，在信息化引发的媒介化生存场域中，中华优秀传统文化认同教育也亟待加大文化传承教育力度，高校应注重综合运用各种传媒载体、融通各种多媒体资源等，积极拓展教育内容、创新教育方式。

在社会发展进程中，中华优秀传统文化认同教育必须符合时代要求与主体需求，毕竟"一切划时代的体系的真正的内容都是由于产生这些体系的那个时期的需要而形成起来的"[①]。由于民族是"想象的共同体"，文化认同也就是人们自我的意义建构，考量中华优秀传统文化认同教育高校实践的具体演绎，无论内容、手段和方式如何变化，其只有始终立足于人类主体的生活实践和人类社会的客观存在，方能达成价值共识。

（三）中华优秀传统文化认同教育高校展演的路径强化

中华优秀传统文化认同教育的路径强化既是其开展实施的关键环节，

---

① 《马克思恩格斯全集》第3卷，人民出版社，1960，第544页。

也是弘扬与传承中华优秀传统文化的重要举措。中华优秀传统文化认同教育不仅仅在于帮助学生理解中华优秀传统文化的基本意涵与时代指向,更在于让学生在文化认知理解基础上强化价值认同与价值导向,增强其传承和弘扬中华优秀传统文化的责任感和使命感。中华优秀传统文化认同教育的高校展演必须推动思想政治理论课教学的认同强化、校园文化建设的认同培育与学习生活实践中的认同养成等有机统一与有效对接。

其一,在思想政治理论课堂上强化认同。

作为中华优秀传统文化认同教育的主阵地,高校承载着立德树人的关键任务;作为青年学生价值观教育的主要场所,高校思想政治理论课堂承载着精神引领与价值导向的核心功能。据此,在思想政治理论课堂上加强中华优秀传统文化教育,帮助学生厘清中华优秀传统文化的价值意涵与时代意旨,并由此在新时代中国特色社会主义时空语境中强化其对中华优秀传统文化的价值认同,是高校开展中华优秀传统文化认同教育的首要路径。

在具体内容层面,思想政治理论课必须增加中华优秀传统文化内容比重,把中华优秀传统文化具体内容融入课堂教学内容。围绕中华优秀传统文化教学任务,应适时启动相关理论课程标准修订和课程开发工作,并将成果进行试点推广,同时举办中华优秀传统文化相关专题讲座。充分利用和发挥民族地区传统文化教育资源与特色优势,结合具体课程教学环节讲解中华优秀传统文化相关内容,并基于民族地区中华优秀传统文化教育资源挖掘与开发开设地域特色文化专题讲座,鼓励开设中华优秀传统文化必修课,同时拓宽中华优秀传统文化选修课覆盖面。可鼓励支持重点打造一批中华优秀传统文化精品视频公开课,并推动中华优秀传统文化相关学科建设。以思想政治理论课教学为基础,增强学生对中华优秀传统文化的整体认知和正确理解,这就需要对思想政治理论课教学内容进行改革和创新,使中华优秀传统文化认同教育在内容上更加贴近学生生活,实现理论厘清与实践证明的合理对接。基于中华优秀传统文化时代意涵与时代指向的理论解读解惑现实问题,在问题分析中体现中华优秀传统文化价值导向的科学性与时代性,是中华优秀传统文化课堂教学的目标。

在具体模式层面,必须创新教学形式和手段,使中华优秀传统文化教学更加贴近学生生活，更加彰显其影响力与导向力。其一，要打破传统的教学模式，确立以学生为主体的教学模式。在具体教学过程中，可以在互动式启发讨论中引导学生对中华优秀传统文化具体内容进行分析研判，并结合自身学习生活实际作出更深刻的反思与感悟，从而使理论学习更加形象具体。其二，要结合当前更先进的教学辅助工具创新教学手段，充分利用网络资源，开发生动形象的多媒体课件，并辅以贴切生动的视频资源。把文字、声音、图表和动画相结合，增强说服力、吸引力和感染力，使中华优秀传统文化更易于理解和接受，以帮助学生深化对中华优秀传统文化的价值认知与理论认知。

在遵循青年学生认知规律和教育规律的前提下，高校开展中华优秀传统文化认同教育必须遵循一体化、分学段、有序推进的原则，在教育内容上，把中华优秀传统文化全方位融入高校教学的各个学科各个环节；在教育层次上，将中华优秀传统文化认同教育贯穿于课堂教学的不同层次不同方位。在拓展教学内容和创新教育方式的基础上使中华优秀传统文化的时代魅力和当代价值愈加彰显，在强化中华优秀传统文化价值认同的基础上巩固青年学生中国特色社会主义理想的价值共识与心理自觉。

其二，在校园文化建设中培育认同。

高校始终代表先进文化的前进方向，必须在改造旧文化、抵制腐朽文化、积极进行文化传承与文化创新的过程中发挥其文化育人的特殊功能。高校文化育人功能的现实展演必须依托校园文化建设，据此，校园文化建设既是中华优秀传统文化认同教育的具体内容又是其实然载体。坚守中华文化立场，推动中华优秀传统文化的传承与发展是高校校园文化建设的遵循原则和核心之义，在中华优秀传统文化价值引领下加强校园文化建设，在校园文化建设中培育中华优秀传统文化认同，是中华优秀传统文化认同教育高校展演的重要路径。

针对高校青年学生价值取向多元化与复杂化现状，校园文化建设必须强化中华优秀传统文化的价值引领功能，坚持在马克思主义指导下以中华优秀传统文化引领校园文化的健康有序发展，从而夯实中华优秀传统文化认同的价值语境与时代情境。以中华优秀传统文化引领高校多元文化的发展，帮助大学生牢固树立科学合理的传统文化态度与观念，正确引导其进行价值判断与价值选择，是高校教育教学当前必须落实的重大战略任务。基于具体路径考量，高校可利用校史馆、图书馆、档案馆等对中华优秀传统文化资源价值进行挖掘、整理和研究，并进行传播和弘扬，切实发挥文化育人作用。同时，可结合地域传统文化特色深入开展中华优秀传统文化艺术传承校园活动，邀请地区传统文化名家、非物质文化遗产代表性传承人等进校园、进课堂开展专题讲座。就具体实践而言，高校可依托学生党支部、共青团、学生会、学生社团等，开展中华优秀传统文化主题教育、理论研讨、社会实践、志愿服务、文艺体育等形式多样、丰富多彩的活动，打造独具标识的校园传统文化特色。

作为中华优秀传统文化认同教育的具体内容，高校校园文化建设首先应将中华优秀传统文化纳入校园文化构建的核心。作为无形的精神力量，校园文化指向高校在长期的教育教学实践中所形成的校园精神和文化氛围。把中华优秀传统文化内容融入学校各类文化建设中，营造"尊重差异、包容多样、多元和谐"的校园文化生态。中华优秀传统文化的精神传播和价值渗透有助于强化青年学生的爱国主义精神和集体主义观念，并据此巩固青年学生"五个认同"的价值基础与共同情感。与此同时，地方高校必须加强富有传统地域特色的校园文化品牌建设。富有传统地域特色的校园文化品牌建设必须深入挖掘区域内丰富的优秀传统文化资源和文化成果，将彰显地域特色的优秀传统文化融入校园文化建设之中，拓展校园文化活动领域，使青年学生在校园文化交流活动中建立起相互包容、互相借鉴、和睦相处的亲密关系，在中华优秀传统文化价值引导下增强校园文化建设氛围。

其三，在学习生活实践中养成认同。

中华优秀传统文化认同不仅意味着基于文化理性认知对中华优秀传统文化价值进行客观研判，而且意味着必须把基于价值研判的价值抉择付诸实践。多元个体的学习生活实践不仅是中华优秀传统文化认同主观见之于客观的中介强化，而且是其达成的前提。在青年学生的学习生活实践中强化认同，在中华优秀传统文化的认同演绎中促进多元个体的生活交融，是构建中华优秀传统文化认同教育实践场域的必然应对。

作为中华优秀传统文化最深层的集中诠释的民族精神在青年学生学习

生活场域中的传承和弘扬是中华优秀传统文化认同教育高校展演的实然指向。民族精神是民族文化创造出来并成为该文化思想基础的东西。① 作为中华民族在长期的历史生活和社会实践中逐渐形成且被人们所共同尊崇的精神信仰，民族精神在高校多元个体的学习生活实践中起着精神导引和共识凝聚的重要作用。中华民族精神实质上呈现为一个内容多元、层次多维的有机统一整体，其中，爱国主义精神在中华民族精神的整体结构体系中居于核心地位，"尽管中华民族精神的其他要素，从不同的侧面反映了中华民族不同的精神风貌，但是爱国爱民、忧国忧民、救国救民这一价值取向上，却表现出惊人的一致"②。基于爱国情感的爱国主义精神、基于整体主义价值观念的集体主义精神、基于奋发进取的拼搏精神、基于伦理秩序的重德精神、基于和谐一致的大同精神等，从精神本源上彰显着中华民族爱国向上、自强不息、积极进取、和谐共生的价值理念和行为准则。据此，民族精神的传承和弘扬不仅仅旨在强化青年学生对中华优秀传统文化的理性认知和正确理解，更旨在夯实青年学生"五个认同"的共识达成和价值凝聚。

中华优秀传统文化认同教育的高校展演必须注重实践与养成、需求与供给、形式与内容的密切结合和整体统一。首先，中华优秀传统文化认同教育要在青年学生生活实践中大力弘扬自强不息、敬业乐群、扶危济困、见义勇为、孝老爱亲等中华传统美德。中华传统美德蕴含丰富的道德理念和行为规范，体现了评判是非曲直的价值标准，可以影响人们的道德养成和行为实践。其次，中华优秀传统文化认同教育要在青年学生生活实践中大力弘扬有利于促进社会和谐、鼓励人们向上向善的思想文化内容。中华优秀传统文化蕴含丰富的人文道德精神，不仅集中诠释了中国人民的思想观念、风俗习惯、生活方式、情感样式，而且深刻滋养着独特丰富的文学艺术、科学技术、人文学术，具有极强的时代价值。最后，中华优秀传统文化认同教育要把中华优秀传统文化内涵更好更多地融入学生具体学习生活中去。在具体实践中，必须深入挖掘地域传统文化艺术资源的时代价

---

① 张岱年、程宜山：《中国文化与文化论争》，中国人民大学出版社，1990，第17页。
② 詹小美：《民族文化认同论》，人民出版社，2014，第36页。

值,积极开展传统节日主题活动,发展传统体育,推动传统文化艺术活动进校园等,通过青年学生在日常实践中对中华优秀传统文化价值理念和道德规范的自觉遵循,强化青年学生对中华优秀传统文化的认知和理解,并以此推动其价值认同的心理强化和自觉养成。

基于目的导向和意义指向,中华优秀传统文化认同教育的高校展演既是"立德树人"根本任务的实践命题,也是青年学生主体意义自我建构的现实需要,必须致力于培养担当中国特色社会主义建设、堪当中华民族伟大复兴大任的时代新人。有鉴于此,在青年学生生活实践中大力弘扬中华优秀传统文化一脉相承的精神理念,明确中华优秀传统文化价值意涵的民族体认和国家旨归,以中华民族价值共识的历时凝聚引领时代青年的价值研判与价值抉择,在民族文化认同的情感、利益、价值向度延展中夯实青年学生的"五个认同",铸牢其中华民族共同体身份皈依的自觉心理,养成其社会主义国家归属确证的主体自觉,是中华优秀传统文化认同教育高校实践之目的和意义。

四 "办好思政课关键在教师": 阐释维度与实践进路

教育是国之大计、党之大计。习近平总书记在党的二十大报告中明确要求:"全面贯彻党的教育方针,落实立德树人根本任务,培养德智体美劳全面发展的社会主义建设者和接班人。"① 新时代面临新机遇新挑战,我们需要培养更多堪当民族复兴重任的时代新人以全面推进中华民族伟大复兴。党的十八大以来,以习近平同志为核心的党中央高度重视思政课建设,对于如何办好思政课作出了系列重要论述。习近平总书记指出:"思政课是落实立德树人根本任务的关键课程,思政课作用不可替代,思政课教师队伍责任重大。"② 办好新时代思政课,不仅关乎人才培养质量、个人前途命运,而且关乎党和人民的事业、中华民族伟大复兴中国梦、社会主

---

① 习近平:《高举中国特色社会主义伟大旗帜 为全面建设社会主义现代化国家而团结奋斗——在中国共产党第二十次全国代表大会上的报告》,人民出版社,2022,第34页。
② 习近平:《思政课是落实立德树人根本任务的关键课程》,人民出版社,2020,第2页。

义现代化强国建设等重大战略问题。

（一）筑牢思想之基：落实立德树人根本任务守初心

百年大计，教育为本；教育大计，教师为本。在 2016 年召开的全国高校思想政治工作会议上，习近平总书记明确提出了高等教育"为人民服务，为中国共产党治国理政服务，为巩固和发展中国特色社会主义制度服务，为改革开放和社会主义现代化建设服务"①的方针，为我国高等教育事业发展指明了方向。作为中国特色社会主义事业的领导核心，我们党立志于中华民族永续发展千年大计，就必须抓好后继有人这个根本大计。教育事业必须为社会主义现代化建设服务，我们培养的人才必须拥护中国共产党领导和中国特色社会主义制度，必须是"立志为中国特色社会主义事业奋斗终身的有用人才"②。教育引导广大青年学生听党话、跟党走，争做党和人民事业的建设者和接班人，是高校思政课教师的首要任务，是落实立德树人根本任务的必然要求，也是思政课教师应始终坚守的初心。

思政课教师要坚持教育者先受教育的原则，增强自身的理论素养。思政课教师要坚持"读原著学原文、悟原理知原义"，按照"理论创新每前进一步，理论武装就要跟进一步"③的要求，在学深悟透马克思主义基本原理的基础上，坚持用中国化时代化的马克思主义武装头脑、推动工作、指导教育教学实践，尤其要把学深悟透当代中国马克思主义、21 世纪马克思主义——习近平新时代中国特色社会主义思想作为头等大事。"思政课教师首先要明道信道。教师的信仰信念、师德师风成为思政课立德树人的底色。"④信仰的坚定根源于理论的清醒，没有理论上的清醒，不可能做到信仰坚定。习近平新时代中国特色社会主义思想是马克思主义中国化时代化的最新理论成果，实现了马克思主义中国化新的飞跃，思政课教师在运用这一先进思想武器为大学生成长成才保驾护航的同时，也要进一步强化

---

① 《习近平谈治国理政》第 2 卷，外文出版社，2017，第 377 页。
② 《习近平谈治国理政》第 3 卷，外文出版社，2020，第 328~329 页。
③ 《十九大以来重要文献选编》（中），中央文献出版社，2021，第 109 页。
④ 朱颖原：《新时代高校思想政治理论课立德树人践行路径》，《思想教育研究》2019 年第 3 期。

对自身的思想理论武装。

　　人无德不立，品德是为人之本。习近平总书记在党的二十大报告中明确指出："育人的根本在于立德。"①"立德"不仅要注重个人品德的提升、家庭美德的养成，而且要立社会公德、共产主义大德。在教育教学过程中，思政课教师要教育引导青年学生树立中国特色社会主义共同理想和共产主义远大理想，帮助大学生筑牢信仰之基、补足精神之钙、把稳思想之舵；要充分运用中华民族传统美德和社会主义核心价值观教育引导他们健全和完善个人品德修养，使青年学生成为明大德、守公德、严私德的时代新人。事实上，在每个人的道德体系中，个人品德是基础，拥有良好的道德品质，才能更好筑牢家庭美德、社会公德、共产主义大德的基石。在立德的方法上，思政课教师不能局限于"言传"，更为关键的是"身教"，思政课教师要将自身坚定的信仰、信念、信心以及道德修养、人格魅力等优良品质外化于行，潜移默化地影响和塑造学生。

　　思政课教师要教育引导青年学生树立正确的政治品德。政治性是思政课的根本属性，思政课教师要旗帜鲜明地讲政治，必须清醒地认识到政治正确是完成立德树人根本任务必须解决的首要问题。在教育教学和科学研究过程中，思政课教师必须旗帜鲜明地讲政治。但讲政治不等于机械地进行理论灌输或理论宣讲，而是要坚持用学术讲政治、用情感讲政治，提高思政课教学的亲和力和实效性。思政课具有鲜明的政治属性，必须首先回答好"为谁培养人"的问题，思政课教师在这个问题上不能有丝毫含糊或动摇。我们培养的人才要自觉拥护和捍卫党的领导和中国特色社会主义制度，而不能是党和人民事业的旁观者或反对者。教育之所以是国之大计、党之大计，根本原因在于它直接关乎党和人民的事业是否后继有人。

　　教育主管部门要把立德树人成效作为评价思政课教学的根本标准。思政课是立德树人的主渠道、主阵地，高校提高立德树人成效关键在于提高思政课教学成效。当前，思政课评判主体多元化和评价标准的不确定性在一定程度上对思政课改革创新成效造成了负面影响。解决思政课评价的指

---

①　习近平：《高举中国特色社会主义伟大旗帜 为全面建设社会主义现代化国家而团结奋斗——在中国共产党第二十次全国代表大会上的报告》，人民出版社，2022，第34页。

挥棒问题，关键在于坚守立德树人根本任务。高校思政课办得好不好、育人质量高不高，关键要看立德树人成效。在新时代思政课教学改革过程中，很少存在传统机械式理论宣教的现象，教学方式方法灵活多样，大大提高了思政课教学的实效性。但是，在少数高校的思政课教学改革中也出现了一些本末倒置、注重形式而忽视内容的不良倾向。那些表面上热热闹闹、形式上花里胡哨却缺乏实质内容的"水课"应予以坚决摒弃，思政课教师要致力于打造让学生终身受益的"金课"。

（二）勇担时代使命：牢记为党育人、为国育才担使命

教育是关乎中国特色社会主义事业能否后继有人的重大问题，党的方针政策确定以后，人的因素就是最为关键的因素。毫无疑问，人才资源是推动当今社会经济发展的第一资源，但人才培养关键在教育。"高等教育发展要回答好'培养什么人，怎样培养人，为谁培养人'这一根本问题，立德树人是写好答卷的根本方式。"[①] 作为立德树人关键课程思政课教学任务的承担者，思政课教师必须明确自身肩负的历史使命，努力为中国共产党治国理政培养人才、为中华民族伟大复兴储备人才。为党育人、为国育才是我国所有教育工作者的职责使命，更是思政课教师义不容辞的责任。

思政课教师要充分认识为党育人、为国育才的重要性。习近平总书记在全国高校思想政治工作会议、全国教育大会和学校思想政治理论课教师座谈会上的重要讲话，都是围绕"培养什么人、怎样培养人、为谁培养人"这个根本问题展开的。"实现中华民族伟大复兴，坚持和发展中国特色社会主义，关键在党，关键在人，归根到底在培养造就一代又一代可靠接班人。"[②] 习近平总书记之所以高度重视思政课建设，就是因为思政课在整个育人体系中具有不可替代的作用。古人云："贤良之士众，则国家之治厚；贤良之士寡，则国家之治薄。"人才资源是第一资源，直接关乎一个政党、一个国家的兴衰成败。习近平总书记在十九届中央政治局第二十

[①] 阮晓莺、迟沅帅：《高校思想政治理论课教师立德树人的实践逻辑》，《思想理论教育导刊》2020年第8期。

[②] 张利涛：《落实立德树人根本任务 抓好后继有人根本大计》，《青海日报》2022年3月28日，第7版。

一次集体学习时的讲话中深刻指出:"我说过,光有思路和部署,没有优秀的人来干,那也难以成事。"① "有才无德会坏事,有德无才会误事,有德有才方能干成事。"② 突出强调德才兼备的人才对党和人民事业发展的重要性。

思政课教师要科学把握为党育人和为国育才的辩证关系。"我国是中国共产党领导的人民民主专政的社会主义国家,党的利益、国家的利益、人民的利益在根本上具有一致性。"③ 国家性质和党的性质从根本上决定了人民是国家的主人,中国共产党代表人民执政从根本上说就是为了实现国家富强和人民幸福。习近平总书记指出:"中国共产党人的初心和使命,就是为中国人民谋幸福,为中华民族谋复兴。"④ 中国共产党"从来不代表任何利益集团、任何权势团体、任何特权阶层的利益"⑤,而是始终与人民生死相依、休戚与共。在此意义上,为党育人和为国育才都是为了把我们的国家建设得更好,从而更好地满足人民对美好生活的需要。因此,在我国,为党育人与为国育才具有内在一致性,在教育教学过程中不能将二者割裂开来,而是要将二者贯穿于高校人才培养的全过程。

思政课教师要坚持正确的思政课教学改革方向。既要坚持正确的办学政治方向,又要坚持正确的办学评价导向。在办学政治方向上,要毫不动摇地坚持社会主义办学方向,这是由我们国家的性质决定的。中国特色社会主义是社会主义,而不是别的什么主义,在社会主义国家办的大学,自然也应是社会主义性质的大学。即使在对外合作办学中,也"要守住安全底线,确保正确政治方向"⑥。坚持社会主义办学方向,是在推动我国高等教育事业发展过程中不可动摇的重大原则。思政课具有强烈的意识形态属性,是立德树人的关键课程,在坚持社会主义方向上更不能有丝毫含糊。在办学评价导向上,要把人才培养质量作为评价学校一切工作的根本标

---

① 《十九大以来重要文献选编》(中),中央文献出版社,2021,第599页。
② 《十九大以来重要文献选编》(中),中央文献出版社,2021,第600页。
③ 张利涛、徐立江:《理直气壮地讲好新时代思政课》,《青海日报》2020年4月20日,第11版。
④ 《习近平谈治国理政》第3卷,外文出版社,2020,第1页。
⑤ 《习近平谈治国理政》第4卷,外文出版社,2022,第9页。
⑥ 《习近平谈治国理政》第4卷,外文出版社,2022,第340页。

准。任人唯贤、德才兼备是党和国家选人用人的根本标准。因此，在人才培养过程中，我们既要重视提升人才的道德品质，也要重视强化人才的专业技能，努力培养更多实现中华民族伟大复兴和全面建成社会主义现代化强国所需的各类优秀人才。

思政课教师要不断提高自身综合素质，练就为党育人、为国育才的过硬本领。百年大计，教育为本；教育大计，教师为本。教育者必须先受教育，没有扎实的学识和过硬的育人本领，不可能成为优秀的教育者。要充分发挥思政课立德树人主渠道、主阵地作用，必然需要建设一支政治素质过硬、业务能力精湛、育人水平高超的高素质专业化思政课教师队伍。"教育最核心的价值与本质在于'育人'，在于'一个灵魂去唤醒另一个灵魂'。"① 事实上，思政课教师"去唤醒另一个灵魂"并非易事，除了要求政治素质过硬之外，还要求有过硬的业务能力和育人水平。新时代大学生个性特征鲜明、思想受多元价值观冲击较大，大学时期既是正确"三观"形成的机遇期，也是滑向错误"三观"的风险期，此时，思政课教师的教育引导就显得尤其重要。思政课教师要努力成为习近平总书记眼中的"四有"好老师，做好青年学生的知心人和成长成才的引路人。

（三）找准对标之靶：对照"六点要求"找差距

习近平总书记指出："办好思想政治理论课关键在教师，关键在发挥教师的积极性、主动性、创造性。"② 新时代的思政课教师要不忘立德树人初心，牢记为国育人、为党育才使命，对照习近平总书记对思政课教师提出的"六点要求"，检视和发现自身存在的不足，并及时补足短板弱项，坚持守正创新，以提升思政课的针对性和亲和力为着力点，切实增强思政课教学立德树人的实效。"守正是新时代高校思想政治理论课创新的前提和基础，创新是思想政治理论课的活力之源，守正与创新相辅相成，统一于培育时代新人的教学实践过程。"③ 思政课教师要在守正与创新中将

---

① 樊爱霞：《以得力措施落实高校立德树人的根本任务》，《思想理论教育导刊》2020年第3期。
② 《习近平谈治国理政》第3卷，外文出版社，2020，第330页。
③ 肖贵清：《新时代高校思想政治理论课的守正与创新》，《思想教育研究》2019年第3期。

习近平总书记提出的"六点要求"真正落实到位。

第一，在政治素质方面，思政课教师要努力做到政治强、情怀深。思政课的政治性必然要求思政课教师政治强，政治正确是对思政课教师最基本的要求。思政课教师要带头增强"四个意识"、坚定"四个自信"，在深刻理解"两个确立"决定性意义的基础上坚决做到"两个维护"，教育引导青年学生坚定正确的政治方向和政治信仰。我们的教育绝不能培养社会主义的掘墓人，这是包括思政课教师在内的全体教育工作者应坚守的底线。思政课教师要厚植家国情怀，关心和关注国家、民族的前途命运，将教育教学与国家和民族的前途命运紧密联系在一起，增强为党育人、为国育才的责任感和使命感。家国一体，爱国是爱家的前提和基础，这是自古以来中国人的基本共识。习近平总书记指出："我们常讲，做人要有气节、要有人格。气节也好，人格也好，爱国是第一位的。"[1] 思政课教师自身必须厚植以爱国主义为核心的家国情怀，以自身的爱国行动感染和影响身边的青年学生。

第二，在能力素质方面，思政课教师要努力做到思维新、视野广。教师的能力和素质直接决定了立德树人的成效。在思维新方面，思政课教师必须掌握辩证唯物主义和历史唯物主义的科学思维方法，在科学思维的指导下创新教育教学方式，以学生喜闻乐见的方式将党的创新理论成果武装到学生的头脑中。顺应新时代发展要求，在教学活动中努力做到"因事而化、因时而进、因势而新"[2]，让思政课紧贴时代脉搏，有力阐释时代问题。在视野广方面，思政课教师要具备开阔的知识视野，综合涉猎文、理、工、学、医、管、军事等不同的学科知识；在时间维度上要具备历史视野和时代视野，既要运用历史视野解决历史问题，也要运用时代视野解决现实问题；在空间维度上要具备国内视野和国际视野，既要聚焦国内时政，也要关注国际形势，教育引导大学生从维护国家利益的角度出发去理解国内外形势的风云变化。思政课教师只有上知天文下知地理、博古通今、学贯中西，才能真正讲出思政课应有的精彩。

---

[1] 《习近平关于社会主义精神文明建设论述摘编》，中央文献出版社，2022，第123页。
[2] 《习近平谈治国理政》第2卷，外文出版社，2017，第378页。

第三，在道德素质方面，思政课教师要努力做到自律严、人格正。在融媒体时代，监督无处不在，教师不经意间不恰当的言行举止有可能被无限放大，造成不良的影响。因此，思政课教师必须加强自律，要十分注意自身的言行举止，做到课上课下一致。同时，网络也并不是法外之地，思政课教师也要加强网络道德自律，做到网上网下一致，努力成为社会正能量的传播者和践行者。"截至2022年6月，我国网民规模达10.51亿，互联网普及率达74.4%。"①虽然让每位思政课教师都成为"网红"并不现实，但是在网络上具有较大影响力且具有正能量的思政课教师却能深刻影响除了青年学生之外的一大批人。毫无疑问，思政课教师的人格魅力是增强立德树人成效的无形资产。思政课教师人格正，才能赢得学生的信任，讲授的内容才能被学生接纳。习近平总书记强调："思政课教师要有堂堂正正的人格，用高尚的人格感染学生、赢得学生。"②站在讲台上的思政课教师所展现的人格形象将直接影响这门课的教育教学成效。

（四）做实提升之策：遵循"八个统一"抓落实

习近平总书记在学校思想政治理论课教师座谈会上提出的"八个统一"要求，是新时代思政课教师必须遵循的根本原则，也是守正创新地开展思政课教学改革的根本遵循。如果说"六点要求"是对思政课教师自身素质的要求，那么"八个统一"就是对思政课教师教学能力的要求，思政课教师既要对照"六点要求"查找差距和不足，也要遵循"八个统一"切实提高立德树人的能力与本领。"'八个统一'是一个内涵丰富、操作复杂的指导原则。把握它的丰富内涵，掌握它的运用技巧，都不是轻而易举的事情。"③将"八个统一"的要求贯彻落实到思政课教学全过程，需要做到以下几点。

第一，思政课教师要在深耕思政课教学内容上下功夫，坚持政治性和

---

① 《我国网民规模达10.51亿 互联网普及率达74.4%》，中国青年网，2022年9月1日，http://news.youth.cn/gn/202209/t20220901_13965560.htm。
② 习近平：《思政课是落实立德树人根本任务的关键课程》，人民出版社，2020，第16页。
③ 刘建军：《论高校思想政治理论课教育教学的"八个统一"》，《教学与研究》2019年第7期。

学理性相统一、价值性和知识性相统一,讲深思政课教学内容。深耕思政课教学内容,要坚持政治性和学理性相统一。尽管政治性是思政课的根本属性,但是思政课不是单纯的政治说教或政治宣传,它有自己的学科归属和学理支撑。思政课教学不能浮于表面,要讲清楚问题的本质,要坚持用学术讲政治,用政治统率学术,围绕思政课开展的学术研究要服务于它的政治属性。深耕思政课教学内容,要坚持价值性和知识性相统一。思政课属于综合性的人文社会学科,在教学内容上涉及心理学、历史学、法学、政治学、管理学、社会学等多个学科门类,拥有完备的学科知识体系。但是思政课仅向大学生传授学科知识是远远不够的,更为重要的是要帮助大学生树立正确的世界观、价值观和人生观,引导他们找到一条适合自己成长成才的正确道路。因此,在思政课教学过程中必须坚持政治性和学理性相统一、价值性和知识性相统一,讲出思政课应有的深度和精彩。

第二,思政课教师要在增强思政课的信度上下功夫,坚持建设性和批判性相统一、理论性和实践性相统一,增强思政课的阐释力和说服力。马克思主义不仅仅是要打破一个旧世界,更为重要的是要建设一个新世界。正如马克思所说的:"哲学家们只是用不同的方式解释世界,问题在于改变世界。"① 改造世界仅靠建设是不够的,必须坚持有批判地进行建设。在思政课教学中,要让有信仰的人讲信仰,教育和引导学生追求真善美,反对和抵制假恶丑,培养批判精神和批判意识,掌握改造世界的能力。思政课是一门理论性很强的公共必修课,但是任何理论都有实践的基础,实践是一切理论的来源,同时也是检验理论正确与否的根本标准。不结合实践谈理论,只能导致理论空洞无力。因此,在思政课教学改革中,既要重视理论教学,强化理论灌输,也要重视社会实践,引导大学生用理论阐释实践,从实践中总结理论,把思政小课堂和社会大课堂结合起来,让大学生在社会实践中感悟理论的魅力,增强思政课教学的阐释力和说服力,提升思政课理论诠释的感染力和影响力。

第三,思政课教师要在拓宽思政课教学方法上下功夫,坚持统一性和多样性相统一、主导性和主体性相统一,丰富思政课教学方法。思政课教

---

① 《马克思恩格斯选集》第1卷,人民出版社,2012,第136页。

学的原则是统一的，但是方式方法则应是多样的。思政课教学使用全国统一的教材，在教学内容上是统一的，但是教学方式方法却可以灵活多样。不同地区、不同高校的学生特点是不一样的，他们对同一问题的理解和接受度也有区别，因此要支持和鼓励思政课教师因地制宜、因材施教，面对统一的教学内容，在讲授的过程中要有不同的侧重点，在教学方式方法上更应该灵活多样。在师生互动上，要坚持主导性和主体性相统一。办好新时代思政课，既要充分发挥教师的主导作用，引导学生认识规律、追求真理、认同价值，也要激发学生的主体性作用，让大学生主动参与、积极探索，由被动接受转变为主动探索，让思政课真正成为引领大学生成长的关键课程。"只有师生双向互动才能提高教学的'活'性，增强学生的获得感。"① 思政课教师有责任和义务营造良好的师生互动关系，努力让教师的主导性和学生的主体性得到充分发挥。

第四，要在提高思政课的效率上下功夫，坚持灌输性和启发性相统一、显性教育和隐性教育相统一，切实提高思政课育人成效。列宁的理论灌输思想至今仍对思政课教学有重要的启示意义，先进的思想理论不会自行进入大学生的头脑，加强对大学生的理论武装是培养社会主义合格建设者和可靠接班人的需要，但是我们需要警惕陷入填鸭式理论灌输的泥淖。事实证明，传统填鸭式的理论灌输并不能收到良好的效果。要根据学生的特征和思政课教学规律，引导大学生发现问题、分析问题、解决问题，自行将先进的思想理论内化为自身的思想行动指南。狂风暴雨式的思政课显性教育教学难免会令大学生产生排斥或反感心理，润物无声的隐性思政教育则有可能收到意想不到的育人效果。因此，我们既要重视思政课程的显性教育，也要发挥课程思政"随风潜入夜，润物细无声"的作用，坚持课程思政与思政课程同向同行、协同发力，学校、家庭、社会三者综合施加影响，构建起全员全过程全方位的育人体系。

习近平总书记指出："教育兴则国家兴，教育强则国家强。"② 教育的本质是培养人，思政课在培养人方面的作用不可替代。作为落实立德树人

---

① 宋来新：《以"七字经"提升思政课教育教学实效性》，《中国高等教育》2020 年第 10 期。
② 《习近平关于社会主义社会建设论述摘编》，人民出版社，2017，第 60 页。

根本任务的关键课程，高校思政课的育人成效仍需增强。办好思政课，关键在教师。为党育人、为国育才是思政课教师义不容辞的责任。高校思政课教师要珍惜这份光荣，勇于担负党和国家赋予的神圣使命，认真学习贯彻习近平总书记关于教育的重要论述，严格对照"六点要求"查摆自身存在的不足和短板，明确进一步提高自身综合素质的方向，把"八个统一"作为新时代思政课改革创新的根本遵循，努力办好新时代思政课，切实增强思政课的立德树人成效，培养更多"有理想、敢担当、能吃苦、肯奋斗的新时代好青年"[①]。

五 关于地方文化融入高校思政课教学的个案考量

高校思政课教学是思想政治工作的主渠道和主阵地，直接关系到培养什么人、怎样培养人、为谁培养人的关键性问题。毋庸讳言，高校思政课课堂教学存在一系列问题，课堂效率不高尤为突出。如何增强思政课课堂教学的吸引力，提高大学生对理论学习的兴趣，从而增强思政课课堂教学的主渠道地位，是每一位思政课教师要研究的重要问题。将地方文化资源融入高校思政课教学，可以实现地方文化资源保护与传承、提高高校思政课教学效率的双赢。一方面，地方文化资源具有较强的地域性，与当地大学生具有天然的内在联系，在心理认同上具有较强的优势。另一方面，地方文化资源具有较强的生活气息，在一定程度上弥补了思政课理论性较强、与大学生实际生活距离较远的不足。据此而言，地方文化资源融入高校思政课教学不仅十分必要，而且切实可行。

（一）地方文化的思想政治教育功能

在文化多元与价值多元的时代场域中，中国的社会发展更具活力和生机，但是价值多元也在一定程度上冲击和削弱了主流价值的主体认同，对

---

① 习近平：《高举中国特色社会主义伟大旗帜 为全面建设社会主义现代化国家而团结奋斗——在中国共产党第二十次全国代表大会上的报告》，人民出版社，2022，第71页。

社会力量的凝聚和整合产生了相对不利的影响。高校思想政治教育坚持"以文育人、以文化人"的原则也因此显得十分必要。地方文化之所以能够融入高校思政课教学，就在于其思想政治教育价值的高度彰显。地方文化具有多元内容与丰富内涵，以青海省为例进行个案考察发现，作为民族聚居区的典范，青海地域文化丰富多彩，积淀深厚的红色文化、异彩缤纷的民族民俗文化、特色鲜明的生态文化等均具有深刻的思想政治教育功能，是地方高校思想政治理论课教学的鲜活载体。

第一，红色文化的思想政治教育功能。

中国共产党在民主革命和社会主义建设时期为青海留下了宝贵的红色文化资源，在此基础上，青海省逐步建立了以西路军为主题的中国工农红军西路军纪念馆、以原子弹研制为主题的原子城纪念馆和以长征为主题的班玛红军沟纪念馆。虽然三大纪念馆都有各自鲜明的主题特征，但同时也都反映了同一个主题：中国共产党人在领导中国人民实现中华民族伟大复兴中国梦的征程中，付出了沉重的代价，也取得了非凡的成绩。这种集物质文化、制度文化和精神文化于一体的红色文化资源，为青海高校开展思想政治教育实践提供了良好的平台。

近年来，历史虚无主义沉渣泛起，对正确的"三观"尚未形成的大学生造成了十分恶劣的影响。红色文化资源以鲜活的英雄人物形象、丰富的实物资料和无可争辩的史实为高校思政课教学批判历史虚无主义提供了有力材料。"在思政课教学中，教师利用地方红色文化对大学生进行教育，可以有效揭露历史虚无主义的荒谬和错误，消解其在大学生中的消极影响，对促进大学生的健康成长和为社会主义事业培养合格的建设者和接班人，都具有重要的战略意义。"[1]

第二，民族民俗文化的思想政治教育功能。

青海省是一个多民族地区，汉族、回族、藏族、土族、撒拉族等民族在青藏高原这片沃土上创造了辉煌灿烂的民族民俗文化。毋庸讳言，民族民俗文化并不都是优秀的成分，也有低俗、庸俗、媚俗的部分，对待民族

---

[1] 陈峥：《高校思政课教学利用地方红色文化防范历史虚无主义的探讨》，《广西青年干部学院学报》2017年第2期。

民俗文化我们必须坚持辩证的观点。只有将民族民俗文化的优秀部分融入高校思政课课堂教学，才能充分发挥民族民俗文化的思想政治教育功能。

以藏族文化经典《萨迦格言》为例，其中的《辨善者篇》和《辨恶行篇》不仅对个人的道德修养提出了严格的要求，也构建了一套完整的道德体系。例如，"靠罪恶和武力获得的财富，自然不会变成真正的财富；猫狗之徒虽然吃饱了肚子，照样会干一些无耻的行径"。从内容上看，《萨迦格言》不仅具有丰富的伦理学价值，而且蕴含丰富的治国安邦的思想。例如，"能使下属幸福圆满，方能显示王者风范"；"担任一方官职的人，若能善待下属民众，民众也以善愿着眼，同样为他诚心办事"[1]。对大学而言，将优秀民族民俗文化融入高校思政课教学，能让学生更容易接受，其效果远胜于传统的理论说教。

第三，生态文化的思想政治教育功能。

生态文明建设是我国"五位一体"总体布局中的重要一环，也是高校思政课教学的重要内容之一。青藏高原自然环境脆弱，生态系统一旦遭到破坏将很难恢复。当地居民在与自然相处过程中，逐渐形成了与自然和谐相处之道——生态文化。其中，最为典型的就是藏族生态文化。在藏传佛教的影响下，藏族的生产生活中流行着以自然崇拜为重要内容的生态文化。"在藏文化中，很多山、水、树木、动物都被神化为人们崇拜的对象。"[2] 就神山而言，阿尼玛卿、年保玉则等都是青海境内著名的神山。藏传佛教中的神山神水观念在客观上保护了青藏高原的生态系统。"对神山圣水的崇拜，使保护区域形成了封闭的环境、生物保留地，也是当地文化传统的维护地。"[3] 由于受当地文化传统的保护，这里的生态系统得到了很好的维护。除了藏族生态文化，伊斯兰教生态文化等在生态环境保护方面也发挥着重要作用。

在高校思政课"概论课"中，生态文明建设是其中重要的一章内容，

---

[1] 萨班贡嘎坚赞：《萨迦格言藏汉英对照本》，John Thomas Davenport 英译，仁增才让、才公太汉译，中国藏学出版社，2015，第 30、31 页。
[2] 苏雪芹：《青藏地区生态文化建设研究》，中国社会科学出版社，2014，第 105 页。
[3] 南文渊：《青藏高原生态环境与民族文化保护一体化研究》，《中国民族报》2016 年 2 月 5 日，第 6 版。

主要教学目标就是帮助大学生树立良好的生态观。少数民族学生在青海省大学生系统中占有相当大的比重，受宗教信仰的影响，藏族生态文化和伊斯兰教生态文化对他们有潜移默化的影响。将民族文化中的生态理念融入高校思政课教学，就是要在马克思主义生态观的指导下，充分发挥藏族生态文化和伊斯兰教生态文化的积极作用，为我国的生态文明建设贡献地方智慧。

（二）地方文化融入高校思政课教学存在的问题

中央对高校思政课教学内容有严格的规定，2005年以后通过马克思主义理论研究和建设工程着重推出了四本思政课教材，这样的教材内容更新速度是其他任何一门课程所没有的。地方文化资源融入高校思政课教学，在一定程度上增加了思政课教学的地方性差异，使高校思政课教学具有地方特色，同时也对高校思政课教师提出了更高的要求。高校思政课教师不仅要具备扎实的马克思主义理论功底，而且要对地方文化有一定的研究，熟知地方文化与思政课教材之间的共通之处，这样地方文化融入高校思政课教学才有可能。在融入的过程中也存在较多的问题，突出表现为以下三点。

第一，地方文化在高校思政课教学过程中存在"缺位"现象。

地方文化在高校思政课教学过程中"缺位"的现象比较常见。按照中宣部、教育部的要求，高校思政课的教学目标和教学内容都有十分严格的规定。部分高校由于受自身条件的限制，完成教育部的硬性规定都有困难，进一步开发和建设"地方课程"的条件更是缺乏。这种限制条件主要有：缺少相关的课程建设经费；缺乏在地方文化领域研究方面有所专长的教师；思政课教师工作量大，缺少进一步开发新课程的精力和时间。以上条件的限制直接导致了地方文化在高校思政课教学过程中"缺位"的现象。地方文化在高校思政课教学过程中的"缺位"在一定程度上削弱了高校的人文素质教育功能，但不影响思政课教学目标的实现。

第二，地方文化在高校思政课教学过程中存在"错位"现象。

地方文化在高校思政课教学过程中存在"错位"现象，是指思政课教师在地方文化融入高校思政课教学过程中不能摆正其位置，发生地方文化与思政课教学内容本末倒置的现象。思政课教师必须牢固树立思政课教学内容第一的思想,优秀的地方文化资源具备一定的思想政治教育功能,只有将其与思政课教学内容有效地结合起来,才能充分发挥它应有的功能。如果不能摆正地方文化资源在高校思政课教学过程中的位置,那么,地方文化的融入不仅不能增强高校思政课教学的效果,反而会削弱思政课教学的效果。为了避免地方文化在融入高校思政课教学过程中"错位"现象的发生,地方文化融入思政课教学"不能因追求特色、讲究差异而与思政课教学的目标相违背,与教育教学方法的创新本意相背离,更不是为了满足学生的'猎奇'心理"①。

第三,地方文化在高校思政课教学过程中存在"越位"现象。

在高校思政课教学中,马克思主义理论研究和建设工程推出的四本重点教材是开展教学工作的最重要依据,任何地方文化资源的融入都必须坚持"教材为本"的原则。在具体的教学实践中,"将地方文化资源融入高校思政课教学,在教学目标设定上应在遵守国家规定的基础上,结合地方文化的特点对目标进行微调"②。但是,这种微调也是建立在尊重教材内容、尊重教学目标的基础上的,任何与教材内容和教学目标相违背的微调都是不合适的,甚至是错误的。这种"越位"现象违背了思想政治理论课的思想性、政治性和理论性,如用民族学、民俗学或者文化学的授课模式代替思政课的授课模式就违反了思政课教学的基本规律。

(三) 地方文化融入高校思政课教学的主要途径

地方文化融入高校思政课教学,不仅是对地方优秀文化资源的保护与传承,更是提高思政课教学质量的重要渠道,是地方高校更好地服务地方经济社会发展和学科建设的突破口。"从地方高校的实际来看,不可能从整体规模上与一流大学抗衡,但完全可以集中优势资源,在某些具有鲜明地方特色的、与当地社会经济发展密切结合的、有悠久学术积淀的学科上

---

① 吴云:《地方优秀传统文化融入高校思想政治理论课教学的几点思考》,《思想理论教育导刊》2017年第4期。
② 王琨媛:《地方文化资源融入高校思政课教学的探索与思考——以邯郸地方文化资源为例》,《河北工程大学学报》(社会科学版)2015年第4期。

取得突破。"① 地方文化融入高校思政课教学是一项系统性工程，需要具体的、切实可行的方式方法。

第一，坚持目标导向，将地方文化融入思政课教学具体目标。

所有的思政课教学工作都是围绕思政课教学目标开展的，思政课教学目标对高校思政课教学工作具有重要的导向作用。思政课教学的总目标是为中国特色社会主义事业培养合格的建设者和接班人，而每门课、每章节都有具体的教学目标。将地方文化融入思政课教学的具体目标，作为大学生"应知应会"的重要内容，不仅可以提高大学生的人文素养，而且可以促进大学生地方文化认同和价值认同等情感目标的实现。只有将地方文化融入思政课教学的具体目标，思政课教学的具体活动才能围绕地方文化来开展，才能促进地方文化与思政课教学的有机融合。

第二，坚持内容为王，将地方文化融入思政课教学主要内容。

任何教育活动的实施都必须有具体的教育内容。思政课教学具有很强的思想性、政治性和理论性，如果没有具体的教学内容，思政课教学就会变成空洞的理论说教，它的科学性将大打折扣，势必难以令大学生信服，"入脑入心"的教学目标也将是一种难以实现的空想。思政课四本教材的具体内容就是思政课教学的主要内容，只有将地方文化有机地融入教材内容，使全国统一使用的教材在具体的教学实践中具有地方特色，才能使思政课教学地域化、本土化，更加接地气、更加具有生活气息、更加贴近大学生的生活实际。

第三，坚持实践教学，将地方文化场所列为思政课教学主要平台。

实践教学是高校思政课教学改革的一个主要方向，它改变了传统的理论灌输式的教学模式，增强了大学生在思政课教学过程中的参与意识，拓宽了高校立德树人的渠道。青海高校将原子城纪念馆、中国工农红军西路军纪念馆、班玛红军沟纪念馆等列为思政课实践教学基地，这些主要是"纲要课"和"基础课"的实践教学平台，为学生走出课堂、开展体验式教学提供了有利的条件。但是，在"原理课"和"概论课"的实践教学平

---

① 段颖惠：《地域文化融入地方高校教学的思考与构建》，《周口师范学院学报》2012年第1期。

台的开发方面,青海高校还存在较多的问题。今后,可以考虑将热贡文化产业园区、三江源国家公园等具有思想政治教育功能的地方文化场所开发为思政课教学实践平台。

第四,坚持科学评价,将地方文化融入思政课教学评价体系。

将地方文化融入高校思政课教学评价体系,构建科学的思政课教学评价体系,有利于促进大学生全面自由发展。"评价体系是高校教学的指挥棒,也是思政课教学的指挥棒。"① 评价体系建设是高校思政课教学改革的重要环节,地方文化融入思政课教学的效果如何,思政课教学是否达到了预期的目标,是否真正实现了立德树人的根本宗旨,这一切都需要一套科学合理的评价体系来衡量。既然将地方文化融入了高校思政课教学,那么在评价体系的构建过程中就应该对地方文化有相应的评价方式和评价标准,无论是考试还是考核,地方文化的内容在大学生思政课期末测评中都应该有所体现。

总之,高校思政课教学改革是一项系统性工程,将地方文化融入高校思政课教学是一种有益的探索。在尝试和探索的过程中,难免会遇到这样那样的问题,地方文化在融入高校思政课教学过程中存在"缺位"、"错位"和"越位"的现象。为了使地方文化更好地融入高校思政课教学,更好地贯彻落实高校立德树人的根本任务,需要坚持目标导向,将地方文化融入思政课教学具体目标;需要坚持内容为王,将地方文化融入思政课教学主要内容;需要坚持实践教学,将地方文化场所列为思政课教学主要平台;需要坚持科学评价,将地方文化融入思政课教学评价体系。

六 思政课教学改革"慕课热"的冷思考

"慕课"教学形式的出现对传统的教育教学模式产生了巨大的冲击,甚至有学者称之为继印刷术之后在教育领域的重大发明。毫无疑问,这种新兴的教学形式对自然科学等知识传授型课程带来了巨大的利好。但是,对人文社会科学等需要教师大量情感投入、需要师生在情感上产生共鸣的

---

① 刘笑菊:《中国传统文化融入高校思政课教学研究》,《未来与发展》2017年第4期。

课程的作用则值得商榷。思政课就是这种特殊的课程。"思政课是我国社会主义大学性质的体现,反映了国家意识形态,是中国社会主义大学特有的课程。"① 思政课教学需要教师与学生面对面地交流、沟通和互动,需要教师给予学生必要的情感呵护,需要学生与教师在情感上产生共鸣,这样才有可能促进学生"知、情、意、信、行"的统一,从而达到良好的教学效果。"慕课"教学,通过线上课程的模式仅仅能够实现知识传授的目的,而无法实现情感教学目标。因此,思政课教学改革"慕课热"是一个非常值得思考的现象。

(一)"慕课"教学形式的主要特征

第一,规模庞大。

"慕课"是"Massive Open Online Ccourses"的简称"MOOC"的音译,根据英文可以直译为"大型开放式网络课程"。规模庞大、内容丰富是"慕课"的主要特征,也是首字母 M(massive)所要表达的意思。当前,许多知名院校陆续推出了较具特色的"慕课"课程,可供大学生选择的空间也越来越大。

第二,开放共享。

随着计算机技术的广泛运用,网络课程也得到了快速的发展。"慕课"教学形式之所以能够在短时期内席卷全球,与计算机网络的普及是分不开的。无论在何时何地,只要拥有上网的条件,都能在线学习"慕课"课程,甚至部分国外大学也向中国开放了一些"慕课"课程,不出家门就能享受到国内外优质教育资源的梦想得以实现。终身学习的理念也在"慕课"的推动下变成现实。

第三,个性多元。

与传统教学模式相比,"慕课"赋予学生更多的选择机会。学生可以根据自身已有的知识储备、兴趣爱好等选择自己感兴趣或者对自身发展有帮助的课程进行学习。"慕课"的突出特征就是满足不同主体的个性化需

---

① 顾钰民:《高校思想政治理论课改革"慕课热"以后的"冷思考"》,《思想理论教育导刊》2016 年第 1 期。

求,在教学内容、教学形式、教学风格等方面充分满足学生,并提供选择的余地。这种把学习需求放在首位的教学形式在很大程度上促进了学生的个性化发展。

(二)"慕课"教学形式与思政课教学特点相悖

"慕课"的产生和发展对高校教育教学产生了不可估量的影响,这种新兴教学形式对传统教学方式的冲击正在悄然发生。许多高校对"慕课"教学进行了积极、有益的探索,也为更好地运用好"慕课"积累了丰富的经验。但是,思政课作为一门要求受教育者达到"知、情、意、信、行"相统一的课程,在"慕课"的运用方面确实存在不少问题。

第一,"慕课"的单向性与思政课教学的互动性相悖。

"慕课"的本质是通过线上课程的形式达到知识传授的目的。但思政课不仅具有知识性和理论性,而且具有政治性和思想性。知识的掌握只是低层次的目标,思想上坚持"五个认同",政治立场坚定,同党中央保持高度一致,则是思政课教学更高层次的目标。而这些目标仅靠线上课程是不可能实现的。思政课教师只有在课堂教学中带着一颗对党的忠心、对人民的诚心、对学生的爱心,以高尚的道德情操和人格魅力去感染学生,才能触动学生的心弦,才能将理论知识转化成理想信念。而单纯的线上课程根本无法营造这种情感共鸣的氛围,因而也就不可能引起师生之间的情感共鸣。

第二,"慕课"学习的单独性与思政课教学主体的共生性相悖。

主体间多向互动规律是思政课教学必须牢牢把握的一条重要规律。而"慕课"教学形式无论是在空间上还是在时间上都赋予学生极大的自主性,致使大学生之间减少了共同学习的机会,在学习上的互动也随之减少。思想政治教育主体间多向互动规律的深刻性和科学性主要体现在强调主体性、多向性、平等性和活动性。"慕课"学习者可能只是一味地追赶学习进度,至于到底有没有认真观看视频、认真听讲,并没有相应的监督机制,师生之间的互动也仅仅靠屏幕上偶尔弹出来的选择题完成,思政课教学主体的地位根本无法凸显。学习者之间可能互不认识,更谈不上多向互动和共同参与实践活动。学习空间和学习时间的私人性极大地削弱了思政课教学主体之间的共生性。

第三，"慕课"的多元性与思政课教学的方向性相悖。

"慕课"能够提供丰富的课程资源，即使是同一门课程，也存在不同的教材版本、不同的内容、不同的教学风格，授课教师的教学水平等也存在差异。"慕课"课程的多样性从侧面反映了思想文化的多元性。"面对并存的思想现象的多样性，思想政治教育总是以占统治地位的思想体系为指导的。"① 思想性和政治性是思政课教学的最主要特征，也是思想政治教育本质的体现。"慕课"提供的课程资源是丰富多元的，但在质量方面参差不齐，很容易让学生走入课程选择的误区。那些没有经过严格审查的国外课程资源对新自由主义和历史虚无主义的吹捧会对"三观"尚未健全的青年学生造成消极的影响。因此，"慕课"的多元性与思政课教学的方向性相悖。

（三）关于"慕课"运用到思政课教学改革的思考

"慕课"的兴起对传统教学模式产生了巨大的冲击，越来越多的高校课程开始采取"慕课"的形式授课。部分高校在思政课教学改革过程中也进行了"慕课"的尝试。将"慕课"引入高校思政课教学本身是教学改革的需要，但是对于所取得的实际效果如何，学界有不同的声音。如何才能在思政课教学过程中运用好"慕课"，如何才能使"慕课"在思政课教学改革中最大限度地发挥其优势与作用，这些问题都值得进一步思考。

第一，固守意识形态，坚持思想性与政治性的统一。

冷战结束以后，西方敌对势力并没有停止对社会主义国家的意识形态渗透。部分西方国家的"慕课"存在歪曲我国社会主义民主制度、丑化我国民主形象的现象。"'慕课'在输出技术、输出优质教育资源的同时输出了知识，更隐性渗透了西方的意识形态与价值观。"② 青年学生在接受"慕课"带来的优质的教育资源的同时，也被潜移默化地灌输了西方的价值观和意识形态，对正确"三观"的树立造成了消极的影响。

---

① 张耀灿：《思想政治教育的特点和规律探析》，《思想·理论·教育》2005年第3期。
② 高地：《"慕课"：高校思想政治教育面临的新挑战》，《思想理论教育导刊》2015年第3期。

思政课区别于其他课程最显著的标志就在于它的思想性和政治性特征，它必须清楚地回答"培养什么人、怎样培养人、为谁培养人"这个根本问题。中国特色社会主义高校在这个问题上绝不能有半点含糊。"思想政治教育理论研究的知识性要服从并服务于其意识形态性，要以促进和增强社会主义意识形态的吸引力和影响力为旨归，否则就会偏离思想政治教育研究的目的，背离'思想政治教育'的初衷。"① 因此，在思政课教学过程中必须坚持正确的意识形态导向。

第二，注重情感融入，凸显思政课的"人情味"。

在外行人看来，上好思政课是一件很容易的事情；但是在内行人看来，上好思政课却是一件很难的事情。思政课的课程性质决定了思政课的教学目标不仅是知识的传授，更重要的是对大学生理想信念的培养。仅靠纯粹的理论灌输很难达到对大学生的理想信念进行塑造的目的。这就要求思政课教师不仅要具备扎实的理论功底，能解释清楚重大的现实理论问题，而且要进行大量的情感付出，做学生的知心人和贴心人。"慕课"教学形式知识容量大、可重复性强，对大学生基础知识的掌握起着重要作用。但是仍需要思政课教师在课堂之外做大量的情感投入，才能促进大学生理想信念的培养。

思政课教师在教学过程中至少需要三个方面的情感投入。一是对教师职业的热爱。热爱自身所从事的职业，是做好任何工作的前提和基础。如果思政课教师自身不喜欢教师这份职业，他对教学工作的排斥决定了他根本无法搞好思政课教学。二是对思政课本身的热爱。提起思政课，包括一些教师在内的很多人都会觉得它是枯燥无味的，甚至觉得大学没有开设这门课的必要。思政课教师一定要坚定对思政课的信念，坚持认同思政课作为一门课程的科学性。三是对学生的热爱，这是做好思政课教学工作的关键。思政课教师只有真正做到关心和爱护每一名学生，才能赢得学生的尊重与爱戴。古语有言："亲其师，信其道。"如果教师与学生无法融为一体、彼此间互不信任，思政课教学将很难取得预期的效果。

---

① 王习胜：《思想政治教育如何应对"意识形态淡化"思潮》，《马克思主义研究》2012年第3期。

第三，内容与形式并重，坚持教学内容与教学形式的统一。

"慕课"的开放性和共享性确实为终身学习提供了一种强大的技术支持，作为一种新的教学形式，其在全世界范围内都获得了巨大的成功。但是，"慕课是一种没有监督的学习模式，要求慕课学习者具有强烈的求知欲、高度的学习自觉和自我管理能力"[①]，对于那些没有多大学习兴趣和求知欲的学生而言，学习"慕课"终究会沦为一种单纯的赶时髦的行为。为了不让"慕课"流于形式，就必须坚持"慕课"教学形式与思政课教学内容的统一，将思政课的教学内容以"慕课"形式生动呈现，更易于让青年学生选择与接受，对于促进思政课教学改革、提高思政课教学质量等均具有重要作用。

如何通过"慕课"实现思政课教学形式和教学内容的统一？至少应该做到以下几点。首先，培育一流教学名师，提高思政课教师的理论素养。教师是核心要素，培养一流教学名师是做好"慕课"的关键之举。其次，加强对思政课教师的培训，提高思政课教师学习知识、传播知识和创新知识的能力。思政课教学内容变化比较迅速，这就要求思政课教师具备较强的学习能力和创新知识的能力，并将自身掌握的理论知识传播给广大青年学生。最后，钻研教材，吃透教材精神。"在思想政治理论课教学过程中，学生的认识活动是在教师指导下开展的，其中以理解教材为中心环节。"[②] 教师只有吃透了教材精神，才不会把学生引到错误的方向。只有做到了教学形式与教学内容的统一，"慕课"才能充分发挥其功能优势，也才能更好地服务于思政课教学。

总之，将"慕课"引入思政课教学，为思政课教学带来了新发展机遇的同时，也带来了严峻的挑战。高校思政课教师不能仅仅追求教学形式上的时髦，更应坚守思政课教学内容和教学目标，坚持教学形式与教学内容的统一。"思政课可在遵循思想政治教育教学规律的基础上，重新设计教

---

① 马秋丽：《高校思想政治理论课引入慕课的风险及规避策略探析》，《思想理论教育导刊》2016年第3期。
② 李梁：《"慕课"与思想政治理论课教学模式创新》，《思想理论教育》2014年第1期。

学组织形式，将慕课作为传统思政课教学的有益补充。"① 应将"慕课"的教学形式与思政课的教学内容相结合，促进高校思政课教学改革，更好地发挥高校思政课在立德树人方面的阵地作用，为中国特色社会主义事业培养更多的合格建设者和可靠接班人。

---

① 孙淑秋、卜秋香：《"慕课"下高校思政课教学之思》，《黑龙江教育》（高教研究与评估）2017年第6期。

参考文献

一 中文文献

(一) 经典文献

《邓小平文选》第 1~2 卷，人民出版社，1994。

《邓小平文选》第 3 卷，人民出版社，1993。

《胡锦涛文选》第 1~3 卷，人民出版社，2016。

《江泽民文选》第 1~3 卷，人民出版社，2006。

《列宁专题文集·论社会主义》，人民出版社，2009。

《列宁专题文集·论无产阶级政党》，人民出版社，2009。

《马克思恩格斯文集》第 1~10 卷，人民出版社，2009。

《马克思恩格斯选集》第 1~4 卷，人民出版社，2012。

《毛泽东选集》第 1~4 卷，人民出版社，1991。

《十八大以来重要文献选编》（上），中央文献出版社，2014。

《十八大以来重要文献选编》（下），中央文献出版社，2018。

《十八大以来重要文献选编》（中），中央文献出版社，2016。

《十九大以来重要文献选编》（上），中央文献出版社，2019。

《十九大以来重要文献选编》（下），中央文献出版社，2023。

《十九大以来重要文献选编》（中），中央文献出版社，2021。

习近平：《高举中国特色社会主义伟大旗帜 为全面建设社会主义现代化国家而团结奋斗——在中国共产党第二十次全国代表大会上的报告》，人民出版社，2022。

习近平：《决胜全面建成小康社会 夺取新时代中国特色社会主义伟大胜利——在中国共产党第十九次全国代表大会上的报告》，人民出版社，2017。

《习近平关于"不忘初心、牢记使命"论述摘编》，党建读物出版社、中央文献出版社，2019。

《习近平关于基层治理论述摘编》，中央文献出版社，2023。

《习近平关于中国式现代化论述摘编》，中央文献出版社，2023。

《习近平关于总体国家安全观论述摘编》，中央文献出版社，2018。

《习近平谈治国理政》第1卷，外文出版社，2018。

《习近平谈治国理政》第2卷，外文出版社，2017。

《习近平谈治国理政》第3卷，外文出版社，2020。

《习近平谈治国理政》第4卷，外文出版社，2022。

《习近平新时代中国特色社会主义思想基本问题》，人民出版社、中共中央党校出版社，2020。

《习近平新时代中国特色社会主义思想学习纲要》，学习出版社、人民出版社，2019。

《习近平著作选读》第1卷，人民出版社，2023。

《习近平著作选读》第2卷，人民出版社，2023。

《中共中央文件选集》第11卷，中共中央党校出版社，1986。

（二）中文专著

安启念主编《马克思主义哲学中国化研究》，中国人民大学出版社，2006。

鲍宗豪：《中国式现代化：源起、创新与发展》，东方出版中心，2023。

毕国帅、唐爱军：《中国式现代化：何谓与何为》，大有书局，2023。

常青：《高校思政课混合式教学评价研究》，社会科学文献出版社，2023。

陈方刘：《新时代传统文化观与马克思主义中国化研究》，人民出版社，2022。

陈其泰：《中华优秀传统文化何以通向马克思主义》，研究出版社，2023。

陈文殿：《全球化与文化个性》，人民出版社，2009。

陈先达：《马克思主义和中国传统文化十二讲》，人民出版社，2023。

陈先达：《文化自信中的传统与当代》，北京师范大学出版社，2017。

陈育宁：《民族史学概论》，宁夏人民出版社，2001。

当代中国研究所编著《新时代的党的建设》，当代中国出版社、重庆出版社，2022。

费孝通：《费孝通论文化与文化自觉》，群言出版社，2007。

费孝通主编《中华民族多元一体格局》，中央民族大学出版社，1999。

冯刚主编《理直气壮开好思政课——把握新时代思政课建设规律》，人民出版社，2019。

葛兆光：《中国思想史》第1卷，复旦大学出版社，2001。

郭建宁：《当代中国的文化选择》，北京大学出版社，2004。

郭邵明：《文化遗传论》，中国书籍出版社，2010。

韩震：《全球化时代的文化认同与国家认同》，北京师范大学出版社，2013。

韩震：《全球化时代的文化认同与国家认同》，北京师范大学出版社，2013。

郝时远等主编《中国民族发展报告（2015）》，社会科学文献出版社，2015。

洪向华、刘钊、杨永斌主编《防范化解党的建设领域重大风险》，国家行政管理出版社，2020。

洪银兴：《中国式现代化论纲》，江苏人民出版社，2023。

季明：《核心价值观概论》，人民日报出版社，2013。

江宜桦：《自由主义、民族主义与国家认同》，（台北）扬智文化事业股份有限公司，1998。

蒋宝德、李鑫生主编《中国地域文化》上册，山东美术出版社，1997。

瞿林东主编《历史文化认同与中国统一多民族国家》，河北人民出版社，2013。

李从军：《价值体系的历史选择》，人民出版社，2008。

李德顺：《价值论——一种主体性的研究》，中国人民大学出版社，1987。

李文实：《西陲古地与羌藏文化》，青海人民出版社，2001。

梁漱溟：《东西文化及其哲学》，上海人民出版社，2006。

林尚立：《当代中国政治：基础与发展》，中国大百科全书出版社，2017。

林尚立：《论人民民主》，上海人民出版社，2016。

刘海平主编《文化自觉与文化认同：东亚视角——中国哈佛—燕京学者第六届学术会议论文选编》，上海外语教育出版社，2008。

刘海霞：《马克思恩格斯生态思想及其当代价值研究》，中国社会科学出版社，2016。

刘建军：《师说：新时代思政课》，天津人民出版社，2023。

马建春：《多元视阈中的河湟：族群互动、文化认同与地缘关系》，社会科学文献出版社，2013。

欧阳淞：《中国共产党党的建设基本问题研究》，人民出版社，2021。

逄先知：《关键在党：党的建设与党的历史》，生活·读书·新知三联书店，2019。

裴泽庆主编《新时代党的政治建设》，中共党史出版社，2018。

秦书生：《生态文明论》，东北大学出版社，2013。

任初轩编《如何理解和推进"第二个结合"》，人民日报出版社，2023。

任平：《当代视野中的马克思》，江苏人民出版社，2003。

沈壮海：《思想政治教育的文化视野》，人民出版社，2005。

沈壮海：《文化软实力及其价值之轴》，中华书局，2013。

施索华、裴晓涛主编《新时代高校思政课的"打开方式"》，广西师范大学出版社，2018。

司马云杰：《文化价值论——关于文化建构价值意识的学说》，安徽教育出版社，2011。

苏力：《送法下乡：中国基层司法制度研究》，中国政法大学出版社，2000。

孙宇伟：《高校思政课建设性和批判性相统一研究》，社会科学文献出版社，2022。

汪民安主编《文化研究关键词》，江苏人民出版社，2007。

王成兵：《当代认同危机的人学解读》，中国社会科学出版社，2004。

王国敏等：《中国特色社会主义"新三农"协同发展研究》，四川大学出版社，2021。

王建娥、陈建樾等：《族际政治与现代民族国家》，社会科学文献出版社，2004。

王杰、任松峰等：《中国式现代化与中华优秀传统文化》，齐鲁书社，2023。

王明珂：《反思史学与史学反思》，上海人民出版社，2016。

王寿林：《中国共产党为什么能跳出历史周期率》，济南出版社，2023。

王希恩：《全球化中的民族过程》，社会科学文献出版社，2009。

吴国富主编《文化认同与发展》，民族出版社，2011。

吴辉：《党的建设原理》，中国财政经济出版社，2022。

徐黎丽：《论民族关系与民族关系问题》，民族出版社，2005。

徐昕：《自我革命——新时代党的建设伟大方略》，江苏人民出版社，2021。

许尔君、袁凤香：《生态文明建设：美丽中国视域下的生态文明建设现实路径》，甘肃人民出版社，2015。

宣兆凯总执笔《中国社会价值观现状及演变趋势》，人民出版社，2011。

杨凤城等：《中国共产党文化思想史》，中共党史出版社，2023。

余谋昌：《生态哲学》，陕西人民教育出版社，2000。

袁银传：《中国特色社会主义道路、理论、制度、文化》，经济科学出版社，2019。

詹小美：《民族精神论》，中山大学出版社，2007。

詹小美：《民族凝聚力研究》，远方出版社，2001。

詹小美：《民族文化认同论》，人民出版社，2014。

张岱年、程宜山：《中国文化精神》，北京大学出版社，2015。

张岱年、程宜山：《中国文化与文化论争》，中国人民大学出版社，1990。

张岱年、方克立主编《中国文化概论》，北京师范大学出版社，2004。

张浩：《新时代党的建设方略》，社会科学文献出版社，2023。

张茂桂等：《族群关系与国家认同》，（台北）业强出版社，1993。

张敏：《论生态文明及其当代价值》，吉林出版集团股份有限公司，2016。

张晓燕：《中国共产党的领导体制和工作机制》，中共中央党校出版社，2019。

张耀灿等：《现代思想政治教育学》，人民出版社，2006。

张一兵主编《社会批判理论纪事》第1辑，中央编译出版社，2006。

张友谊主编《培育和践行社会主义核心价值观读本》，济南出版社，2014。

张玉国：《国家利益与文化政策》，广东人民出版社，2005。

张云鹏：《文化权：自我认同与他者认同的向度》，社会科学文献社出版社，2007。

张志明主编《打铁必须自身硬：新时代党的建设新的伟大工程》，红旗出版社，2018。

郑师渠：《中国传统文化漫谈》，北京师范大学出版社，1990。

郑晓云：《文化认同论》，中国社会科学出版社，1992。

郑晓云：《文化认同与文化变迁》，中国社会科学出版社，1992。

中共中央组织部编《中国共产党组织建设一百年》，党建读物出版社，2021。

钟伦纳：《华夏文化辨析》，上海人民出版社，2014。

周敬青等：《坚持和完善党的领导制度体系研究》，上海人民出版社，2021。

（三）中文译著

〔美〕爱德华·W.萨义德：《东方学》，王宇根译，生活·读书·新知三联书店，2007。

〔美〕爱德华·希尔斯：《论传统》，傅铿、吕乐译，上海人民出版社，2009。

〔英〕安东尼·吉登斯：《现代性与自我认同：现代晚期的自我与社会》，赵旭东等译，生活·读书·新知三联书店，1998。

〔美〕本尼迪克特·安德森：《想象的共同体——民族主义的起源与散布》，吴叡人译，上海人民出版社，2016。

〔美〕道格拉斯·凯尔纳：《媒体文化——介于现代与后现代之间的文化研究、认同性与政治》，丁宁译，商务印书馆，2004。

〔美〕弗朗西斯·福山：《国家构建：21世纪的国家治理与世界秩序》，黄胜强、许铭原译，中国社会科学出版社，2007。

〔美〕弗朗西斯·福山：《历史的终结与最后的人》，陈高华译，广西师范大学出版社，2014。

〔美〕弗朗西斯·福山：《信任：社会美德与创造经济繁荣》，彭志华译，海南出版社，2001。

〔德〕格奥尔格·G.伊格尔斯：《德国的历史观》，彭刚、顾杭译，译林出版社，2006。

〔德〕哈贝马斯：《对话伦理学与真理的问题》，沈清楷译，中国人民大学出版社，2005。

〔德〕黑格尔：《历史哲学》，王造时译，上海书店出版社，2001。

〔德〕黑格尔：《小逻辑》，贺麟译，商务印书馆，1980。

〔法〕利波维茨基、〔加〕夏尔：《超级现代时间》，谢强译，中国人民大学出版社，2005。

〔美〕马克·I.利希巴赫、〔美〕阿兰·S.朱克曼编《比较政治：理性、文化和结构》，储建国等译，中国人民大学出版社，2008。

〔德〕马克斯·韦伯：《儒教与道教》，王容芬译，商务印书馆，1995。

〔美〕玛格丽特·米德：《文化与承诺：一项有关代沟问题的研究》，周晓虹、周怡译，河北人民出版社，1987。

〔法〕米歇尔·福柯：《规训与惩罚——监狱的诞生》，刘北成等译，生活·读书·新知三联书店，1995。

〔美〕S. 南达：《文化人类学》，刘燕鸣、韩养民编译，陕西人民教育出版社，1987。

〔美〕塞缪尔·亨廷顿：《文明的冲突与世界秩序的重建》，周琪等译，新华出版社，2010。

〔美〕塞缪尔·亨廷顿：《我们是谁？——美国国家特性面临的挑战》，程克雄译，新华出版社，2005。

〔美〕威廉·A. 哈维兰：《当代人类学》，王铭铭等译，上海人民出版社，1987。

〔瑞士〕雅各布·布克哈特：《意大利文艺复兴时期的文化》，何新译，商务印书馆，1997。

〔德〕扬·阿斯曼：《文化记忆：早期高级文化中的文字、回忆和政治身份》，金寿福、黄晓晨译，北京大学出版社，2015。

〔德〕尤尔根·哈贝马斯：《合法化危机》，刘北成、曹卫东译，上海人民出版社，2000。

〔美〕约翰·罗尔斯：《正义论》，何怀宏等译，中国社会科学出版社，1988。

〔美〕约瑟夫·S. 奈：《硬权力与软权力》，门洪华译，北京大学出版社，2005。

〔美〕约瑟夫·拉彼德、〔德〕弗里德里希·克拉托赫维尔主编《文化和认同：国际关系回归理论》，金烨译，浙江人民出版社，2003。

〔美〕珍妮特·V. 登哈特、〔美〕罗伯特·B. 登哈特：《新公共服务：服务，而不是掌舵》，丁煌译，中国人民大学出版社，2004。

（四）期刊论文

班班多杰：《和而不同：青海多民族文化和睦相处经验考察》，《中国社会科学》2007年第6期。

陈金龙：《关于习近平新时代中国特色社会主义思想的若干思考》，《思想理论教育》2017年第12期。

邓正阳、向防：《从政党重塑基层：党建创新引领基层治理的实践透视》，《社会主义研究》2021年第5期。

邱乘光：《论习近平新时代中国特色社会主义思想》，《新疆师范大学学报》（哲学社会科学版）2018 年第 2 期。

方雷、李宸：《党的权力实现方式论纲》，《理论探讨》2016 年第 6 期。

房广顺、郑宗保：《马克思主义与中国传统文化相契合的当代选择》，《社会主义研究》2015 年第 2 期。

冯刚、陈倩：《培育时代新人志气、骨气、底气的文化向度》，《国家教育行政学院学报》2022 年第 2 期。

冯刚、王莹：《时代新人培育中的人类文明新形态呈现》，《马克思主义理论学科研究》2023 年第 5 期。

冯刚、朱宏强：《以习近平新时代中国特色社会主义思想引领青年理想信念教育》，《思想理论教育导刊》2018 年第 11 期。

高继文：《新时代党的建设思想的重要创新贡献》，《山东师范大学学报》（社会科学版）2022 年第 6 期。

韩庆祥、陈曙光：《中国特色社会主义新时代的理论阐释》，《中国社会科学》2018 年第 1 期。

韩庆祥：《21 世纪马克思主义的基础性问题》，《中国社会科学》2022 年第 4 期。

何光沪：《中华文化与普世价值》，《文史哲》2011 年第 6 期。

何中华：《历史和自由：马克思主义与儒学契合的两个侧面》，《社会科学战线》2020 年第 12 期。

何中华：《马克思主义与儒学的会通何以可能？》，《文史哲》2018 年第 2 期。

侯惠勤：《试论当代中国马克思主义、21 世纪马克思主义》，《天津师范大学学报》（社会科学版）2021 年第 5 期。

胡鞍钢、李萍：《习近平构建人类命运共同体思想与中国方案》，《新疆师范大学学报》（哲学社会科学版）2018 年第 5 期。

黄宝荣、王毅、苏利阳等：《我国国家公园体制试点的进展、问题与对策建议》，《中国科学院院刊》2018 年第 1 期。

黄蓉生、崔健：《坚持把立德树人作为中心环节》，《国家教育行政学院学报》2017年第1期。

李劲湘:《系统观念视域下时代新人培育的三重向度》,《河南大学学报》(社会科学版)2024年第1期。

林泉:《中国共产党在社会治理体系中的角色定位》,《江西社会科学》2016年第9期。

刘川生:《以习近平新时代中国特色社会主义思想为指导努力提升高校思想政治理论课亲和力与针对性》,《中国高教研究》2018年第2期。

刘建军:《论中国特色社会主义创造了人类文明新形态》,《中国社会科学》2023年第3期。

刘同舫:《构建人类命运共同体对历史唯物主义的原创性贡献》,《中国社会科学》2018年第7期。

柳宝军:《习近平总书记关于党的建设的重要思想论纲》,《马克思主义研究》2023年第11期。

马明冲:《全面从严治党向基层延伸:缘起、维度和路径》,《理论与改革》2016年第4期。

欧阳恩良、赵志阳:《论以人民为中心坚持和完善社会主义先进文化制度》,《思想理论教育导刊》2021年第7期。

齐卫平:《坚持党的全面领导是坚持和发展中国特色社会主义的必由之路》,《思想理论教育》2023年第8期。

齐卫平:《全面从严治党的基本思想和主要特点》,《新疆师范大学学报》(哲学社会科学版)2015年第5期。

齐卫平:《中国特色社会主义是实现中华民族伟大复兴的必由之路》,《中国特色社会主义研究》2023年第2期。

秦刚:《改革开放与中国特色社会主义的开创和发展》,《当代世界与社会主义》2023年第6期。

秦宣:《习近平新时代中国特色社会主义思想的主题、内容和逻辑结构》,《马克思主义研究》2020年第4期。

任大奎:《中国特色社会主义是实现社会主义现代化的必由之路》,《毛泽东邓小平理论研究》2023年第4期。

任洁:《习近平新时代中国特色社会主义思想十大前沿问题研究》,

《马克思主义研究》2021年第4期。

孙力：《"两个结合"：马克思主义中国化的规律揭示》，《思想理论教育》2021年第9期。

田克勤、张林：《中国特色社会主义进入新时代的理论之基》，《东北师大学报》（哲学社会科学版）2021年第4期。

田鹏颖：《当代中国马克思主义在21世纪的文明境界》，《世界社会主义研究》2022年第5期。

田鹏颖：《论21世纪马克思主义理论创新》，《中国特色社会主义研究》2020年第2期。

万俊人：《美丽中国的哲学智慧与行动意义》，《中国社会科学》2013年第5期。

王仕民、詹小美：《价值多元语境中的政治认同》，《哲学研究》2014年第9期。

王伟光：《当代中国马克思主义的最新理论成果——习近平新时代中国特色社会主义思想学习体会》，《中国社会科学》2017年第12期。

王伟光：《实现"两个结合"是开辟和发展中国特色社会主义的必由之路》，《红旗文稿》2023年第17期。

吴家庆、瞿红：《习近平新时代中国特色社会主义思想的理论体系探析》，《当代世界与社会主义》2023年第3期。

吴俊：《政治伦理视域中的爱国主义与公民认同》，《马克思主义与现实》2013年第1期。

习近平：《时刻保持解决大党独有难题的清醒和坚定，把党的伟大自我革命进行到底》，《求是》2024年第6期。

习近平：《文明交流互鉴是推动人类文明进步和世界和平发展的重要动力》，《求是》2019年第9期。

习近平：《在文化传承发展座谈会上的讲话》，《求是》2023年第17期。

习近平：《铸牢中华民族共同体意识 推进新时代党的民族工作高质量发展》，《求是》2024年第3期。

项久雨：《新时代美好生活的样态变革及价值引领》，《中国社会科学》

2019年第11期。

肖贵清、李云峰:《实现"两个结合"与创新发展21世纪马克思主义》,《思想理论教育导刊》2022年第4期。

肖贵清:《习近平新时代中国特色社会主义思想体系的建构逻辑》,《求索》2021年第1期。

薛小平:《教学过程基本要素研究框架下思政课教学实效性探析》,《思想理论教育导刊》2018年第11期。

于化民:《中国共产党根本宗旨的科学内涵与时代意义》,《中国社会科学》2021年第7期。

詹小美、刘锐:《铸牢中华民族共同体意识文化探赜》,《青海社会科学》2021年第2期。

詹小美、王仕民:《文化认同视域下的政治认同》,《中国社会科学》2013年第9期。

詹小美、张梦媛:《意蕴·赋意·举措:铸牢中华民族共同体意识的教育实践》,《云南社会科学》2021年第6期。

张文喜:《国家理性与国家治理:中国特色社会主义》,《山东社会科学》2023年第5期。

张源、朱可辛:《从追赶到超越:新时代中国特色社会主义推动世界社会主义迎来新飞跃》,《科学社会主义》2023年第6期。

二 外文文献

Arif Dirlik, Paul Healy, Nick Knight, *Critical Perspectives On Mao Zedong's Thought* (New Jerzy: Humanities Press), 1997.

Stuart R. schram, "Chinese and Leninist Components in the Personality of Mao Tse-Tung," *Asian Survey*, 1963 (6): 259-273.

图书在版编目(CIP)数据

新时代中国特色社会主义前沿问题研究/杨玢,张利涛著. -- 北京:社会科学文献出版社,2025.5. (2025.9重印) (新时代党的创新理论研究论丛). -- ISBN 978-7-5228-5211-9

Ⅰ. D616

中国国家版本馆CIP数据核字第2025A7L590号

新时代党的创新理论研究论丛
新时代中国特色社会主义前沿问题研究

著　　者 / 杨　玢　张利涛

出　版　人 / 冀祥德
责任编辑 / 曹长香
文稿编辑 / 程丽霞
责任印制 / 岳　阳

出　　版 / 社会科学文献出版社(010)59367162
地址:北京市北三环中路甲29号院华龙大厦　邮编:100029
网址:www.ssap.com.cn
发　　行 / 社会科学文献出版社(010)59367028
印　　装 / 唐山玺诚印务有限公司

规　　格 / 开　本:787mm×1092mm　1/16
印　张:24　字　数:377千字
版　　次 / 2025年5月第1版　2025年9月第2次印刷
书　　号 / ISBN 978-7-5228-5211-9
定　　价 / 99.00元

读者服务电话:4008918866

版权所有 翻印必究